U0021921

諾貝爾獎經濟學大師 阿馬蒂亞・沈恩回憶錄

家在世界的屋宇下

HOME IN THE WORLD

A MEMOIR

AMARTYA SEN

阿馬蒂亞・沈恩—著 邱振訓—譯

獻給艾瑪

目次

謝詞 7
梵文拼法說明 9
序 11

第一部分

第1章 達卡與曼德勒 17
第2章 孟加拉的河川 35
第3章 沒有牆的學校 52
第4章 外公外婆來作伴 76
第5章 爭論的世界 101
第6章 歷史的分量 117

第二部分

第7章 最後一場饑荒 138
第8章 孟加拉與孟加拉人民共和國 148

第9章 抵抗與分裂 167
第10章 英國與印度 185

第三部分

第11章 大都市加爾各答 203
第12章 學院街 224
第13章 馬克思的用處 243
第14章 早期的一場抗戰 260
第15章 到英國去 278

第四部分

第16章 三一學院的大門 295
第17章 不同圈子的朋友們 305
第18章 什麼經濟學？ 325
第19章 歐洲在哪裡？ 339

第五部分

第20章 對話與政治 353
第21章 在劍橋與加爾各答之間 374
第22章 道布、斯拉法與羅伯森 392
第23章 美國行 409
第24章 重看劍橋 421
第25章 說服與合作 438
第26章 近悅遠來 449
註釋 464

謝詞

「幸福的回憶映照著／我曾經歷的往昔，」湯瑪斯．摩爾（Thomas Moore）在他說某個「靜夜」裡的憂思之中寫下了這句話。他想起他終究「倒下」的那些朋友，還有「笑淚交織的／孩提童年時」，還說到他覺得被大家「拋棄」了。回憶往事確實可能令人心酸傷感，就連對寫下這首詩時才年僅二十六歲的湯瑪斯．摩爾而言，也是如此。但是想起過去——無論是多麼久遠以前的事——也可以是件快活的事，讓人重溫那些歡樂時光、深刻反思以及棘手難題。

不過，回憶跟寫回憶錄可就不是同一回事了。寫回憶錄的目的主要是為了其他人。就算大家會好奇一個人究竟遭遇過什麼事，想知道那人的想法與經驗可以如何理解與分享，但作者要是放任自己耽溺在梵文裡說的*smriticharan*（「咀嚼自身回憶」）裡，大概也沒有人會對這本書感興趣。我能將自己的回憶寫成這本回憶錄，還能確保自己想說的一切足夠清楚可靠，全都多虧了史都華．蒲洛斐特（Stuart Proffitt）的協助。他對這本書的諸多貢獻，實在令我銘感五內。

在籌備這本書的關鍵時刻，我還獲得了琳恩．耐斯碧（Lynn Nesbit）與羅伯特．魏爾（Robert Weil）的寶貴建議，我要格外感謝他們。在動筆寫作期間，我的孩子安塔拉

（Antara）、南達娜（Nandana）、印札尼（Indrani）和卡畢爾（Kabir），以及我的堂親拉特納瑪拉（Ratnamala）與米拉蒂（Miradi），也都幫我回想起許多往事。此外，雷曼・索柏翰（Rehman Sobhan）、盧納克・賈罕（Rounaq Jahan）、保羅・辛（Paul Simm）、維多利亞・葛雷（Victoria Gray）和蘇嘉塔・波斯（Sugata Bose）也都給了我不少金玉良言。我先前曾為了向經濟學年度評鑑（Annual Review of Economics）提交報告，與提姆・貝斯里（Tim Besley）和安格斯・迪頓（Angus Deaton）有過一次公開長談，對談內容對這本書的部分內容有相當裨益，在此特表謝忱。

本書大部分草稿承蒙庫瑪爾・拉納（Kumar Rana）和阿迪提亞・巴拉蘇布拉曼尼恩（Aditya Balasubramanian）多次審閱，他們的細膩評論厥功甚偉。這本書前前後後寫了超過十年，大多篇幅都是夏天時在義大利薩包迪亞（Sabaudia）的沙丘酒店（Hotel Le Dune）和劍橋的三一學院（Trinity College）寫成。我要由衷感謝印加・胡德・瑪爾坎（Inga Huld Markan）、利千繪（Chie Ri）和阿拉賓達・南迪（Arabinda Nandy）的居中協調與妥善安排。

我還要特別感謝企鵝圖書公司的珍・羅伯森（Jane Robertson）、理查・杜貴德（Richard Duguid）、愛麗絲・史金納（Alice Skinner）、珊卓拉・富勒（Sandra Fuller）、麥特・哈欽森（Matt Hutchinson）、安尼亞・高登（Ania Gordon）和寇拉麗・畢克佛—史密斯（Coralie Bickford-Smith）等人，有了你們的協助才能完成這本書。

最後，我還要謝謝我的妻子艾瑪・羅斯柴爾德（Emma Rothschild），她把整本書的稿子從頭到尾讀了又讀，幾乎每一頁都加上了寶貴的註記和建議。我心中的感激實在難以言喻，謹以此書一表謝忱。

梵文拼法說明

我在拼寫梵文時，除非是在引述其他作者的話，否則都盡量避免使用標音符號，以免讓不熟悉梵文的讀者看了一頭霧水。對於以英文為主要語言的讀者而言，梵文很容易造成誤會。比方說，如果不熟悉標音符號，就很難明白*calk*這個字就是指跟黑板成對出現的「粉筆」（chalk）。我會用最接近英文拼音的方式來拼寫梵文。這辦法雖不完美，但至少還能將就。

序

我最早的兒時記憶之一，就是被船隻的汽笛聲吵醒。我那時候才快三歲。那汽笛聲嚇得我馬上坐了起來，我爸媽一直安慰我沒事，我們只是從加爾各答沿著孟加拉灣要航向仰光而已。我父親原本在現今劃屬孟加拉的達卡大學（Dhaka University）教化學，這趟旅程是應邀到緬甸的曼德勒（Mandalay）擔任三年的客座教授。我被汽笛聲吵醒的時候，船已經順著恆河從加爾各答往海上航行了一百哩遠（當年加爾各答還是個大船可以停泊的港口）。父親告訴我，接下來我們要出海航行好幾天，才能抵達仰光。想當然，我當時根本就不懂什麼叫做出海，更不知道人們有那麼多種方式到各地旅行。但是我那時確實有一股展開冒險的感覺，對於我前所未見的大場面感到無比興奮。孟加拉灣的海水是那樣的湛藍，就好像是從阿拉丁神燈裡倒出來的一樣令我目眩神迷。

我記得最早的事幾乎都發生在緬甸。我們家在那邊住了三年多。有些事物對我仍是歷歷在目，像是曼德勒的美麗宮殿、宮殿外頭那條迷人的護城河、伊洛瓦底江兩岸的風光景致，還有我們處處可見的寺廟塔樓。曼德勒留給我的印象是那麼優雅美麗，但在別人口中卻是骯髒汙穢的模樣，我想，就連我們當時住的那間傳統緬甸房屋也同樣在我的愛意渲染下格外漂亮了吧。但說真的，我當時確實是快樂無比。

我從小就開始四處旅行。在緬甸度過了童年時期後，我回到了達卡，但接著很快又搬到了桑蒂尼蓋登（Santiniketan）去就學，著名的大詩人泰戈爾（Rabindranath Tagore）在那裡創辦了一所實驗學校。包含我在內，我們一家子都深受泰戈爾的影響。我這本回憶錄的書名就是借用了他的《家園與世界》（*The Home and the World*），可見他對我的影響有多大。

在桑蒂尼蓋登的泰戈爾學校認認真真地讀了十年後，我又搬到了加爾各答去上大學。我在加爾各答認識了不少好老師和好同學，課餘之暇，我們還經常到大學隔壁的一家咖啡廳裡討論爭辯。之後我就到了英國劍橋，這一趟走的同樣是迷人的海路，只不過改從孟買出發到倫敦下船。劍橋這地方以及我就讀的三一學院所傳承的輝煌歷史，深深叫我心蕩神馳。

接著我又到了美國，先在麻薩諸塞州的劍橋麻省理工學院教了一年，然後又到了加州的史丹佛大學。我在輾轉四處的期間也曾好幾次想落地生根，最後又回到了印度（途經巴基斯坦的拉合爾與喀拉蚩），在德里大學教授經濟學、哲學、賽局理論、數理邏輯，以及——相對嶄新的——社會選擇理論。歷經這三十年的前半生，我成為了一個兢兢業業的年輕教師，期盼著人生接下來更新、更成熟的另一個階段。

在德里落腳後，我開始有時間可以省思這豐富多采的早年經歷。我認為要思考世上不同文明，共有兩條截然不同的進路。其中一條是採取「碎片式」觀點，把紛呈萬象都當作是不同文明的具體展現。這條路子認為不同碎片之間彼此敵對，近來可說蔚為風潮，恐將延續「文明衝突」的看法。

另一條進路則是採「包容式」，專注在從各種不同展現裡找出最終那個文明——也許可以稱之為「世界文明」——開枝散葉的證據。這本書當然不是要研究文明的本質，但是各位讀者可以看得出來，我對世事還是比較傾向於包容式的理解。

從中世紀十字軍東征到納粹在上個世紀的侵略，從鄰里衝突到政教戰爭，各種不同信念之間總是爭鬥不斷，但是也總有一股包容求同的力量來抵抗衝突。只要睜眼看看，就能發現族群與族群之間、國家與國家之間總能彼此體會諒解。行遍天下，更會處處發現指向追求寬大包容的各種蛛絲馬跡。千萬別低估了我們彼此切磋學習的能耐。

人生大樂之一，就是能有人彼此切磋相伴。西元十世紀末、十一世紀初，曾於印度居住多年的伊朗數學家阿爾－畢魯尼（Al-Biruni）在他的《印度史》（*Tarikh al-Hind*）中曾說，彼此學習，不僅共享知識，更能共存共榮。他介紹了印度在一千年前就發展出來的數學、天文學、社會學、哲學與醫學，更證明了人類確實可以透過友誼而擴增知識。阿爾－畢魯尼對印度人的那份親暱讓他對印度數學與科學產生了興趣，成為了數學與科學專家。不過儘管親暱，他還是不免要對印度人打趣一番。他說，印度人的數學非常好，但是印度學者最了不起的才能卻是另一點：他們總是能夠把自己一無所知的東西說得天花亂墜。

如果我也是這樣，那我會對自己這種才能感到自豪嗎？我不知道，但是說不定我應該從只說自己確實知道的事情開始。這本回憶錄就是這份努力的小小嘗試，無論我談的這些事我自己是不是真的知道，但至少總是我的親身經歷。

第一部分

作者與妹妹蘇普娜（Supurna）及堂姊米拉（Mira）
約攝於一九四八年，桑蒂尼蓋登

第1章 達卡與曼德勒

一

「你覺得哪裡算是你的家？」我在倫敦接受ＢＢＣ專訪時，主持人在開始錄影前這樣問我。他當時正在看關於我的一些資料：「你才從美國劍橋搬到了英國劍橋——從哈佛搬到了三一學院；你在英國住了幾十年，卻還是持著印度公民身分，我想你的護照上應該蓋滿了簽證。那麼，到底哪裡才算是你的家呢？」當時是一九九八年，我才剛重新回到三一學院擔任院長（所以才有了這場專訪）。「我現在就覺得像在家一樣了，」我說，畢竟我跟三一學院頗有淵源，從一個大學生、研究生、研究員一路當到學校老師。然後我又補充說道，但是我也覺得美國劍橋的哈佛廣場附近那幢老房子就是我家，我在印度更是實實在在的遊子返家，尤其當我三不五時回到從小在桑蒂尼蓋登長大的那間小房子時更是如此。

「也就是說，」ＢＢＣ的主持人說：「你其實沒有家的概念吧！」「恰恰相反，」我回他：「我是處處是家鄉，我只是不像你們一樣覺得只有一個地方才算作自己家。」那個ＢＢＣ主持人看著我，一臉的不可置信。

每次只要有人問我這種特定答案的問題，我的回答老是這樣掃人家興。比方說：「你最喜歡吃什麼？」這問題的答案真的太多了，不過我通常會嘟噥著說些蛤蜊細扁麵啦，四川燒鴨啦，噢當然還有雲鰣（hilsha fish）——印度人講這道菜名的時候不發氣音，會唸作 ilish mach。然後我還會再繼續說，這道菜一定要用達卡那種加上芥末粉的料理方式才好吃。但是我這樣的回答總是沒法兒讓人家滿意，對方還是會繼續問：「那你真正最喜歡吃的到底是什麼呢？」

「我都喜歡呀，」我說：「可是我不想這一輩子就只能吃哪一種食物。」通常對方都不覺得我給的這個答案很合理。要是我運氣不錯的話，食物這話題通常就會以一個禮貌性的點頭結束——但是一談到像「家」這種嚴肅話題的時候，可就從來不曾就此打住了。「不會吧，一定有某個特別的地方讓你格外覺得這才是家吧？」

二

為什麼非得是某一個地方才行呢？說不定我就是很容易放鬆的人呀。在老孟加拉人的話裡，「你家在哪裡？」這個問題有個特別的意義——這跟英語裡問這問題通常要表達的是截然不同的兩回事。家——我們稱為 *ghar* 或 *badi* ——指的是你們這一家的祖籍在哪，不管你跟你父母爺奶是不是還住在同樣的地方。這種用法在整個印度次大陸都有人用，如果遇到得用英語溝通的時候，有時就會轉譯成某種印度式英語獨有的圖像概念：「老家在哪兒呀？」你的「老家」可能是好幾代前的祖先斷然離開的故土，說不定你自己從來都沒去過那地方呢。

我出生的時候，我們家住在達卡，不過我其實不是在達卡出生的。那是一九三三年的深秋，我後來才知道，那一年歐洲有許多家庭歷經了家破人亡的慘劇。包括了作家、藝術家、科學家、音樂家、演員與畫家等六萬多名專業人士紛紛遷離德國，大多數都搬到了歐洲其他國家和美國。其中的少數人——通常是猶太人——則到了印度。達卡現在是個生氣勃勃、腹地廣大，甚至會讓人迷路的大都市，是孟加拉活力滿滿的首善之區，但當年可還是個靜謐的小地方，生活步調緩慢優雅得多。我們當時住在達卡的瓦里（Wari）這個古老城區，離達卡大學所在的拉姆納區（Ramna）不遠，我父親阿許托許．沈恩（Ashutosh Sen）就在那裡教授化學。這片區域都算是「舊達卡」——新達卡就是從這裡向外擴展出去的幾十哩地。

我爸媽在達卡過得很好。我跟小我四歲的妹妹曼如（Manju）也過得很開心。那棟房子是我在達卡法院當法官的爺爺夏拉達．普拉薩德．沈恩（Sharada Prasad Sen）蓋的。我大伯吉騰札．普拉薩德．沈恩（Jitendra Prasad Sen）很少過來，因為他在孟加拉的好幾處公家機關任職，不過他逢年過節回到我們達卡老家來（尤其是還帶著跟我差不多年紀的堂姊米拉蒂〔Miradi〕同行）時，就是我小時候最開心的時候了。我們還有其他堂表親住在達卡（欽尼卡卡〔Chinikaka〕、喬托卡卡〔Chotokaka〕、梅達〔Mejda〕、巴布亞〔Babua〕，還有好多）；我和曼如都快讓他們給寵壞了。

我那四處漂泊的大伯的大兒子（他的名字叫巴蘇〔Basu〕，但是我都叫他達達馬尼）在達卡大學讀書，和我們住在一起。他對我來說就是各種智慧和歡樂的泉源。他會帶著我去看適合小孩子看的精彩電影，也是因為他我才認識了我那時以為的「真實世界」，就像是《月宮寶盒》（*The*

Thief of Baghdad）那類奇幻片所描繪的那樣。

我的童年記憶還包括了去父親實驗室玩，看著他們將一種液體倒進裝著另一種液體的試管，當我看到試管裡生出了完全不一樣的新奇結果，真是興奮極了。父親的助理卡林（Karim）總是會表演這種浸泡實驗給我看，他每次的演示也總是讓我歎為觀止。

我十二歲時，沾沾自喜地頭一次用梵文讀到了順世論（Lokayata）的說法，也就是印度自從西元前六世紀就盛行的唯物論學派，當時我讀到他們關於生命化學基礎的理論：「這些物質元素本身，一化成為身體，就產生了意識，猶如某些材料一經混合就會生出迷醉的力量那樣；一旦這些元素不再，意識亦立即寂滅。」這番話頓時就讓我想起了實驗室裡的那些往事。我當時覺得順世論這番類比好令人難過——我好希望自己的生命不僅只是化學組合，更討厭那什麼「立即寂滅」。儘管後來我又長大了些，學到了關於生命的其他理論，但是達卡大學的化學實驗室和卡林所演示的那些實驗卻始終在我腦海裡盤桓不去。

我知道我是達卡人，但是我也和許多孟加拉的都市人一樣，認為自己的老家在遠離都市的鄉下，是兩代以前才搬到了城裡來。我的老家，也就是我爸爸這邊的祖籍是在曼尼克甘吉（Manikganj）區一個叫做麥托（Matto）的小村。這小村離達卡其實不遠，但是在我還小時，要到那裡可得花上大半天——多半是搭船走水路過去。現在從達卡到麥托的馬路鋪得還不錯，只要幾個小時就到了。我們以前通常一年回去一次，每次都待上幾個星期，我那時總會格外放鬆，覺得自己回到老家了。我們在麥托那裡也會跟其他小男生小女生玩在一塊兒，他們也同樣是從遙遠的外地返鄉過節。我們就保持這樣一年一聚的友誼，等該回城裡的時候到了，便互道珍重，各自分飛。

三

我們在舊達卡的那棟房子有個名字：Jagat Kutir，意思是「世界小屋」。這名字一方面反映出了我爺爺對民族主義的疑慮，只不過我們家倒是出了好幾個反抗英屬印度的民族主義者（而且後來還愈來愈多）。會起這名字，另一方面也是為了紀念他早逝的老伴，也就是我奶奶，閨名賈嘉特拉琪（Jagatlakkhi，有時會照梵文寫作 Jagatlakshmi）。奶奶在我出生前就已經過世了，但是奶奶的無比睿智卻在方方面面都影響著我們一家人。我到現在都還記得她治打嗝的祕方——拿一杯冷水，放幾匙砂糖攪拌，然後慢慢地喝下去。話說回來，這種治打嗝的辦法倒真的是比憋氣忍住要舒服多了。

我父親在達卡大學教書，而他父親（也就是沈恩法官）也和達卡大學密切合作，幫大學處理法律與財務規劃。我們在達卡的家總是人來人往。來訪賓客往往會告訴我他們在各地做的不同事情。有些地方離我們家其實不算太遠（加爾各答和德里當然是屬於這一類的，但也包括了孟買、香港和吉隆坡），不過我小時候總以為那就已經是全世界了。我喜歡坐在樓上走廊，靠著芬芳的黃玉蘭樹，聽著他們講些刺激的旅行冒險，心裡想著總有一天我也要這樣四處遊歷。

我母親阿蜜塔（Amita）嫁過來時不需要改從夫姓，因為我外公的名字叫做克西提．莫罕．沈恩（Kshiti Mohan Sen）。我外公是遠近馳名的梵文暨印度哲學專家，但是我母親的娘家姓氏跟我父親姓氏一樣這件事，直到現在都還會為我在身分驗證時帶來不少困擾，因為安檢人員總會問我母親的娘家姓氏（「不不不，我是問你令堂的娘家姓氏！」）。

我外公在現今劃歸印度西孟加拉邦的桑蒂尼蓋登教書，那所學校的校名叫做「維斯瓦巴拉蒂」（Visva-Bharati）——這名字的意思是以學校所傳授的智慧（*Bharati*）來成就世界（*Visva*）大同。這所學校是以菁英中學為主體，但也設有進階研究單位，而且廣為人知。維斯瓦巴拉蒂是大詩人泰戈爾在一九〇一年創辦的學校。我外公不僅是泰戈爾的得力副手，幫他將維斯瓦巴拉蒂打造成一座教育機構，更憑藉自己崇高的學者聲譽和以梵文、孟加拉文、印地文和古加拉特文寫成的高深著作，為學校奠定了學術地位。

我母親娘家與泰戈爾十分親暱。我母親阿蜜塔是個厲害的劇場舞者，跳的是泰戈爾出力開創的新式舞蹈——現在大概會把這種風格叫做「現代舞」（不過對當時來說，恐怕是太前衛了些）。她在加爾各答為泰戈爾的好幾齣歌舞劇擔任女主角，當時「好人家」出身的姑娘可還不能在舞台上拋頭露面呢。當時的女孩子也不像我媽一樣，能在桑蒂尼蓋登那間學校裡學柔道。會讓女孩子也來學習一百年前只有男孩子能學的東西，可見泰戈爾創辦的這間學校確實與眾不同。

人家告訴我，在我爸媽要談婚事那時，我父親就對我母親是在文藝戲劇裡登台跳舞的首批中產階級女性一事印象深刻。他蒐集了不少剪報，既有大讚阿蜜塔精湛演出的，也有痛批女孩子在舞台上拋頭露面傷風敗俗的。阿蜜塔的這份膽識和她的舞蹈天分，使他在人家來提親時就馬上做了決定。事實上，這也透露出我爸媽後來為什麼都格外強調他們在這樁婚事安排裡的自身意志。他們還喜歡說他們會自己約出去看電影（不過我猜這其實也是「安排好的」）。但是我老爸說，報紙上關於我媽在泰戈爾編寫執導的歌舞劇中的精彩表現，才是這整件事的關鍵所在。

我出生後，泰戈爾成功勸說我媽別墨守成規，決定給我取個與眾不同的名字。阿馬蒂亞（Amatya）這個名字按照推想，在梵文裡是不朽的意思：梵文裡的Martya是從*mrityu*（梵文中表示「死亡」的字詞之一）衍生而來，指的是人終有一死的塵世，而Amartya則是指來自不朽天國的人。我老是得跟大家解釋我這名字所蘊涵的偉大意義，但是我其實更喜歡這名字那個略帶恐怖的字面含義——「靈異」。

孟加拉有個古老的習俗，婦女是在娘家生第一胎，不是在婆家生產。我猜這習俗的由來反映出了娘家不信任婆家有妥善照料產婦分娩的能力。我媽媽也照這習俗，從達卡回到桑蒂尼蓋登待產，直到我兩個月大了，才帶著我回到達卡。

桑蒂尼蓋登（在孟加拉語裡是「清靜之地」的意思）是我的另一個家，就跟達卡一樣。一開始是我外公家，是一棟學校提供的茅草屋，雖然簡樸但十分雅緻，位在桑蒂尼蓋登所謂的「教師眷村」（Gurupalli）裡。到了一九四一年，我爸媽又在桑蒂尼蓋登另一個叫做「斯里帕里」（Sripalli）的地方蓋了間自己的小房子。他們給這座新家起名做 Pratichi，在梵文裡是「西邊」的意思。後來我外公他們又蓋了間新房子，就座落在我們新家旁邊，打算將來某個時候搬離學校校區。

我跟外婆琪蘭芭拉（Kiranbala）特別親，我都叫她「迪迪瑪」（didima）。她是個出色的陶藝繪師，也是個厲害的接生婆，在醫療落後的桑蒂尼蓋登幫忙各家產婦接生，連自己的孫子女也是她親手接生。琪蘭芭拉在長年的細心學習下，累積了極為豐富的醫療知識。我還記得小時候認真聽她講解在家中分娩時，即使是再簡單的吩咐照料，例如怎麼妥善聰明地使用消毒水，若出了什麼差池，也會大大影響到母子的性命安全。除此之外，我也從她那裡學到在印度，婦女分娩時，不論母子，死亡率都高得誇張。後來當我的研究興趣也涉及母親死亡率和胎兒夭折率時，我總會想起坐在廚房裡的藤椅上，聽迪迪瑪絮絮叨叨的時光。她做每件事時的那股科學態度令我萬分佩服。

四

我喜歡自己從小成長的達卡和桑蒂尼蓋登，但是我最早的記憶卻不是這兩個地方，而是爸媽帶著快滿三歲的我一同遷居的緬甸。父親從達卡大學受邀到曼德勒農業學院（Mandalay Agricultural College）擔任三年的客座教授，我們就在一九三六年到緬甸，住到了一九三九年。我對這趟出遠門十分興奮，但是要離開達卡並不容易。後來大人告訴我，從加爾各答出發到仰光時，當我看到碼頭上迪迪瑪的身影逐漸消失，就拚了命地大哭大叫，要這艘大船停下來。還好，這次分離並不是永別，我們每年還是會回到達卡和桑蒂尼蓋登過節。我妹妹曼如也和我一樣在桑蒂尼蓋登的外公家出生，她的人生開頭的一年半是在緬甸度過的。一九三九年，我們搬回了舊達卡靜謐的瓦里區，也同樣定期會回桑蒂尼蓋登去。

在緬甸的日子接近尾聲時，我已經快六歲了，也開始懂事了。我在曼德勒過得很開心，到現在都還記得許多第一次的驚喜與驚嚇。緬甸的節慶格外熱鬧，市集上到處都是各種迷人的活動。我們那棟平凡的曼德勒木屋也總有無窮樂趣等著我探索。我每天總巴著爸媽或保姆出門，去見識那些五彩繽紛的新奇玩意兒，也學會了用緬甸話來叫我看到的每個東西。

跟著爸媽在緬甸四處遊歷時，造訪了許多新的地方，也讓我興高采烈——我們去了仰光、勃固、蒲甘，甚至還去了遙遠的八莫。我可以感受到這些地方的歷史悠久，寶塔處處林立，雕梁畫棟不絕，簡直就像皇宮一樣——有些地方還真的是皇宮。我喜歡眉繆（Maymyo，現改稱彬烏倫）的景色，離曼德勒東端的我們家大約二十五哩路，每次週末放假到眉繆去拜訪爸媽的朋友總是特別開心。

在緬甸住過好一陣子的喬治・歐威爾（George Orwell）有一篇對於曼德勒到眉繆這趟旅途的迷人描述，我讀到的時候簡直是愛不釋手。

火車停靠在海拔四千公尺的眉繆時，你心裡覺得還待在曼德勒。但是一踏出車廂，就彷彿踏進了另一個半球。剎那間，你吸了一口跟英國一樣的冷冽甜美的空氣，身邊處處綠草、蕨類、冷杉，還有村姑帶著嬌嫩笑靨，叫賣著菜籃子裡的草莓。

我們通常是開車往返曼德勒和眉繆，我父親會開著車，時不時地停下來報我看一些奇妙景色。有個晚上我們在路上還看到了令我興奮異常的景象——一隻黑豹就坐在下坡的路邊，雙眼因為車燈照射而閃光熠熠。

我們也會走水路，船隻沿著伊洛瓦底江航行時，岸邊的景色總在不停變換。走在河岸邊上讓我開始認識了這塊土地與這些人民——各個部落、各個種族的不同人群，穿著形形色色的不同衣著。緬甸有著無窮無盡的美妙體驗與風光美景，這正是世界展現給我的真實樣貌。我無法拿這些見聞印象跟其他地方的任何事物相比，但人間大地在我稚嫩的眼中確實美極了。

五

曼德勒由於浮屠無數，宮殿林立，有「黃金城」之稱。吉卜林（Rudyard Kipling）雖然從未到過這裡，也寫了一首優美的長詩〈曼德勒〉來增色渲染，不過我爸爸倒是告訴我，這首詩裡頭的描述在現實中根本就不可能實現。這種問題就留給地理學家去苦惱吧，我只打算沉浸在想像著「清晨猶如雷光，自中國跨海而來」。

喬治．歐威爾——也就是艾瑞克．亞瑟．布萊爾（Eric Arthur Blair）——在曼德勒住了許多年，自一九二二年就在這裡的警察學院任職，他覺得這裡「塵土飛揚，燠熱難耐」，整體而言「是個很難捱的城鎮」。但在我看來完全不是這樣。我印象裡，那是個相當舒適的地方，到處都是華美的房舍、別緻的花園、迷人的巷弄、古老的皇宮，還有那條護城河。最重要的是，我覺得緬甸人實在親切極了，總是滿臉笑意，和藹可親。

由於我父親有博士學位，大家都稱呼他「沈恩博士」（Dr. Sen），所以我們家經常有人不請自來，想「請沈恩醫師（Dr. Sen）看個病」。我父親當然對醫學一竅不通（雖然他曾告訴過我：「我們家其實是屬於醫師種姓——吠迪耶（*vaidyas*）——不過那已經是好幾代前的事了。」），但他還是盡其所能協助那些人到曼德勒的公立院所就醫——有幾間醫院會願意免費為病患看病和提供照料，只不過不會真的開藥。

現在在緬甸要獲得醫療照料還是不太容易，這一點還是比不上泰國（現在已經有了良好的公共衛生體系）等鄰近國家。生計無著的緬甸人求醫無門，但為了自身權利而抵抗政府的少數族裔更是如此。在軍方系統性迫害下，他們被逼得居無定所，根本就得不到什麼穩定的醫療服務。但若真有像是美國霍普金斯醫學院（Johns Hopkins Medical School）的「背包醫生」（backpack medics）這樣的醫療服務團體，甘冒生命風險深入絕地（一九九八年到二〇〇五年間，來自霍普金斯醫學院的一批醫療團隊就真的有六人喪命），像克倫人（Karen）這樣的少數族群還是會趕忙前來求醫問藥，也能乖乖遵照醫囑調養。

六

我還記得我們回到曼德勒的那份喜悅——回到了我們在城鎮東邊農業學院的家，從那棟木造房屋還能看見迷人的眉繆山丘。我超愛在我們寬敞的騎樓看著太陽從那些山丘背後緩緩升起的樣子！曼德勒就是我家——就跟舊達卡一樣，就跟曼尼克甘吉的麥托一樣，就跟桑蒂尼蓋登一樣。

然而緬甸對我來說，即使是在當時，也不只是兒時記憶中的一個國家而已。我學會了一些緬甸話，可以結結巴巴地跟人聊天。負責照顧我（後來也包括我妹妹曼如）的緬甸保姆也懂一點孟加拉話，還會說一點英語——我猜比我當時會講的還多。我記得保姆她美得驚人。後來我大概十二歲時問了母親，保姆是不是很美，母親說她真的「很漂亮」——我覺得這形容實在是低估了她的美貌。

但是我對保姆的印象可不止她的美貌（可惜我始終想不起來她的名字）。她會向我們家裡人提出各種建議。我記得我母親經常問她意見，而且有一次我爸媽出門回來，發現我將客廳牆壁塗滿了五顏六色，也是保姆適時出面化解，說我的塗鴉充分顯示出了我獨特的藝術天分，我才沒因為調皮搗蛋受罰。不過我到現在有時還真希望自己能表現出保姆眼中的那份藝術天賦。

緬甸的女人非常強勢。她們掌控了許多經濟活動，也經常是家中做主的人。在這一方面，緬甸和撒哈拉沙漠以南的非洲與其他東南亞地區很像，但是跟印度大部分地區還有現在的巴基斯坦和西亞地區就十分不同了。女性的重要地位是我兒時緬甸記憶中的重大印象。我五、六歲時還不覺得這有什麼稀奇的，但是後來當我在檢視其他傳統時，這段緬甸印象卻成了我的比較標準。這些印象或許還影響了我對於性別議題的態度，幫助我思考女性的能動性（agency），成為我後來研究主題之一。

七

這些早年記憶是我為什麼依然十分喜歡緬甸這個國家的原因之一。當我認識翁山蘇姬這位以無比勇氣和遠見，對抗一九六二年靠暴力奪權的軍政府的這位傑出女性之後，這份傾慕就更是有增無減了。我跟翁山蘇姬這位無畏的領袖很熟，能認識這麼一位在恐怖騷擾與長期監禁下還堅持為緬甸民主奮鬥不懈的英勇鬥士，實在是我的運氣。我也有幸能夠結識她堅貞的丈夫麥可・阿里斯（Michael Aris），他是一名精通亞洲事務的優秀學者，對西藏與不丹更是瞭如指掌。

麥可其實遭到軍方逐出了緬甸，但是擔任牛津大學聖約翰學院（St John's College）教師的麥可仍然從牛津家裡盡可能地幫助妻子蘇姬，一起為緬甸努力。一九九一年，就在諾貝爾基金會宣布翁山蘇姬獲得和平獎後，麥可到了哈佛大學來參訪。我很高興能陪同他一起參與頒獎儀式。令人傷心的是，一九九九年，麥可就因為癌症轉移而病逝。我當時人正在英國，就在三一學院裡。我三月底曾接到他的電話，雖然我早就聽說他命不久矣，但我那時還心想這不可能發生，麥可還忙著要照顧「我的蘇姬和我的緬甸」呢。我很明白他那份危機感，也懂得他的心情。兩天後，牛津那邊通知我麥可過世了。那一天是三月二十七日，恰巧就是麥可的生日。蘇姬不僅失去了她的愛侶，也失去了她最堅定的諮議對象和支柱。

蘇姬最後在二〇一〇年打敗了軍方，在國內政壇成為一名雖然仍受極多限制，卻扮演實質要角的領袖。然而，她遭遇的麻煩卻是與日俱增，一如她本該從水深火熱裡拯救的民眾一樣——她或許真的無能為力，但也的確無所作為。

說實在，蘇姬的領導確實出了很多問題，從她袖手旁觀緬甸境內的羅興亞人（Rohingya）這支說孟加拉語的弱勢穆斯林族群遭受欺侮一事便可見一斑。她對待緬甸境內眾多其他少數族群的做法也同樣難登大雅之堂。軍方與諸多偏激的佛教徒對羅興亞人的恐怖暴行——至少到目前為止——都未能促使她對這些受害者做出任何實質協助。

如果說蘇姬現在這模樣是個謎，那麼還有個更大，也更困擾我的謎團，那就是：明明緬甸人的那份慈悲心腸讓幼小的我印象深刻，但為什麼他們竟然會如此殘暴地用有計畫的暴力、虐待和謀殺來對付羅興亞人？我除了對這些事件備感憂傷，更不禁懷疑自己印象中緬甸人天生的慈祥溫暖是否只是一場虛幻？不過，還是有其他人和我對緬甸人有著同樣溫和仁慈的印象。我有個從霍普金斯醫學院出來的背包醫生朋友亞當．理查斯（Adam Richards），他十分努力地幫助那些缺乏醫護照料的緬甸民眾，他就曾寫過緬甸人「總是開懷大笑，總是在唱歌和微笑。在這一切苦厄之中，看到他們的勤奮和幽默，實在是令人振奮。」類似他這番話的種種描述，在在都呼應了我小時候對緬甸人那份天真的喜愛。

這就逼得我不得不問：究竟是什麼改變了呢？對此我只能設法猜想。看起來最關鍵的差異就是軍方近年來有系統地進行反羅興亞人的強力宣傳。我和我們家人印象中溫和的緬甸人已經被訓練成了恨意滔天的打手，而軍方就是促成這轉變的關鍵角色——是他們設法毒害人民的心靈，運用有效的種族主義宣傳與強烈偏見，導致虐待與殺戮層出不窮。

事實上，這倒是給全世界上了一課：即使是性格溫順的人民也可能遭到轉化。這種宣傳的威力不光出現在緬甸而已，當今世上有許多國家都是如此。當然了，發生在緬甸（Burma，現已因軍方勢力改稱Myanmar）的事情確實格外野蠻，但是特定少數族群遭受排擠的情況在世界各地皆有所聞——比方說匈牙利就排擠外來移民、波蘭排擠同性戀，全歐洲更是到處都排擠吉普賽人。這一課對曾有過世俗化階段的今日印度尤其重要：宗教偏激分子一直以來總不惜透過操弄政府政策，千方百計要破壞族群之間的關係和危害穆斯林少數族群的人權。

緬甸軍方早就長期仇視羅興亞人，甚至在一九八〇年之前就已經開始採取各種法律途徑或民眾運動來對付他們。但對羅興亞社群的大規模打壓是到更晚才達到高峰。最嚴重的一次是在二〇一二年，政府透過宣傳，要若開邦（Rakhine，為羅興亞人主要居住地區）的佛教徒起身捍衛自己的「種族與宗教」。軍方在這場宣傳大戰中所向披靡。這次勝利也使得軍方更居優勢，得以惡意對待羅興亞人，甚至最後可以準備驅逐他們——況且還有精心捏造的大眾輿論，達到醜化效果，當作軍方的後盾。

蘇姬大可以在宣傳戰的初期就設法抵抗這種破壞，也大可以戳破軍方捏造羅興亞人其實是從孟加拉遷入緬甸的謊言，指出東南亞地區其實是過去受到了英國割裂，將羅興亞人長久以來居住的若開地區（過去是阿拉干國的一部分）劃給了才剛獨立的緬甸。但奇怪的是，蘇姬卻在軍方刻意扭曲羅興亞人形象，煽動民眾對抗羅興亞人的這段期間裡不聞不問。她看起來並不打算早早反駁軍方的宣傳，不像過去為了民主運動那樣，帶領自身政黨和盟友來捍衛緬甸價值。她在明明可以發起有效抵抗時，卻選擇了不對抗對這支少數族裔的汙名化運動。再之後便為時已晚，無力回天了。

短短幾年之內，政府宣傳就已經成功塑造出對羅興亞人極端不利的公共輿論，凡是替羅興亞人說話的都會面臨大批緬甸佛教徒的強烈抨擊。事實上，這時候想捍衛羅興亞人，都已經是政治上極危險的事了。軍方早已穩操勝券。蘇姬如果在宣傳戰落敗後還選擇要為羅興亞人出頭，那麼她在緬甸的領袖地位就會遭到嚴重質疑。即使是像我這樣一個老緬甸迷，也會認為蘇姬和這國家的政治領袖都該為羅興亞人所面臨（而且仍在遭受）的社會性災難負起責任來，但是這整個過程究竟是在什麼時候，又是如何走到這步無可挽回的田地，還需要比現在更完整的分析。

如果說這其中有些什麼教訓的話，那可不光是在道德倫理上，更是在政治智慧與實際上的實踐推理都給我們上了一課。這種偏狹仇視一旦出現，就像當前從歐洲到印度等許多國家中的情況一樣，那麼把握時機與採取作為就愈形重要。我從自身經驗中強烈感受到了人類社會自二次大戰後設法彼此拉近距離的巨大努力，現在卻似乎岌岌可危，取而代之的是不願寬容的恐怖操作，緬甸就是一個血淋淋的例子。如今，還有許許多多的國家也都逐漸陷入這樣的危機之中。

八

雖然我小時候在緬甸上過一些家教課，但是我還是在回到達卡之後才正式地接受教育——在吉祥天女市場（Lakshmi bazzar）的聖額我略學園（St Gregory's School），離我們家不遠。

這是一個美國基金會設立的傳教士學校，但是由於我們很難跟上那些白皮膚老師講的話（我現在想想，大概就是美式英語吧），所以在學生之間就開始流行一個傳言（我記不得為什麼會這樣傳）：那些老師是從比利時來的。聖額我略學園的辦學成績十分傑出，校長猶達神父（Brother Jude）不僅努力提供最好的教育，更設法確保我們學校學生在全區期末考中贏過其他各校學生。聖額我略學園在二〇〇七年的創校一百二十五年校刊中特別寫到了那些往事：「我們的孩子次次都囊括了全區前十名的優異成績。」聖額我略學園有不少校友後來都成了大學者、大律師和政治領袖（包括孟加拉總統也是）。孟加拉獨立之後的首任外交部長卡穆爾．海珊（Kamal Hossain）也說，聖額我略學園的學業表現會如此優秀，是由於老師們都盡其所能地幫助學生，不分課堂內外，總是付出十二萬分的努力。

唉，只可惜我實在與聖額我略那種講求表現與紀律的文化格格不入。我覺得那太悶了，何況我也不想像猶達神父說的那樣「閃耀」。過了很久以後，一九九八年十二月，我在獲得諾貝爾經濟學獎後，曾短暫造訪達卡大學，聖額我略學園的校長還為我舉辦了個特殊典禮。他說為了鼓舞現在的學生，他還特地從庫房裡撈出了我多年以前的答案卷，但是「看到您的成績在全班三十七人中僅排名三十三，實在有些失望」。然後他又好心地說：「不過我想您在離開聖額我略之後一定就變成了好學生吧。」校長猜得沒錯——當沒人在乎我是不是好學生時，我就變成了所謂的好學生。

我在達卡求學的那段日子裡，總會定期到桑蒂尼蓋登去。一開始我壓根兒也沒想到後來真的會搬到桑蒂尼蓋登去讀書。不過，隨著一九四一年日軍佔領緬甸，我爸媽就把我送回了外公外婆那兒，也留在那裡上學。我父親還是希望我繼續在聖額我略讀書，畢竟從學業表現這種一般標準來看，聖額我略確實是好多了。但是他愈來愈相信儘管日軍可能會轟炸加爾各答與達卡，但大概沒有哪架轟炸機會打算轟炸偏遠的桑蒂尼蓋登。

我父親對日軍的攻擊判斷準確無誤。在大戰期間，加爾各答與達卡總是經常防空警報大作，家家戶戶都要進行防空訓練。一九四二年十二月，我們家和一些親朋好友在加爾各答過節，日軍就在一個星期內轟炸了碼頭區五次。有一天晚上，我假裝很快就上床睡著了，但偷偷摸摸地到三樓走廊上，看到了遠處交戰的火光。事實上，那邊離我還挺遠的，但是對一個小孩子來說，這景象十分震撼。相較之下，達卡可就幸運多了，並未像加爾各答那樣遭受轟炸。

由於父親對戰爭的估算，我最後是在桑蒂尼蓋登一所相當開明的學校就讀。我一去就愛上了這間學校。他們的競爭比較沒那麼激烈，也不像聖額我略那麼講究成績，而且除了學習印度本身的各種傳統之外，還讓我們有機會學習世上其他各國與各個文化的傳統。桑蒂尼蓋登這所學校的重心是放在培養好奇心而不是成績競爭上；事實上，他們十分鼓勵不要將成績與考試表現放在心上。我很愛在桑蒂尼蓋登那間友善的開架圖書館裡到處探索，那裡的書架上塞滿了關於世界各地的書，而且我更高興的是可以不必表現優異。

我到桑蒂尼蓋登之後不久，戰爭局勢就變了。日軍是撤退了，但是我並不想離開這間新學校——我喜歡這所學校。桑蒂尼蓋登，我出生時短暫住過的地方，很快就變成了我長居久留的家。但是我當然還是會定期回到父親任教的達卡去，我們一家也都還快活地住在那裡，包括我妹妹曼如在內。上學期間待在桑蒂尼蓋登，放長假時回達卡，這樣的安排對我實在理想不過了。我那些堂表親戚，尤其是米拉蒂（Miradi，本名 Mira Sen，婚後改為 Mira Ray），總是讓假期充滿了各種樂趣。

但這一切都隨著一九四七年國家分立而有了改變。各種民眾暴動和恐怖的流血事件帶來了無盡的哀傷。這也意味著我們必須搬家。達卡成了新成立的東巴基斯坦首都，所以我們家必須遷到桑蒂尼蓋登落腳。我愛桑蒂尼蓋登，但是我也很想念達卡——想念我們的「世界小屋」。那棵香氣總是瀰漫樓上廊間，枝繁葉茂的黃玉蘭樹此後再也不是我生活的一部分了。我會想著從前在達卡的那些朋友現在去了哪兒，又跟誰一塊兒玩，也會想著我們家院子裡的波羅蜜樹和芒果樹不知道怎麼樣了。我失去了一整個世界。失之達卡，並不能收之桑蒂尼蓋登——就算它再美好也一樣。我很快就領悟到，原來享受新生活並不會斷了對舊生活的強烈思念。

第2章 孟加拉的河川

一

離達卡不遠，有條浩渺的博多河（Padda），是著名的恆河兩大支流中較大的那條。恆河在進入孟加拉後一分為二，繞過了北印度的許多古老城鎮，包括波羅奈（Benares）和帕特納（Patna）。博多河（Padda是梵文*Padma*在孟加拉的叫法，意思是「蓮花」）向東南蜿蜒，最後匯入孟加拉灣。恆河的另一支流巴吉拉提河（Bhagirathi）則是直轉向南，穿過加爾各答，逕直注入孟加拉灣。不知道什麼緣故，巴吉拉提河這條比較小的支流還保留了「恆河」這個舊名，兩個名字經常混用（後來也會用它的第三個名字：胡格里河Hooghly）。巴吉拉提河與博多河在古孟加拉文獻中多有推崇，也都有各自的擁護者彼此競誇風貌。我記得我才剛從達卡搬來時，還大言不慚地對在加爾各答這裡結交到的朋友說他們都被巴吉拉提河這條小溪唬住了，沒見識過蓮花般的博多河有多麼浩瀚。

恆河的分支還有更嚴重——也更政治化——的一面，尤其當後來一九七〇年印度政府在恆河上興建了法拉卡堰（Farakka Barrage），試圖讓更多河水注入巴吉拉堤河以活化河川時，問題就變得更大了。這座大堰的其中一個主要目標是清除逐漸堵塞加爾各答港口的淤沙汙泥。但是淤沙未能清除，反倒確確實實地激起了東孟加拉人的敵意。在我小時候，還沒有這麼明目張膽的種種政治紛爭，但是對水源的敵對意識卻已經十分強烈。

我對博多河的吹擂事實上沒什麼根據，因為達卡其實並不在河邊，即使過去曾經一度傍河而生（有些人這樣認為），博多河也早在幾個世紀前就已經改道了。孟加拉細緻的沖積土有一項突出特色，就是經常使得河水流向改道——在人類歷史上就常是如此，更甭說從地質學分期來看了。達卡事實上臨近的是另一條更小的布蒂恆河（Budiganga意思是「古恆河」），這名字倒也符合這條河的古老歷史。從達卡出發不久，就可以接到廣淼的博多河，沿途所見愈發壯觀，滾滾河水從四面八方匯聚而來，尤其在與印度次大陸上的另一條大河布拉馬普特拉河（Brahmaputra）相會後更是壯闊。布拉馬普特拉河在孟加拉這段又叫做賈穆納河（Jamuna），這使得北印度人經常搞混，因為在北邊還有另一條更著名的賈穆納河，流經德里與亞格拉（Agra）——也就是泰姬馬哈（Taj Mahal）所在。再往博多河下游走，會與梅克納河（Meghna）相會，這浩瀚的交匯口也因此稱作梅克納。我還記得頭一次站在這淼淼江邊，舉目四望不見彼岸時，那股從背脊爬上我腦門的興奮戰慄。我問父親：「這真的還是河嗎？這水是不是鹹的？水裡有沒有鯊魚？」

我們在東孟加拉（即如今的孟加拉）的生活就是由這些河流交織而成。我們每次要從達卡到加爾各答時，不管是要去這座「大城」觀光，還是要到桑蒂尼蓋登途中路過，都會先從達卡搭短程火車到納拉揚甘傑（Narayanganj），然後再轉搭汽船緩緩地沿博多河北上。在不停變換的兩岸景色中，我們抵達了博多河與賈穆納河交匯的果阿蘭朵（Goalando），在這裡改搭直達加爾各答的火車。

搭汽船在博多河上航行總令我深深著迷。我們在船上會看到不停變化的孟加拉景色，不時點綴著嘈雜熱鬧的村落，那些村落裡的小孩看起來從沒上過學，盯著船上的我們瞧，表情像是看到什麼稀奇事物。我不禁對這些失學孩子感到一陣難過，即使父親告訴我印度大多數的孩子都沒學校可讀，也化不去我這股焦慮。父親向我保證，獨立之後必定有所改變，但是對我來說那實在是太遙遠的事了。我當時還不知道即使獨立了，情況也沒那麼快好轉，當然我也更沒想到擴大學校教育——無論是在印度或世界各地——會成為我的畢生志業之一。

搭船航行也開啟了我對工程學的認識。從現在的標準來看，那艘汽船的引擎室肯定原始粗糙得要命，但是每次當父親向船長開口，要帶我進引擎室參觀（真的是每次搭船都要進去看看）時，我總是十分興奮，看那些並排著的推桿上上下下，還可以看到那些齒輪轉來轉去，鼻子裡都是引擎油汙的那股特殊氣味。我很喜歡待在這個動個不停的世界裡——跟甲板上那種緩慢移動的景色截然不同。我現在明白，那就是我想要搞懂像引擎這種複雜的東西是怎麼運作的開端。

二

從果阿蘭朵來回這段航程只是我對河川的兒時記憶之一而已。東孟加拉的季節慶典往往都有盛大的水上活動。我先前提過從達卡到曼尼克甘吉的麥托其實也要走一小段水路，只是要花很長時間跟船家討價還價。我和爸媽還有妹妹曼如要到外公家祖屋的路程也是一樣，外公家祖屋在畢克蘭蒲爾（Bikrampur）的索納朗（Sonarang），離東孟加拉的達卡不遠，但也要搭船渡河航行好長一段。外公外婆經常從西孟加拉的桑蒂尼蓋登回索納朗，放下工作，離開居地，回到他們的「老家」。

我快九歲時，父親告訴我他準備在暑假時，讓我們一家去住一艘附掛著小型引擎的船屋一個月，這樣就能沿著河道網旅行了。我想說，我人生最精彩的時刻之一就要來了，結果也確實如此。在船上悠遊的日子就和我想像的一樣令人興奮。我們一開始是沿著博多河走，後來也經過其他河川，從平靜無波的達勒許瓦里河（Dhaleshwari）開到了壯闊的梅克納河。這真的是令人歎為觀止。沿途好多植物，不只有生在水邊的，還有長在水底的，各種奇形怪狀都是我前所未見。盤桓在我們頭上或是停在我們船上的鳥兒也不停吸引我注意，我還趁這機會跟當時才五歲的曼如介紹其中幾種我認得出名字的鳥。滔滔的水聲晝夜不停地環繞我們——完全不同於在我們達卡庭園裡的那份靜謐。途中有一天還刮起了大風，大浪不停地撲拍過來，船身不斷隆隆作響。

河裡有好多我從未見過的魚，我爸爸好像全都認得一樣，試著一一向我指出不同魚類的各種特徵。還有吃魚的淡水海豚——孟加拉話叫「咻咻」（*shushuk*，學名為「恆河豚」*platanista gangetica*）——牠們全身又黑又亮，會浮上水面來吸氣，然後又一口氣鑽到水底深處。我喜歡遠遠看牠們優雅的擺動，又不想太過靠近，怕牠們把我的腳趾頭當作某種小魚一口咬了下去。

讓吉卜林在緬甸深深著迷的「飛魚」在博多河與梅克納河也很多，而且相當壯觀。我爸媽帶了許多詩集在身邊，有英文的，也有孟加拉文的。我在船上那些日子裡讀了好多詩，其中就有吉卜林的那首〈曼德勒〉。我還是很愛這首詩，想起曼德勒也很開心，但我總疑惑這個英國佬是在哪裡看到了那麼多魚跳躍飛舞？吉卜林是在摩棉（Moulmein）寫下了這首詩，我父親提醒我，我們住在緬甸時也曾去過摩棉，離曼德勒相當遙遠，而吉卜林就是將這些美麗的生物放在了「往曼德勒的路上」。

在路上？這怎麼可能呢？我記得我上床睡覺時還在想，伊洛瓦底江對這個英國人來說是不是看起來就像一條路一樣？還是說，他其實是在講河邊的哪一條路？——只是我想不起來有這樣的路呀！不過，在我想通這個難題之前，我就睡著了。隔天，當「清晨猶如雷光而來」，我又想起了吉卜林。我打算放下前晚的問題，今天就是要在船上到處張望探索，還要下水小心跟在船邊游泳。

河流的兩岸到處都有著大小村落——有的繁榮，有的破敗，還有些看起來就像要被河水淹沒了一樣。我問母親，那些村子的處境是不是真的很危險？母親說，確實如此。事實上，那些村子的處境比看起來的模樣還嚴重，岸邊那些看似穩固的地基很可能在河川進一步侵蝕之前就崩裂塌壞了。孟加拉的河川雖然是這整個地區自古以來繁榮興旺的主因之一，卻也常帶來危及人民生命的不測之災。在千變萬化的河川邊生活的這些居民所要面臨的重重挑戰一直深植我心，美麗與危險如此緊密相依的關係更是令我著迷不已。但是在那當口，我整個心思都在這滔滔大河的廣渺景象和水上生活的興奮刺激上。後來我才逐漸明白，許多東孟加拉人對河川都是自然而然地就抱著這種雙重態度。

孟加拉既陶醉於河川平靜時那份生生不息的美，也沉迷氾濫時那種狂暴洶湧，而這兩種情感都反映在孟加拉人對河川的命名上。有些河川的名字十分美麗——例如瑪育拉克什河（Mayurakkhi，正式名稱為Mayurakshi）的意思是「孔雀眼」，盧普納拉揚河（Rupnarayan）的意思是「美若天仙」，瑪杜馬蒂河（Madhumati）是「甜如蜜」，伊卡馬蒂河（Ichamati）是「如意」，還有「蓮花般的」博多河。時常氾濫改道的河川往往也名符其實，以彰顯它們毀家滅村的漫天威力，例如博多河又叫做克悌拿夏河（Kirtinasha），意思是「湮滅人世」。我從達卡的聖額我略轉學到桑蒂尼蓋登時，就是從克悌拿夏河旁邊——至少是附近——搬到了亞傑河（Ajay）旁邊，亞傑河這名字是「無敵」的意思，一年裡大部分時間這條河都十分平靜，但是一到雨季，洪水大作的情景實在令人難以想像，慘遭沒頂的城鎮不計其數。河川的這種雙重性格恰恰可作為人在社會中力求安穩的比喻——水能載舟，亦能覆舟，社會也一樣既能助人，也能殺人。

三

我們的船屋從小河進入大河時，河水的顏色也從米白變成了青藍。達勒許瓦里河的名字是取自她的平靜優美（*dhal*——這個罕見詞指的是某種白，*dholo*「白色」相對於「黑色」的 *kalo*），而梅克納河的名字則是來自雨季烏雲（*megh*）的黝黑之美。在我們身邊的河水總是不停吸引著我們的注意力。我這時已經讀了泰戈爾的長詩〈長河〉（Nadee，這是孟加拉語中表示「河流」的眾多詞彙之一），詩裡描述了居住在一條大河（大概是恆河吧）邊的人們與他們的生活。這條大河從喜馬拉雅山上滾滾而下，沿途流經了許許多多的人類聚落，最後注入海裡。讀著這首詩，我才覺得自己總算懂得了河流究竟是什麼，也才明白為什麼大家會對河流有那麼多的嗟怨。

我看著父親旅行常走的路線圖，突然有了個我覺得地理課應該講卻沒講過的驚天大發現——恆河與布拉馬普特拉河雖然流向南轅北轍，但它們卻有著同一個源頭：喜馬拉雅山上的馬納薩羅伐湖（Mana Sarovar，「心生湖」），在梵文典籍裡備受褒美的美麗湖泊。在各自歷經了遠遠相隔的漫長旅程後，這兩條河流終於在距離源頭千里之遙的孟加拉會合了。恆河從喜馬拉雅山南側貫穿北印度平原，流經瑞詩凱詩（Rishikesh）、坎普爾（Kanpur）、班那瑞斯（Banares，現稱瓦拉納西 Varanasi）到帕特納等人口眾多的古城，而布拉馬普特拉河則一直在喜馬拉雅山及平原北側綿亙千里，到跨越平緩的喜馬拉雅山區右轉之後才與恆河會合——真是他鄉遇故知。由於這項發現，再加上我才剛從學校學到的定義，所謂的島嶼就是由水體包圍的陸地，所以不知天高地厚的我斷定，印度次大陸最大的島嶼不是課本上說的斯里蘭卡（當時還叫做錫蘭），而是恆河、布拉馬普特拉河與馬納薩羅伐湖圍起來的這一大片陸地。

要是在達卡的聖額我略，我可不敢宣布我這項「新發現」，但是在氣氛融洽得多的桑蒂尼蓋登，我倒是樂於在地理課上分享。儘管地理老師不怕我對「印度次大陸上最大的島嶼在哪裡」這問題提出新解答，但是他斬釘截鐵地否定了我這項努力，就跟班上其他同學一樣。他們說：「你說的那不是所謂的島嶼。」「為什麼？」我問道：「島嶼的定義不就是這樣嘛——由水體包圍起來的陸塊呀！」批評我的那些人這時又拋出一個定義裡沒講的附加條件，說環繞陸塊的水體必須是海洋，不是河流或湖泊。我才不肯放棄呢。既然前幾個星期課堂上才教過巴黎就是塞納河中央的一座島，我說那我們這樣就必須把那座島嶼改稱為另一種東西（我對氣呼呼的其他人說：「說不定可以叫做鱷魚呀！」）。最後我沒吵贏，錫蘭還是次大陸上最大的島嶼，但我倒是得到了個我自認並非實情，卻不脛而走的評價，大家都說我這叫做一葉障目，不見泰山，還成天就會胡思亂想。

四

說嚴肅些，我們在桑蒂尼蓋登不時談到河川對周遭地區經濟社會發展的重要性。泰戈爾對這之間的關聯看得很清楚，不只寫成了文章，也寫進了他的詩裡。但我那時候還不知道一流經濟學家早就已經大力讚揚河川在促進交流貿易所扮演的積極角色。我在桑蒂尼蓋登學園對河川的積極角色了解愈來愈深，等到我進入加爾各答總統學院（Presidency College）讀書後，河川與貿易之間的關聯就成了我特別感興趣的題目。我也是在加爾各答才讀到了亞當・斯密對河川在市場經濟發展中扮演何等地位的分析。亞當・斯密看出了孟加拉在十八世紀經濟發展相當蓬勃，在他看來，這不僅是地方工匠訓練有素所致，（很重要地）也是因為河運與海運帶來了無限商機。

亞當・斯密甚至還試著以航運發展為本，描繪出古代各個文明的發展概況。他還特別提到「海運貿易品都是經由像是歐洲的波羅的海與亞得里亞海、橫跨歐亞的地中海與黑海等巨大陸間海，還有亞洲的阿拉伯、波斯、印度、孟加拉、暹羅的海灣，才輸進了各大陸內部。」雖然在北非的尼羅河也合乎他這番分析中的特徵，但亞當・斯密將非洲其他大多數地方——包括「非洲內陸」——的落後歸因於欠缺其他的航運商機：「非洲大型河川彼此之間的距離太過遙遠，無法提供任何實際的內陸航運。」

亞當・斯密認為「亞洲古代的斯基提亞（Scythia）文明、現代的韃靼利亞文明與西伯利亞文明都太過北邊，離黑海與裏海太遙遠」，也因而導致經濟落後：「韃靼利亞接觸的是一片冰封海洋，無法通航，儘管有幾條曠世大河流經領土，但河川彼此之間卻又相距過遠，無從在這大片土地上發展出貿易交流來。」我在加爾各答YMCA宿舍房間裡讀亞當・斯密對人類發展的理論與對河川經濟力量的歌詠讀到深夜，愈讀就愈忍不住聯想到我從小耳濡目染的孟加拉文化中對河川的謳歌，一路聯想到大小河川在促進這片地區繁榮所扮演的積極角色。

雖然亞當．斯密從沒親眼見過孟加拉大大小小的河流，但是他確實懂得河川在孟加拉人的食衣住行與心靈想像中有多麼重要。河川與周遭聚落是這地區幾千年來交流貿易的核心，不僅養活了國內經濟，其中更有不少聲名遠播，成為全球貿易與探索的要津。西元四〇一年，中國僧人法顯在天竺生活了十年後，就是從這地區多摩梨（Tamralipta）古城附近的港口搭船前往斯里蘭卡，再到爪哇，最後又回到了中國。他一開始是走北邊路線到印度來，從中國出發，經過阿富汗與中亞，然後在恆河上游的巴連弗邑（Pataliputra，即今日的帕特納）住了許久。回到中國後，法顯在南京寫出了《佛國記》，這本書是中文最早的遊記，詳述了他在印度各地的所見所聞。

西元七世紀時，中國又有另一名高僧義淨法師也西行天竺，他取道室利佛逝（Sri Vijaya，即今日的蘇門答臘），並在當地花了一年時間學習梵文，然後才到孟加拉的多摩梨城來。之後，他又沿著河流一路西行到現在的比哈爾邦（Bihar），總算到了那爛陀寺求法——那爛陀寺是古代世界一流的高等學術中心，興盛於西元五世紀初到十二世紀末。義淨法師的著作是第一部比較中印醫療與公共衛生措施的文獻。

到了十七世紀末，現今加爾各答附近的恆河河口已經成了許多印度產品的主要輸出點了，尤其是孟加拉所產的棉織品更是舉世聞名，連歐洲都知道，除此之外，還有許多來自更北邊的貨物（例如帕特納的硝石），也都是從恆河這裡輸出的。當然了，這地區繁榮蓬勃的交流貿易正是吸引外國貿易商來到這裡的根本原因。其中的東印度公司後來更是在這裡建立起了不列顛印度帝國。以加爾各答為基地的英國人並不是唯一想與孟加拉交易，進而打通貿易路線的外國人；法國、葡萄牙、荷蘭、普魯士、丹麥，還有其他歐洲來的貿易商也都紛紛在孟加拉開張生意。

早年在東孟加拉境內的生意並不好做，因為航運上的問題。我們可以看到有證據顯示因為恆河原本的河道（即胡格里河，流經現今的加爾各答）逐漸淤積，而注入現在孟加拉境內的水流則與日俱增，東孟加拉這裡的生意才逐漸轉好。恆河由於土壤特性以及終年不斷的沖積作用，流向東方的過程中容易從河床溢流而出，也因此蔓生出了拜拉布河（Bhairab）、馬塔邦加河（Mathabhanga）、瑪杜馬蒂河（Garai-Madhumati）等支流。浩大的帕特納河在十六世紀末出現，直接接通了恆河，此後就成了古恆河的主流，將滾滾河水帶入了東孟加拉地區。這項變化立即串起了東孟加拉與印度次大陸的經濟活動，更據此通往了世界各地，也促成了東孟加拉地區經濟活動的快速增長，蒙兀兒帝國從東孟加拉地區收取的貿易稅收劇增就是這一點的明證。

從外地來看，托勒密（Ptolemy）在西元二世紀時就詳細談過這個地區，還精確地說他「在恆河上走了五個月」水路才會進入孟加拉灣。雖然我們無法明確斷定托勒密口中這個繁榮的城鎮在哪裡，但是他對這地區貿易熱絡的說法應該十分可靠；維吉爾（Virgil）與老普林尼（Pliny the Elder）等其他古代作家的記載也都證實了這一點。過了一千多年，亞當・斯密也清楚肯定了這個地區的經濟重要性，相當於今日的加爾各答。

五

孟加拉文學裡對河川的迷戀，可以追溯到孟加拉語以具備嚴謹文法之姿出現，開始與梵文分道揚鑣的年代，推斷大約是在西元十世紀左右。孟加拉語跟古典梵文中的一種盛行版本「通俗梵語」（Prakrit）十分接近。古老的孟加拉故事經常跟河川有關。比方說，有口皆碑的《馬納夏曼格爾頌》（*Manashamangal Kavya*）廣為流傳，成篇時代可以追溯至十五世紀末，談的幾乎都是巴吉拉提河（Ganga-Bhagirathi）以及商人闡德（Chand）起身對抗大蛇女神馬納夏（Manasha），最終不幸落敗身亡的冒險故事。這故事改編的戲劇也好看極了。

我小時候讀了《馬納夏曼格爾頌》後滿心失望，一心只想要那個硬頸商人闡德能夠成功反抗卑鄙的蛇神馬納夏。我也記得自己對大眾傳說與戲劇裡各式各樣的神魔威能感到忿忿不平，總希望故事主角能夠勝過這些力量。這小小的心願偶爾也會成真，但是這點小小滿足等我到了美國之後幾乎完全破滅，因為在美國的電視節目上，尤其是有線電視的晚間節目，層出不窮的超自然人物可真是大行其道。當你聚精會神地看著一齣看似犯罪推理的故事，結果被逼進窮途末路的壞蛋竟陡然張開了血盆大口，吐出了十呎長的舌頭——這在美國觀眾眼裡似乎是司空見慣了。隨著劇情推展，各項物理法則也一一遭到顛覆。在這個世上科學最先進的國家裡，各種故事對於超自然力量如此執著——毫無《馬納夏曼格爾頌》文采的千百種奇幻故事就這樣在夜間電視上不停搬演——這大概也算是美國群眾想像的一大特色吧？

古代孟加拉的河川文學所關注的重點與表現主題可說是應有盡有，各不相同。最令我格外興奮的，是讀到早期孟加拉人在古老的《修行歌》（*Charjapad*，梵文寫作 *Caryapad*）中所闡述的佛教俱生派（Sahajiya）思想。這些詩歌可以追溯至十至十二世紀左右，是證實為最早的其中一批孟加拉文作品。這些詩歌不僅極具文學價值（不過要從現代孟加拉文設法看懂古代孟加拉文，還得費一番工夫），更有歷史意義，因為裡頭詳細描述了當時那些虔誠佛教徒的生活與價值觀。

《修行歌》的作者悉達察惹・卜蘇庫（Siddhacharja Bhusuku，亦作Siddhacharya Bhusuku）在詩裡表達出了一份優越感，興高采烈地說他在博多河上被劫走了一切財物（可謂「喜捨」），而且還娶了一名出身低微種姓的女子為妻，如今可說是「真孟加拉人」了。悉達察惹寫道：

博多河上盪篷舟，
路匪洗我一身憂。
今日納娶山檀女，
真得孟加拉風流。

身無長物，又反抗種姓婚配——山檀（Chandal）是最低階的種姓之一——這明白顯示出卜蘇庫對成為一個講求平等的孟加拉人有多麼自豪。

不過，在十到十二世紀之間，當個「孟加拉人」（在《修行歌》裡寫作「梵伽人」Vangali）並不完全就是現在所謂「孟加拉人」的意思——這個詞語的意思一直在演變。在十世紀時，「梵伽拉人」專指來自孟加拉的梵伽（Vanga）這個特定地區的人，也就是現在的孟加拉共和國——這裡有很長一段時間都被稱為「東孟加拉」。舊孟加拉，也就是梵伽，涵蓋了現在的達卡與福里德布爾（Faridpur）。我出身達卡，既是今日意義下的「孟加拉人」，也是古籍裡所謂的「孟加拉人」（或「梵伽人」）。我不免因此而對卜蘇庫感到格外親近，但更重要的是他的佛教思想——我求學時期對佛學十分著迷。可惜的是，儘管我苦勸其他同學接觸卜蘇庫這傳承了一千多年的思想，卻終究是一場空。唯一的例外是我在桑蒂尼蓋登的華裔同學譚立（Tan Lee），但我當時也不能斷定他是因為受不了我成日在耳邊絮絮叨叨，還是真心對佛學感到興趣。

六

千百年來，東孟加拉人（就是西孟加拉人口中的「孟仔」Bengal，意思是純樸得徹底）與西孟加拉人（東孟加拉人譏為「杯仔」Ghoti，字面意思是沒有把手的杯子）之間就一直有著明顯對比。但是這項區分倒與一九四七年孟加拉在政治上分裂為東巴基斯坦（也就是如今的孟加拉共和國）與至今仍屬印度的西孟加拉省沒有什麼關係。一九四七年的政治分裂幾乎完全是宗教路線不同所致，但孟仔與杯仔之間的文化分歧卻是更久遠以來的事，完全與宗教無涉。的確，大部分的孟仔都是穆斯林，而大部分的杯仔都是印度教徒，但是孟仔與杯仔之爭跟宗教上的分歧實在沒多大干係。

東、西孟加拉之間長久以來就有重大分歧。正如前述，大部分東孟加拉人都是梵伽古國遺民，而西孟加拉人則主要來自遙遠的西方，來自繼承了古代拉爾國（Rarh）與蘇馬國（Suhma）的高爾國（Gaur）。卜蘇庫明白指出了早期孟加拉各地分別有不同的社會習俗。的確，孟加拉各地各有不同的口音，即使正式口語多少比較統一，但各地區仍是南腔北調，各說各的。有時候，孟仔與杯仔就連在表達某些基本觀念的語詞上都有截然不同的選擇。比方講，如果要說「我認為如何如何」，在西孟加拉加爾各答或桑蒂尼蓋登長大的人會講 *bolbo*，但是像我們在東邊長大的人就會說 *kaibo* 或 *kaimu*。我剛從達卡到桑蒂尼蓋登那時候，經常脫口講出東孟加拉腔，所以班上同學不免揶揄我，紛紛叫我Kaibo。後來這就成了我的外號，我那些杯仔同學叫我的時候總是笑得東倒西歪。過了大概兩年之後，我那些杯仔朋友才逐漸不再覺得我們這種用字遣詞上的差異好笑。

孟加拉內部的這些地區差異究竟造成了多大分歧呢？從這兩個族群無傷大雅地彼此取笑就可見一斑，尤其是在加爾各答，畢竟在分裂前的孟加拉首都裡混居了眾多的孟仔與杯仔。說起來，真正嚴重的分歧之一大概是足球議題吧（這裡指的可不是美式足球）。杯仔大多支持莫亨巴根隊（Mohan Bagan）這支老加爾各答球隊，而孟仔則大多是東孟加拉隊（East Bengal）這支新球隊的球迷。宗教上的歧異跟這點完全無關：城裡還有另一支表現優異的球隊——穆罕默德運動隊（Mohammedan Sporting），不過這支隊伍裡也有印度球員就是了。莫亨巴根隊跟東孟加拉隊的對決往往會吸引大批球迷觀賽——至今依然如此。許多加爾各答人都認為這才是年度最重要的活動，比賽結果是攸關生死的大事。我出身達卡，當然就是東孟加拉隊的球迷。不過我只有去看過一場比賽，那時我才十歲，後來就都只透過媒體報導來關注他們的重大戰果。沒想到的是，過了五十五年，我居然因為「長期以來的堅定支持」而獲得東孟加拉隊俱樂部頒發終身會員，真教我受寵若驚。

莫亨巴根對上東孟加拉隊的比賽結果確實會造成重大的經濟後果，就連加爾各答市場中的各類魚價也會受到影響。大部分的杯仔都愛吃「鯪魚（rui）」，但是來自東邊的孟仔則是「雲鰣（ilish）」的死忠顧客，所以莫亨巴根隊贏球的話，鯪魚的價格就會節節上漲，成為杯仔的桌上佳餚；要是東孟加拉隊贏了莫亨巴根隊，雲鰣的價格也同樣會跟著水漲船高。我小時候還不知道自己將來會專攻經濟學（我當時一心沉迷於數學和物理學，唯一能與這兩科抗衡的其他興趣就只有梵文），但是需求暴增而價格翻倍的基本經濟現象馬上就勾起我的興趣了。我還自己推測出一套粗淺的理論，假如比賽結果完全可以預測的話，大概就不會出現這種波動現象了。如果球賽勝敗可以預測，魚販就會增加當天該賣的魚種——而既然球賽結果可以預測，對「正確魚種」的需求也就不會超出調整過的供給量，那麼價格就不會上漲了。而鯪魚和雲鰣的價格會有高低起伏，顯然就是因為莫亨巴根和東孟加拉隊的球賽結果難以預料所致。

老實說，推測究竟是什麼因素使得物價穩定或波動確實有點趣味。但這又給我帶來第二個結論：如果經濟學真的就只是在處理這樣的問題，那或許是能給我們——我對自己這樣說——帶來一些分析上的趣味，不過這樂趣很可能沒什麼實際用處。現在想來，還好這份疑慮並沒有打消我在大學一年級時決定專攻經濟學的念頭。我可以很高興地說，亞當．斯密對可航行河川與文明消長之間關係的猜想還確實真有得想呢！

七

由於孟加拉地區傳統生活以河川為中心，所以各種社會、文化事務也自然經常用上與河川相關的比喻。河川支撐起也維繫著人類的生活，但是也會帶來顛覆、毀滅；而在河川周邊成長茁壯的社會對個別的人的生死成毀也有異曲同工之效。

知名的孟加拉小說家兼政論家胡馬雲．卡畢爾（Humayun Kabir）在一九四五年出版的著名小說《大河與女人》（*Nadi O Nari*）裡徹底描寫出河流與人民之間的關係是如何深刻影響了孟加拉人的生活。另一位孟加拉頂尖作家布達戴・波斯（Buddhadeb Bose）在《四部文書》（*Chaturanga*）這份孟加拉文學雜誌中說得好，在卡畢爾的動人故事裡，博多河「在雨季裡波濤洶湧，在雨季過後的秋天裡靜謐優美，在夏天的風暴夜裡令人喪膽，既是殺人奪命毫不眨眼的無情死神，也是締造美好人生的無上大能——更是在乾旱之後的暴雨裡劫掠財物的無恥大盜。」

卡畢爾這本孟加拉文小說不久後也出了英文版（書名改成了《男人與大河》），書裡講述的是沒有地產的幾個家庭在大河不停堆積又摧毀的土地上掙扎謀生的故事。這幾個家庭都是穆斯林，就和卡畢爾本人一樣，但是他們所經歷的掙扎卻是所有傍河而生的孟加拉人都同樣面臨的困境，跟他們的宗教信仰絲毫無關。「我們就是河邊人。我們就只是平民百姓。我們在沙洲上建造房屋，卻讓大河沖走了。我們蓋了又蓋，在這片荒地上耕耘播種，拿命換來金黃收成。」《大河與女人》在我讀高中時是本廣為流傳——也多有迴響——的名著，書中提到的許多議題頗受大眾關注。這個描述必須時時面對大河的無定喜怒的家庭倫理故事確實非常動人。

不過，卡畢爾這本小說還有另一點引人入勝之處。除了直指孟加拉人所面臨的共同困境之外，這本小說還點出了一個穆斯林家庭在印度爆發穆斯林分離運動那些年的處境。身為穆斯林政治領袖的胡馬雲・卡畢爾堅決反對分離主義，即使在孟加拉分離獨立之後，他也繼續留在印度，率領知識分子積極參與社會運動。他也曾替印度國大黨黨主席茅拉納・阿布爾・卡蘭・阿札德（Maulana Abul Kalam Azad）執筆，寫下了為印度獨立非暴力抗爭發聲的那部著作《印度終將自由》（*India Wins Freedom*）。

《大河與女人》寫於一九四〇年代，正如孟加拉文學評論家扎法爾・阿瑪德・拉榭德（Zafar Ahmad Rashed）寫道，當時「孟加拉的穆斯林正處在風雲變色之際」，但同時也「充滿願景」，而這正是卡畢爾所要描寫的兩難處境。有許多穆斯林政治領袖當時都參與推動政教合一運動，因而有了「穆斯林獨立家園之拉哈爾宣言」（the Lahore Declaration for an independent homeland）。然而「我們卻看見現實的難題深植在本土文化之中，包括大家溝通時使用的語言，以及必須超越『穆斯林文化』（與相關思想）那套特殊要求的在地文化傳統。」

在許多印度裔孟加拉人的政治與文化思想中也可以發現這種強烈衝突。突發的族群械鬥迅速蔓延各地，成為了孟加拉分離獨立前那些日子裡的新興政治力量，更在一九四〇年代造成了不少流血事件。就連當時還在讀書的我們都不免感到焦慮，成日憂心忡忡。我們不知道這種毒素怎麼會擴散得如此迅速，只能衷心期盼世界趕緊脫離瘋狂，揣想我們能用什麼方式貢獻一己之力。大河不管宗教上如何分立，同樣為人們帶來創生與毀滅，這是要提醒我們，無論族群有多少對立，所有人其實都共同面臨同樣的處境。或許，這就是《大河與女人》傳達的重大訊息吧？

第3章 沒有牆的學校

一

泰戈爾在一九四一年八月逝世。我當時還在達卡的聖額我略學園讀書。校長緊急集合了全校師生，公布了這則噩耗，並宣布當天停課。我在回家的路上不禁想著，這位和藹可親、滿臉虬髯的家族世交，這位我在桑蒂尼蓋登會跟著外公外婆或是媽媽去拜訪的老先生，究竟為什麼對這世界如此重要？我知道泰戈爾是一位了不起的詩人（連我都能背得出他的幾首詩），但是我搞不懂他這個人為什麼會被認為如此舉足輕重。當時才七歲的我，根本不知道泰戈爾會對我將來的想法產生多大影響。

回到家時，我看見媽媽正在沙發上哭，也聽她說爸爸等等就會從大學先回來了。我妹妹曼如那時才三歲，根本不曉得發生了什麼事，我得向她解釋，有個跟我們家很親近的大人物剛剛走了。她顯然還不確定這是什麼意思，問我：「走了？」我說：「對。」她回我：「那他還會再回來呀！」七十年後的二〇一一年二月，曼如因急症過世，而我到現在還記著她當年說的這句話。

說回當年，在一九四一年八月那個悶熱的日子裡，哀傷似乎淹沒了我們身邊的每個人，無論親朋好友、僕人奴婢，全都哀慟欲絕。我們家專業的廚子是位虔誠的穆斯林，總是為我們做極好吃的煙燻雲鰣，他那天特別到我家來致意。悲傷的他噙著眼淚，說他有多愛泰戈爾的歌。但是我想他主要是來弔慰的，畢竟他知道我們家跟泰戈爾有多親密，尤其是我媽媽。

打從我還在襁褓之中，泰戈爾就一直深深影響了我的人生。我母親阿蜜塔不僅在泰戈爾的桑蒂尼蓋登學園讀書，而且（正如先前說過的）經常在泰戈爾編導的歌舞劇中領銜主演，在加爾各答粉墨登場。我外公克西提．莫罕在桑蒂尼蓋登學園教書與做研究幾十年，跟泰戈爾是莫逆之交。泰戈爾經常借重我外公對印度經典的豐富知識，以及外公特別精通的北印度和孟加拉田園詩韻。泰戈爾最後的公開演講是以孟加拉文發表的〈文明的危機〉（Crisis in Civilization），但這篇震古鑠今的鴻文當時是交由我外公代為宣讀，因為泰戈爾那時已經虛弱到無法自己朗誦了。那篇文章洞見卓越，就連年幼的我，也聽得深受感動，氣血翻湧。泰戈爾對漫天戰火沮喪不已，對西方列強層出不窮的殖民行徑深惡痛絕，為納粹的蠻橫手腕與日軍的酷虐暴行挫折氣餒，為印度境內族群緊張態勢憂心如焚，更為世界將來命運鬱鬱難歡。

泰戈爾的逝世也令我難過不已，尤其一想到這代表了什麼，更是倍感哀痛。我喜歡這位看起來總愛和我說話的慈祥老人，但我那時根本就不懂為什麼人家會說他的思想有多麼重要，他的創作又是多麼生猛有力。所以我下定決心好好了解這位我過去不曾下工夫認識的偉大人物。所以說，我其實是在泰戈爾死了之後才深入鑽研他的思想，而且至今仍然獲益無窮。他對自由與推論說理的無比重視促使我認真思考這些題目，隨著年歲漸增，這些題目對我來說愈形重要。而我認為泰戈爾思想中最通幽洞微、最振聾發聵的一點，就是指出了教育在增進個人自由與推動社會進步上所扮演的角色。

二

我媽十分積極要我在桑蒂尼蓋登就學，就像她當年那樣，而且——說來有些弔詭——泰戈爾過世讓她更是對這件事鐵了心。我爸爸倒是不太樂意，不想讓我從達卡家中搬到桑蒂尼蓋登的外公外婆家。但是就像先前所說的，由於戰事節節逼近印度，爸爸總算想通我待在桑蒂尼蓋登應該會安全得多。就這樣，我搬家的事就定了下來。等到後來日軍撤退，反倒是我拒絕離開這所我已經徹底愛上的學校了。

泰戈爾過世不久後，一九四一年十月，我就搬到了桑蒂尼蓋登，外公外婆盛大歡迎我「回家」（外婆是這樣說的）。他們還住在我一九三三年十一月出生時的那棟茅草屋。搬回去的頭一天晚上，我坐在廚房的凳子上，一邊看著迪迪瑪下廚，一邊聊著家裡的大小事，當然也會講些閒話，當時快要八歲的我開始逐漸體認到這整件事的意義。我感覺自己一下就長大了。說真的，在七歲到九歲這幾年裡，我在思想與理解上的迅速擴張著實令我嚇了一跳。

三

我搬到桑蒂尼蓋登時，大約是杜嘉菩薩節（Puja）假期接近尾聲，準備重新開學的日子。所以我在學校復課前還有時間可以去校園逛逛，我仔細觀察了學校各地，尤其對遊戲場格外用心。我表哥貝倫（我都叫他貝倫大 Barenda，da 是大哥 dada 的簡稱）帶我去見了板球隊隊長，遊戲場上還有些年紀跟我差不多的小孩正在打板球。我頭一次上場打板球的結果實在是災難一場。隊長一開始餵球給我打，要看看我的打擊實力，結果我大手一揮，球卻正中他的鼻子，當場鼻血直流。他趕緊下場療傷，我還聽到他一邊跟貝倫大說：「你弟要加入球隊沒問題，但是你要教他往邊界打，不是往投手鼻子打。」我滿口答應，為我順利開始新學校的生活雀躍不已。

我從來沒想過原來學校可以像桑蒂尼蓋登這麼好玩。這裡幾乎想做什麼都可以，多的是能跟你無所不談的聰明同學，還有會問些天馬行空的問題的親切老師，而且最重要的是沒有什麼硬性規定，更沒有任何體罰嚴懲。

嚴禁體罰是泰戈爾堅持的規矩。我外公克西提・莫罕跟我解釋這為什麼讓「我們學校跟國內其他學校」呈現出極大對比，對教育這回事——尤其是在培養孩子的學習動機上——又有產生什麼不同影響。他說，不僅是因為鞭打一個毫無招架之力的小孩是一種我們應該深惡痛絕的野蠻行徑，而且要是想讓小孩學會做正確的事，就應該要讓他們理解其中道理，而不是讓他們只為了避免吃痛或丟臉才這麼做。

不過，儘管外公把這些原則奉若圭臬，但是據說他在教導低年級學生時也曾經翻臉。當時他要教好幾班大約六歲的小孩，其中有一個特別調皮搗蛋的小男生總是一再地把自己的涼鞋丟在老師講桌上。克西提・莫罕想盡辦法苦口婆心地跟他講道理，但這小男生還是屢勸不聽，最後我外公氣到直說要是你這孩子再這樣繼續下去，就得挨巴掌了。沒想到那男生回嘴道：「喔，克西提大呀，你是不是沒聽過大老師〔就是泰戈爾〕規定過，在桑蒂尼蓋登這片土地上不能體罰學生呀？」據說後來我外公一把揪住那小孩衣領拎了起來，問他現在是不是還在桑蒂尼蓋登的地上，那男生連連搖頭說沒有，外公在他臉上作勢拍了一下後，把那男孩安全放回了地面上。

四

桑蒂尼蓋登的課程與眾不同。除非是需要在實驗室操作的課程，或是遇到下雨天，不然無論什麼課程都是在戶外進行。我們會各自帶著坐墊，在老師指定的大樹下坐好，老師則會坐在一張水泥椅上面對著大家，旁邊則是上課用的黑板或講桌。

學校裡有一位老師叫尼添南達・畢諾德・高斯瓦米（Nityananda Binod Goswami），不過我們都叫他高三級（Gosainji）。高三級老師負責教授的課程是孟加拉語文和梵文，他跟我們說過，泰戈爾不喜歡生活環境裡有任何屏障。高三級說，讓大家在戶外上課，沒有牆壁隔著，大概就是這想法的體現吧。從更高層次上講，泰戈爾不想要讓我們學生的思想被禁錮在自身族群裡——不管是宗教或其他任何類型的族群歸屬——也不想讓我們受自己民族所限（他對民族主義的批評可是不遺餘力呢）。儘管泰戈爾喜愛孟加拉語言和文學，但他十分厭惡囿於單一文學傳統，因為那不只會養出墨守成規的愛國主義，更是忽視了他山之石可以攻錯的寶貴教訓。

高三級還說，泰戈爾尤其鼓勵學生培養心無旁鶩的能力。他相信，能夠在這樣的環境下學習，就意味著在人生中絕不放棄教育的決心。這番話說得真是太好了，我們同學之間三不五時就會拿出來談。儘管我們之中有些人對這番話深感懷疑，但是大家都覺得能在戶外上課確實是十分令人開心的一種體驗。我們的結論是，就算在戶外上課沒有真正學到什麼，在戶外上課也的確是好事一樁。我們也都認為，即使自己有時候會跟不上課業，但那也絕非因為人在戶外，四周沒有牆壁的緣故。後來我無論是在嘈雜忙亂的火車站裡，或是在摩肩擦踵的登機門口，都能夠靜下心來，工作如常，許多朋友都對此嘖嘖稱奇，這偶爾會讓我想起高三級說在戶外上課能教會我們不易分心的那番話。

五

在戶外上課只是桑蒂尼蓋登與周遭學校與眾不同的其中一點。桑蒂尼蓋登自然也是一所進步開明的學校，有著兼容並蓄的眾多課程，還能實際體驗亞洲與非洲各地的不同文化。

在課業方面，桑蒂尼蓋登不苛求學生的成績——我們通常沒有考試測驗，而且不太以成就表現來排序。要是按照一般學業標準，桑蒂尼蓋登大概是比不過加爾各答或達卡的某些名校，比起聖額我略學園更是望塵莫及。但是桑蒂尼蓋登最棒的就是在課堂上的討論題目能從傳統印度文學談到當代文學，從西方經典談到中國思想，甚至談到日本、非洲、拉丁美洲。桑蒂尼蓋登對多樣性的鼓勵與支持也和當時整個印度學校教育中欲蓋彌彰的文化保守風氣截然不同。

泰戈爾對當代世界的這套寬闊文化觀大概也催生出了名導演薩提亞吉．雷（Satyajit Ray）的觀點。薩提亞吉．雷曾在桑蒂尼蓋登就讀，後來也拍了好幾部改編自泰戈爾筆下故事的電影。

（他其實只比我早入學一年，但是比我大了十二歲。）雷在一九九一年曾談到桑蒂尼蓋登學園，而他這番話應該能讓泰戈爾含笑九泉吧：

我覺得在桑蒂尼蓋登那三年是我人生中收穫最多的時候……桑蒂尼蓋登打開了我察覺印度與遠東藝術的視野。在那之前，我完全沉浸在西方藝術、音樂和文學裡頭。我有糅合東西方精華的今日，都是桑蒂尼蓋登的造就。

泰戈爾身邊有一群人與他同心協力推動他這份事業。除了克西提・莫罕之外，桑蒂尼蓋登還充滿了許許多多各有專精的有才之士，他們都與泰戈爾懷抱著相似的願景——當然也都是受了他的影響。這些老師拿的薪水，即使用印度的薪資標準來看，還是少得可憐，但是他們會聚集在此，就是因為受到泰戈爾感召，共享這份願景。這些老師裡有不少頂尖名師與研究人員，有好些人甚至專程渡海前來，諸如希爾萬・列維（Sylvain Lévi）、查爾斯・安德魯斯（Charles Andrews）、威廉・皮爾森（William Pearson）、譚雲山和李奧納德・埃姆赫斯特（Leonard Elmhirst）等。

教師群裡還包括了名聞遐邇的南達拉爾・波斯（Nandalal Bose），這位印度的頂尖畫家也是一位了不起的美術老師，在他指導下，桑蒂尼蓋登的卡拉・巴梵（Kala Bhavan）美術中心享有盛名，培育出了諸多才華洋溢的藝術家，例如畢諾德貝哈里・穆寇帕迪耶（Binodbehari Mukhopadhyay）和蘭姆欽卡・拜吉（Ramkinkar Baij）。正是在這裡所受到的教育轉變了薩提亞吉・雷的思想與藝術。他後來還說：「要不是我在桑蒂尼蓋登求學過，我想我拍不出《大地之歌》（*Pather Panchali*）。我是坐在『瑪夏師父』〔Master-Mashai，即南達拉爾・波斯〕腳邊，才學會了怎麼看到自然，怎麼感受到自然中的那些韻律。」

六

桑蒂尼蓋登旁邊就是已經熱鬧了五百多年的老集市波普爾（Bolpur），離據說是十二世紀印度大詩人賈亞戴瓦（Jayadeva）生長之地的肯督里（Kenduli）不過十多哩路。肯督里幾百年來年年都會舉辦「賈亞慶典」（*Jayadeb mela*），我還記得小時候會看到數不清的鄉村歌手和民間詩人千里迢迢來參加年度大節，而這場合當然也少不了賣鍋碗瓢盆和便宜服飾的小販。數學自古就是印度人的強項，所以在這集市裡要是看到五顏六色的史詩故事書旁擺著數學難題集，另一邊還排滿了各式廚具，也沒什麼好意外的。

一八六三年，萊普爾莊（Raipur estate）的大地主西提坎塔・辛哈（Sitikanta Sinha）給了泰戈爾的父親德本莊納特（Debendranath）一塊土地。德本莊納特是位知名學者，也是「婆羅門薩瑪吉」（Brahmo Samaj）這個促進統一運動的宗教團體領袖之一。辛哈送他這塊土地原本是要讓德本莊納特有個能夠沉潛靜思的隱居地。辛哈家幾代一直都是孟加拉的大地主，甚至在倫敦的上議院裡都有辛哈家的席位。德本莊納特在世時並未將這塊土地放在心上，到了二十世紀初，泰戈爾決定將這塊地當作興辦學校的用地。因此，在一九〇一年，就誕生了這所以追求世上智慧為宗旨的「維斯瓦巴拉蒂」大學（*visva*在梵文中是「世界」的意思，也寫作*vishwa*，跟我達卡老家「世界小屋」名字中的*jagat*是同一意思）。這所印度學校的目標是追求世上最卓越的知識，無論這些智慧源自何方，全都來者不拒。

泰戈爾會決定在桑蒂尼蓋登創辦新學校，主要是因為他對自己的求學時光深感不滿。他很討厭自己上過的學校，所以頻頻中輟——後來只得靠家庭教師在家中修業成學——他對一般印度學校實在是避之唯恐不及。他在年紀還小時，就已經能一針見血地直指當時加爾各答各所學校的諸多弊病，即使許多課業成績優異的名校也未能倖免。所以在興辦學校之初，泰戈爾就決心要讓這所學校從裡到外徹底與眾不同。

比起我們這些身處其中的師生來說，有時候說不定旁觀者更能一語道破這所創新學校獨一無二之處。一九一四年八月（在我出生前二十年），來自美國，曾在哈佛求學的喬・馬歇爾（Joe Marshall）造訪了桑蒂尼蓋登學園，他清楚地指出了這所學校的特點：

> 他這套教學法的原理是必須讓孩子在一個平和而充滿自然生命力的環境裡完全自由、時時快樂；所以必須要有藝術、音樂、詩歌，要從每位老師身上學習方方面面的學問；學校上的都是常規科目，但不靠填鴨硬灌，學生上課時是在戶外樹下圍坐在老師腳邊，個人會自然而然地按照各自的興趣與能力，發展出他們各自不同的稟賦與氣質。

馬歇爾還提到了泰戈爾特別關注自由，尤其是就連學童也要能夠自由。這點出了泰戈爾的思想中獨特的一面，但是像將他思想介紹給西方世界的葉慈（W. B. Yeats）和埃茲拉・龐德（Ezra Pound）這些「贊助人」的正統說法卻完全忽略了這一點，這容我稍後再敘。不過，正如我在這一章一開頭提到的，隨著我在桑蒂尼蓋登受教育的時間日長，「行使自由」必須與「運用理性」齊行並進這個觀念就顯得愈來愈清楚。一個人要擁有自由，就要有理性才能行使——即使什麼也不做也是在行使自由的一種表現。隨著我在學校日久，自由運用理性的這種訓練就愈顯得是泰戈爾在他這所不平凡的學校中最努力推動的嘗試。而對自由與理性結合的格外重視，這個理念也伴隨著我一生。

七

我在桑蒂尼蓋登最早接觸的老師，除了先前提到的高三級之外，還有檀那言卓・納特・高栩（Tanayendra Nath Ghosh）老師，我們私下都叫他檀那大（Tanayda），充滿熱忱的他是一位教學技巧卓越的英文老師。我頭一次接觸到莎士比亞——我想應該是《哈姆雷特》吧——就是多虧了他的循循善誘，我到現在都還記得當時的那份悸動。後來我在晚上就會請表哥布達・雷（Buddha Ray）一邊教我，一邊接著課堂上讀過的內容繼續讀下去。我超愛《馬克白》那種陰暗劇情，可是《李爾王》那種恐怖悲劇可就吃不消了。我的地理老師卡辛納特達（Kashinathda）風趣詼諧，總能把上課內容——還有我們聊到的任何事物——講得萬分迷人。歷史老師烏瑪（Uma）教我們對歷史細心鑽研的功夫，許多年後她還到三一學院來探望我，告訴我好幾件我從不知道的三一學院軼事。

我的數學老師賈嘉班督大（Jagabandhuda）教學技巧出神入化，但他偏偏不愛出風頭。一開始，他很擔心我總對課程進度以外的東西感興趣，怕我會不管我們課堂上要學的內容。但是說真的，學校裡一般正常的數學課題確實完全勾不起我興趣。（我有一回還大言不慚地告訴他：「我想我是可以算出這彈道落點啦，但是我就不喜歡計算呀！」）我當時就下定決心，不如來思考數學推理的性質與基礎好了。儘管泰戈爾自己不太喜歡數學，但他鼓勵自由與理性的那套主張倒是鼓舞了我去做自己真心想做的事情。

賈嘉班督大最後認輸了。我一開始還想，他之所以不願意順著我，是因為他對課程內容以外的數學所知不多，但這後來證明純粹是妄想。我每次對經典數學題目提出不尋常的解法時，他就會提出另一條思路，激得我死也要自己想出比他更新穎的理路。我曾經有好幾個月在放學後都走到他家去跟他談話——他似乎總有無盡的時間可以陪我慢慢聊，師母也總是相當容忍我的不請自來（她經常端茶過來：「給你們倆慢慢聊」）。賈嘉班督大會四處翻查書籍文章，讓我看看除了我已經知道的那些思路之外還有些什麼異想天開的妙招，這著實大大地激勵了我。

後來當我有條理地鑽研數學的基礎時（大概是一九五三年我搬到劍橋三一學院後），我才發現當年賈嘉班督大就已經教過我這個主題中一些經典作品的理路了。幾十年後，當我在哈佛跟頂尖的純數學家貝瑞・馬祖爾（Barry Mazur）和傑出的經濟學理論學者艾瑞克・馬斯金（Eric Maskin）兩位合開「數學模型推理」與「公設推理」課程時，我總會想起形塑我數學思考的那段日子。唉，只可惜我當時已經無緣向賈嘉班督大當面致謝，因為老師他退休後不久就過世了。

我接觸最頻繁的老師要數拉里特・馬駿達（Lalit Majumdar）了。他不僅是位聰明的文學老師，更是我們學校為附近村落失學孩童提供夜間補校課程的重大推手。他和他受人歡迎的弟弟莫西大（Mohitda）都在我們學校任教，兄弟倆都是學校裡的風雲人物。桑蒂尼蓋登能有他們這對教師兄弟，真是我們的福氣。有一回——大約是在我十二歲左右——學校要舉辦一整週的校外教學，要到隔壁比哈爾邦從五世紀保留至今的那爛陀寺舊址露營，大家得自行搭帳篷，帶著各式各樣的生活用具，結果我卻因生了場小病而無法成行。過了幾天，莫西大突然來找我，說：「要不要跟上同學去冒險一番？」我真是高興極了。我不僅沒有錯過在那爛陀寺露營的那趟校外教學，而且在搭火車從桑蒂尼蓋登出發的旅途中，我還跟莫西大老師更熟悉、更親近了。

我和其他同學那時候自發為桑蒂尼蓋登周遭村落失學孩童開辦夜間補校課程，拉里特大的滿腔熱情也不輸我們這份年輕志氣。他不僅幫我們控制收支出納，還幫我們上課講授。但是他也會在我們忽視自己課業時警告我們不要捨本逐末。辦夜間補校課程是一項十分艱鉅的任務，我們也對自己達成的具體成果相當滿意。附近村落的孩子們不必煩惱上不起學校，可以在這裡學會讀寫計算。這都要歸功於拉里特對我們的諄諄教誨與殷殷指導。他到九十多歲時都還過著懷抱熱忱的健康人生。

八

我講到現在的那些回憶都是我覺得舒適自在的，但是我也應該說說那些我很不拿手的科目。木工課就是其中之一。我的同學可以按照設計用木板搭出一艘小船，我卻頂多只能雕出一個肥皂盒，而且還醜不拉嘰的。除此之外，還有歌唱課。這是桑蒂尼蓋登的重點科目。我很愛聽音樂——一直到現在都是——也很愛聽人唱歌，但是我一拉開嗓子卻是五音不全。我們的音樂老師是位歌聲動人的歌手，我們都叫她莫霍蒂（Mohordi）——她的本名是卡妮卡．班多帕德榭（Kanika Bandopadhyay）——她不相信我就是沒這能耐，不肯在課堂上放過我。她說：「每個人都有唱歌的天分，只要多練習就好了。」

在莫霍蒂的鼓勵下，我還真的認真練了好一陣子。我相信自己練習時是百分之百盡力，但努力成果究竟如何我也不敢說。練了個把月後，莫霍蒂點我上台唱歌，等我唱完，她一臉挫敗，幽幽地說：「阿馬蒂亞，你以後可以不用來上音樂課了。」桑蒂尼蓋登這幾十年來出了不少了不起的歌手，包括許多專精拉賓德拉．桑吉（Rabindra Sangeet，即泰戈爾所寫的歌曲）的專家，像是孟加拉的香提．戴布．高栩（Shanti Deb Ghosh）、尼莉瑪．沈恩（Nilima Sen）、夏拉賈．穆俊達（Shailaja Mujumdar）、蘇琪特拉．米察（Suchitra Mitra）、瑞茲瓦娜．楚荼利（Rezwana Choudhury，又叫班尼亞Bannya）等。令人慶幸的是，雖然我自己沒辦法唱歌譜曲，但我還是能夠自在地欣賞音樂。

桑蒂尼蓋登也讓學生有大把時間可以運動。男孩子最喜歡的就是踢足球了，我偏偏一竅不通，而且我也完全不會打曲棍球。還好，我羽球還打得勉勉強強，板球成績也還差強人意。我打擊還行，但是投接球不行，也完全沒辦法跑外野。不過我在跳沙袋賽跑這個項目可就能稱王了，雖然學校安排這課程項目一半是為了好玩，一半則是為了讓像我這樣四肢不發達的學生也能好好運動。我之所以能在跳沙袋賽跑中得勝，主要是因為我琢磨出只要想抓著袋子往前跳就前進不了的道理（因為那樣只會摔倒），所以要用腳趾抵住沙袋底下的兩個角，就能穩穩向前了。由於一九四七年八月十五日印度獨立那天，學校舉辦的慶祝活動中只有跳沙袋賽跑這項運動，所以我反而在那個充滿紀念性的日子裡能夠享受體育優勝的光環。那真是我人生的體育巔峰。

印度獨立後，我又發現了一件我不擅長的事。印度政府成立了國家青年軍（National Cadet Corp, NCC），專門提供志願民眾進行軍事訓練，也就是獨立前大學軍官訓練團（University Officers' Training Corp, UOTC）的翻版。政府派人來問我們想不想加入桑蒂尼蓋登這地區的小隊，隸屬於拉傑普步槍軍團（Regiment of the 'Rajput Rifles'）旗下。這馬上就在學校裡掀起一場論戰，討論我們是否該加入這支部隊，最後大家的結論是何不試他一試，看看政府能提供什麼樣的訓練，我們又能學到什麼？假如沒用的話（更重要的是，假如太無聊的話），那我們就不要再參加了。但是如果能學到些有用的東西，那我們就可以繼續。

在桑蒂尼蓋登這裡強烈的反戰氣氛下，參加軍事訓練這項重大決定自然多少是違背了我們向來所接受的訓誨。然而，由於我們沒有人認為國家應該解散軍隊——就連甘地也沒這樣說——畢竟那不太可能發生，所以我們大多數人都簽字參加了。結果我發現自己突然就換上了一套奇怪的服裝，帶著不熟悉的裝備去上物理課和數學課。我們大多都是在週末集合訓練，不過也會利用週間的空檔操練。

我想，我的軍事生涯大概早早就註定是一場大失敗吧。倒不是說我沒辦法完成他們要我們做的事情（畢竟不難），而是因為很難專心聽那些軍官對我們叨念的長篇大論。我們加入不久之後，就有次級軍官（Subadar Major，相當於原本英屬印度陸軍少校——這樣就方便沿用原本的階級識別章了）來發表一篇題為「子彈」的演講。次級軍官對我們說，子彈在飛離槍管後會加速前進，過了一陣子之後就會開始慢下來，所以最好要在子彈達到最高速度時擊中目標。這時候，我舉起手來，開始向那名次級軍官說明牛頓力學，跟他說子彈不可能在飛離槍管之後還繼續加速，因為那時根本就沒有增加新的力量，子彈是不會加速的。

那名次級軍官看著我，說：「你是說我講錯了嗎？」我很想老實回答——對，你錯了——不過這做法顯然不太明智。我就又說，如果說得公允些，如果子彈的旋轉運動能夠轉化成直線運動的推力，那也許子彈是有可能加速沒錯。但是——我必須說——我實在看不出這種轉化怎麼可能發生。那名次級軍官惡狠狠地瞪了我一眼，說：「旋轉運動？你說什麼旋轉運動？」我還來不及澄清論點，他就罰我雙手舉槍跑操場五圈去了。

如果這樣的開頭還不算糟，那結局絕對是糟透了。我們有十八名同學聯名寫信指控那名次級軍官，抱怨說他只讓我們做些基本操練，沒讓我們碰槍。結果他把我們叫到他家去，說凡是有多人簽名的信件在軍中都視為叛變。「所以啊，」他說：「我現在給你們兩條路選，要麼你們撤回指控，我就撕掉這封信，不然我就只好把你們全送去受軍法審判。」我們之中有十五個同學撤回了簽名（其中一個後來跟我說因為他聽說受軍法審判就是直接拉去槍斃），剩下我們三個則是打死不退。那名次級軍官說他會把這件事上報高層，還勒令我們不必等懲戒命令下來，立刻退出青年團。我後來一直沒收到任何來自軍方高層的命令，但總之我的軍旅生涯就這樣畫上句點了。

九

我們除了跟著老師上課之外，也會從許多參訪桑蒂尼蓋登的嘉賓身上學到許多不同主題的知識。其中有一位極不尋常的來賓，是一九四二年二月代表同盟國造訪加爾各答的蔣介石將軍。他對我們發表了大約一個小時半的演講，全程講的是中文，但是桑蒂尼蓋登當局不知怎的卻決定不給翻譯，結果我們什麼也沒聽懂。

當時我才從達卡搬到桑蒂尼蓋登幾個月而已，但已經開始認真用我那八歲的腦袋思考世界大事了。我在蔣介石的那場演講中發現，雖然大家都聽不懂他嘰哩咕嚕說了什麼，但所有學生一開始都十分專注聽講。不過沒多久，底下就開始出現窸窸窣窣的雜音，後來大家更是肆無忌憚地聊起天來了。學校派我與幾位同學跟這些中國來的貴賓喝茶（或者更精確地說，是陪著學校高層跟貴賓喝茶），我對蔣夫人印象十分深刻，她講得一口流利的英語，在眾人面前一副泰然自若的模樣。學校高層為了沒有提供即席翻譯向他們致歉，蔣夫人特別澄清蔣先生並未覺得不悅。我那時當然不會認為她這只是在說客套話，但是我確實覺得她好有氣質——而且真的是明豔動人，美若天仙。

我們還見過另一位大人物：在泰戈爾過世四年後的一九四五年十二月，聖雄甘地來了。甘地在他的演講中對桑蒂尼蓋登失去創辦人的未來表示有些擔憂，儘管我當時才十二歲，多少也看得出他擔心的理由。後來大家問他對於桑蒂尼蓋登注重音樂教育的看法，甘地馬上不客氣地直抒胸臆，坦言自己的疑慮。他說生命本身就是一種音樂，所以並不需要格外正式地將音樂從生命本身劃分出來。我還記得我當時在想，泰戈爾大概會說我們學校其實沒有這麼正式的劃分。但是我喜歡甘地那時說了些不太尋常的老實話，因為學校裡當時都是些滿口「偉大理念」的人，我真的快受不了了。《維斯瓦巴拉蒂新聞報》（*Visva-Bharati News*）如此報導了甘地的說法：「生命之歌恐將受歌聲樂曲所取代。」我倒是很喜歡看到有人這樣正面對抗官方想法。

我拿著一本書去找甘地簽名。他很願意幫大家簽書，只要捐出五盧比——這真是舉世難見的收費標準——當作他推翻種姓制度的基金，他就會在書上簽名，所以我身上還得帶著錢。幸虧我先前存了些零用錢，這下可派上用場了。我走到他面前，捐了五盧比——那時甘地正坐在會客室裡，讀著一張字條。他抬起頭來感謝我的捐獻，然後笑著對我說我抵抗種姓制度的戰爭開始了，之後才給我帶來的書簽名。我喜歡他的笑容，也喜歡他說的那句話。他的簽名很平凡——就只是用天城文（Devanagari，為梵文與現代印地文的通用書寫體）寫下他的名字縮寫與姓氏而已。

他簽好名後，我還站在那裡不想離開——我還想多跟他說幾句話——所以甘地就問我會不會反省批判身邊所見的各種事物。能有機會跟這位當代偉人分享自己對世界的看法，我當時真是高興極了，馬上回答說是。我想我們聊得很開心，不過就在我正要問他他跟泰戈爾關於比哈爾邦大地震（這件事我們留到第五章再說）的爭論時，他的一名隨扈走了過來，跟我說我可以下次再找機會跟甘地聊。甘地露出了溫暖的微笑，揮揮手向我道別，然後就又繼續去看他那張字條了。

一九五二年，愛蓮娜．羅斯福（Eleanor Roosevelt）也到了桑蒂尼蓋登。我當時已經到加爾各答的總統大學去讀書了，但是我很想聽她演講，所以我就又回到了桑蒂尼蓋登。一九四八年，聯合國採用了羅斯福夫人所提倡的〈世界人權宣言〉，那篇鴻文在我心裡一直盤桓不去——至今依然如此。她那時講的是一套人文典範，是在溷穢濁世中的一股清音。她還說還有許許多多的事項需要努力——需要「我們每個人的力量」。我一直牢記著這句話。只可惜演講結束之後，有太多欽慕的聽眾蜂擁而上，我根本擠不過去，沒能當面跟她說上話。

還有一位特別影響我文學興趣的學校常客，就是賽伊德．穆吉塔巴．阿里（Syed Mujtaba Ali）。賽伊德大是位傑出的作家，也是我們家的世交，跟我爸媽還有祖父母、外公外婆都很親近。我母親對他崇拜得五體投地。我從小就開始讀他的書了。他的文章風趣機智、發人深省，我認為他是孟加拉第一的文學家。他到我家與長輩們聊天時，我總愛在旁邊待著，就想多聽聽他講話。他令我印象深刻的不只是他的滿腹經綸和開明思想，他的用字遣詞更是令我歎為觀止，因為每個用孟加拉語表達的觀念，都有好幾個意思相近卻又不太通同的字眼。他的豐富詞彙與辨義能力堪稱一絕，也是我夢寐以求的標竿。

後來我到了英國，進了三一學院讀書，看見聰明絕頂又帶著幾分哲學氣息的經濟學家皮耶羅·斯拉法（Piero Sraffa）這名土生土長的義大利人，居然對英文用字也再三推敲，頓時想起了賽伊德對用字遣詞的苦心孤詣。我想蕭伯納在《賣花女》（*Pygmalion*）裡說得對，一個對英文字斟句酌的外國人，有時比英國人還更懂怎麼運用英文；像康拉德（Joseph Conrad）和納博科夫（Vladimir Nabokov）這些作家就是最好的證明。不過蕭伯納這句話倒沒辦法套用到賽伊德頭上，因為賽伊德本來就是道道地地的孟加拉人。我想，用字遣詞這件事其實完全取決於自己有多在乎把話說好。優質的語言其實是慎而重之的表現哪！

十

回首學生時代，最令我開心的就是能與那麼多出色的同學朋友朝夕為伍，彼此切磋琢磨。我在桑蒂尼蓋登最要好的朋友就是一九三四年在上海出生的譚立，他父親就是譚雲山教授，是中國與印度史的傑出學者，對兩國之間兩千多年來的來往互動更是瞭如指掌。

譚雲山與泰戈爾首次相會是在一九二七年的新加坡，那時候泰戈爾和一群好友（包括我外公克西提·莫罕）一同造訪亞洲各國。初次相見，泰戈爾就深為譚雲山折服，力邀他到桑蒂尼蓋登一遊。隔年譚雲山就來了一趟。在泰戈爾不折不撓的懇求下，譚教授總算點頭答應舉家搬到桑蒂尼蓋登來，在這裡帶頭創辦印度首座中國研究中心，一圓泰戈爾長久心願。中印文化研究中心（Cheena Bhavan）是維斯瓦巴拉蒂大學中的高等教育單位，就像我外公和梵文學者畢度・謝克哈・夏斯翠（Bidhu Shekhar Shastri，他跟我外公雖然研究重心不同，但兩人卻是莫逆之交）共同主持的梵文與古印度研究中心一樣。譚教授對創辦中印文化研究中心可說是不遺餘力，四處奔走勸募資金與書籍，並擘畫了幾個不同發展階段，首先就是一九三三年在南京成立了中印文化學會（Sino-Indian Cultural Society）。隔年譚立就出生了。一九三六年，中印文化研究中心總算落成，而且馬上就成為了印度首屈一指的中國研究機構。

我從位在達卡的聖額我略學園轉到桑蒂尼蓋登學園時，譚立跟他妹妹譚文已經在桑蒂尼蓋登讀書了。譚立是我在桑蒂尼蓋登的嚮導，會向我介紹哪裡有些什麼，發生過什麼事。譚家人很快就「印度化」了，他們家的孩子個個都說得一口流利的孟加拉語；後來他們家的小妹譚元（Tan Yuan，泰戈爾為她命名為闌麗 Chameli）更成為德里大學的孟加拉文名師。他們的大哥譚中（Tan Chung）在學界素有卓望，他在中國的時間比較久，後來也搬到了印度，同樣在德里大學擔任中國研究教授一職。譚立是我的至交好友，他們一家人對我而言意義重大；我喜歡跟他們兄弟姊妹在一塊兒，經常在他們家一待就好幾個鐘頭。我也喜歡跟譚教授夫婦談話，這些對話彷彿為我開啟了一扇門，讓我能深入認識中國。譚立是我這輩子最要好的老友，可惜在二〇一七年不幸驟逝。

差不多在我認識譚立前後，我也交到了另一個好朋友：阿密特・米察（Amit Mitra）。他父親哈里達斯・米察（Haridas Mitra）也在桑蒂尼蓋登任教。阿密特除了在學術上的成就之外（他後來到加爾各答學習工程學），也是個厲害的歌手。他現在住在浦納（Pune），在忙他的工程學事業之餘，還主持一所拉賓德拉・桑吉（泰戈爾歌曲）學校。阿密特跟譚立一樣是我力量的泉源，每當我灰心喪志，都多虧了他們支撐著我。由於我早早就投入在各種學生組織（通常是文學、社會、政治類的社團）中公開演講，難免會遇到一些挫折——尤其是一些對我冷嘲熱諷的大聲駁斥。因此我很早就學到身邊有親密戰友，能給我在面對批評時帶來多大力量。

十一

我們班上女生裡頭，曼如拉・達塔（Manjula Datta）、加雅・穆克吉（Jaya Mukherjee）和碧蒂・達爾（Bithi Dhar）不管是在聰明才智或是活潑好動方面，都勝過其他人——不過其他人也有他們各自厲害之處。在桑蒂尼蓋登這樣的學校裡，很容易就能發現女孩子的聰慧，而且既然大家都不把成績當回事，對人的評價往往就不限於考試分數了（假如真的有考試的話）。我還記得有位老師在看到曼如拉耀眼的考試分數後，這樣說：「大家看，雖然她分數很高，她還是充滿創意。」

考試成績只是片面展現出了個人能耐，這一點還算好懂，難懂的是無論怎麼衡量，她們整群學生總愛妄自菲薄的這種傾向。我一直覺得這些女生一直比我們其他人以為的還要更聰明穎慧。性別之間的不平等是我這輩子一直感興趣的主題之一，我想過，在文化中的性別偏見（儘管桑蒂尼蓋登一直設法避免這麼做，但這卻是毋庸置疑的現實）不知道是不是會讓女生更甘心雌伏，所以男生才比較容易「更厲害」、更快樂，也更不會彼此鉤心鬥角。我沒為自己的每個問題都想出答案來，但是我的確想過，這種謙卑的心態可能就是印度女性受到強烈性別偏見打壓的主因之一。印度女性在方方面面都比男性吃虧，很難指明個中的種種緣由，不過我想這種謙卑心態如今也仍有全面探究的必要，畢竟這種心態所造成的扭曲對待絕不可能只發生在印度而已。

十二

我們幾個同學在學校辦文藝雜誌，發起人是阿洛克蘭揚・達斯笈多（Alokeranjan Dasgupta）、馬督胡蘇丹・坤度（Madhusudan Kundu）還有我——我們幾個在進入青春期後就愈形親密。我們設法籌措了一小筆印刷費，各自寫些文章、詩歌與故事（阿洛克當時就已經很會寫詩了，長大後更成了家喻戶曉的大詩人）；我們也在學校裡邀稿，歡迎大家踴躍投稿。我們的文藝雜誌叫做《火花》（*Sphulinga*）——這名稱是借自列寧的《火花》（*Iskra*），不過我們這份雜誌倒是刻意避開了政治議題，畢竟我們這些編輯各有不同的政治理念。這份雜誌廣受青睞，甚至可說頗受好評，不過大概才過了一年多，這份刊物就無以為繼，真的就像火花一樣轉瞬即逝。

譚立跟我轉而開辦另一種刊物——政治漫畫雜誌。但這次辦刊仍是曇花一現。我們把這份手繪刊物放在圖書館閱覽室裡，一開始就有不少人借閱，著實令我們相當開心。我們決定把本名倒過來寫當作筆名——「伊納特・艾察馬」（Eelnat Aytrama）——這與其說是為了隱匿身分（其實大家馬上就知道是我們做的了），倒不如說是要指出我們在雜誌裡說的可不完全都是字面上直截了當的意思。我們在雜誌裡表達了對印度獨立後在政治與經濟上改革太慢的失望（但這樣說對印度政府也許不太公平，畢竟那時才獨立建國兩年而已）。我在雜誌裡畫了個相貌精明的尼赫魯（Jawaharlal Nehru）——他一眼看起來就是個胸懷大志的人——可是沒畫手，暗示他一事無成。有一位老師——我想應該是卡辛納特達——說我們「太過操切」。他說得也沒錯，只不過後來印度多等了幾十年，也還是沒多大進展。我後來在文章裡經常流露出的那份激切不耐，我想大概在那時就早早定型了吧。

我很慶幸有這些同學，要不是這些好友的關懷與切磋琢磨，我肯定會變成另一個模樣。我的學生生涯就是因為友誼才顯得多采多姿、令人難忘，除了先前提過的那些朋友之外，還有薩德罕（Sadhan）、希布（Shib）、齊塔（Chitta）、察兒圖（Chaltu）、貝兒圖（Bheltu），後來又有姆黎瑙（Mrinal Datta Chaudhuri，後來也成了我畢生至交）、普拉布達（Prabuddha）、迪潘卡（Dipankar）、曼蘇爾（Mansoor），還有曼如拉、加雅、碧蒂、塔帕提（Tapati）、香塔（Shanta）等好幾個女孩子。我對桑蒂尼蓋登的印象始終跟他們緊緊相連，所以我的回憶裡多半都摻雜著他們每個人的故事。

有時候我會想，談情說愛的文章那麼多，談友誼的卻那麼少，所以有必要多談一談，但是又不該把友誼概括在「愛」這把大傘下，畢竟有時它們確實不是同一回事。因此，當二〇一〇年好友維克蘭・賽斯（Vikram Seth）決定在倫敦政經學院發表一篇關於友誼與詩歌的演講來紀念我亡妻艾娃・柯洛尼（Eva Colorni）時，我真的是滿心喜悅。艾娃也一定會喜歡維克蘭這場演講的——她對友誼這題目一直很感興趣，更何況維克蘭對友誼無遠弗屆的各種觀察更是細膩獨到。儘管我讀過佛斯特（E. M. Forster），也讀過在桑蒂尼蓋登任教的阿索克・魯德拉（Ashok

Rudra）所寫關於友誼的文章，但維克蘭的演講卻真的讓我對友誼有了更深一層的體悟。

除了有同學相伴之外，桑蒂尼蓋登還讓我們有豐沛的機會結交年紀更長一些，個個身懷長才，卻仍願對我們傾囊相授的友人。阿密特大（Amit-da）超會寫有趣的東西（詩歌、戲劇、論文）；畢斯瓦吉大（Biswajit-da）知道一些我聽都沒聽過的書；布魯大（Bhulu-da）不僅歌聲優美，更能使各唱各調的大家凝聚成一體；曼荼大（Mantu-da）讓我們明白為什麼對他人的真誠好奇能成為真摯感情的基礎；蘇尼爾大（Sunil-da）則是能將馬克思思想中人文關懷的一面講得頭頭是道。

回首學生時代，想到這麼多不同片段竟然能如此完美契合，我不禁感到這彷彿是某種「理智造物」，簡直就像是一幅拼圖般嚴絲合縫。看到有這麼順理成章的事，難免會令人想要相信世上有某種超越人類的強大主宰。不過，一想到世上還有千千萬萬的人過著禍患連連、苦不堪言的生活，就不免打消原本這念頭了。所以說，儘管我確實十分走運，但這並未明確證明有什麼理智而仁慈的造物主存在。在我那段無憂無慮的青春歲月裡，這想法經常盤據在我心頭。

十三

泰戈爾畢生致力於改善印度教育，並四處宣揚他這份理念。在桑蒂尼蓋登辦學佔據了他大部分的時間，他總是得到處奔波籌措經費。有個故事——也許是編的，但是聽起來頗像一回事——說泰戈爾在一九一三年十一月獲知自己得到諾貝爾文學獎時，正在學校裡開校委會，商討如何為學校開拓新財源。會議正開到一半，他收到了從斯德哥爾摩發來的賀喜電報，頓時喜出望外地大喊：「這下有錢啦！」不管這故事是真是假，其中傳達出那份心血的投入是真真切切的，而且泰戈爾也確實把諾貝爾獎獎金拿來改善了桑蒂尼蓋登的學校設施。

泰戈爾對理性與自由的信仰反映在他的人生觀和教育觀上，所以他堅定地認為開放給所有人的深化教育是國家發展最重要的基石。打個比方，他說日本的經濟會如此蓬勃發展，良好學校教育所扮演的角色功不可沒——他這分析後來在世界銀行和聯合國等各個單位論及經濟發展的文獻中在在獲得了證實。泰戈爾說：「印度內部承受龐大苦難的肇因就是欠缺教育。」即使我們現在能對這句話稍加修正，也不難明白泰戈爾為何認為教育所促成的改變，是推動經濟發展與社會改革的關鍵因素。

第4章
外公外婆來作伴

一

我先前說過我從緬甸回來還不到兩年，就搬回了桑蒂尼蓋登的外公外婆家去上學讀書。我就是在外公家那棟茅草屋裡出生的，那屋子雖然簡樸卻十分迷人，就位在維斯瓦巴拉蒂大學提供的教師眷村（Gurupalli）裡。屋裡有廚房、餐廳，還有兩間臥室，中間還夾著一間小書房，那是外公在家時最常待著的地方（不然的話，他通常是在桑蒂尼蓋登圖書館頂樓工作）。外公有時候也喜歡在走廊上工作，他會盤坐在一張坐氈上，面前擺著一張小書桌。

我很佩服克西提．莫罕的定力，儘管兒孫總是屋裡屋外跑跳笑鬧，他還是能心無旁鶩地工作。我是孫兒這一輩跟外公外婆一起住最久的一個，不過其他兄弟姊妹也三不五時會在這裡住上個把月。我大舅堪卡（Kankar，又名克希緬德拉Kshemendra）那時候已經結婚，住在加爾各答，在《印度斯坦旗報》（*Hindusthan Standard*，已歇業）工作。他常回桑蒂尼蓋登來，我愛死了跟他聊天，總被他的幽默逗得格格笑。

我媽有兩個姊姊，大小阿姨一共生了八個孩子，那一大票表兄弟姊妹也總會回教師眷村住上一陣子，尤其是在年節期間更是如此。我跟寇康大（Khokonda，又叫卡良 Kalyan）、巴楚大（Bacchuda，又叫宋襄卡 Somshankar）與貝倫大（又叫巴倫德拉 Barendra）幾個表兄弟特別好，但是跟其他表姊妹感情也不錯，尤其是蘇尼帕（Sunipa，又叫梅吉蒂 Mejdi），此外還有瑞芭（Reba，又叫迪蒂 Didi）、夏亞瑪莉（Shyamali，又叫謝吉蒂 Shejdi）、蘇西瑪（Sushima，又叫萩蒂 Chordi）、伊麗娜（Ilina）和蘇夢娜（Sumona）。我最喜愛的表姊梅吉蒂嫁到比哈爾鄉下去後，我暑假經常到風光明媚的那裡去探望她和表姊夫卡良大（Kalyan-da）。我跟表姊夫總是相談甚歡，他父親可是當地的醫生呢。比哈爾的鄉間風光從小就成了我的心頭好。

我另一群表兄弟——皮亞里（Piyali）、杜拉（Dula）和他們的小弟暹米（Shami）——在學校放假時也會回到桑蒂尼蓋登的父母家來。我跟他們玩得很瘋，而且長大以後我跟皮亞里和杜拉還更親近了。我還有好些表兄弟姊妹都住在桑蒂尼蓋登，像卡加利（Kajali）、噶布魯（Gablu）、圖圖（Tuktuk），還有他們的兄弟——貝倫大（先前提過了）和布拉丁（Bratin），我們總是整天玩在一塊兒。我們經常輪流到彼此家裡過夜。跟他們一同生活、共用一間臥室（其實該說是擠同一張床）就是我那時生活的寫照。這讓我們深刻體認到我和妹妹曼如都是這個親密大家族的成員。

我們在教師眷村家裡唯一的一間浴室是在戶外，而且大家會看當天有多少人在家，照慣例排隊等候使用。眷村裡沒有電力，跟我在達卡那明亮的家裡不一樣，但是我已經習慣在煤油燈下的作息——當然也包括讀書學習。要是說我後來喜歡都市生活，那也許可以說是我覺得自己已經過夠鄉下的簡樸日子了。我是真的很喜歡田園生活，但是隨著年歲漸長，我也愈來愈覺得有書店、咖啡店、電影院、劇場、音樂會和學術會議的生活確實不錯。

外公通常在天還沒亮的清晨四點就起床，準備一下之後就出門散步去了。有時候我也會早起（現在想想，我當年怎麼能那麼容易就早起呀？），外公就會指著天空教我認識這時候還看得見的星星——他可以用梵文說出每一顆星星的名字，也可以講出某些星星的英文名稱。我很愛跟外公在破曉時作伴，也很愛學習那些星星的名字，可是最重要的是我可以趁這機會向外公不停發問。他會跟我說許許多多他小時候的趣事，但是我們也會講些嚴肅話題。陪著外公散步，有時會變成講起印度如何輕賤原始部落民眾、掠奪他們土地的討論課（外公對這整部悲慘歷史相當熟悉，連後來各朝各代為他們興辦學校和醫院屢屢功敗垂成的事情也瞭若指掌）。他告訴我，西元前三世紀左右，當時印度已經開始都市化，統治了印度大部分地區的佛教帝王阿育王（Ashoka）就已經深切關注「林間居民」（forest people）的問題，稱這些部落民眾也擁有他們自己的權利，就和城鎮居民一樣。

二

我知道泰戈爾也同樣會早起，有時候還會在天色未白之前就到我家來找我外公外婆——而且從來不是事先講好，畢竟他們都知道彼此早起的習慣。當然了，這是在我住進教師眷村之前，甚至該說是在我出生之前才經常發生的情況。我外婆告訴我，有一次泰戈爾又是一大早就不請自來，稀奇的是那天早上我外公克西提．莫罕卻還在睡。於是泰戈爾就當場用他自己的名字（意思是太陽）和我外公的名字（意思是大地）做了一首詩，吟給我外婆聽（還好她當時已經醒了）。這首孟加拉文的詩大概可以翻成這樣：

清晨破曉之際，
太陽〔泰戈爾〕翩然來臨
克西提家門口。
大地猶自未醒？

還沒等泰戈爾把這首詩吟完，我外婆就得趕緊回房去把大地叫醒，迪迪瑪說這還真是掃興。她很喜歡看他們倆並肩漫步，但是那天她實在好想聽泰戈爾坐在走廊上繼續即興編吟那首詩。

三

一九四四年，我們從教師眷村搬到了外公外婆在桑蒂尼蓋登最西邊自己蓋的房子，就在斯里帕里——那裡離校園不遠，當時還是個偏僻小鎮。我先前說過，達度（Dadu，我對外公的暱稱）和迪迪瑪的新房子就蓋在我爸媽一九四二年蓋的新家 Pratichi 旁邊，不過我爸媽那時還住在達卡。搬到斯里帕里後不久，我就開始在新家 Pratichi 裡過夜和讀書，但我還是天天和外公外婆一塊兒吃飯。

我變得很愛待在新家，大部分時候都是自己獨處，只有幫傭的裘吉許瓦（Joggeshwar）跟我作伴，他就住在新家隔出來的一個房間。裘吉許瓦原本住在鄰近的杜姆卡（Dumka），一九四三年孟加拉發生饑荒時，年幼的他只能餓著肚皮設法在街頭求職謀生。我們家當時其實不缺傭人，但是大家都覺得應該幫幫這個面生的男孩子，所以我的大阿姨蕾努（Renu）就先收留了他，後來才交給我母親。我媽派了他過來打理當時還沒人住的新家Pratichi——裘吉許瓦跟我說，他很高興「能自己管一整個房子」。我跟外公外婆從教師眷村搬過來時，我才十歲，裘吉許瓦才十五歲。過沒幾年，當我開始在Pratichi過夜後，裘吉許瓦就要負責照料我。當然了，真正做主的還是住在隔壁的外公外婆。

裘吉許瓦這近七十年來都跟我們住在一起，照料我們的生活。他很高興我拿了我一九九八年獲得的諾貝爾獎獎金設立兩個公益信託——一份設在孟加拉，一份設在印度——設立的目的是為了改善基礎教育、基礎醫療與性別平等，信託名稱就叫做「普拉提奇信託」（Pratichi Trusts）。「我很喜歡這個名字，」裘吉許瓦咧嘴笑著告訴我。

一段時日之後，裘吉許瓦成了我家的大管家。一九四五年，就在印度爆發血腥分裂之前不久，我父親辭去了達卡大學教職，裘吉許瓦跟著我爸媽搬到了德里，後來又搬去了加爾各答。到了一九六四年，我父親在新德里退休後，他們就全都搬回了Pratichi——在那之前，屋子已經擴建。以往一直幫我母親處理文藝工作（尤其是孟加拉文雜誌*Shreyashi*）的阿拉賓妲・南迪（Arabinda Nandy），也因為我母親老了，便擔起了「照顧」我們一家的工作。一九七一年我父親過世後，我母親繼續住在Pratichi。那時，在我們家中以拉尼（Rani）為首的工作人員——都是檀族（*Shantal*）人——幾乎已經稱得上是我們自己家人了。我母親在二〇〇五年以九十三歲高齡辭世，她臨終前殷殷囑咐，要我千萬不可解僱在Pratichi幫傭的六名員工（包括負責照料院子的兩人），而且即使等他們告老退休了，還是要照樣給付全薪和完整的醫療保險。我一直遵守著她的交代，如今Pratichi仍然生氣蓬勃──尤其在裝了有線電視，讓大家有四百多台頻道可以看之後，更是熱鬧得緊。

我很喜歡Pratichi，至今也不時流連，所以儘管人丁逐漸凋零，我還是很樂見這房子始終不減當年生氣。另一個附加的收穫是，我自己的孩子也愛上了Pratichi。不只安塔拉（Antara）和南達娜（Nandana）喜歡，連更小的印札尼（Indrani）和卡畢爾（Kabir）也是，所以看他們每年都詳細規劃回那裡去幾次，實在令我備感欣慰。老媽若是地下有知，肯定高興得不得了。我自己每年也都會回去，儘管時間不長，但大概也都有個四、五次（只不過在我執筆的這當口，因為新冠肺炎的因素，無法成行），那感覺就像是又泡進了老家那條河一樣──雖然我知道有哲學家說過，我們其實浸的不是原本的同一條河。

我小時候到隔壁跟外公外婆一同吃飯時，往往都得吃上老半天，主要是因為我太愛跟達度和迪迪瑪邊吃邊聊了。我們幾乎任何事都能聊個不停。有一天（我想我那時應該已經十一歲了），只受過梵文學術訓練的克西提・莫罕突然很想了解所謂的演化是怎麼一回事。他讀了一些書──我想是霍爾丹（J. B. S. Haldane）的著作──讓他頭一次知道天擇這回事，並發現原來即使再小的生存優勢，只要時間夠長，後來都能讓某個物種贏過其他物種。我還記得我教會他複利增值怎麼計算，看他被指數增長的結果逗得樂不可支，還真是出乎我意料之外。

可是呢，有個問題卻讓他百思不得其解──我也一樣。雖說比較能適應環境的物種就能在數量上和生存上勝過其他物種，但是這樣的競爭關係顯然──無論是出於什麼緣故──只能限定在既存的物種之間。外公和我都搞不懂的是，那這些物種一開始又是怎麼出現的，才因而展開這適者生存的競爭關係？克西提・莫罕不想把這原因訴諸上帝，因為他覺得上帝不會採取這種競爭做法；我也不想訴諸上帝，因為我不認為有一個拿各個物種的存歿當競賽玩的上帝。克西提・莫罕說他非得搞懂這問題不可，所以他就找了更多書來讀。

過沒幾天，我們又開始討論起突變，大談特談突變在天擇中扮演的角色。克西提・莫罕覺得竟然有人能將一個大部分都是偶然因素造成的東西（也就是「物種是經由突變而存在」這件事）放到一套有條有理——甚至可以預測推算——的規則裡，以生存優勢（也就是「哪一個物種最後能勝出」）這番道理來解釋我們周遭如此井然有序的世界是怎麼來的，這實在是太了不起了。我也一樣覺得因果律與偶然性的結合十分有趣，研究起來興味盎然；但是對我來說，能跟外公這麼一位在其他學術領域成就斐然的人物一齊鑽研，就僅只是因為他不懂基因理論，而願意跟十一歲的孫子彼此激盪腦力，那才是更快樂的事。

四

桑蒂尼蓋登有時會被拿來比擬為《奧義書》、《羅摩衍那》和《摩訶婆羅多》中盛讚的古代學校，所以偶爾會被稱為「學堂」（ashram）。大家都說，印度古代學堂的教育特別強調培植好奇心，而非競爭表現，桑蒂尼蓋登也是如此。正如我先前說過的，我們學校十分反對看重任何測驗表現與考試成績。這反而讓我讀了許多泰戈爾談教育的文章——而不只是像以前那樣光看他的詩歌和故事而已。

泰戈爾喜歡在桑蒂尼蓋登學期中每週三的定期週會上談他的教育理念。週會都辦在「Mandir」這個地方；雖說Mandir在梵文裡的意思是「寺廟」，但是那些集會無涉任何特定宗教的儀式活動。週會是整個桑蒂尼蓋登社群暢談心聲與要務的論壇。Mandir裝飾著光彩耀人的玻璃牆面，還用五彩斑斕的半透明磚堆砌而成，我後來總覺得和古代基督教教堂有幾分相似。在Mandir裡偶爾會聽見不拘哪個教派的禱告聲，但大多數時候都是討論宗教與某些道德觀的話語聲——而且還相當冗長。

泰戈爾總是唱著詩歌，間或說幾句話，帶領著整場討論進行。在他過世後，這主持週會與發表演講的責任就落到了我外公克西提・莫罕的肩上。泰戈爾主持週會時，我還不是桑蒂尼蓋登的學生，不過大人們曾好幾次帶著我從達卡到Mandir來參加週會。迪迪瑪總愛拿我有一次參加泰戈爾主持的週會的糗事來說笑。我當時才五歲，大人在帶著我參加週會前就再三告誡我乖乖坐好，別亂講話。外婆說：「你一定要很安靜喔，大家都會很安靜呢。」我點頭答應。但是等我們進了Mandir，泰戈爾開始演講，我就忍不住大聲問：「這個人怎麼可以不守規矩？」後來我聽人家說，泰戈爾當時一笑帶過，沒回答我這問題。

五

我喜歡聽外公在週會上的演講——至少一開始很喜歡——不過我對每週的宗教（或是半宗

教性的）討論覺得索然無味。我十二歲那年，我跟外公說我不想每週都去週會了，因為我有事要做。外公說：「這樣啊，我想你應該是不喜歡週會上的討論吧？」他話裡沒有失望的語氣。我只是沉默以對。外公說，沒關係，等我長大後或許就會回心轉意了。我跟外公說，我對宗教真的沒興趣，我也沒有什麼宗教信仰。外公回我道：「要等到能夠認真為自己思考，才有宗教信仰可言——時候到了你自然會懂。」

過了好幾年，我長大了些，但是宗教信仰還是沒我的事——我的懷疑心反而日漸增強——所以我告訴外公他以前說的可能錯了，儘管我一直思索宗教試圖解決的各種難題，但是我卻並未因此產生信仰。「我說的並沒有錯唷，」外公說：「你確實是在想宗教問題，而且我看得出來，你採取的就是印度傳統中的無神論——順世論——那一派！」他還列了一長串古代梵文中無神論與不可知論的經典著作清單——包括《羅摩衍那》中遮盧婆迦（Carvaka）與賈巴里（Jabali）之間的論述，以及順世論的通論介紹。外公還叫我去讀摩陀婆（Madhavacharya）在十四世紀寫成的梵文經典《哲學大全》（*Sarvadarsana Samgraha*），書中的第一章就是對順世論無神論思想的細膩闡述。我那時候正熱愛讀梵文，便一頭栽了進去。摩陀婆的文筆真是令我歎為觀止，他展示推理的功夫以及在不同章節中捍衛個別哲學思想立場的說法實在無人能出其右。他在第一章中捍衛無神論與唯物論的主張是我讀過對於這些觀點最了不起的闡述。

外公還要我讀《黎俱吠陀》（*Rig Veda*）中的重要篇章——〈創世歌〉。《黎俱吠陀》是印度經典中最古老的一部著作（可追溯至約西元前一千五百年）。〈創世歌〉所表達的是對傳統創世故事的深刻懷疑：

有誰真正知因由？有誰真能定論言？世界從何誕生？創世從何而起？創世之後神明現，之前誰來說分明？

世界創生伊始際，或是自生或由他，知者唯有至高天，又或縱天也不知。

印度思想經典能夠包含這種不可知論，甚至可以說是無神論的闡析，著實令我深感震撼——但也多少有點沮喪，原來在這廣博的視野下，就連無神論也難以跳出宗教的範疇。

六

我很清楚為什麼泰戈爾會那麼熱切地邀我外公到桑蒂尼蓋登，來幫他創辦這麼一座新式學校。泰戈爾是從一位同樣在桑蒂尼蓋登任職的頂尖同事卡利．莫罕．高栩（Kali Mohan Ghosh）那邊聽到我外公的事；卡利在桑蒂尼蓋登除了教學工作外，主要是協助泰戈爾處理農村改革與鄉村重建等事項。泰戈爾聽到關於克西提．莫罕的事蹟後大感興趣，花了番工夫調查克西提．莫罕的背景。當他一知道我外公不僅學問出類拔萃，心胸自由開放，而且對社會中貧苦民眾關心備至，他就鐵了心非要請我外公到桑蒂尼蓋登來不可。泰戈爾在他的筆記中寫道：

他雖然熟讀傳統聖書與宗教經典，卻徹徹底底是個自由派。他還說他能有這樣的自由心胸，全是從經典中得來。也許他能夠改變只會墨守偏狹見解而限縮——甚至是汙辱——印度教的那些人。至少，他一定能夠打破我們學生的短淺偏狹。

由於克西提・莫罕遲遲不願答應，泰戈爾在一九〇八年二月二十四日又寫信給他：「我真的亟需您的加入，而且我還不打算放棄希望。」桑蒂尼蓋登開得出來的薪水很少，克西提・莫罕又有一大家子要養，不僅得顧自己的孩子，還得照料亡兄阿班尼莫罕（Abanimohan）的兩個兒子畢仁（Biren）和蒂仁（Dhiren）。克西提・莫罕在一九〇七年才在喜馬拉雅山腳下的原住民小國恰姆巴（Chamba）找到一份好工作，當上了當地學校的總教師。國王布理・辛（Bhuri Singh）對他支持有加，兩人無話不談，再說，克西提・莫罕也放不下這份優渥的薪水。泰戈爾再三請求，拍胸脯保證付給克西提・莫罕絕對能夠養家活口的薪資。

最後，泰戈爾總算說動了克西提・莫罕，延請他到桑蒂尼蓋登來；他這一待，就是五十多個豐富自適的年頭，其間和泰戈爾互有啟發。他們很快就結成了莫逆之交。一九一二年六月二十七日，葉慈在自己主辦的藝文界晚宴中為泰戈爾一舉「打響」了在歐洲的名聲，但泰戈爾隔天一早就找人傾吐自己恐怕名不符實，而那人就是克西提・莫罕。關於這件事，我留到下一章再談。

七

克西提・莫罕・沈恩一家子來自達卡畢克蘭蒲爾區的小鎮索納朗，離我祖父老家所在的曼尼克甘吉不遠。克西提・莫罕的父親布班莫罕（Bhubanmohan）是出身阿育吠陀體系的傳統醫師，行醫多年，退休後攜同克西提．莫罕搬到了波羅奈。外公從不曾談他父親的事，我猜他們大概並不很親。我想，克西提．莫罕對父親相當失望——至少十分難過，不過個中緣由我始終問不出個所以然來。

話說回來，布班莫罕倒是相當以自己兒子的學術成就為傲，對他能在波羅奈的女王學院（Queen's College）獲得碩士學位（其實證書上寫的是女王學院所屬的阿拉哈巴德大學〔Allahabad University〕）備感光榮。不過，外公花更多時間在各大傳統梵文教室進修，也就是當年波羅奈四處林立的「學塾」（Chatushpathis），後來他寫下了學塾傳統如何保存與促進印度經典教育的豐功偉績，也寫出了國家現代化中學塾逐漸沒落的悲歌。他的梵文研究為他贏得了「上師」（Pundit）的頭銜。布班莫罕是個保守的印度教徒，照理說應該會相當肯定兒子在梵文與古代印度文獻方面的長才才對，但是，假如他早能預見兒子在文學與宗教上積極且廣泛的涉獵，他應該是要起戒心的。

布班莫罕其實很怕克西提．莫罕在信念與態度上徹底「西化」，所以他試圖要盡力避免此事發生。但是克西提．莫罕在學問上的博取廣採確實與此背道而馳，他愈來愈受到蘇非派穆斯林（Muslim Sufis）的詩歌之美所感動，也愈來愈受印度教奉愛運動（Hindu Bhakti movement）所吸引，於是便在精通波斯文的大哥阿班尼莫罕協助下開始學習波斯文。

十四歲那年，克西提．莫罕決定投入卡畢爾的多元宗教傳統「卡畢爾之道」（Kabir Panth），這是一個糅合了印度教與穆斯林宗教理念的信仰傳統，催生出了許許多多傳唱好幾世紀的美妙詩歌。雖然加入卡畢爾之道需要正式儀式，但這套自由開放的傳統能讓克西提．莫罕自立規矩、自主生活。卡畢爾出身自十五世紀中葉的一個穆斯林家庭（通常說法是一四四〇年，但這無從確認），吸收了穆斯林與印度思想與文學傳統。想當然耳，布班莫罕才不會接受兒子這舉動。克西提．莫罕後來寫下了當時的情況：

> 為了將我留在〔印度教的〕保守窠臼中，設下了各式各樣〔避免基督教影響〕的嚴格規矩，但這只是讓主宰我生命的上帝發笑罷了。想要我固守傳統的種種做法無疑沒用，但這可不是英國人惹的禍。

克西提．莫罕在改變信仰的同時，也重塑了他的價值觀。在搬到恰姆巴（一八九七年）的十年前，才十七歲的他就決心要巡遊西印度與北印度，蒐集彙整卡畢爾、達度（Dadu）與其他同樣以自身方式追尋宗教信仰、同樣尊重印度教與穆斯林思想的聖者（sant）所留下來的詩歌。那可是一大片土地啊，卡畢爾等聖者的徒子徒孫可是遍布了印度各省。

我給我兒子取名卡畢爾，有一部分就是因為從前那位卡畢爾的理念感動了我——當然也是因為兒子他媽愛娃．柯洛尼喜歡這個名字。當然了，卡畢爾是個穆斯林名字，身為猶太人的愛娃對我說：「印度裔的父親跟猶太裔的母親所生下的兒子，就該取個穆斯林的好名字。」當年克西提．莫罕一心投入在鑽研卡畢爾思想與傳統之中，但他也發現即使是在他土生土長的孟加拉，也有著包爾人（the Bauls）這種活生生融合了印度教與穆斯林豐富傳統的群體，他們的觀點同樣兼容並蓄，吸收了這兩種宗教的思想精華，也吸引了來自這兩大族群的追隨者。所以一八九七年到一八九八年之間，克西提．莫罕也開始尋找包爾人，搜羅他們的詩歌。

旅途漫漫，加上克西提．莫罕決心要廣採博收，這任務佔據了他大把時間。孟加拉著名的作家暨學者賽伊德・穆吉塔巴・阿里是克西提・莫罕一家人的好友，也曾是克西提・莫罕的同事，他就說過，克西提・莫罕對蒐集得來的鄉野口傳詩文也同樣發揮了古典學者鑽研古代文本那種「打破沙鍋問到底的科學精神」來研究分析。

八

雖然克西提・莫罕的父親布班莫罕似乎並不贊同兒子拓展興趣，但是他的母親妲亞馬宜（Dayamayi）卻是堅定不移地支持他，母子倆始終親密無間。她幫兒子自立生活，追尋自己重視的目標，將經典梵文研究與鄉野宗教文藝傳統結合起來。她也支持兒子在印度鄉間不停搜羅各樣詩歌民謠。也是她鼓勵了兒子接受泰戈爾的邀請——她讀過泰戈爾的一些著作，深深為他的願景與獨特理念所打動。我猜布班莫罕當初絕不肯答應他搬到桑蒂尼蓋登，但是我始終沒辦法從外公口中問出真相，他唯一說的就只有：「我媽很挺我。」

我還記得在桑蒂尼蓋登某個美麗的晚上，太陽才落下不久，克西提・莫罕問我媽（我們仨當時都坐在走廊上）：「你還記不記得我媽，也就是你的奶奶？」我那時候應該已經十二歲了，我媽媽則是三十三歲，外公差不多是六十五歲吧。我媽說，只可惜奶奶在世時她還太小，記不清了。達度（我外公）說：「對喔，對喔，是我問錯了。」接著他就陷入沉默。看著高齡又睿智的外公那麼努力回想他母親（要是在世的話，歲數應該已經一百好幾了），令我一陣鼻酸。在那個無限美好的夜晚，那個十二歲的孩子不禁對光陰無情的流逝有了幾分愁思。

九

要說克西提．莫罕的母親對他有多重要，那他的太太，我的迪迪瑪，當然也不遑多讓。迪迪瑪閨名奇蘭．巴拉（Kiran Bala），是成就斐然的工程師馬度蘇丹．沈恩（Madhusudan Sen）的長女。她的兩個兄弟阿圖爾（Atul）和謝巴克（Shebak）後來也都成了工程師，我不僅愛跟他們的孩子（卡奈Kanai、皮庫Piku、尼邁Nimai）在一塊兒，也很喜歡跟這兩位舅公談天。我們每次從達卡到加爾各答時，通常都會住在阿圖爾大大在南加爾各答的大房子裡。我一開始跟阿圖爾大大聊天時——我那時候大概才六、七歲吧？——舅公他正在修車。他整個人都鑽進了車子底下，身邊擺滿了各式各樣的工具，我只能看到他一雙腳露在外頭。我從沒有對著一雙腳說過話，但是藏身在車子底下的舅公倒是讓我興味盎然，一聊就聊了個把小時。

我外婆那邊的親戚對科技事物都非常感興趣。阿圖爾大大在加爾各答的工程公司工作，謝巴克大大負責的是桑蒂尼蓋登的電力供應。奇蘭．巴拉的妹妹荼魯蒂（Tuludi）也住在桑蒂尼蓋登，她總會拿一些數學問題來考我，我從小就超喜歡她到我們家來作客。

奇蘭．巴拉其實算是「下嫁」給我外公，因為她父親馬度蘇丹遠比克西提．莫罕富有多了。不過外婆她倒是將生活打理得井井有條——我真的覺得她把吃苦當成了吃補。她不僅要下廚做飯、操持家務，還要照料像我這樣的孫兒輩，更得盡心照護她心智受損的小妹印蒂拉（Indira）。印蒂拉小時候感染當時的流行病，燒傷了腦子。她一直跟我們同住，外婆照顧了她一輩子——約莫有四十年吧——每天一早就仔仔細細地幫她洗澡，成天照顧著她，還要逗她開心，真是不遺餘力。迪迪瑪對殘疾人士的那份關懷慈愛是我畢生的榜樣。

外婆也關心動物——特別是四處流浪的那些動物。其中有一隻居無定所的雜種狗，每天晚上都會在同一個時間到我們家門口，吃迪迪瑪準備的食物。這慣例一直風雨無阻，但是說也奇怪，到了外婆晚年，那隻流浪狗竟然還能報答外婆的恩惠。事情是這樣的（我那時候住在德里，這整件事是我後來聽我媽說的），有一天，高齡九十的迪迪瑪不知怎的從走廊邊上的階梯跌了下來，當場失去意識，可是外婆家裡當時沒有其他人在。這時那隻狗剛好前來覓食，一看到迪迪瑪倒在地上，馬上狂奔到隔壁我爸媽家，對著坐在走廊上的我媽狂叫。那隻狗不僅吠個不停，還一直甩頭擺尾，朝外婆家的方向來回奔跑，彷彿在催著什麼似的。看到那隻狗做了幾次這樣的舉動，我媽總算忍不住好奇且擔心起來，過去外婆家一探究竟，結果才發現迪迪瑪整個人倒在階梯底下。迪迪瑪幸運地逃過一劫——六年後活到九十六歲去世——不過醫生說要是再晚一點發現和施救，恐怕結果就不是如此了。這故事的英雄主角當然是那隻流浪狗，但是這故事裡的道德啟示其實是好心有好報——就是因為迪迪瑪的慈悲施捨，才有了這份救命恩情。

達度幾乎什麼事都不能沒有迪迪瑪，他們倆的感情如膠似漆。我還記得每當外公下班回家，大老遠就可以聽到他在外頭大喊：「奇蘭！」克西提．莫罕是個寫信高手，但是沒多少人知道他大多數信件其實都是寫給妻子的，這也許是因為他覺得有必要跟她分享自己在他們倆沒見面時的一切所見所思。

一九二四年，外公和泰戈爾一同前往中國與日本參訪，陪同的還有大藝術家南達拉爾．波斯。南達拉爾一路上看見我外公只要得空就不停寫信給我外婆，笑說這是他的「最大愛好」。南達拉爾在這趟旅程的筆記中打趣寫道，奇蘭．巴拉在家裡肯定一刻也不得閒，每天光是讀老公寄回來的信就忙翻了。

幫我外公克西提・莫罕寫生平傳記的普拉那提・穆克霍派迪葉（Pranati Mukhopadhyay）拿到了我外公寫給外婆的一些書信，最早的一封是一九〇二年六月二十九日，他們倆才剛結婚不久，我外婆回娘家歸寧的時候。達度在信裡說他娶到外婆之後，真的是幸福無比。他第一封信開頭就說：「要是幸福也有度量衡，我就可以讓你知道我現在有多幸福了！」我的好朋友經濟學家理查・萊雅德（Richard Layard）和慈善為懷的不丹國王這些擔任不同職位的人，都在關注幸福要怎麼衡量，我最近在思考他們的幸福衡量法，不禁就想起了外公信裡頭的這句話。

十

泰戈爾決心要邀我外公加入桑蒂尼蓋登學園主要是因為我外公的古典學養和他對於梵文與巴利文典籍的精通，他在這領域堪稱翹楚。外公在學堂工作期間所寫的好幾本書大大鼓舞了人們對經典採取比過去更自由的詮釋。他所書寫的許多主題都反映出他對印度社會不公情形的看法，例如種姓與性別上的不平等，往往就是因為對經典文本與聖書的扭曲解讀所致。克西提・莫罕希望能藉由對這些古代文本的透澈解讀來撥亂反正。

我有時候也會跟外公爭辯，因為我相信就算聖典文本真的支持不平等，外公也能加以反駁。外公不否認這一點，但是他也對我說：「這改變不了有許多人就是受到假道學的影響，對古代文本斷章取義、扭曲原意，才會有這些不公不義的事。」克西提・莫罕挺身糾舉種種偏差之說，視之為要務，即使他同意有時候這些錯誤詮釋其實跟現況無涉。他嘔心瀝血完成了不少研究著作，在《種姓區別》（*Jatibhed*）中證明了印度教所實行的種姓階層其實沒有什麼宗教基礎；《古代印度女性》（*Prachin Bharate Nari*）敘述了古代印度女性所享有的自由如何逐漸淪落到中世紀與當代印度的惡劣景況；在《印度諸文化傳統》（*Bharater Sanskriti*）包羅萬象的內容中，他也論證了古代印度教文獻其實是跨越了各種宗教、種姓、階層、性別、社群，採用了不同類型的知識來源。這些著作都反映出他在古典學問所下的苦功。

克西提．莫罕果然不負泰戈爾厚望，一改過去學堂研究梵文的嚴格傳統。但泰戈爾大概沒料到克西提．莫罕不僅拓寬了泰戈爾自己對古文經典的理解，甚至還擴及對民間信仰，更重要的是對民間詩歌的認識。這一切源於克西提．莫罕從年少時期就開始鑽研卡畢爾，後來又廣泛蒐羅彙整各項傳統的研究工夫。在泰戈爾的強烈鼓勵下，克西提．莫罕開始出版關於卡畢爾、達度與其他民間出色詩人的文集與評論。

就說卡畢爾吧，克西提．莫罕特別專注在口頭流傳下來的卡畢爾詩歌，這些詩歌大約原創於五百多年前，這幾百年下來，經過卡畢爾之道的詩人與歌者改編，有些變動幅度相當大。克西提．莫罕所纂輯的四冊卡畢爾詩歌（包含卡畢爾印文詩歌的孟加拉文譯本）在一九一〇年至一一年出版，此時他才剛搬到學堂不久。克西提．莫罕著重印度教與其他主要宗教——尤其是伊斯蘭教——之間的相互啟發，而非彼此貶抑，對印度教的詮釋抱持開放而寬大的態度，泰戈爾不僅在這方面深深受他影響，更因為他才發現，原來大家一向認為粗鄙無文的民間詩人其實也有著深刻的思想。

這種古老卻生氣勃勃的詩歌架起了印度教奉愛運動與伊斯蘭教蘇非派之間的橋梁，那種廣傳而簡潔的優美深深打動了泰戈爾。因此，泰戈爾在艾芙琳．盎德希爾（Evelyn Underhill）的協助下，從克西提．莫罕所編的卡畢爾詩歌集中揀譯出了「卡畢爾詩歌百選」。這部作品在泰戈爾獲得諾貝爾文學獎的兩年後（一九一五年）出版。埃茲拉．龐德也同樣根據克西提．莫罕所編的輯本翻譯了一些卡畢爾詩歌。可惜的是儘管這些譯作有些已經付梓，但龐德心中想推出的完整版本卻始終未能問世。

十一

有些批評家質疑克西提．莫罕彙編的卡畢爾詩歌，因為他這版本中的詩歌跟其他流傳版本的用字遣詞有所出入，而這議題就在我從桑蒂尼蓋登畢業時延燒開來。我從克西提．莫罕彙編十六世紀另一位民謠詩人達度——他也是卡畢爾的信徒，也同樣橋接了印度教與穆斯林兩大傳統——的詩集序言中看到，外公他對這件事有自己的說法。外公在一九三五年出版的這本書中，回應了外界對他彙編卡畢爾詩歌的批評，說他沒有限制自己只依循已印行的卡畢爾詩歌版本，即《語錄》（*Bijak*）。他還說，要是批評者真的讀了他所編的卡畢爾詩集的序言，就會知道他關心的是如何向大眾介紹至今仍在印度民間口頭流傳的那些傳統。他是從《語錄》中蒐集了不少詩歌，但是他心中想做的遠遠不止於此。

我對這場爭論很感興趣，但也感覺到外公多少擔心城市菁英主宰了對印度文化的詮釋。我們經常在餐桌上談起這件事，所以我就問了外公怎麼想，克西提．莫罕承認他確實擔憂，但是他也告訴我，卡畢爾的詩歌會有那麼多種不同版本其實也不足為奇。卡畢爾本人就不曾將這些詩歌付諸筆墨，而克西提．莫罕在蒐羅記錄時也覺得應該優先考慮在當代口傳實踐中被吟誦的那些詩作。其他版本的編者通常會偏好採用某個時代流傳下來的書面版本，認為那是根據過去某個時期的口頭吟誦版本。外公說，這些爭論中最特別的並不是某個幾世紀前的吟唱詩人留下了許多不同版本的詩歌，畢竟本來傳統口傳詩歌的特色之一就是版本的多樣性，但是真正教人吃驚的是有那麼多編者會堅持採用「書面定本」（外公說到這個詞時還露出了一抹微笑），「而不是讓這活生生的傳統繼續蓬勃發揮」。說實話，我覺得外公在一九一〇年到一一年最早編成的那本卡畢爾詩集序言就已經把話說透了：

> 我從小就很熟悉加西〔Kashi，即波羅奈〕與其他聖地的「詩人」（Sant），包括卡畢爾在內，而且對他的詩歌如數家珍。後來，我開始在印度各地蒐集卡畢爾的所有詩歌，當然也包括已經付梓的那些版本……在這些林林總總的作品中，我選擇最合乎當今歌者吟誦的版本，那些歌者和我也都認為那些詩歌最忠於傳統。我得到了許許多多的建議，但我必須〔按照我的判斷〕進行挑選，這點是不言自明的。歌者往往都會按照自身所處的時代做適切的改編，同一首詩歌的不同版本只有在譜寫詩歌的那個時代才好懂。我在彙編這本卡畢爾詩集的過程中，必須將這種種顧慮放在心上。有朝一日若能將卡畢爾所有詩歌的所有版本集成出版，余願足矣。

這段話裡重要的不只是卡畢爾的詩歌同時流傳著好幾種不同版本（所以爭哪一種版本才是正統根本是徒費力氣），同樣重要的是克西提．莫罕堅持以卡畢爾信徒持續下來的吟誦傳統為尊。

要知道，卡畢爾的信徒通常來自印度社會的最底層，而我外公可是親自一個個去聽那些歌者吟唱朗誦呢。克西提．莫罕在這方面跟所謂的「底層研究」（subaltern studies）十分相似。以拉納吉特．谷哈（Ranajit Guha）為首的底層研究者會告訴我們，人們向來多麼忽視社會底層人物的生活與思想，這聽起來跟我外公告訴我這個菁英社會中存在的偏差漠視根本是相通的啊！

克西提．莫罕堅持盡可能地以民間——通常是社會中最貧窮的那群人——的口述傳統優先，這在他看來是一種士人的責任，其中也包含了一份正義感。但他說這也是了解卡畢爾、達度等詩人的創作精神的最佳途徑，因為他們自己就是試著反映平民思想的吟唱詩人。這種以民間口述傳統優先的原則特別受到泰戈爾支持，而透過泰戈爾的影響，也成了許多知識分子的共識。比方說，法國作家羅曼．羅蘭（Romain Rolland）在一九二三年十二月三十日寫給泰戈爾的信中就說，多虧了克西提．莫罕，他才「迷上了了不起的達度」。

不過，泰戈爾也同樣受到不滿克西提．莫罕民間詩選的那群人的批評。城市知識分子間確實有一種將卡畢爾詩歌當作自家禁臠的菁英習氣，不肯承認民間詩人所傳誦的詩歌真像克西提．莫罕與泰戈爾所說的那麼高明巧妙。這也是我在求學時期經常爭辯的話題之一，我們有些人就會討論這種事，尤其是菁英主義與都市偏見，以及菁英學者特別偏愛書面文字，卻排斥民間口頭詩歌吟誦傳統的那種心態。

在桑蒂尼蓋登任教，而我也有幸跟他相知甚深的印度教學者哈札里．普拉薩德．杜伊維蒂（Hazari Prasad Dwivedi）就挺身為克西提．莫罕辯護。他表明自己相信無論城市菁英如何瞧不起民間詩人的創意，認真的民間詩人也同樣能有深刻洞見。杜伊維蒂對認為平凡人就是難有複雜思考的那些人絲毫不假辭色，他叫這種人「大聖師」（mahatma）——我得解釋一下，這可不是什麼尊稱。他駁斥了將克西提．莫罕所編詩集當成偽作的看法，更抨擊主張印度民間底層詩人不可能編出那麼繁複的詩歌的這種牽強論證。杜伊維蒂自己在一九四二年出版了一本關於卡畢爾的重要印度教著作，書裡就直接援用了上百首由克西提．莫罕所彙編的卡畢爾詩歌，還說：

克西提．莫罕編輯的《卡畢爾詩集》（*Kabir Ke Pad*）是一種全新型態的著作。他蒐集了自己親身從〔卡畢爾〕信徒口中聽來的詩歌……那些就是切切實實的根據。不過呢，有些「大聖師」卻囿於私利，不知長進，竟會無視〔克西提．莫罕〕這本書有多麼深刻、多麼重要。

十二

如果說克西提．莫罕之所以要投身卡畢爾、達度與包爾人的口傳詩歌，理由之一是他希望能公正看待印度民間文學的豐富性，畢竟在菁英偏見下，這種豐富性往往不見經傳，那麼另一個理由，就是他對印度的印度教與穆斯林傳統之間動態的漫長歷史有深刻的感觸。他針對這題目寫了好幾本論著，其中最重要的就是他那本廣受好評的孟加拉文著作《印度的印度教徒與穆斯林之同道相契》（*Bharater Hindu-Mushalmaner Jukta Sadhana*）。在這本書出版的一九四〇年代末，印度教徒與穆斯林正當劍拔弩張，暴亂四起。他這本書採取了強烈反對當時呼朋引伴暴力攻擊對方族群的立場，也反對強調印度教徒與穆斯林各行其是的分離主義史觀。這本書鉅細靡遺地描述了印度教徒與穆斯林在真實歷史上的互動有多麼頻繁而有趣，尤其是平民之間的相互往來更是如此。書中也指出，要是把印度各大宗教看成在汪洋中各自孤立的小島——甚至等而下之，這些小島之間還彼此敵對，互相攻擊——那麼整個印度的豐富歷史也就會分崩離析，煙消雲散了。我們到後頭第八章再回來談那些煽動暴力的事件和它們所伴隨的「理論」。

在克西提・莫罕的理解中，印度教正是因為受了穆斯林文化和思想的影響，才得以如此深刻豐富——這與許多偏執的印度教理論家所主張的恰恰相反。克西提・莫罕這個說法顯然不是正統，他在自己那本介紹印度教的英文著作中措辭還更強烈。這本書從一九六一年由企鵝出版社出版以來，就一直不斷再版印行。當克西提・莫罕在一九五〇年代告訴我他打算寫這麼一本書時，他說他想要寫得簡短淺白。老實說，我有點意外。這不是因為我懷疑他不夠擅長寫這題目，也不是質疑他對汗牛充棟的印度教文學見解不足，更不是因為他大獲好評的著作都是以孟加拉文與印地文（還有古拉吉特文）寫成的。只不過，克西提・莫罕過去主要是在波羅奈的傳統梵文學堂受教育，對英文幾乎一竅不通。我不禁暗自問道，企鵝出版社怎麼會想找他寫本英文書呢？

看我滿腹狐疑，外公就拿出他和企鵝出版社之間的信件給我看，原來是另一位學者薩維帕里・拉達克里煦南（Sarvepalli Radhakrishnan，曾在牛津大學擔任斯伯丁講座東方宗教及倫理學教授，後來當上了印度總統）鑒於克西提・莫罕在這方面學有專精，便向企鵝出版社力薦邀稿。但是拉達克里煦南也跟出版社說，需要安排一名翻譯，才能把克西提・莫罕的孟加拉文或印地文——甚或是梵文——書稿譯為英文。所以企鵝出版社就請克西提・莫罕找一位譯者，最後我外公找了他在桑蒂尼蓋登的朋友西瑟爾・庫瑪・高栩博士（Dr. Sisir Kumar Ghosh）出馬。高栩博士的譯文也算相當通順，但是企鵝出版社卻難以接受他的編排方式和行文風格，所以壓著稿件好幾年。最後這些手稿就在企鵝出版社的編輯室裡放著不管，任它積灰生塵（如果企鵝出版社裡真有灰塵的話）。到了一九五〇年代末，我當時人在劍橋，就去問了後續情形，他們馬上問我願不願意接手將那些孟加拉文寫成的稿件改成英文。我問了我外公，他說他很樂見我接手，但物換星移，如今他還想再修改一些內容。

所以我這個不信神的社會科學家就開始忙著生出一本談印度教的英文書，根據的是克西提・莫罕優美的孟加拉文底本。在外公的嚴格指導下，英文改寫與編輯校訂持續進行，但外公卻在一九六〇年的一場小病後溘然長辭，只好由我負責餘下的編訂出版工作。這本書由企鵝出版社在隔年出版，我記得當時心想，克西提・莫罕要是看到自己的心血終於能夠問世，一定會感到很開心吧。

全書新修之處中，我這裡只想略提其中之一，就是克西提・莫罕對印度教傳統的詮釋，尤其是他如何看待伊斯蘭思想（特別是來自蘇非派傳統的部分）對印度教思想的影響。他強調印度的印度教與穆斯林傳統之間彼此增益的關係，在剛成書時這一點就已經很切合時局，而這數十年下來，隨著當代南亞政治中獨尊印度教的激進詮釋日趨強硬，印度教傳統與穆斯林傳統之間的交融就更形重要了。

這本書完全展現出泰戈爾在克西提・莫罕身上看到的那座「印度文化與宗教的無窮寶庫」。克西提・莫罕引用了大量的文本與口語紀錄，堅稱我們即使面對雙方陣營中好戰分子那種偏狹苛刻的詮釋，也絕不可偏廢印度宗教史上包容、多元的一面。克西提・莫罕指出了這些好戰分子的問題所在：「他們對現狀的狂熱偏執使得許多印度人都忽視了〔伊斯蘭的〕這些影響，但若要從客觀角度研究印度教傳統的演變過程，就必須顧及這偉大宗教所帶來的思想啟發。」

我搬到桑蒂尼蓋登跟著外公外婆一起生活時還不滿八歲，那時當然完全沒想到我的生活——跟著達度、迪迪瑪一起過活，還有在桑蒂尼蓋登學園裡的日子——會如此多采多姿。但是我在一九四一年十月搬到桑蒂尼蓋登的頭一晚，當我坐在廚房矮凳上跟正在做菜的外婆聊天，心裡頭的那份欣喜雀躍可是千真萬確。那個迷人的時刻，似乎預示了即將來臨的美妙日子。

第5章 爭論的世界

一

一九三四年一月十五日下午兩點，離桑蒂尼蓋登不遠的比哈爾發生了一場大地震。我那時候才兩個多月大，還住在外公外婆家裡。地震發生時，我正睡在屋外樹上的嬰兒吊籃裡——孟加拉話叫*dolna*。震波一來，桑蒂尼蓋登頓時天搖地動，顯然離震央不遠。迪迪瑪不知道我媽出門前把我放在哪兒，發了瘋似的找我。結果卻聽到吊籃裡傳來我的笑聲，原來我正因為搖搖晃晃而開心地手舞足蹈呢！這件事我自己當然記不得了，不過迪迪瑪後來跟我說：「顯然那場地震真讓你樂翻了！」

儘管在桑蒂尼蓋登這邊的情況還好，沒有什麼傷亡，但不遠之處卻悽慘無比。這次芮氏規模八．四的大地震在比哈爾造成一場浩劫，穆札法普爾（Muzaffarpur）和孟格（Munger）兩個地區整片坍毀，罹難人數高達三萬，不計其數的人民流離失所。泰戈爾等人紛紛對這場浩劫深表哀痛不捨，並為各項救難援助積極奔走，聖雄甘地不僅加入他們的行列，更決定將這場地震定調為天神對印度歧視賤民之舉而施加的懲罰。當然了，甘地當時正在努力消除大家對賤民階級的歧視，所以他決定孤注一擲，拿這場天災來當作論證利器，對抗可惡的種姓制度。甘地說：「像我這樣的人，就只能相信這場地震是天神對我們犯下了滔天罪愆的天罰。」又說：「在我看來，這場比哈爾大災跟消除賤民階級這整件事根本就密不可分。」

可想而知，泰戈爾氣炸了。他當然也同樣主張消除賤民階級，所以全心全意地加入了甘地消除賤民階級的運動，但是一聽到甘地竟然將帶來無數傷亡——其中還包括嬰幼兒——的這場天災歸咎於此，他不禁感到一陣駭然。他恨死了把地震當作某種天人感應的說法。「有那麼多國人會願意接受這種不科學的講法，那才真正是大不幸，」他在給甘地的信中如此說道。

泰戈爾在後來的書信往返中又再次提到他十分不滿甘地「將自然現象訴諸天人感應」。他要甘地說個清楚，要是甘地說的對，那從前發生過的那麼多人禍怎麼就沒造成天災呢？

> 我們雖然不知道人類歷史上何時不曾出現窮凶惡極的殘酷暴行，但我們卻總能發現邪惡勢力始終屹立不搖，無論是以貧苦無知的飢民血汗牟利的殘酷工廠，或是在世上各種刑罰體系下的苦刑牢獄，都拿著令箭在合法犯罪。這在在都證明了鐵石心腸的分量不論再怎麼累加堆疊，直到我們社會的道德基礎因此裂解，文明因此崩壞為止，也都絲毫不影響重力法則。

甘地在回信中也重申了自己的想法：「我不覺得地震是神明恣意亂搞，但也不是莫名的盲目力量所致。」

泰戈爾大概早早就認定了甘地信裡說的：「說不定這就是我們分道揚鑣之處。」他們倆在科學與倫理上的觀點確實有著無法跨越的鴻溝。甘地這封信署名日期是一九三四年二月二日。就在同一天，他也在《神之子女》（*Harijan*）這份期刊上發文說他自己這立場嚴拒任何理性辯論：「有些人故作姿態，說什麼『這種行之有年的事為什麼要受罰？』『為什麼是比哈爾遇難而不是〔歧視更嚴重的〕印度南部遭殃？』或是『為什麼是地震而不是其他天災？』這些都絲毫動搖不了我。我對他們的回答是：我又不是神，哪會知道神的心意？」我是後來過了好幾年才看到《神之子女》上的這篇文章，但我想甘地其實並不打算到此為止，因為他確確實實還在宣揚神明希望透過這場地震來表示些什麼。他似乎把事情劃成了兩類——有些事他可以代表神明傳達旨意，有些則屬於神明莫測高深的一面。我花了點工夫思考甘地如此劃分是有什麼依據，希望能搞清楚他究竟是怎麼想的。

泰戈爾雖然已經難再與甘地同心合力，但他其實還是十分關心對方，尤其是當甘地又寫了封信告訴他：「我對比哈爾大震的那些說法確實是禁不起挑戰。」事實上，當印度各地反對甘地的聲浪愈來愈高漲（其中，賈瓦哈拉爾．尼赫魯更是發出強烈抨擊），泰戈爾就覺得非得提醒大家甘地「有其偉大之處」。但是他們倆對於科學的態度以及能否將天災訴諸天人感應（即便是為了成就好事）的分歧終究還是讓他們形同陌路了。

他們倆之間還有另一重大歧異，就是甘地鼓吹人人都該每天用上三十分鐘的印度古紡車（*charka*）。他認為用紡車不僅是他那套經濟理論的基礎，也是振奮個人的方法。泰戈爾期期以為不可，覺得甘地那套經濟理論根本不值一哂，反而認為在某些條件下，確實該慶幸現代科技不僅能夠消除人們的勞苦，還能消滅貧窮。他也深深懷疑使用那種古老的紡車能提升心靈的說法。

「使用紡車根本不用花什麼腦子，」他告訴甘地。「就只要一點點判斷力跟耐心，一直轉動那種老掉牙的裝置就行了。」

到我長大時，紡車已經成了印度邁向人類進展的偉大象徵，就像甘地所說的那樣。在不少甘地派友人的鼓勵下，我也試著用過幾次紡車，體驗看看。要說我覺得不停轉動紡紗輪很無聊也對，但重點不在這裡，因為我也不斷自問，像甘地這麼偉大的人，怎麼會覺得這種茫然重複的機械化運作有什麼價值可言？我也在想，他又怎麼會心心念念要人從事這種明明只要稍加改良創新就可以完全避免的單調苦役呢？只要在技術上略加改善，就能讓大家更有生產力、更加富足，而且就像泰戈爾主張的那樣，也更有時間真正深入思考呀！

二

關於泰戈爾與甘地這兩位偉大的印度領袖之間的矛盾，在我的桑蒂尼蓋登求學時期總是一再引起爭論。那場大地震之辯實則包含了兩個問題：第一，在理解自然現象時，科學應當佔據何等地位？第二，應不應該用科學認定的無稽之談來促成遠大目標？我偶爾會想起關於這兩個問題的討論，此外還更清楚記得當年桑蒂尼蓋登學年即將結束時，我們同學在徹夜長談中所提出來的各種差異顯見的思路。

泰戈爾與甘地想要說服彼此的那些論證其實大異其趣。甘地由於對現代科學懷抱疑慮，對現代醫藥往往也十分反感。我當時跟朋友很熱衷在我們那簡陋的實驗室裡嘗試些東西——這讓我們初步了解到什麼是「自然律」——我們也讀了許多科學與醫藥方面的突破新知（其中一項關於放射線用於醫療的解說，更是在我離開桑蒂尼蓋登一年後救了我一命）。我們對甘地提出的理論理路都多少有些困惑，覺得自己站在了泰戈爾這一邊。我當時自認這樣做是在捍衛科學推論——而這看起來相當重要。

三

不過我也必須要說，桑蒂尼蓋登那種沆瀣一氣的氛圍讓我覺得有些擔心，因為這就像是說我們畢竟都是「泰戈爾學派」教出來的，怪不得一鼻子出氣。也正是因為害怕這種人云亦云，所以當甘地在一九四五年參觀桑蒂尼蓋登校園時說了一些與學校官方態度相左的意見時，我倒是挺高興的。對於甘地大肆宣傳紡車這件事，我在想我們大家是不是其實都忽略了什麼重要關鍵。

我們確實很有可能懵懵懂懂之間就誤解了甘地——泰戈爾也是一樣。對甘地來說，親手反覆操作手工勞動者一貫做的事，能夠幫助人認知自己與社會底層人民乃是一體，這一點可說十分重要。這種一體感——對於比自身不幸的其他人能夠感同身受——當然能獲得廣大迴響。等我後來到了劍橋三一學院，發現原來維根斯坦（Ludwig Wittgenstein）也一直想要過上勞工的生活，著實令我訝異——卻也頗覺玩味。維根斯坦老是在講這件事，尤其是跟他的朋友皮耶羅．斯拉法談個不停，而斯拉法後來成了我的老師。

維根斯坦的社會信念夾雜著一種期盼，渴望過著在勤奮努力中抱持希望的勞作生活——這實在有點怪裡怪氣的——如此一來，勞工革命終將推翻「科學崇拜」，也就是維根斯坦心目中當代社會之所以腐敗的根源，這一點倒跟甘地所見略同。拿維根斯坦和甘地相比乍看之下有些不倫不類，畢竟維根斯坦是邏輯與數學原理的大家，而甘地則是靈性上的領袖，但是他們倆確實有些共通之處。我第一次驚覺到這一點，是在三一學院萊恩圖書館（Wren Library）讀到維根斯坦寫的幾篇文章時。

後來，我又發現自己想的實在太天真了。我原本以為甘地只是將理性選擇跟某種對親近社會底層的非理性浪漫想像混淆在一起。等我年紀較大了，對印度這兩位思想領袖開始有更進一步的思考後，才發現我根本沒辦法確切指出是什麼為甘地的立場賦予了那種顯然存在的力度。儘管我還是十分懷疑甘地與維根斯坦那種情感優先的立場，但是我開始可以接受有人質疑我原本認為甘地派沒有論證可言的想法了。

四

我從桑蒂尼蓋登畢業離開時，印度政壇正刮起一陣左派旋風。這在孟加拉影響尤其大，無論是在一九四七年分裂前後皆是如此。印度知識分子會那麼傾向左派的重要因素之一就是蘇聯在其廣袤境內成功推行了學校教育，其中還包括了好幾個教育水準相當落後的亞洲國家。泰戈爾會那麼稱讚蘇聯，有一大部分就是因為教育普及。

泰戈爾在一九三〇年造訪了蘇聯，對蘇聯的努力發展，尤其是對那些他看來是消除貧窮與經濟不平等的具體措施留下了深刻印象。不過，最令他銘刻於心的，莫過於普及俄羅斯帝國境內各地的基本教育。他在一九三一年出版的孟加拉文著作《俄羅斯書信》（*Russiar Chithi*）中，狠狠批評了英屬印度政府在消除印度文盲這方面的徹底失敗，還拿蘇聯的普及教育措施來對比：

> 一踏上俄羅斯的土地，頭一件吸引我目光的事，就是農民與工人的教育在這幾年之間的長足進步，那可真是前所未有，就連我國最高階層過去一百五十年來的發展也比不上……這裡的人民完全不擔心提供全面教育，就連遠東的土庫曼也照給不誤；他們反而還更一心一意地去推動。

這本書在一九三四年部分翻成英文後，大大激怒了英國統治者，馬上就遭到了查禁。一直到一九四七年印度從英國轄下獨立，《俄羅斯書信》才得以有英譯本問市。我早在桑蒂尼蓋登那間小小的書房裡就讀完了原本的孟加拉文本，但是我始終找不到遭查禁的英文本來讀。不出所料，左派果然就用了泰戈爾的論證來擁護蘇聯的教育政策，還大肆抨擊英屬印度公共教育方面的斑斑劣跡——而事實上也的確如此。

泰戈爾對蘇聯的擁護其實是有重要條件的。他對教育普及讚不絕口，但對政治自由卻沒有好話。我舅舅克希緬德拉．莫罕（我們都叫他堪卡瑪瑪 Kankarmama）是個社會主義者，卻十分反對共產主義，他告訴我，泰戈爾對於自己在俄羅斯批評蘇聯禁止不同意見的那份採訪稿未能出版感到十分不高興。我不確定我舅舅是怎麼知道這件事的，但是後來當我翻查這段歷史時，我發現他說的一點不錯。事實上，克里希納．杜塔（Krishna Dutta）與安德魯．羅賓森（Andrew

Robinson）在他們考據詳實的泰戈爾傳記中就講到，這位大詩人在一九三〇年接受《消息報》（*Izvestia*）的採訪，但這篇採訪稿卻未能刊出。不過，歷經了政治上的風雲變幻與戈巴契夫（Mikhail Gorbachev）的諸多改革後，一九八八年，塵封將近六十年的這篇報導終究還是出版了。

然而，泰戈爾在《消息報》採訪中提到的那些疑慮與問題，其實過沒幾個星期就已經刊在了《曼徹斯特衛報》（*Manchester Guardian*）上：

> 我必須要問各位：你們這樣訓練人民養成憤怒、階級仇視、對你們所認為的敵人睚眥必報，這真的是在為你們的理想奮鬥嗎？……心靈必須要自由，才能夠接納真理；但訴諸恐怖卻只會生生扼殺自由的心靈……為了全體人類，我希望各位千萬別創造出殘暴的邪惡力量，因為那只會不停滋生暴力與殘酷的鎖鏈……你們已經消滅過去〔沙皇時代〕的諸般禍患。那何不連這一禍患也一同消滅呢？

泰戈爾希望有普及全民的教育，但也希望要有講理、異議與爭論的自由。可是蘇聯也好，英屬印度政府也好，都達不到他這夢想與要求。他很快就發現，就連日本也辦不到，這點從日本不斷佔領與奴役其他亞洲國家就可見一斑。這讓泰戈爾在一九四一年四月最後一場公開演講「文明的危機」中充分流露出一股厭世的悲觀態度。

五

泰戈爾對於講理與自由的追求是不是太執著了？當然是，他之所以不肯認真將甘地的主張當作論證看待，就是因為他預設了甘地完全不顧批判思考（即使承認甘地「偉大」，也抹除不了這樣的強烈控訴）。但是如果他真的完全信奉理性至上，那就很難理解他為什麼在許多歐美的有識之士眼裡顯得完全不是這個形象，反而是一副高呼盲目信仰的模樣，擁護神祕信念，而非訴諸清晰的頭腦。我們在認識泰戈爾的時候該怎麼理解這種古怪的反轉呢？

一九六〇年時，我打從桑蒂尼蓋登時代就認識的好朋友尼麥．恰特吉（Nimai Chatterji）從他倫敦家裡（因為他當時正在印度倫敦協會工作）寫了一大堆信件給當時的文壇名家，詢問他們對泰戈爾有何印象。出乎我意料的是，他們多數人不僅回了信，而且還長篇大論。有幾個人（例如亨利．米勒 Henry Miller）還是很敬重泰戈爾，但是其他人——例如萊昂內爾．特里林（Lionel Trilling）和艾略特（T. S. Eliot）——要不是本來就輕蔑以對，就是原本對他萬分欽佩，最後才發現是一場誤會，因而無比失望。對泰戈爾的批評大多都是說他採取神祕主義、拒絕講理，還會說他其實無甚文采，浪得虛名。

我們從伯特蘭．羅素（Bertrand Russell）回給恰特吉的信就能知道泰戈爾對於理性及講理的態度受人誤解是怎麼回事了。羅素在一九六三年的信裡明白地講：

我想起路威斯．迪金森（Lowes Dickinson）模糊提到〔與泰戈爾〕那次會面的情形了。那是更早之前，我跟泰戈爾的頭一次見面，當時是羅伯特．崔維廉（Robert Trevelyan）

和路威斯．迪金森帶他到我家來。我得說，我實在不喜歡他那神祕兮兮的模樣，我還記得我當時心裡希望他有話直說……要說他洞幽通微，倒不如說他自我陶醉。當然，他開口句句神祕格言，根本沒辦法講理。

四年後，羅素又寫了第二封信，把泰戈爾對理性的排斥罵得更凶——而且還順帶罵了他覺得許多印度人都犯了的蠢病：

他〔泰戈爾〕談的無限根本是一團不知所云的糨糊。他這種受到許多印度人崇拜的話術事實上根本什麼也沒講。

六

這可真是叫人霧裡看花了。泰戈爾這麼一個講究說理的人，怎麼在一些歐美頂尖知識分子眼中就成了個完全相反的模樣呢？要弄清楚這是怎麼回事，尤其是要搞清楚羅素怎麼會這樣評價泰戈爾，我們就必須考慮到三項因素——不過其中只有一個因素完全是由於羅素本身，因為他總習慣鄙夷在他看來並不直截了當的事物。羅素對待泰戈爾的反應當然就屬於這一類的，不過泰戈爾還不算最慘的，比方說尼采好了，還被羅素在《西洋哲學史》裡狠狠揶揄一頓。我從大學時代起就十分崇拜羅素的文筆，但是要我讀羅素為了顯示出尼采在他眼裡有多麼愚蠢——還多麼齷齬——編造出尼采與佛陀對話的那篇故事，那我可就敬謝不敏了。我喜歡羅素對佛陀的推崇之辭，讀來心有戚戚焉，但是怎麼會有人像羅素這樣把尼采當笑話看呢？

雖然說羅素欠缺耐心可以解釋為什麼他對泰戈爾有那麼奇怪的評價，但泰戈爾在西方廣遭誤解，這個更大的疑問仍然還沒得到解答。不過，有證據顯示，泰戈爾得到那麼多的褒揚，他在高興之餘，也感到苦惱與困惑。泰戈爾在葉慈家那場將他捧為西方世界文學新星的文壇盛宴後，立即提筆寫信給我外公克西提・莫罕，信裡頭帶著幾分焦慮和失望。那封頗帶哀怨的私人書信署名日期是一九一二年六月二十八日上午，泰戈爾在信中表達對自己受到推崇的憂慮：

> 克西提・莫罕大安：我昨晚跟本地一名詩人葉慈共進晚餐。他在席間朗誦了我幾首詩的白話英譯。朗誦得聲調合度，聽起來十分悅耳……大家對我的作品如此過獎，實在教我不堪消受。我總感覺像是在一片荒地裡突然長出一朵花來，即使那朵花根本平凡無奇，眾人還是會讚嘆不已——這就是現在的情況。

葉慈等人的一波吹捧讓西方世界興高采烈地接納了這位「偉大的神祕家」，一開始為泰戈爾帶來了許多榮耀（諾貝爾文學獎就是其中之一），最後卻變成長期的鄙夷。

吹捧泰戈爾的那些人選擇力推以一種觀點看待泰戈爾，在這樣的觀點下，他對世間異彩的詩性展現——尤其以《吉檀迦利》（*Gitanjali*）為代表——掩蓋了他對於這世上種種俗常卻極為重要的事物的深深關切（例如他跟甘地之間的爭論）。西方的推崇者不留任何餘地讓人拿泰戈爾對現世深刻反思而得的信念跟《吉檀迦利》的特殊詩作做對比，這部詩集的英譯在葉慈的推波助瀾下變得過於神祕。事實上，葉慈甚至還在泰戈爾的英譯詩集中加上了註解，好確保讀者能夠掌握到「重點」——也就是單純的宗教觀點——這就完全消除了泰戈爾的語言在描寫人類之愛和神之愛所包含的豐富歧義性，而這種特性恰恰是許多孟加拉讀者心中《吉檀迦利》的韻味。

面對西方對他作品的重塑，泰戈爾有一陣子也配合著起舞。有一次，我外公告訴我（我想他應該是一時無心脫口而出，畢竟他幾乎算是盲目地崇拜著泰戈爾）：「我覺得他雖然心裡懷疑，但是一開始是真的還滿喜歡受人歡迎的，只不過到他想要公開糾正的時候，他在西方人心中的形象卻早已經確立不搖了，連他自己也不知道該怎麼處理這偶像包袱。」泰戈爾自己也知道他在西方受到的熱烈歡迎是場多麼大的誤會。他在一九二〇年寫給好友安德魯斯（C. F. Andrews）的信裡說道：「這些人……就像是群醉漢一樣，最怕的就是突然有片刻的清醒。」只不過，身困其中的他儘管滿腹感激與疑慮，卻依然隨之起舞，從沒公開否認過。

剩下的第三個因素，則是歐洲在泰戈爾的詩歌橫掃西方時所處的特殊地位。泰戈爾獲得諾貝爾文學獎的時候是一九一三年十二月，正是第一次世界大戰爆發前夕。這場血腥大戰蹂躪了整片歐洲，史無前例的野蠻殺戮迫使許多歐洲知識分子與文學家紛紛向外尋求指引，而泰戈爾的聲音對當時的眾人而言，可說是恰逢其時。比方說，偉大的反戰詩人威爾弗瑞德・歐文（Wilfred Owen）不幸身死沙場，他的隨身筆記在戰場上被人尋回後，他母親蘇珊・歐文（Susan Owen）竟發現那小本子上抄錄了一大堆泰戈爾的詩作，其中還包括威爾弗瑞德在離家從軍前向家人訣別的那首詩（開頭是「此去當遠離，就讓我以此詩道別」）。蘇珊寫信告訴泰戈爾，說這些句子「是我兒親手所寫——出處則是您的名字」。

泰戈爾隨即在歐洲被當作來傳遞某種訊息的智者——從東方捎來了和平與善意——這訊息可

能拯救慘遭無情烽火蹂躪，在二十世紀初就齟齬頻生的歐洲。但這形象與泰戈爾在印度自家人眼中身兼多才多藝的藝術家和實事求是的理論家實在是大異其趣。正當泰戈爾在鼓吹國人從迷信中覺醒，要多多運用自身理性的時候，葉慈在用神祕難解的話語來描述泰戈爾的詩作：「我們說不定是頭一次在文學中彷彿在夢境裡看見自己的形象」，或是聽見「自己的聲音」。

我們也得承認，由於這些西方欽慕者的鼓吹，泰戈爾自己也開始相信東方世界確實是為西方世界捎來了信息，即便這想法跟他自己力求講理的其他信念處處牴觸。不過，以葉慈和龐德等贊助者為首的西方知識分子為泰戈爾所增添的宗教性（例如葛拉罕．格林〔Graham Greene〕就認為泰戈爾有著神智學者那種「燦爛圓巧的雙眼」），其實跟泰戈爾本人的宗教信仰所採取的形式完全不合。泰戈爾自己的詩就完美表達了這一點：

別再吟誦唸唱，快放下念珠！
這漆黑廟宇裡的門扉緊閉，你又拜誰去？
睜眼看看，神明不在眼前住！
神明就在播種耕耘處，也在鋪路造橋處。
神明就在日曬雨淋中，塵滿面，衣沾土。

神明不離人間煙火，不是帶來恐懼，而是寬愛源頭，就在日常生活之中，這是泰戈爾的思想中的一大要角，而且他認為清晰論理與這神明密不可分。但是西方讀者卻鮮少注意到泰戈爾真實的這一面貌——不管是說他高深莫測的那些吹捧者，或是斥他裝模作樣的詆毀者，都不曾注意到。就連對泰戈爾多少有些好感的大作家蕭伯納，也打趣地用虛構人物「斯督笨札納特・貝戈爾」來揶揄取笑，可見泰戈爾真正的想法要得到應有的重視是多麼希望渺茫。

七

這些誤解長久以來有如霧罩雲籠，掩蔽了泰戈爾真正的思想。其中十分重要的一個面向就是他願意承認有許多問題即使我們已經盡了全力也無可奈何，而我們能提出的回答也始終未盡周全。我覺得泰戈爾這套觀點相當有說服力，這觀點也深深影響了我自己的想法。未能解決之事也許會隨時間而有所不同，可是難題始終都在，不過，泰戈爾認為這並不算挫敗，反而是一份發現自己對廣大世界的理解原來如此有限的體悟，既美好又謙卑。

他的教育觀中還有另一個特殊想法，就是特別強調要從世界各地自由汲取不同知識，但還得經過合理檢視之後才能運用這些知識。我自己就是從桑蒂尼蓋登學園畢業的，（一如先前在第三章說過的）深感有幸我們所受的教育並未受到印度和大英帝國的地理疆域所限（當時英屬印度的一般學校可就不是如此了），所以我們不僅學到了關於歐洲、非洲、拉丁美洲的許多事，對亞洲各國更是多有涉獵。

泰戈爾也相當努力要破除基於宗教對立性而產生的族群敵對意識，這種風氣在他有生之年正開始在印度蔓延開來，而且就在他一九一四年過世後的幾年間達到巔峰，印度教與穆斯林雙方突然在印度次大陸上各地掀起暴動，最終導致了國家分裂。標榜自己為某個宗教的信徒，因為這樣的自我認同而做出暴力行為，泰戈爾對這樣的事感到十分震驚。他深信一定是因為受到政治人物的挑唆，平常都能寬容相待的人才會變得對彼此忿忿不平。

泰戈爾還來不及見到世俗化的孟加拉就過世了，但這新國度卻是在他和其他親友（包括詩人卡齊・納茲魯爾・伊斯蘭〔Kazi Nazrul Islam〕）堅定反對族群分裂的立場下成立的。孟加拉獨立之時，政府選了泰戈爾的〈金色的孟加拉〉（Amar Sonar Bangla）當作國歌——這也使他成為了唯一有兩首作品分別被兩大國選作國歌（印度選了他的〈人民的意志〉〔Jana Gana Mana〕）的作者。

八

如果說泰戈爾強烈反對族群主義與宗教派系主義，那他反對民族主義的呼聲也同樣響亮。雖然他不停批評英國的帝國主義，但他也同樣批判在印度喧囂過甚的民族主義（這一點也讓他跟聖雄甘地的關係愈形緊張）。泰戈爾寫了許多關於民族主義可能帶來邪佞與暴力的論述，一些相關的演講稿與文章收錄在《論民族主義》（*Nationalism*）中，但他的想法也同樣反映在他的虛構作品裡頭。民族主義那種虛妄而殘暴的力量在泰戈爾《家園與世界》這部美妙的大同理想小說中顯露無遺，後來薩提亞吉・雷更將它翻拍成了一部佳片。

泰戈爾對民族主義的批評（包括在《家園與世界》裡那種婉轉的表示）招致了不少誹謗聲浪，而且還不僅限於印度本地的民族主義者。馬克思主義哲學家格奧爾格・盧卡奇（Georg

Lukács）就說《家園與世界》這本小說是「最廉價的那種小資本家故事」，是「為了英國警方所做的文人宣傳」，是「對甘地的可鄙嘲諷」。這樣的解讀幾乎可說是荒誕。故事裡的反面英雄桑蒂普（Sandip）既不是甘地，泰戈爾也沒打算拿甘地當作這人物的模型——事實上，可差得遠了。從小說裡的清楚描寫來看，桑蒂普絲毫沒有甘地的那片真誠和仁心。但是泰戈爾十分憂慮民族主義所掀起的那股激情，所以書裡頭的確告誡說民族主義的目標雖然看來崇高，但那股力量卻會招致禍患。與盧卡奇不相為謀的馬克思主義者貝爾托特・布雷希特（Bertolt Brecht）在日記裡就表達了他與泰戈爾所見略同，說《家園與世界》是對於民族主義可能腐化這件事打響了一記「強烈而敦厚」的警鐘。

泰戈爾雖然相當欽慕日本的文化、歷史與教育，但是他後來也十分鄙夷日本極端的民族主義與在中國、東亞、南亞等地的侵略行徑，只不過他還是很欣賞日本社會的許多特點。他也設法澄清他對英屬印度政府的種種批評並不是針對英國人和英國文化的貶抑。甘地到英國時，有人問他對英國文明有何想法，甘地妙答：「可能會是個好點子。」這種俏皮話就算是當笑話講也絕對不可能從泰戈爾嘴裡說出來。

第6章
歷史的分量

一

我從一九四一年離開聖額我略學園後，在桑蒂尼蓋登待了十年，一九五一年又到了加爾各答進入總統學院就讀。我在桑蒂尼蓋登最愛的科目是數學和梵文。在桑蒂尼蓋登最後那兩年我專修科學，尤其是物理學和數學，進入總統學院後也打算要主修這兩科。學生對數學著迷並不是什麼罕見的事，但愛上梵文可就非比尋常了。我很陶醉在梵文的繁複之中，而且梵文有好長時間幾乎成了我僅次於孟加拉語的第二語言，部分原因在於我的英文程度實在沒什麼進展。畢竟我在聖額我略學園裡很不愛上課，尤其是英文課，而搬到桑蒂尼蓋登後，學校又完全是用孟加拉文授課。我跟英屬印度政府使用的那種語言就這樣錯身而過了——而這一下就錯過了好幾年。

相對於疏於學習英文，我倒是沒有放下梵文的道理，事實上在家裡外公總是鼓勵我多學一點。更何況，不需要他勤教嚴管，我自己早就沉迷在梵文文學裡了。我讀的幾乎都是古典梵文著作——不過在外公的指點下，我也能讀懂些吠陀和史詩中的梵文，這種梵文盛行的時間更古老，吠陀梵文大約可以追溯至西元前十五世紀呢。

我開始全神貫注在梵文的語文學習之中。閱讀帕尼尼（Panini，西元前四世紀的文法學家）的著作讓我興奮不已，毫不亞於我這輩子後來經歷的其他學術探索。事實上，帕尼尼的作品遠不止是教我梵文而已，更在許多方面都教會了我學術研究的基本規範。他認為我們所理解的知識其實絕大部分都是將個別的理解分門別類，這深刻的洞見後來在我人生中一再反覆獲得證實。

近來有不少人呼籲印度應該重新恢復在學校裡教授梵文。我很贊同這個基本想法——鼓勵學生學習某一種古典語言，可以是梵文，也可以是古希臘文、拉丁文、阿拉伯文、希伯來文、古代中文或是古泰米爾文（Tamil）。然而呼籲提倡梵文的那些人卻往往不容這麼多樣的選擇，他們就只想要梵文，其他古典語文一概不准。這些梵文急先鋒通常把梵文當作是印度教聖典所使用的偉大語文。這一點當然沒錯，可是梵文還不僅止於此——遠遠不止。這種語言也是古代印度理性主義者——其實該說是唯物論者（包括無神論者）——在思考時所使用的語言，而這些人的著作可是汗牛充棟呢。梵文和巴利文（從梵文演變而來，至今仍與梵文十分相近）也是佛教學者所使用的語言，而且由於佛教流衍廣傳，梵文更幾乎可以說是西元頭一千年間亞洲各地的共通語言。

二

我快要自桑蒂尼蓋登畢業時，愈來愈覺得自己有必要——事實上幾近偏執——以某種系統框架來整合我對古印度的理解。我思考了許久，試著將各種零散的必要元素整合成一套完整的理解。我不敢說自己成功了（而且我那時候所做的筆記也在一次次的搬家過程中佚失了），但是我確實從這些過程中吸收到了不少東西，尤其是在一九五一年夏天我從桑蒂尼蓋登畢業前的最後一個學年。

梵文著作中，我最愛迦梨陀娑（Kalidasa）、首陀羅迦（Shudraka）、本拉（Bana）等劇作家的戲劇，不僅讀起來妙趣橫生，而且還會激發對哲學問題的思索，可說是哲學的入門途徑。我也很迷《羅摩衍那》和《摩訶婆羅多》這些史詩。這些史詩雖然往往被當作宗教著作——或者至少是帶著濃濃的宗教味——但它們其實都是敘事型的史詩（就像《伊里亞德》和《奧德賽》一樣），沒有任何宗教上的根本立場。即使是完整收錄在《摩訶婆羅多》裡頭的《薄伽梵歌》（*Bhagavadgita*），其中講述神聖的黑天辯贏了戰士阿周那（因為他一開始並不願意開啟大戰，塗炭生靈），因此受到許多宗教人士的推崇與重視，但這只不過是整部龐大史詩之中的小小一段罷了。說真的，《摩訶婆羅多》裡的觀點遠比《薄伽梵歌》本身豐富，不只是在於黑天極力勸說阿周那有肩負正義之戰的責任。這部史詩的後頭還描述了高貴的般度族贏得勝利後，大戰所留下來的悲慘景象，真的是屍橫遍野，沿路嚎喪。這景象與其說是黑天堅持要阿周那不管結果有多麼殘忍也要開打的結果，倒更像是阿周那的反戰顧忌一語成讖。

三

雖然梵文是教士使用的語言，但也包含了極大量的不可知論與無神論著作——包括路伽耶多（Lokayata）和斫婆伽（Charvaka）順世派以及其他派別的作品——數量之多，遠勝於其他古典語文中的著作。其中也包含了西元前六世紀釋迦摩尼佛所傳下來論理深邃、堅定不移的不可知論。

打從外公給我一本介紹釋迦摩尼佛的小書，讓我初次認識到釋迦摩尼佛的思想後，我就時常想，為什麼我會如此深受感動呢？我想我那時大概才十歲或十一歲，但我還記得當時完全被佛陀清晰的推理所折服，更佩服的是他竟能接受與任何人論理。

隨著年歲漸長，我就更深信佛陀了。當我思考他的修行方式，我就了解原來我會如此受他感動，是因為他在四個方面與大多數的道德學家有所區別，而且也正是在這四個方面接近人們——有時是出於誤會——所認為的宗教。

首先，佛陀的修行方式著重在論理，對任何立場的拒斥與接受，都必須透過論證檢驗。佛陀確實也提出了一套關於這世界的形上學，但是他所呼籲的特定道德主張——例如眾生平等、慈悲為懷等——並不需要以接受這套形上學為前提。每一條道德主張都不是基於形上學，而是由推論得來，只不過有時推論過程較為隱晦而已。

再者，在我看來，佛陀很顯然就是一個跟我們一樣有著七情六慾的人，而不是無情無慾的神明。當喬達摩從喜馬拉雅山腳下的太子宮離開去求道時，沿途為生老病死等種種苦難感到無比憂愁——這和我們凡人的憂慮一模一樣。那時讓他沮喪的事情，至今仍然是我們的煩惱。佛陀跟大多數宗教領袖不一樣之處，就在於他和我們之間毫無距離。

佛陀之所以吸引人的第三點，就在於他極力捍衛的主張。我在讀遍力所能及的所有佛典後，就深信佛陀想要做的是將我們的宗教關懷從信仰——關於神明和其他存有——轉到此刻當下的行為與行動上。佛陀把「世上有沒有神？」這個宗教問題轉成了——無論神明是否存在——「該怎麼做（云應何住）？」這種問題。他說，我們並不需要人人都同意某一種形上宇宙觀，也能夠認出什麼樣的行為是善行。我覺得這一點真是意義非凡。

最後，佛陀的修德之道也著實與「社會契約式」那種道德觀有所不同；社會契約式的道德觀在印度思想中（例如《薄伽梵歌》）十分有力——雖然有點斷斷續續——而在西方倫理學中更是自霍布斯、盧梭之後蔚為主流的觀點。社會契約的形式是要求每個參與者在其他人也必須對別人有相應付出的條件下對他人行善。佛陀則說，行善不該是一種交易，而且人人都有見善當為的責任，即使別人不做，自己也該去做。

佛陀在《經集》（*Sutta Nipata*）中闡釋了他這套推論思路。他說，母親對嬰兒的責任就是幫嬰兒做些他自己做不到的事。光是這一點就是母親非得幫忙嬰兒不可的理由了——才不是像社會契約說的那樣，還期待這孩子將來會回報她什麼。佛陀說，把行善當作交易來看其實是完全搞錯了善的要求——這一點甚至還可以延伸出人有理由要善待其他動物。

佛陀其實並不是主張無條件行善的唯一一人。耶穌在《路加福音》中也用了「好心的撒馬利亞人」這故事來講同一個道理。當那個撒馬利亞人去幫助那名受傷的旅人時，他並不是受到了任何社會契約（無論明確與否）所驅使。他只不過是看到倒在路旁的那人需要幫助，而且他也能夠出手幫助，所以就幫了一把。雖然基督徒都知道基督教有「幫助你的鄰人」這項責任，但是如果按照一般對「鄰人」的理解，那撒馬利亞人這做法根本說不通。耶穌之所以辯贏了那名來挑戰他的律法師，是因為他將「鄰人」的概念擴張到「我們能幫助的所有人」。佛陀與耶穌說來算是殊途同歸，只不過佛陀採取的是直接的道德進路，而耶穌的推論則不得不繞到關於誰是鄰人的知識上頭。

我還在桑蒂尼蓋登讀書時，曾在某晚的讀書會上試圖論證「無條件義務」（*shartaheen kartavya*）這套道德學說比「社會契約」更好。我大概說服不了多少聽眾，但等到讀書會結束後，有不少同學都來鼓勵我。我在桑蒂尼蓋登的那幾年裡，還真的想登記自己是佛教徒。不過學校高層覺得我只是在惡作劇，根本不當一回事，問我：方圓幾百里之內根本就沒有其他佛教徒，我還會想當佛教徒嗎？我說就是因為這樣，才更有必要登記。這答案實在很不討學校主管歡心。我可能在口頭上佔了上風，不過到頭來還是輸了這一仗。最後他們一笑置之，不理會我想登記成為孤獨佛教徒的要求。

四

隨著我逐漸投入梵文為我打開的廣大世界，數學帶來的分析挑戰也開始佔據我的心頭。尤其數學哲學更是令我廢寢忘食。我還記得我頭一次看到公理、定理與證明的應用——看到我們竟能從對某一項的理解中推衍出許許多多其他的領會——真是興奮極了。我真想買一張車票回到古希臘去，這樣就能夠一探歐幾里德的真面目了。理性推論的優雅與威力，證明所具有的吸引力，都是我這輩子心神嚮往的——事實上，我的學術生涯大部分時間都在努力嘗試從社會選擇理論與決策分析中得出結果來，而我對數學推理之基礎的興趣就是個中的關鍵所在。

幸運的是，我很快就發現我對梵文與數學的興趣竟能彼此互補。我很慶幸自己能從迦梨陀娑在《雲使》（*Meghaduta*）中的優美詩句或是從首陀羅迦《小泥車》（*Mricchakatika*）那複雜的故事中馬上轉到阿耶波多（Aryabhata）、婆羅摩笈多（Brahmagupta）或婆什迦羅（Bhaskara，其實應該說兩位婆什迦羅，因為有兩位同名的傑出數學家）的數學和知識論上頭。說實在的，閱讀這些數學家的梵文著作讓我能一舉兩得，安心地沉潛在我的兩大愛好中。

如果說梵文和數學這兩樣相得益彰的興趣形塑了我學生時代的學習探索，那麼對抽象思考的難以自拔與對周遭世界的無比好奇就是另一組相輔相成的推力了。回顧我過去完成的那些小事（唉，真希望多做一些呀），看起來可以大概粗分為相當抽象的推理推論（例如以公理、定理和證明的方式來探討正義的概念和探索社會選擇理論的不同路徑）以及十分實際的實作問題（例如饑荒、飢餓、財富剝奪，以及階級、性別與種姓間的不平等等諸多問題）。原來我在學生時代就已經穩穩扎下這兩大取向的根基了。

我會回想這些事，是因為諾貝爾基金會向我長期租借兩樣跟我的工作密切相關的物品，好讓他們陳列在諾貝爾博物館。瑞典學院在頒發諾貝爾獎時對我的褒美之詞提到了不少我在社會選擇理論方面的分析著作，還引述了其中的章節段落（其實該說是一堆定理跟證明），不過他們在頒獎致詞的最後也簡短談到了我在饑荒、社會不平等與性別不平等方面的著作。所以，在幾經猶豫之後，我最後寄給諾貝爾博物館一本《阿耶波多曆書》（*Aryabhatiya*），這本成書於西元四九九年的梵文數學經典一直對我裨益良多，除此之外，我還把我從學生時代就一直用來代步的那輛老腳踏車寄給了他們。

這輛腳踏車不只陪著我在一九四三年孟加拉大饑荒的時候到各地窮鄉僻壤去蒐集工資與物價等資料，也載過那部幫我衡量桑蒂尼蓋登附近村落五歲以下男女孩童體重的機器，以檢視性別歧視與相對之下女孩受到剝奪虐待的程度。我原本也想把那部秤重用的機器捐給諾貝爾博物館。我記得當年我還因為研究助理怕被那些孩子亂咬，只好親自動手。現在想起來倒覺得有幾分自豪，因為如何順利在不被孩子咬傷的情況下幫他們秤重可成了我的拿手絕活呢。隨著諾貝爾博物館從斯德哥爾摩開始在世界各地巡迴展出這些物品，就一直有人來問我這輛腳踏車跟阿耶波多的數學究竟有什麼關係。我每次都很得意地向他們解釋：「這關係可重大了！」

這輛腳踏車——就只是一輛簡單的Atlas牌單車——是我爸媽送給我的禮物。他們送給我的那時候，我還在發育期，所以這輛車其實比一般成人用的單車還小一點。但是這輛車我還是騎了五十多年——從一九四五年到一九九八年，直到諾貝爾博物館接手為止。這輛腳踏車不僅讓我在桑蒂尼蓋登更來去如風，更讓我能和其他人到附近村落去為失學的其他孩子辦夜間補校（詳見第三章）。我的老師同學並不是人人都有腳踏車，所以我的後座總是載著某個人，有時候甚至連前方的上管上頭都還得擠一個呢！

五

在我早期所學中所得知的印度有好幾個糟糕的特徵——尤其是牢牢箝制住全國上下的種姓制度（而佛陀早在西元前六世紀就已經試著反抗了）——但同時印度卻也有許多趣味盎然又頗具巧思的發明，這種二元性可以一直追溯到古代。我在讀梵文史詩與西元頭一千年的梵文經典時，不得不仰仗後來學者的推理與思辨——從勝天大師（Jayadeva）和摩陀婆到卡畢爾以及擔任蒙兀兒帝國阿克巴皇帝（Emperor Akbar）的顧問兼助手的阿布勒法茲（Abul Faz'l）——這些學者堅實的異端學說實在是令人驚奇。但如果說這份文化遺產的博大精深令我痴迷不已，那麼至今仍企圖用偏狹的派系觀點來侷限印度文化的種種做法，可就教人倒盡胃口了。

古代經典也讓我深深領會到原來一個人的身分並不一定是單一的。就拿四世紀左右首陀羅迦《小泥車》中的女主角春軍（Vasantasena）來說吧——這部極端而充滿顛覆意味的戲裡有幾個各有千秋的主題，其中一個主題就是要體認到一個人其實擁有許多不同的身分——正是這個觀念幫助我避免套用基於宗教或族群（包括認定自己究竟是印度教徒或穆斯林）的嚴格單一的身分，但在我的求學日子裡，這種身分區分變得愈來愈常見。

春軍是個大美女，也是個有錢的交際花，她是善施（Charudatta，在故事中遭人構陷）的忠貞情人與忠誠夥伴，而善施是破落的仕紳，也是社會改革者、政治革命家，到故事最後則是精明又仁慈的判官。眾人革命成功推翻暴政後，善施要判決如何處置那些貪官汙吏，這時他決定網開一面，釋放那個站在腐敗統治者那一方，受僱來殺害他和春軍的人。春軍為此大大叫好，讚賞這裁決充滿遠見，不以報仇為務，而是看清了改造社會、改變人心才是眾人之福。善施這時突然出乎眾人（春軍也許是例外）意料之外地解釋說，他之所以決定放過那些凶徒，是因為這社會應該「以德報怨」（梵文是用 *upkarhatastakartavya* 這個優美的字表達這種創新的懲罰方式），這偉大的觀念不管是出自善施或春軍之口都很適合。最後，原本在故事開頭曾經滔滔痛陳有權者不公、為富者不仁，鼓動眾人揭竿而起的春軍也和善施一起拒絕以牙還牙，展現出能夠感化惡黨，淳化社會風氣，消弭衝突暴力的寬大胸襟。

《小泥車》裡值得深思的第二點，就是善施所提出來的那套司法理論。少年時代的我在頭一次讀到這劇本時，真覺得首陀羅迦的論理方式讓我耳目一新。善施拋棄了復仇的傳統辦法，改而請我們思考行為會造成的一切後果——在這故事裡就是思考施加懲罰會帶來什麼後果。這套進路讓我們得以區分出我在《正義的理念》（*The Idea of Justice*）所指出的兩種不同詮釋——此時離我頭一次讀令人敬佩萬分的《小泥車》已經六十多年了。我在《正義的理念》中區分的兩種正義概念可以用梵文的兩個詞來表示：*niti*（禮）與*nyaya*（正理）。「禮」最主要的意思是遵守明確規則與團體儀節所表現出來的美德。相對於「禮」，「正理」則表示關於現實正義的一套全面性的概念。在這樣的觀點下，體制、規則與組織雖然都各自扮演著重要角色，但必須以一種更寬大包容的世界觀來加以評估適當與否，而不是只憑我們手上碰巧擁有的體制或規則來判斷，因為這世界其實是從正義的過程中生成的。我認為善施的做法就是追求「正理」，是要尋求一個我們可以過得更美好的世界，而不是死守著一套既定規則的「禮」，照著傳統理論對犯罪行為予以「合宜」的懲罰。

舉個實際應用這種觀念的例子，早期的印度法學家曾語帶譏諷地談到「魚界的正義」（*matsyanyaya*），也就是大魚吃小魚，弱肉強食的世界。他們警告說，正義的關鍵就在於避免「魚界的正義」，所以絕對要防止「魚界的正義」入侵我們人類世界。這其中最主要的教訓就是要知道實現「正理」這種正義概念不僅僅是對體制與規則做出評判而已，重要的是還得評判所處的社會本身。無論體制設計得再好——也不管社會的規則（例如關於懲罰的規定）再怎麼合宜——假如大魚還是可以任意吞食小魚，那從「正理」來看，這就是明目張膽地違背了正義。我們需要的是一個與此不同——而且更好——的世界，而不只是遵循古老的規矩和空洞的慣例。

我過了好多年才知道，原來《小泥車》的英文版曾經在一九二四年於紐約搬演過，《國家》

（*The Nation*）雜誌還刊出了劇評家喬瑟夫．伍德．克魯奇（Joseph Wood Krutch）的極力讚揚，不只說這齣戲「感人肺腑」，還滔滔不絕地誇讚這齣戲：「這麼文明開化的作品……在我們歐洲歷史中也找不到。」這話多少是有點誇張了，不過克魯奇無疑正確點出了理解這一點的重要性：在這齣好戲中「理智判斷調和了激情」。我從學生時代就一直對激情與理智思考的調和這個課題很感興趣，所以克魯奇對首陀羅迦這齣戲的評論實在是深得我心。

六

我從學生時代就想要採取一種兼容並蓄的觀點來看待古代印度文學，卻屢屢讓我陷入爭辯之中，時至今日，反對意見只怕是不曾消滅。就拿經常被認為是印度教奠基之作的《吠陀》（*Vedas*）來說吧，印度許許多多倡言宗教的政治人物都大聲疾呼必須把這一套四部的經典奉為圭臬——這種呼聲從我年輕時就已經大行其道，至今仍隨處可聞。我六十多年前頭一次試著讀《吠陀》，確實令我大開眼界——但不是因為這套經典被當作印度教的基石，也不是因為（像很多人誤傳的）其中有著極為繁複的數理。要是說我學生時代有什麼理由擔憂人家亂傳「吠陀數學」高深莫測，那現在就更該擔心了，因為印度有些大學現在甚至在研究所裡開設以「吠陀數學」為號召的學術課程（你甚至還可以靠這幌子混到一個碩士學位）。印度在數學上對世界的貢獻其實要晚得多，大約要到五世紀的阿耶波多、婆羅摩笈多等人才開始，所以想從《吠陀》裡找到什麼了不起的數學發現根本就是胡來。

《吠陀》值得我們珍視的理由是因為裡頭充滿了絕妙的詩句——既發人深省又獨樹一格，既流暢優美又動人心弦。其中有許多詩句充滿了宗教味，但也有不少不可知論和質疑信仰的批判論證，比方說我們先前提過的，在《黎俱吠陀》第十卷的〈創世歌〉中就有深刻的懷疑論思想。

我小時候頭一次讀《吠陀》的詩句，是外公帶著我讀。我那時候剛開始自認是一個無信仰者，看到這來自三千五百年前的支持著實讓我大感興奮。讀《吠陀》——尤其是《黎俱吠陀》——的其中一種方式，就是把它們看成是孱弱的人類在面對無與倫比的自然之力時，以優美的詩歌所做出的回應。我們當然很容易就會認為這些無從掌控又威力十足的自然之力具有某種超自然的地位。倘若說這會導致多神論的現象，那麼這同樣也可以催生出對於單一神明存在的想像——既是創生者、守護者，也是破壞者——認為祂掌管了一切超凡的力量。《黎俱吠陀》中有不少詩句就朝著這方向談，但（相反地）它也涵納了那些早期思想家的批判思考，思索著這樣的可能性：並不存在這種統括一切的力量——沒有那創造了一切，又記得自己所作所為的獨一無二的神。這些詩裡含有一股強烈的懷疑，認為在自然力量背後或許根本就沒有任何東西。《黎俱吠陀》的第十卷就表達了這種不可知論。

七

古印度的思想史除了各式各樣的宗教思想之外，還包括了許多的趣聞與遊戲。要了解印度的文化傳承就不能拋棄這些方面，也不該有這樣的念頭。西洋棋大概是各種源自印度的遊戲之中最有名的（或許也是最複雜的），但是還有許多其他遊戲也同樣出自印度。在我看來，最能洞悉人生有多麼仰賴運氣的一套遊戲就是古印度的桌遊《蛇梯棋》（Gyan Chaupar，又稱 Moksha Patam），這遊戲大約一個世紀前引進了英國，被稱為 Snakes and Ladders。

我覺得很有意思的是，就連《吠陀》也有談到遊戲——而且是真正能改變人生的遊戲。以宗教眼光來讀《吠陀》的讀者很容易就忽略《黎俱吠陀》中的〈賭徒哀歌〉這一篇：

榛木骰子骨碌碌，天旋地轉滴溜溜，賭局板上紛紛轉，教我神迷又心揪。骰粒於我如性命，好似天山出瓊漿，一滴可令精氣足，二滴縱死也還陽。

……

東家串過西家門，親友紛紛避不見，舉手指天發毒誓，此生不賭第二遍。怎料咒詛才說完，便聞骰粒喀啦響，立馬拔腿狂奔去，宛如女子會情郎。

賭徒前腳進賭廳，自問這把可會贏，勝負雖在未可知，猶有一絲僥倖心。豈料骰粒狼子心，點數一落大小定，期望落得次次空，全讓對手把把贏。

……

娑維德利（Savitṛ）如是言，擲骰何如勤耕田；知足自有常樂時，珍惜愛物福綿延。牛羊牲口一應全，妻子持家人稱賢，嗟乎爾等聽分明，心誠意堅不欺天。

這個賭徒也知道自己應該做些有用之事——例如耕耘田地——而不是貪縱賭慾。但是儘管他想要戒賭，卻總是又忍不住進了賭場，最後人生全都毀了。隨著我對哲學愈來愈感興趣，我才發覺這很可能就是世界上最早對「意志不堅」（就是古希臘人說的 *akrasia*）這個著名難題的論述——即使在當代哲學裡，這仍然是個十分重要的主題。

我第一次讀到這篇的時候，就覺得其中有個趣味橫生的特點：這大概是史上頭一篇抱怨「岳母」的作品——這在當代仍然是廣受大眾喜愛的幽默主題。《黎俱吠陀》中這個賭徒大吐苦水：「吾妻之母嫌惡我，妻子伸手推我走；可憐零丁博戲人，無人疼惜無人憂。」你看，讀《吠陀》的時候要是不讀到裡頭的這些人性特徵——對各項弱點的深刻體悟和揮灑自如的想像力——那會有多可惜啊。擔心岳母責備的那份焦慮在這裡可是有十足戲分哪！

八

學校拒絕我登記成為佛教徒真的讓我很失望，因為在古代，車水馬龍的比哈爾其實就是佛教文化傳承的中心。比哈爾的首府華氏城（Pataliputra，即今日的帕特納）更是自西元前三世紀開始就是早期印度所有帝國的首都，期間超過一千年。華氏城最了不起的成就就是建立了那爛陀寺，這是世上最古老的大學，從西元五世紀到十二世紀都是十分興旺的佛學中心。相較之下，歐洲最古老的大學——義大利的波隆那大學——要到一〇八八年才建校。所以在波隆那大學成立之時，那爛陀寺早就已經運作了六百年之久——年年教化數以千計來自世界各地的學子。

由於東亞各地都有學子來到那爛陀寺求學，所以二〇〇九年所謂的東亞高峰會就有一項重大提案，主張要讓那爛陀寺重新復校。二〇一四年九月那爛陀寺大學正式重新招生上課，義大利發行量最大的《晚間郵報》（*Corriere della Sera*）更以「重回那爛陀寺」為頭版標題。這是全世界高等教育史的重大時刻。對我自己來說，受託成為重新復校的那爛陀寺大學校長，這更是個充滿鄉愁的日子。我還記得將近七十年前，我這個沒沒無聞的小鬼頭就在這裡想著那爛陀寺還能不能重生。「真的永遠回不來了嗎？」我問外公克西提・莫罕。「倒也未必，」外公他老人家還是一貫地溫文樂觀：「說不定現在復校的話好處多著呢。」

那爛陀寺在一千五百多年前開始開班授課時，是世界上唯一能提供類似於今天全球各大學所授課程的地方。那爛陀寺開創了一片新天地，成為眾多領域的高等進修機構，不只有佛學，還有語言與文學、天文學、觀測科學、建築學、雕刻、醫藥和公共衛生等學門。那爛陀寺不只吸引了全印度的學子，就連中國、日本、韓國，以及其他流傳佛教的亞洲國家也都有人不遠千里而來，到西元七世紀的鼎盛時期，寺中竟住有上萬名弟子。事實上，這是中國古人唯一能在中國以外地區求取高深學問的地方。全世界——不光是印度——都需要像這樣的大學，所以那爛陀寺愈發興盛了。從挖掘出來的遺跡來看，除了那爛陀寺之外，周遭地區也都以那爛陀寺為榜樣，紛紛如雨後春筍般在比哈爾境內到處成立學校私塾——這確實為舉世帶來莫大貢獻。

雖然我自己很早就跟那爛陀寺有些淵源，但是親眼看到最近在那爛陀寺附近的泰爾哈拉（Telhara）挖掘出古代的講堂和學寮等一千多年前舉世無雙的建築遺跡，還是十分令我震撼。我們從沒料到在挖掘歷史遺跡時會發現一間間的高大廳堂，這應該是古代講課授業用的講堂，而另外還有一排排的小型臥室，想來應該是學生宿舍。那爛陀寺既然是高等教育機構，入學門檻自然很高，而且也必定有相關的教育行政網絡來支撐。來自中國的留學生中包括了名僧義淨（六三五—七一三年），他在那爛陀寺一待就是十年，學習比較中印兩國的醫療方式有何異同，並寫出了第一部不同醫療體系比較專書。他起初是從廣州到蘇門答臘（當時屬室利佛逝帝國）學習梵文，然後又搭船到距今日加爾各答不遠處的多摩梨帝國，之後才到達那爛陀寺。西元七世紀時，比哈爾還有其他四所仿效那爛陀寺成立的佛教學院，到西元十世紀時，另外那四所學院中的超戒寺（Vikramshila）更是與那爛陀寺形成了分庭抗禮之勢。

經歷七百年興盛後，那爛陀寺在西元一一九〇年代受到一連串來自西亞地區軍隊的入侵，軍隊也摧毀了比哈爾地區的其他學校。無情的侵略者巴克帖兒·契吉（Bakhtiar Khilji）率領鐵騎橫掃北印度，而他本人是否真的如一般流行的說法那樣該為隳滅那爛陀寺一事負責，至今仍有高度爭議，但是那爛陀寺毀於入侵軍隊之手則殆無疑義。據說寺裡那座放滿了手稿卷軸的九重藏經閣，就足足燒了三天三夜。那爛陀寺遭毀的時間就在牛津大學成立（一一六七年）後不久，十年後，劍橋大學也在一二〇九年建校。等到有雄才大略的穆斯林君主（尤其是蒙兀兒帝國）在印度重新資助高等教育時，已經隔了許久，那爛陀寺早已片瓦不存了。

九

那爛陀寺是印度遺產，也是屬於全世界的遺產，能在當代世界以現代面貌重新復校，都多虧了其他亞洲國家，尤其是參加東亞高峰會的各國。起初印度政府相當積極，但是二〇一四年政權更替後，高舉印度主義與政治印度教主義成為了政壇主流，復興那爛陀寺大學和佛國願景的計畫因而多有延宕。

不過，大家還是殷殷期盼恢復古典那爛陀寺。大家如此念茲在茲，有部分原因是那爛陀寺對教育品質的堅持——現今印度高等教育往往輕怠了這項要求。那爛陀寺的諸般佛教特色，包括眾生平等的那種觀點，恐怕不太受某些人的青睞，那些人喜歡把古印度詮釋為印度教的印度，而這種詮釋現在極為興盛。除此之外，我們也要明白佛陀與佛教傳統都大力反對印度古代傳統中劃分階級的陋習，包括種姓制度和賤民階級。二十世紀領頭反對這種劃分的知識分子比姆拉奧．安貝德卡博士（Dr B. R. Ambedkar）就改信了佛教，藉以表明立場。那爛陀寺就象徵著這種對教育——尤其是高等教育——無比重要的平等主張。

那爛陀寺教學方法的某些特性時至今日仍然適用。按照古代中國留學生的記載，那爛陀寺的教導方法是運用極多的對話與論辯（而且看起來比古希臘有過之而無不及）。這種辯證法的運用不僅特出，而且極為有效。那爛陀寺的影響力之所以能夠擴及整個亞洲，形成新加坡亞洲文明博物館所稱的「那爛陀寺之路」，是靠著彼此對話學習。

有一回，我到那爛陀寺大學的新校區，要去上一門亞洲史專題課，課堂上有人問到超過四千多哩、串起歐亞貿易的絲路對那爛陀寺有什麼衝擊和影響？絲綢是中國在這條路線上最主要的出口貨物，絲路也因此得名。絲路是在西元前三世紀到西元第三世紀的漢朝期間開拓而成，其重要性不只是在商業貿易上，同時也在於促進了人群互動和思想交流。

這裡關鍵的問題不在於絲路的重要性，也不在於貿易在各國人群的聯繫中所扮演的重大角色——這些都毋庸置疑。關鍵問題其實是，假如重點一直放在人類交流中的貿易與商品交換，因而放大絲路在這方面扮演的角色，是否可能小看了各國人群在這些往來互動中所受到的其他影響，包括由「那爛陀寺之路」催生並維繫的大量文化互動。

最近還有些人混淆視聽，誤將古那爛陀寺說成是絲路開拓的副產品。這真是荒天下之大謬，不單單是因為那爛陀寺壓根兒就不在絲路上——甚至連有什麼密切關聯也說不上——而且在以那爛陀寺為中心的交流互動中，商品貿易也不是最根本的推動力。如果說貿易會促使人群聚集（這是實話），那追求知識與開悟又何嘗不是如此呢？數學、科學、工程、音樂、藝術，還有宗教、道德學說等等，千年來都不停吸引著人翻山越嶺、跨海越洋前來求學。讓這些人踏上求學之旅的動機不是為了追求財富收益，而是為了求道——其中包括但不限於宗教。現代流行透過貿易的透鏡來看待全球連結，絲路就是個中頂尖代表，但這種視角不該掩蓋自古以來人們也會為了求取思想觀念而發生跨境交流這鐵打的事實。全球化不只是追求生意發達的結果，也是眾人彼此對話、彼此學習的結果。

十

古那爛陀寺是全球交流傳統中的一部分，而如今我們仍十分需要這項傳統。新那爛陀寺大學的校園離古那爛陀寺遺址不遠，才幾哩路，就在王舍城（Rajgir，古時舊稱 Rajagriha）邊。這裡其實就是佛陀涅槃後，為了「以辯止諍」而舉行第一次「僧團結集」的地方。後來在西元三世紀時，僧團應阿育王之請，在華氏城（即帕特納）舉行第三次僧團結集，也是最為著名的一次，不僅因為這次結集的規模最大，也因為在這次結集中的各個辯題都格外重要。所以那爛陀寺大學座落所在，可能就是全世界第一場「論道治國」（十九世紀的約翰・斯圖亞特・彌爾〔John Stuart

Mill〕和華特・白芝浩〔Walter Bagehot〕提出了這說法）的會場旁邊。在民主思想史上，歷史始終都有其分量，歷史就是啟發與指引當代世界的指南針。

我們桑蒂尼蓋登學園的學生有很多人都經常在年末時到王舍城和那爛陀寺去郊遊。我們會忍著一股寒意睡在帳篷裡，還好那堆我們圍坐著聊天聊到半夜的營火多少還能帶給我們一絲溫暖。我們聊的東西通常都言不及義（雖然老師們總是想辦法循循善誘），而且總少不了有人插科打諢。有時候，同學在這些遠足行程中也會譜出戀曲，發展迅速——往往也退得飛快。但是這些怎樣都打斷不了我們白天裡對佛子遺跡和古代歷史的殷勤探索。

第二部分

第7章 最後一場饑荒

一

一九四二年的頭幾個月裡，我在桑蒂尼蓋登過得如魚得水。桑蒂尼蓋登這「清靜之地」的平靜氛圍還真是名不虛傳。而且不管是雙腳步行或是騎腳踏車到處閒晃，都十分逍遙自在。隨著我愈來愈融入當地生活，就愈能體會這地方沒有汽機車還真是一大福氣。最讓我滿意的，是桑蒂尼蓋登學園裡悠閒的學術氣氛，還能學到常常不在我們課表內的各種格外有趣事物。我也總是在方便又親切的圖書館裡四處亂逛，東摸西摸，這種無拘無束的習慣也徹底改變了我的人生。

不過，儘管我自己的生活如此愜意，但我也逐漸察覺到周遭世界的風雲詭譎——印度境內境外都是如此。世界大戰烽火連天，東方戰線也愈來愈逼近我們這兒了。但是印度面臨的麻煩可不僅僅是外部問題，印度教徒和穆斯林在政治上的衝突局面一觸即發。然而最嚴重的是糧價飆升的問題；孟加拉的許多家庭——其實我想應該是絕大多數家庭——都叫苦連天。包括與我同住的外公外婆和其他親朋好友，大家都對這些問題與困境憂心忡忡——我那三不五時就到桑蒂尼蓋登來探視的爸媽當然也一樣。沒想到，等到學校放假，我跟著爸媽回到達卡時，才發現大城市裡的人們更是明顯焦慮。

二

我在一九四三年四月看見了饑荒的初期跡象——也就是後來造成兩、三百萬人罹難的「孟加拉大饑荒」。但是在前一年，也就是一九四二年，糧價就已經開始急速飆升了。

一九四三年春天，某一堂課下課後，有幾個年幼的學弟妹跑過來告訴我們有兩個校園惡霸正在欺負一個顯然精神失常的男人，這人剛跑進桑蒂尼蓋登校園裡。我們趕到事發的板球場附近，看見那兩個惡霸，雖然他們都比我們高大，但是我們這邊在人數上佔了優勢，讓他們不敢亂來。他們罵罵咧咧幾句之後就走了，然後我們試著跟受害者交談。那個人說起話來口齒不清，我們好不容易才勉強湊出點頭緒，原來他是說他已經將近一個月沒吃東西了。正當我們說話時，有位老師也過來查看情況，我們才從老師口中知道原來長期飢餓會導致精神錯亂的症狀。

這是我頭一次遇見饑荒災民。但是沒多久，又有人為了躲避饑荒來到了這附近。學校五月就停課，準備放暑假了，但是避難人數與日俱增。正當災民一波波湧入桑蒂尼蓋登時，我爸媽也來陪我了（剛好我父親任教的達卡大學也在放假）。到學校七月開學時，原本有如涓涓細流的人群已經匯聚成了洶湧澎湃的災民潮。凡是能吞下肚裡的，他們全都不放過。他們大多數人都要前往離這裡還有將近百哩遠的加爾各答，因為據說那邊正在賑濟災民。相關的各種流言蜚語傳得滿天飛，但事實上，政府根本就沒有任何賑濟措施，縱使有私人救濟也只不過杯水車薪。可是這些災民還是聽信了這些流言，所以紛紛湧向加爾各答。他們求我們施捨一點糧食——就算是腐敗發臭的殘羹剩菜也無妨——好讓他們能夠撐到加爾各答。

災情愈演愈烈，到九月時，我們估計大概有十萬災民打從桑蒂尼蓋登這裡經過，準備奔往加爾各答。不分男女老幼，他們那不絕於耳的乞討聲至今都已經過了七十多年了，還在我耳邊縈繞。外婆交給我一只裝滿米粒的錫製香菸盒，好讓我在人家向我乞討時能夠施捨，但是外婆又叮囑我：「就算再怎麼於心不忍，也不能給任何一個人多過一只菸盒的米，因為我們要盡可能地幫助最多人。」我知道這一小盒米救不了多少人，但我還是很慶幸至少我們提供了一點幫助。在那段時間湧進來的災民裡，有一個人我曾介紹過（在第四章），就是袞吉許瓦，當時才十四歲的他從距桑蒂尼蓋登大約四十哩遠的杜姆卡（Dumka）來到這裡時，已經餓到不成人形了，還好我阿姨趕緊餵他吃了點東西才保住一命。

三

一九四三年春夏之交，饑荒徹底爆發開來了。我那時候正準備要過十歲生日，陷入了一陣迷惘。我仔細聽著大家對大難臨頭的各種說法（「事情再這樣下去的話」），我爸媽、外公外婆、叔伯舅嬸全都對糧價飆漲有他們的看法，還說要是糧價愈來愈高，饑荒就不免要蔓延更廣了。我舅舅堪卡有一天早上——我想那時大概是一九四三年初吧——就說：「我怕免不了會鬧出饑荒來。」我當時還不完全懂饑荒是怎麼回事，但聽他這麼一說還是嚇壞了。我那時候當然對經濟學一竅不通，可是我也知道要是糧價不斷上漲，民眾薪資卻止步不前，那肯定就有人要挨餓——甚至會餓死。聽家裡人談論這場大災難，確實會讓人一下就成熟不少。

各位馬上就會問：那究竟是什麼造成了一九四三年的糧價——尤其是孟加拉人主食的稻米——急遽飆漲呢？要知道，一九四三年並不是饑荒爆發那一年，而是爆發的前一年。大家一般都說一九四二年的糧價就已經迅速攀升了（因此才導致糧食恐慌），這說法正確嗎？過了三十年，我成了一名經濟學家，決心要好好研究饑荒，尤其是孟加拉這場大災，結果發現這些流行的說法確實毫釐不差。舉例來說，加爾各答學院街市場的米價（根據我能查到的可靠資料）在一九四二年一月初到八月中就已經攀升了百分之三十七，這價格到年底時又上升到百分之七十。對於收入微薄的民眾來說，物價這樣飆升絕對是性命攸關的問題。到了一九四三年，這問題愈發嚴重，一九四三年八月分的米價已經達到了一九四二年初的五倍之高。這時孟加拉已經有一大群人不得不挨餓度日了。

事情怎麼會走到這地步呢？就算印度人沒有制定對抗饑荒的政策，那英國人總有吧？難道饑荒真的就這麼難以消弭嗎？事實上，情況恰恰相反。問題並不在於英國人沒掌握孟加拉有多少糧食的資料，而是在於他們對饑荒的理論完全錯誤。英國政府說，既然孟加拉有那麼多糧食，那就不可能出現饑荒。整體來說，孟加拉確實是擁有很多糧食，這話一點不假。但是這只是從供應面來說；而當時需求量正急遽上升，直接把糧價推到突破天際。在戰爭帶來的經濟榮景中被拋在後頭的那些人一下子就完全失去了購買糧食的競爭力。

日軍此時已經兵臨緬甸與印度邊境。事實上，有一部分日軍——連同反英國的印度國民軍

（由印度領袖蘇巴斯・闌德拉・波斯〔Netaji Subhas Chandra Bose〕率領的印度裔民眾和東亞及東南亞的戰俘所組成）——真的攻抵印度，駐軍因法爾（Imphal）。英屬印度軍、英軍，還有後來的美軍，全都在瘋狂收購糧食。這些軍隊——還有受僱為軍方工作，包括建造軍事設施的那些人——消耗了大量的糧食。與軍事相關的建造工程提供了不少就業機會與薪資；比方說，我還記得整個孟加拉到處都在建造新機場。龐大的需求帶動了物價上漲，而買賣糧食的市場操作與恐慌心態更增強了上漲的趨勢。

就算糧食充足這件事再怎麼確切無疑，人民也沒辦法光靠知道這件事過活。大家要活下去，終究還是必須仰賴自己購買所需糧食的能力——也就是在市場經濟中與他人競爭的能力。糧食可供應量（整體市場中有多少糧食）跟糧食可獲取量（每個家庭在市場上能購買多少糧食）之間有巨大的落差。飢餓是人在市場中無法購買足夠糧食時會出現的情況——而不是因為市場上沒有足夠的糧食所致。我在一九七〇年代研究全球饑荒時發現，真正要緊的是關注糧食的可獲取量——而不是糧食的可供應量。

我要特別強調，這種對於饑荒原因的基本分析並不複雜，也並不特別新穎。孟加拉的糧食供應並未急遽短缺，但是戰爭經濟的需求卻將糧價一再推高，最後就超過了仰賴固定——而且低廉——薪資度日的貧苦勞工力所能及的範圍。大都市裡的薪資多多少少都有所調漲，因為戰爭經濟對勞動力的需求也增加了，但是鄉間的薪水卻不曾跟上，甚至分文未漲。所以飢民中最大宗的就是鄉村的勞工。但是政府並不特別關心這些人，因為政府主要擔心的是城市居民群起不滿，因為一旦引起他們不滿，就有可能導致戰事支援減弱。

為了確保城市人口糧食充足——尤其是在加爾各答——於是政府規定在加爾各答的糧行以固

定價格販售糧食。這套配糧體系能有效涵蓋加爾各答的全部人口。政府從鄉間市場以產地價格購買加爾各答所需分配的糧食，結果反而使得產地糧價更進一步攀升，鄉村愈來愈貧窮，挨餓人口愈來愈多，城市居民卻能從糧行中買到受大量補助支撐的便宜糧食。政府的政策反而加劇了鄉村地區的災情。

四

孟加拉各家文藝雜誌都相信只要市場上增加更多糧食，就能解決孟加拉的饑荒，所以他們抱怨英國政府對此毫無作為。其中一家《國家》（*Desh*）雜誌在一九四三年七月就刊出了一篇聳人聽聞的社論，把這情況類比為羅馬皇帝尼祿在火燒羅馬城的時候還在拉小提琴自娛。那篇社論還故意下了〈邱吉爾政府的榮光〉這標題。文章裡用鏗鏘有力的孟加拉文控訴邱吉爾政府，說要是政府允許更多糧食輸入孟加拉，早就能避免這場饑荒了。這說法多少忽略了政府的能耐，政府其實還搞不懂饑荒的成因，也不知道有哪些可以避免釀災的措施，不過這篇社論批判政府政策的基本論點倒是沒什麼嚴重差錯。

孟加拉的各家報紙在饑荒期間受到了嚴格審查，但是文藝雜誌由於讀者小眾，反而能夠自由販售。我外公外婆就習慣定期去買個幾本——尤其特別會買《國家》（孟加拉文週刊）和《外國人》（*Prabashi*，孟加拉文月刊）。我外婆迪迪瑪通常會在下午讀這些雜誌，每每吃飽午飯後，她就斜倚在她最愛的那張木床上悠哉讀著，還經常跟我分享雜誌裡的內容。我對那些文章裡所陳述的論證相當認真——可不只是感興趣而已。有些時不時就來我們家串門子的表哥表姊也會來詢問，想要盡可能了解我們周遭嚴重事態目前的發展。我總是跟他們談個不停，尤其愛跟大我兩歲的表哥寇康大（本名Kalyan Dasgupta）聊，但他老是愛拿他那套「成熟」觀點來打岔。我舅舅堪卡瑪瑪還給了我一本賽珍珠在一九三一年出版的《大地》（*The Good Earth*），她這本講中國饑荒的長篇故事讀得我心驚膽顫，卻又不忍釋手。

有一天，迪迪瑪拿了《外國人》一九四三年八月分雨季月特輯，將裡頭對「糧食問題」的驚人分析讀給我聽。我後來還回頭去查過，確認我對那篇文章說了什麼的記憶沒錯。那篇文章把糧價飆升歸因於城市地區為了戰爭準備而更大量地消耗與採購糧食，其中包含了正在面對日軍節節進逼的孟加拉與境外駐軍的消耗量。《外國人》並未否定戰爭準備的必要性，但質疑政府當局居然毫不注意戰爭準備帶來的艱困後果，糧價的衝擊就是其一，讓鄉村貧民的生活陷入絕境。

五

位在西敏寺的國會難道真的沒討論到饑荒有多嚴重嗎？還真沒有，一直到一九四三年十月才有人提，而那時候饑荒已經接近尾聲了。事實上在那之前，饑荒的消息一直封鎖著，不讓英國大眾知道。這一點尤其關鍵，因為雖然印度有自成一體的帝國體制，但實質上還是受英國民主政府治理。在桑蒂尼蓋登也好，達卡也好，這點矛盾都是大家茶餘飯後最愛聊的話題。我親戚裡的共產黨員，或者是親共的那些人，都嘲笑大家怎麼會相信無能的「資產階級民主」，而當蘇聯的史達林在一九四一年六月轉向與英國在二戰中合作時，我那些親友們的反殖民主義立場就顯得更矛盾了。其他像是甘地派人士、國會社會主義者，還有蘇巴斯・闡德拉・波斯的追隨者（第九章會再細談），都認定英國國會的不作為是一種政策選擇，而不是面對孟加拉大饑荒這等大規模災害時的無能為力。我當時覺得他們這些說法每個都鏗鏘有力，但是很難理出個頭緒。過了四十年，我還會回想起當時我如何目瞪口呆，坐在客廳角落裡努力分辨到底哪個叔伯姑姨「贏了」爭論。

然而實際上儘管孟加拉正遭遇自十八世紀以來未曾有過的大饑荒（英國統治孟加拉初期曾出現過類似局面），但是無論西敏寺的國會也好，或是總愛煽風點火的英國報章雜誌也罷，對這場大災卻始終未認真報導，更甭說談論了。英國大眾是徹徹底底被蒙在了鼓裡。孟加拉的報紙雖然廣為流傳，但就像我先前提到的，都經過了嚴格審查（為了避免在世界大戰期間散播不利流言），而加爾各答最大的英文報紙《政治家報》（*Statesman*）是英國人所有，總編輯是忠君愛國的英國人伊安・史蒂芬斯（Ian Stephens），他們為了團結抗戰士氣，主動選擇了避談饑荒的方針——他們是刊出了幾張飢民的可憐照片，但不見任何評論或說明。

封鎖消息的政策一直持續到一九四三年十月伊安・史蒂芬斯反叛才終止。在那之前，英屬印度政府的審查機制加上《政治家報》的緘默幾乎完全禁絕了報章雜誌對孟加拉饑荒災情的廣泛討論。我所有的親戚儘管政治上各有不同立場（有民族主義者、社會主義者、共產黨員和自由民主派），卻全都因為關於目前事態的新聞和評論受到箝制而怒氣沖沖地團結了起來。

六

一九四三年，戰爭準備正緊鑼密鼓地不停加強，糧價更是一飛沖天，這不單是因為經濟活動增加和蓬勃發展的市場需求所致，背後更有恐慌和投機市場操作的因素。糧價一路攀升，正如先前說的，到八月底時已經達到了一九四二年初的五倍之高。當然了，我當時還不知道詳細價格，而《外國人》、《國家》跟其他孟加拉文雜誌也沒有詳實記載。不過，他們倒是十分努力讓讀者注意到價格攀升的原因與後果，以及這些情形如何導致了饑荒蔓延，同時還批評了英屬印度政府對未處理的戰爭連帶後果所導致的物資匱乏竟然毫無作為。

一九四三年的孟加拉大饑荒就跟大多數的饑荒一樣，都是最低階級蒙受的災害。出身較優渥家庭的人，包括我家親戚和我學校同學的家族，都能安然度過這場害得百萬生靈殞命的大災。大家當然都會抱怨糧價上漲，但是我們這些相對富裕的人還沒被逼到三餐不繼。

七

十月初，饑荒災情達到了最高峰，我跟著父親去加爾各答幾天。父親在加爾各答有些事要辦，我則是想在大城市裡到處逛逛，因為我前一年十二月在這裡玩得很高興（只不過日本人轟炸了遠處的奇蒂爾普爾〔Khidirpur〕碼頭）。但是我這次看到的加爾各答跟上次的景象根本是天壤之別——嚇死人了。街上處處窮苦飢民，這是我頭一次見到有人活生生被餓死的慘況。城裡各地有一些私人救濟團體的賑災點，會發放一些糧食給有限的災民。這些救濟站都會同時開門，避免災民在一處吃過又到另一處吃。有不少災民為了能在救濟站前排得上隊而大打出手。

饑荒一來，就使得慘遭災情蹂躪的人道德敗壞。以前才看不到人家爭先恐後動手動腳。但就算是當年只有十歲的我，也知道受情勢所迫，這場面在所難免。外婆曾告訴我她看到一個媽媽一邊抱著大腿上奄奄一息的孩子嚎啕大哭，一邊把不知道哪裡討來的食物全都吞下肚裡。「我們不是人了啦——我們都變禽獸了！」那個媽媽對我外婆這樣說。

孟加拉大饑荒這場惡夢使我下定決心，一定要設法避免這種事再度發生。我跟學校老師說了這件事，他笑著誇我真是好志向，但是他也把我「拉回現實」（他原話就是這樣說），說饑荒是幾乎難以根絕的災難。直到一九七〇年代，當我開始分析饑荒，希望找出至少能稍微避免饑荒的解方時，我都還記得那場令人喪氣的對話。

第8章 孟加拉與孟加拉人民共和國

一

一九四四年的某個下午，有個渾身鮮血、不停哀叫的男人走進了我們家大門。那時我們學校放假，我回到了達卡，自己一個人在我們那棟「世界小屋」的院子裡玩。那個男人叫做卡德爾．米亞（Kader Mia），是一名打零工維生的穆斯林，他前胸後背都是嚴重的刀傷。他本來剛結束在我們家附近一棟房子裡的工作——沒賺多少錢——結果卻在我們這個大多都是印度教徒的地區裡被一群地痞流氓在光天化日下狠狠刺傷。渾身是傷的卡德爾．米亞痛苦不堪地向我討杯水喝，求我救救他。我嚇得六神無主，跑進家裡拿水，大呼小叫要我爸媽快出來幫忙。我爸爸趕緊將他送到醫院去，但是唉，卡德爾．米亞最後還是沒能活下來。

我那時候已經快十一歲了。當然，我也知道族群劃分可能會造成很血腥的事。但是就在那個下午，當我試著撐起卡德爾血流不止的身子，好讓他能喝上一口水，聽著他愈來愈急促的呼吸，我突然看清了這種故意劃分族群和製造敵意會帶來什麼樣的野蠻行徑與恐怖後果。我在這場事件中只看到了無比的凶殘，根本不懂——也完全無法推測——究竟卡德爾為什麼會被一群素昧平生的殺手狠狠殺害。對那些狠心凶手來說，他們只要知道卡德爾是一個穆斯林——知道他有這族群身分——就已經夠了。

等我好不容易從震驚與哀傷中恢復過來，我跟爸媽談這件事談了好久。「無論你之後看到什麼樣的惡行凶案，」我爸爸在這愁雲慘霧的時局裡愈來愈悲觀，對我說道：「總會有其他更恐怖的事故發生。」「才不會！」我媽馬上回話：「誰都不會想要過這種野蠻生活的。」「人性中就是有充滿了不理性暴力的一面，」爸爸說：「就跟我們所喜愛的慈善、溫和的那一面一樣真實。」

每當我一想到潛藏在人的族群認同底下的那份野蠻，那個下午發生的事就會在我腦海裡不斷浮現。如果我們把宗教社群當作我們自身最主要的——說不定甚至是唯一的——身分認同，那麼想當然我們就會把別人看成只是穆斯林、印度教徒或是任何單一身分。當族群有所衝突時，這種將人化約為單一面向的做法很可能會引發暴力。雖然這種族群哲學可以為特定群體提供向心力和共同情感，但若說我為什麼這輩子一直都對這種族群哲學抱持疑心，那就是因為我早早就經歷過族群劃分慘無人道的一面。幾十年後，當我著手寫《身分與暴力：命運的幻象》（*Identity and Violence: The Illusion of Destiny*，二〇〇六年出版）來談把別人——還有我們自己——都視為只具單一身分的害處時，我不禁覺得，其實我只是在把幾十年前卡德爾．米亞慘遭殺害的那個血色下午就展開的這條漫漫長路給走完。

二

我爸爸送卡德爾．米亞就醫的路上，卡德爾跟我爸爸說他太太其實曾經求他不要在族群械鬥這陣子到敵對區裡。但是他還是不得不出門打零工、賺點微薄的薪水，不然家裡人拿什麼餬口？他因為這份經濟上的不自由而受懲罰，下場就是死。要是卡德爾．米亞一家子不用靠那點微薄報酬度日，他根本就用不著在這動盪的時刻出門四處打零工。卡德爾告訴我媽媽，看到自己的孩子餓得骨瘦如柴，他只能出門掙錢，給他們買些吃的。

我不禁一直想像卡德爾的妻子是怎麼樣求他別冒這個險。這樁事件在我腦海中佔據了好長一陣子，最後我才了解，貧窮的威力竟然能剝奪人的一切自由——就連不要冒著性命危險的自由都能奪走。階級在這裡扮演了極重大的關鍵角色。勸人家別離開家裡亂跑當然是個好建議（我們在暴動時期不時會聽到這建議），但是如果你不出門，家裡的孩子就得挨餓，那又該怎麼辦呢？難怪絕大多數在族群械鬥中的罹難者都來自社會中最貧困的階級——他們總是最容易送命的一群。我年紀還不算太大的時候就已經體悟到，要了解印度族群暴力和屠殺的恐怖，亟需將經濟階級納入考慮。在一九四〇年代印度教與穆斯林衝突中死去的民眾儘管分屬不同的宗教族群，但他們絕大多數都是來自同一階級（來自勞工家庭和身無分文的貧民家庭）。

當然了，我們家——無論是爸爸這邊或媽媽這邊的家族——在我小時候談了不少關於階級的事。我母親唯一的兄弟堪卡瑪瑪是國大黨的社會主義派，而他和我媽的一個堂弟（我也要叫舅舅）薩提彥．沈恩（Satyen Sen）——我們都叫他蘭卡瑪瑪（Lankarmama）——則屬於共產黨。印度分裂後，蘭卡瑪瑪留在了東巴基斯坦，成為發展左翼政治的積極分子。我爸爸的表弟吉歐提爾昧・沈恩笈多（Jyotirmoy Sengupta，我都叫他錫度卡卡 Shidhukaka）原本是民族主義革命派，但是後來自從在英屬印度監獄（當年是個結識知識分子的好去處）中見到了印度共產黨創始人之一穆札法爾・阿瑪德（Muzaffar Ahmad）之後，就深受他影響，愈來愈支持共產黨。

我媽媽總是十分認真地聽他們分析印度當前的真正問題——遠不只是英國統治之下的不平等——他們的說法雖然有些出入，但基本上都是針對階級問題來剖析。其實，他們也都在反抗英屬印度政府，所以在我小時候，這些叔伯舅就三不五時被送進英屬印度監獄（我在第九章還會談到）。我爸爸對於民族主義政治有多少能耐能驅逐英國人始終有些疑慮，相較之下，我媽媽就包容多了，甚至還特別支持左派分子的理念。她對馬克思的思想格外感興趣，也老愛跟我聊政治，常常還會加上一句：「你老爸大概不會認同」。隨著饑荒和暴動出現在我們生活周遭，我發覺階級分析確實多少能幫助我們理解究竟是什麼使得我們要受苦受難，包括貧窮與不平等，還有被剝奪基本自由（包括不必冒著性命危險的自由）。這些事我在本書後頭會再詳細討論。但是這些思想除了影響我對於政治的理解以及想要探問的問題之外，也顯示出人命在我心目中漸居主要地位，逐步勝過了對數學抽象的好奇和對歷史文化的痴迷。

三

族群械鬥在孟加拉並不是前所未有的新興現象。在不同宗教派系的挑唆下，印度教徒與穆斯林之間自二十世紀以來就一直偶有零星的衝突械鬥（加爾各答在一九二六年就發生過好幾起），印度其他地方也是一樣。但是一九四〇年代的情況真的是前所未見，格外不尋常。有些人主張政治分離，有的人則大力反對，結果使得印度教徒與穆斯林之間的隔閡愈演愈烈，遠甚過往。在這十年間，雙方處處劍拔弩張——那是我在大城市達卡生活時無可避免的景象，畢竟再怎麼說，這裡都不是我學校所在的桑蒂尼蓋登小鎮——最後在一九四七年國家分裂、獨立建國的前夕達到了最高峰。

強烈要求國家分裂，留給穆斯林一塊獨立家園的，是由穆罕默德・阿里・金納（Muhammad Ali Jinnah）率領的全印穆斯林聯盟（Muslim League）。在他們的某些聲明中，獨立建國的要求是基於這樣的論述：在這個尚未分裂的印度裡，其實住著「兩個國族」——印度教徒和穆斯林。我們家也對這個主張討論熱烈，而這說法根本就是徹頭徹尾的謊話。我外公克西提・莫罕說這項主張是建立在全面忽視印度史的無知基礎上。我們家都認為，穆斯林與印度教徒之間的持續往來不僅有益，而且多半總是溫和親善的，他們都認為彼此基本上大同小異，只不過在具體宗教實務上有所差別。

雖然率先提出分裂國家的是穆斯林聯盟，但許多信奉印度教的孟加拉上層階級（絕大多數的高等種姓）也很快就支持分裂運動，將孟加拉省從印度劃分出來。孟加拉的大多數人口都是穆斯林，要是他們都要轉移去巴基斯坦，那麼原本在公共參與和職業上都佔據了優勢，也明顯比一般人富裕的那些印度教徒就會失去原本握在手裡的權勢。喬亞・恰特吉（Joya Chatterji）在最近一項十分有啟發性的研究中就細膩闡述了那些擁有特權的中上階級印度教徒如何**促成**了孟加拉省的分裂。

當代的觀察報告由於資訊取得受限，與後來更全面的歷史研究結論多少會有些出入，但是對一個當年就在孟加拉生活的年輕觀察者來說，實在很難忽略印度教菁英分子對孟加拉統一的說法轉變——從堅定支持變成有所疑慮，甚至曖昧不明。這讓克西提・莫罕很憤慨，不過他更討厭讓整個印度全面分裂的那種主張。

四

說起來，孟加拉的獨立（或人們想促成的獨立）有相當曲折的過程。一九〇五年，印度總督克爾松侯爵（Lord Curzon）就曾想以達卡作為僻遠的新省分「東孟加拉及阿薩姆省」的首府。克爾松之所以如此決定的理由之一，是由於有一股孟加拉民族主義勢力在煽動反抗英國統治的情緒。儘管英國將孟加拉分裂出來是因為希望能獲取孟加拉的穆斯林支持（因為他們是達卡最主要的政治團體），但是孟加拉社會卻上下一致反對克爾松的分裂做法。最後克爾松不得不放棄，所以孟加拉在一九一一年又復歸統一，而英屬印度政府也在此時決定將首都從加爾各答遷到德里。反分裂運動的成果之一就是泰戈爾寫出了熱血激昂、感人肺腑的名曲〈金色的孟加拉〉，他還在一九〇六年的反分裂會議中親自演唱呢。一九七二年，孟加拉人民共和國成立，這首歌也被選為新國家的國歌。

事實上，一九四〇年代孟加拉確實還有可能在不分裂的情況下獨立成一國——原本的印度也會因而分成印度、巴基斯坦、孟加拉三塊。這的確是某些孟加拉政治領袖的主張。但是由於有些穆斯林支持這個方案，所以沒有多少上層階級的印度教徒願意接受。我們家自己就對於要不要在一個分裂的印度內部維持統一的孟加拉這件事鬧了對立，所以沒多少人支持這主張。基本上，大家都反對任何分裂印度的做法。

五

我們有許多很棒的穆斯林朋友，在達卡有，在加爾各答有，在桑蒂尼蓋登也有。由於在同階級之中友誼通常來說更容易培養，所以我們大部分穆斯林朋友的社會階層也都跟我們相仿。但是他們相對上確實是少數——比起富裕的印度教徒要少多了。根據我自己的觀察以及和家人的討論，我開始察覺到在受過大學教育的菁英分子、公僕和醫師、律師這類的專業人士裡，穆斯林是相對少數，而在小康的中產階級之中也是如此。這跟北印度的情形大相逕庭，穆斯林在那裡幾乎就是菁英分子的代名詞。我經常去北方的拉克瑙（Lucknow），每次去的時候總是對這種差異感到訝異。我去拉克瑙多半是為了拜訪我住在那裡的姨媽瑪瑪塔（Mamata，我都叫她拉布瑪西Labumashi）和姨丈薩伊楞．達斯笈多（Sailen Dasgupta），薩伊楞姨丈是拉克瑙大學的歷史教授。我在中小學時很喜歡去逛拉克瑙大學的校園——但是我最喜歡拉克瑙的一點是我可以跟姨丈姨媽的兒子宋襄卡（我都叫他巴楚大）還有兩個女兒依麗娜（Ilina）和蘇夢娜（Sumona）一塊兒玩。

拉克瑙的豐富文化也很令我讚嘆，那都是由上流階層的穆斯林主導。拉克瑙的上流階級一向清一色都是穆斯林，包括了一整套人脈網路——不只限於過去統治這裡的地方太守

（Nawab）——也都是穆斯林。拉克瑙的穆斯林菁英過著悠閒安詳的生活，即使面臨來自英國的征服者入侵也依然如故，薩提亞吉·雷一九七七年的電影《棋手》（*The Chess Players*）將這一面表現得淋漓盡致。達卡當然也曾有身居上流的太守，不過除了這一小群人之外，大部分的孟加拉穆斯林生活都沒有那麼優渥。

這一點有些怪，因為孟加拉其實由穆斯林君主統治了好幾個世紀。但是這些統治孟加拉的穆斯林君王似乎並不想把印度教徒從中上階級的舒適地位踢下來，也並未強迫他們改信伊斯蘭教。為穆斯林君主擔任宮廷官員或軍事將領的印度教徒都不需要放棄自己原本的宗教信仰。在關於蒙兀兒帝國軍隊儀典的記載中，可以發現有些誓詞相當令人吃驚，因為穆斯林將領是以阿拉之名起誓，而印度教將領卻是以毗濕奴之名宣誓。

蒙兀兒帝國自從十六世紀後半阿克巴皇帝開始，就明定國策接納宗教多元。（當喬丹諾·布魯諾〔Giordano Bruno〕因為遭判叛教而在羅馬鮮花廣場被綁上木樁燒死時，阿克巴皇帝正在印度的亞格拉講述宗教寬容的重要性。）雖然有許多印度教歷史學家對蒙兀兒帝國晚期（尤其是在阿克巴皇帝一世紀後的奧朗則布皇帝〔Emperor Aurangzeb〕）統治下的「族群」派系政治不假辭色，但是我外公克西提·莫罕經常說，這種眾口鑠金的說法——尤其是在我成長時期那段動盪歲月裡更是廣為流傳——其實只是「想像出來的歷史」。奧朗則布皇帝朝廷裡有許多印度教徒官員，就連身邊決策圈裡也有。克西提·莫罕一談起這題目就沒完沒了。我想這最主要是因為他認為分裂派這套反穆斯林史觀在起著邪惡的作用，促成敵意與暴力，加深印度的族群分化。

甚至在十六世紀被蒙兀兒帝國征服之前，孟加拉的穆斯林君主（來自阿富汗的帕坦人）便已經很樂於接受朝中有印度教徒官員和將領。除了有少數頂層階級的印度教徒改信伊斯蘭的案例之外，上流階級穆斯林從印度北部湧入孟加拉的情況相對罕見。沒錯，是有些「阿什拉夫人」（Ashraf）宣稱他們的祖先來自喀布爾山隘西邊的波斯、阿拉伯或土耳其等王國，也就是來自穆斯林聚集的核心地區；但是移民進來的阿什拉夫人為數不多。印度教徒大規模改信伊斯蘭教（從十四世紀起人數大增）都是在較不富有的人民之中發生，常常是從印度教社會的邊陲地帶開始。事實上，我們很難說清楚這些投向伊斯蘭的人是不是真的都是從印度教改信，因為這些人跟印度教社會本身的關係往往並不緊密。

打從東印度公司統治開始，在英國治下的印度教徒與穆斯林之間的鴻溝就日漸加深。一七九三年，英國來的孟加拉州總督康華利侯爵（Lord Cornwallis）頒布了一篇文告（史稱「康華利法典」），規定地主向政府繳交的稅金「永久不變」，讓地主不僅能擁有土地，還能免增賦稅。這些安穩享有權利的地主有許多都是印度教徒，於是有一群人靠著田租養尊處優，自己卻住在遠方，從來不曾下田耕作。而大多數不僅要向地主繳交田租，還會被狠狠剝削的佃農都是穆斯林。「田賦永定」（Permanent Settlement）對經濟造成巨大傷害，除了消滅幾乎所有改良農作的誘因之外，還鞏固了基於土地所有權的種種不平等。

六

等到我長大一點，開始逐漸懂得階級分類的重要性之後，我慢慢看清孟加拉分裂之前印度教徒與穆斯林之間的經濟不平等所帶來的衝擊有多麼深遠。我媽媽受了她那些積極參與政治活動的堂表兄弟影響，時不時就會告訴我生產工具的有無會造成社會差距，而在眼下的情況，這生產工具主要就是指土地。雖然我媽給我的是片斷的資訊，但她的確抓到了某個重點，只不過她自己卻未能把想法化成行動，就連她編輯多年的雜誌裡都不見相關文章。

我們家擁有的土地不算多——大家的財產都是靠個人專業收入累積得來的——但是過了好些年後，我到了加爾各答，才知道原來有一大批不在籍的印度教徒地主，各自擁有大小不等的土地，靠著遠方的地租過日子。歷史學家拉納吉特．谷哈（後來成為我的朋友和同事）對於「田賦永定」這萬惡體系的根源做了十分詳盡而透澈的研究，坦言自己就是一個不在籍地主，是這體系中的一個受惠者：

這本書的作者年輕時就跟許多同世代的孟加拉青年一樣，在「田賦永定」的陰影下成長：筆者一家的生計都是來自他們畢生未曾造訪的遠方田土；他所受的教育是殖民官僚體系為了吸收受康華利侯爵庇蔭下的才幹子弟所設；他所處的文化環境完全被那種靠著土地肥水過活的中產階級的價值觀包圍，遠遠脫離那些土地上農民大眾的原生文化。

另一位史學大家塔潘．雷朝圖里（Tapan Raychaudhuri）也描述了自己出身地主家庭的體驗，他們家擁有的土地比谷哈家更多，不過他們住的地方倒是離名下那片在巴里薩爾（Barisal）的土地不遠。雷朝圖里十分講求平等主義，一針見血地直指孟加拉土地不公之害：

當個地主（zamindar）就意味著我們僱用的貧苦佃農會拿我們當皇帝看……我們遇到農民

（*ryot*）時，他們真的會把我們當作王公貴族來侍奉……孟加拉的地主……主宰了農村社會，偶爾連城市也包括在內，這情況已經超過了一個世紀。

有些順服的農民是生活處境較艱難的印度教徒，但是有更多（事實上是絕大多數）的農民都是穆斯林。

由於經濟上不平等，打著不滿抗爭的政治口號很容易就號召起孟加拉的穆斯林，穆斯林聯盟在一九四〇年代中期之所以能短暫成功攏絡孟加拉的穆斯林，跟土地所有權這問題密不可分，而這對於印度的分裂可是個重要關鍵。然而，儘管孟加拉的穆斯林大有能力操作族群分立，他們在一九四三年之前還是一直支持主打族群融合的政黨。曾任孟加拉總理（這是個靠選舉選出來的職務，但只能在英屬政府手底下管事）的法茲勒．胡克（Fazlul Huq）就跟好幾個組織聯合過，先是跟穆斯林聯盟結盟，然後又跟印度教大齋會（Hindu Mahasabha）聯手。他自己所屬的政黨是世俗派的農民佃戶黨（Krishak Praja Party），致力於土地改革與推翻康華利的田賦永定制度。這雖然不是一個以族群為訴求的黨派，但是由於孟加拉經濟的特性，他的這個政黨大多數支持者都是孟加拉的穆斯林。

國大黨裡有些人抨擊法茲勒．胡克是「共產黨」。他們引述他的口頭禪，說他是「穆斯林第一，孟加拉第二」，又說他被穆罕默德．阿里．金納說服，推動了一九四〇年穆斯林分離主義者的「拉合爾決議」（Lahore Resolution）。然而，在孟加拉穆斯林的經濟地位與整個印度次大陸上其他穆斯林相去太遠的情況下，胡克繼續以孟加拉穆斯林領袖之姿來推動他心中優先重要的政策，結果他在一九四一年被金納從穆斯林聯盟中踢了出去。

的確，孟加拉穆斯林的利益跟孟加拉土地改革以及消除土地所有權的不公和剝削等實際議題密不可分。胡克本人關心的是孟加拉更長遠的利益與光榮。舉個例子，塔潘・雷朝圖里有一次考試取得了優異成績，結果居然收到了胡克親發的賀電，恭喜他又增添了一分「孟加拉之光」。我們家對於「法茲勒・胡克的真實立場」一直有爭論，但是由於我們家有不少人（包括我父親在內）都跟胡克很熟，也都認同他的基本信念，所以到最後大家常常還是替他說公道話並給予支持。

七

從我上學讀書開始，孟加拉就變了很多，但是最劇烈的改變就是取消了「田賦永定」的沉重負擔與不公不義。塔潘・雷朝圖里詳述了大地主的富裕生活如何在「一九四七年到四八年之間一夕變天」。我們大可以說這「一夕變天」打造出了一個強烈世俗傾向的孟加拉人民共和國，而這傾向在一九四〇年代原本幾乎不可能實現。不過，精彩的還在後頭，尤其是孟加拉如何在偉大的政治家謝赫・穆吉布・拉赫曼（Sheikh Mujibur Rahman，又稱班迦般度 Bangabandhu）領導下發展出經過深刻反思的世俗政治。

「土地問題」這個對法茲勒・胡克進行世俗派改革最嚴重的穆斯林難題一獲得解決，東巴基斯坦就有了更進一步整合孟加拉政治運動的空間，率先打頭陣的就是一九五二年二月的「孟加拉語運動」（*bhasha andolan*），這時離印度分裂並成立東巴基斯坦還不到五年光景。但這並不是說一旦改變土地不公的情形，這類孟加拉的統一運動就勢成必然，而是說這些運動就有了出現的機會——就只是這樣而已。

要打造一個世俗民主化的孟加拉人民共和國，就需要建設性的政治教化，而這正是多年來苦苦耕耘的成果。最後，成立這樣一個國家不可或缺的願景，則來自班迦般度（穆吉布．拉赫曼）的高瞻遠矚。重要的是，穆吉布．拉赫曼能夠從孟加拉幾個世紀以來族群關係的特殊歷史，以及晚近分裂運動的暴力衝突中汲取教訓。每當我想起孟加拉的文化史——無論我當時人在達卡、加爾各答或是桑蒂尼蓋登——這各項要素之間的連結總是會清楚浮現，影響著我們有沒有正正當當地說「孟加拉人民」的底氣。

孟加拉人這個身分對我來說一直很重要，但還不至於抹消我對職業、政治、民族和其他身分的忠心赤誠，尤其不會忘記我跟誰都一樣具有人性這件事。而孟加拉人這身分之中，有很大一部分就是糅合了不同文化的歷史淵源。泰戈爾在一九三〇年代初期牛津大學希伯特講座（Hibbert Lecture）上，帶著幾分傲氣地對底下觀眾說，我來自一個「匯聚了印度教、伊斯蘭教、英國這三大文化之處」，這不僅是明白否定了一切教派界線，同時還隱隱以兼容並蓄、拒絕偏狹孤立而感到自豪。

接受在政治與文化上的世俗傾向並不會剝奪孟加拉人民共和國的穆斯林在宗教上的穆斯林身分，而且這也完全符合這樣的主張：一個人的宗教身分可以跟政治上的自我認同分開。這對身為孟加拉人的印度教徒來說也是一樣的道理，無論他人是在孟加拉人民共和國還是在印度。

八

在思考這些爭論時，我們該在孟加拉的歷史裡找出什麼來？佛教經過一千年後在印度大多數地區消失，在孟加拉卻仍能延續到十一世紀晚期波羅王朝（Pala）時代，這是在這國家最後一個信奉佛教的王朝。過沒多久，隨著穆斯林從十三世紀初開始入侵，印度教的統治政權逐漸遭到取代。儘管這些來自阿富汗的早期穆斯林君主（帕坦人）燒殺擄掠是毫不手軟，但穆斯林的統治政權很快就在孟加拉生了根。事實上，早期有好幾位穆斯林君主雖說是出身別處，卻也學習了孟加拉文，他們深為這地區的多元文化歷史感佩，下令將梵文史詩《羅摩衍那》和《摩訶婆羅多》譯成孟加拉文。這是十四世紀發生的事，而這些孟加拉文譯本至今仍是最廣為流行的版本。有個動人的故事說，有一位穆斯林君王希望每天晚上都能一再聽人講述這些古老的梵文故事。這些君主當然不曾放棄自己的伊斯蘭信仰，而是在自身的宗教信仰之外再建立一套非宗教身分。在七百年前，這就已經清楚顯示，個人不需要藉由消滅其他身分認同來維護自己的宗教身分。

十六世紀末（大約一五九〇年）印度教詩人穆坤達蘭（Mukundaram）在他的《昌迪女神頌》（*Chandimangal*）中盛讚了新來的穆斯林為這地區注入的活力。穆坤達蘭還說道，穆斯林的經濟活動可不只是尋常的賺錢牟利，就連可怕的老虎也被他們趕跑了：

西方來了個札法爾．米恩（Zafar Mian），
帶著兩萬兩千人。
手握蘇萊曼尼珠，

聖導先知口中吟。
砍樹伐林開平地，
建造市集人口興。
成千上百外來客，
飲食喧鬧集市町。
但聞斧斤丁丁響，
嚇得老虎心膽驚，
夾尾哀吼遁無形。

各類產業，包括像是生產達卡平紋棉布這類需要高超技藝的紡織工業在內，紛紛迅速發展。而且儘管孟加拉東部地區的農耕發展得比西部地區晚，但產量很快就並駕齊驅，甚至常常勝過了西部地區。穆斯林與印度教徒在經濟活動上順利整合，但此時已存在土地持有不平等的現象，而在早期英國統治（尤其是康華利的「田賦永定」政策）下，這種不公不義的情況就變得更形嚴峻了。

九

使孟加拉國的孟加拉人團結起來的，不只是經濟或政治方面的共同歷史——不過這點確實有很大的作用——重要的是大家還有共通的孟加拉語，對孟加拉語的豐富性和高超成就也備感自豪。對於分處孟加拉與印度政治疆界兩側的孟加拉人來說，語言有著影響彼此認同為同一群人的重大效果。我先前提過，政治分離主義運動在原本的東巴基斯坦引發了獨立戰爭，最終形成了新世俗化的孟加拉國，而這一場運動就是由捍衛孟加拉語的「語文運動」開始的。一九五二年二月二十一日，各大學校園發起語文活動聚會，巴基斯坦當局試圖靠武力鎮壓，造成了眾多死傷，如今這一天成為了孟加拉國的「語文運動日」——一九九九年，在聯合國的指定下，這一天也成了全球的「世界母語日」。

最有力的呼籲——無論是從文學貢獻來看，或是從其包容觀點來看——來自卡齊・納茲魯爾・伊斯蘭這位在泰戈爾之後最受歡迎的孟加拉詩人。納茲魯爾對族群對立的看法跟泰戈爾沒什麼太大差別（納茲魯爾年輕時就有善吟泰戈爾詩歌的美譽），但是他的作品更著力於此，還將他孟加拉式的人文觀點跟重視經濟與社會不平等的強烈左派信念結合了起來。他是穆札法爾・阿瑪德的朋友，也深受阿瑪德影響——就是我先前提到我表叔吉歐提爾昧・沈恩笈多在英屬印度監獄裡結識的那位。阿瑪德也為納茲魯爾・伊斯蘭寫了傳記，還特別強調了他對世俗人文主義與社會平等的信仰。

一九二五年，有一份跟共產黨有關的文藝雜誌創刊了，刊名叫做《犁》（*Langol*）。創刊號裡有一篇關於馬克思傳記的書評，一篇關於馬克西姆・高爾基（Maxim Gorky）《母親》譯著的評論，還有幾首納茲魯爾的詩作，納茲魯爾還答應要定期供稿。《犁》這份雜誌選了十五世紀孟加拉詩人闡迪達斯（Chandidas）的詩句當作刊頭語：

Shunoho manush bhai,
Shabar upor manush satya
Tahar upor nai.
（四海兄弟聽我兮，
世間至理人為最，
再無真理更高貴。）

納茲魯爾深深影響了孟加拉人的思想。他被譽為「叛逆詩人」（*bidrohi kabi*），讓人特別鍾愛；在許多政治脈絡下，就連泰戈爾的粉絲也寧可來杯納茲魯爾口味的濃烈阿薩姆紅茶，而不是泰戈爾口味的細緻大吉嶺紅茶。在我這一輩，沒有誰不會背幾句納茲魯爾的〈船長，把穩舵〉（Kandari Hushiyar），其中有一句對船長的告誡是這樣說的：「有人問，這溺水的是印度教徒還是穆斯林？老大啊，告訴他那是一個活生生的人——是我母親的孩子。」

我先前提過，我外公克西提．莫罕特別投入研究、講演和書寫關於孟加拉文化中印度教徒與穆斯林之間的互動，所以我不只會讀外公的這些文章，在家裡也經常聽講這題目。外公他還有一大堆關於文化分離主義分子的故事軼聞，顯示他們的目光短淺。我很喜歡其中的一則，一方面是因為它溫和地鼓勵相互融合，一方面也是因為它反映出孟加拉人對神職人員常見的不信任。這故事是說，有一天晚上，我外公的哥哥阿班尼莫罕正在家中和朋友一邊聊天，一邊抽著水煙，對方是一名穆斯林祭司，名叫馬哈費祖丁（Mahafizuddin）。他們看到一名叫做查克拉伐帝（Charkravarty）的印度教僧侶剛好從面前走過，馬哈費祖丁便熱情地邀他一同坐下抽菸聊天。沒想到，查克拉伐帝不但拒絕了，還說他們一個是婆羅門僧侶，一個是穆斯林毛拉威聖師（Maulavi），彼此「天差地遠」，堅稱自己沒辦法跟他們一塊兒抽菸。對此馬哈費祖丁說道：「兄台啊，我們之間其實沒什麼分別啊。你是靠剝削那些無知的印度教徒維生，我則是靠剝削無知的穆斯林過活。算起來，我們還是同行咧。」

十

在我還是學生時，對於孟加拉多元文化彼此融合的一個驚人案例印象特別深刻，也就是孟加拉曆的名字：「散曆」（San）。關於散曆的來龍去脈現在大概沒什麼人記得了，但這故事其實頗引人讚賞。散曆是印度次大陸上僅存的非宗教舊曆，是阿克巴皇帝試圖在全印度推廣非宗教曆法塔里克—伊萊希曆（Tarikh-ilahi）的遺緒。十六世紀末，採用陰曆紀年的伊斯蘭曆（Hijri）即將結束第一個千年紀元，阿克巴皇帝打算設立一套讓全印度各個不同文化都能使用的曆法，而且希望像印度教曆、耆那教曆和巴斯曆一樣採用陽曆紀年，但也要能涵蓋伊斯蘭曆的某些重要特徵。最後便以西元一五五六年（阿克巴登基那年）為元年，對應印度教薩迦曆（Saka）的一四七八年和伊斯蘭曆的九六三年。

雖然阿克巴皇帝有心成事，塔里克—伊萊希曆卻始終未在德里或亞格拉廣受採用，儘管阿克巴王庭裡使用這套曆法。不過，它在阿克巴剛拿下來的孟加拉倒是大受歡迎，孟加拉舊曆在受到卡里克—伊萊希曆影響而大加修改後，就一直流傳至今，對許多印度教祭典而言也至為重要。

我執筆此刻正當孟加拉散曆一四二七年，這套曆法是當初為了紀念先知穆罕默德從麥加遷往麥地那，便自伊斯蘭陰曆九六三年以及印度教陽曆一四七八年起改採新制的陰陽合曆紀年法。印度教徒在印度教祭典上報上年分時，很可能完全不知道原來這套曆法竟然和伊斯蘭的先知有這麼密切的關聯。

我還記得在一九五〇年代中葉，當傑出的科學家梅格納．薩哈（Meghnad Saha）釐清孟加拉散曆這段歷史時，我有多麼意外與驚喜。然而四十年後，當薩謬爾．杭亭頓（Samuel Huntington）在一九九六年出版《文明的衝突》（*The Clash of Civilizations*），使「文明衝突」這想法受到舉世重視之際，倒不失為一個進一步反思的好時機。一個人如果徹底接受杭亭頓分離主義思路，主張文明分立，就必須設法辨明孟加拉散曆究竟是「印度教文明」或是「伊斯蘭文明」的產物，畢竟在杭亭頓眼中這兩個文明截然不同、互不相容。而真正的答案當然是這套曆法同時屬於這兩者，完全套不進杭亭頓那套簡單粗暴的分法。

所以說，孟加拉的歷史就是一部關於融合的故事，而不是宗教分立、文化裂解的故事。正是基於這套哲學、這份理解，建立一個團結一致、世俗精神的孟加拉國才會是個可能實現的崇高理想，而孟加拉國也才能夠以自身的本來面目立足於世界。

第9章 抵抗與分裂

一

「蘭吉（Ranjit）怎麼樣了？」我表叔錫度在布爾杜萬監獄（Burdwan Jail）中寫給表嬸班妮（Bani）的家書中問道。他老是抱怨阿馬蒂亞這名字太難唸了，說怎麼會給小孩取這麼「詰屈聱牙」的名字，顯然是泰戈爾「開始老番顛」了。「反正我要叫他蘭吉就對了，」表叔寫道：「他最近好嗎？」這封情意真摯的家書寫於一九三四年八月二十二日，我當時還沒滿一歲。錫度叔的本名是吉歐提爾味・沈恩笈多，他在一九三一年的夏天入獄，那時候我都還沒出生呢。錫度叔被控意圖顛覆大英帝國（這點老實不假），還拿政府的錢去資助從事武裝叛亂的革命團體，所以遭判七年有期徒刑。錫度叔一直在不同監所收容，從達卡監獄換到亞麗波爾中央監獄（Alipore Central Jail），再換到布爾杜萬監獄、米德納波爾中央監獄（Midnapore Central Jail），後來又換了好幾間。我小時候就經常被大人帶到這些不同監禁所去探望這位表叔。

錫度叔服刑時，選擇了嚴格監禁，手銬腳鐐一應俱全，一個像他這樣中產家庭出身、受過教育的政治犯在重視階級出身的英屬印度監獄體系中，照理來說可以過得稍微舒服一點、稍微人模人樣一點。他定期會寫家書跟他母親說他「好得不得了」，但是他在不同監中經歷的營養不良使得他染上了嚴重的肺結核，照他獄友穆札法爾．阿瑪德所說，他體重急遽減輕。由於錫度叔的肺結核病危及性命，加上他在各個監所都沒惹上麻煩，所以他最後並未服滿刑期，而是在一九三七年十二月就獲得了釋放。可惜當時他已經病入膏肓，奄奄一息了。不過，對我來說幸運的是在他出獄之後，我跟錫度叔有許多次對話，還能夠聽他述說關於印度統一以及印度教徒與穆斯林分裂的政治鬧劇等重要議題。我媽媽很喜歡錫度叔，盼望我這小「蘭吉」能跟這位充滿遠見又無比英勇的表叔多多談話、多多學習。

二

隨著年歲漸長，我才驚覺家裡竟有那麼多叔伯舅——包括我母親唯一的兄弟堪卡瑪瑪和她的好幾個堂表兄弟——全都蹲過牢獄。但他們之所以要坐牢服刑不是因為他們做了什麼，而是因為殖民統治者認為要是放任他們這樣肆無忌憚，將會危及英屬印度政府。因此，他們往往被殖民政府以「預防性羈押」為由送入監牢。我這些親友中的確是有少數幾個跟暴力事件首腦有些瓜葛，可是其他的絕大多數，比方說堪卡瑪瑪吧，都是堅決反對訴諸暴力的。然而，任何支持獨立的非暴力寫作與演講——尤其是跟聖雄甘地一鼻孔出氣的那些人——在英屬印度政府眼裡全都是足以採取預防性羈押的鐵證。

可是錫度叔並不是這種收容人，而是我們家唯一一個被法院定罪判刑的犯人。他的罪名是接觸並協助一群搶劫火車的政治積極分子，他們在達卡搶走政府放在密閉車廂內運送的軍事資金，然後把這筆資金交給革命分子。那列火車才剛駛離達卡火車站就遭到洗劫了。錫度叔究竟直接參與搶劫的程度有多少，我們不太清楚，但是他確實幫忙把錢送交給了反英屬印度政府的反抗分子（負責開車的車手為了脫罪而轉成官方的汙點證人，指認錫度犯案）。

我父親阿許托許・沈恩從來不曾（也從來無意）參與這類活動。他的確很佩服這些叛亂分子的勇氣、使命感以及犧牲精神，尤其是不曾傷害或殺死任何人的那些人，而且他十分願意在這些反抗分子生活陷入困頓時伸出援手。但是他不碰武裝叛亂，也沒那工夫去進行炸死英國官員的「恐怖主義」（這是英屬印度政府愛用的詞彙）。我父親認為這種行動太過野蠻粗暴，而且對於讓印度擺脫殖民統治的目標根本一點用也沒有。他對反抗分子勇於任事的那份欽佩並不包括佩服這些人的道德感或推論設想。

說回那筆錢，在劫案發生的隔天就送到了反抗分子手裡。我父親問了一個涉入其中的表兄弟——我猜應該不是錫度——警察在達卡鋪天蓋地地搜，那他們當晚到底把錢藏到了哪裡？結果，這些反抗分子就把錢藏在這裡——也就是我父親家裡——那筆錢就藏在樓下門廊上一口華麗的箱子裡（「我們知道，那些警察不會來查你家啦！」）。我父親一聽大吃一驚，也相當不高興。許久之後，我從湯姆・史塔帕（Tom Stoppard）那齣精彩的劇作《技術犯規》（*Professional Foul*）裡才知道原來世界各地都有類似的伎倆，把贓物混進良民財物裡，好躲過官方搜查。我現在懂得父親為什麼對這些反抗分子大罵道德缺失跟政治愚昧，卻沒有再多說什麼。

錫度叔在服刑那幾年裡經歷了一場政治思想的轉變，深深受到馬克思和佛洛伊德的政治及社會思想的影響。錫度對這兩位思想家可以說是入迷了，但他在讀了馬克思之後才逐漸了解恐怖主義其實是一大錯誤，真正該做的是培養有組織的大眾運動。他在不同監所裡廣泛閱讀，使他徹底反對恐怖主義傷害或殺死英國官員這種愚行，並且決心在將來要透過貿易工會運動將農民與工人全都組織起來（他出獄之後的短暫餘生裡也確實在拚命推動）。我先前說過，錫度叔在監所裡結識了印度共產黨創黨元老之一穆札法爾・阿瑪德。阿瑪德自己出獄後也努力為釋放錫度奔走，說錫度已經斬斷了和恐怖分子的所有聯繫，只想為工會努力。

三

由於我經常去監所探望我的叔伯舅，也很愛跟他們閒聊，所以每每想到他們竟然個個如此不同，分屬不同黨派，就讓我感到格外有意思——比方說，堪卡瑪瑪是國會社會主義黨（國大黨其中一派）的黨員，蘭卡瑪瑪則是共產黨員，諸如此類的。家裡頭的長輩會帶我去探望他們，我記得最令我揪心的是，有一次堪卡瑪瑪告訴我，他很高興能夠換到一個外頭就有樹的房間，他已經好久沒看到樹木了。「看著它，心情就舒爽多了，」他說：「尤其是它還提醒著我，在監獄的高牆之外還有一個春風拂樹抽綠芽的正常世界。」

他跟我說他很高興我在寄給他的明信片畫了那幾隻鴨子——那是我們家自己養的鴨子。有一回，我問他共產黨跟社會主義黨有什麼不一樣，他告訴我，在監所高度監控的「面會時段」裡恐怕沒辦法跟我討論政治，但是等他出獄後他一定會盡快跟我聊這話題。他很看不慣共產黨，尤其對共產黨人的「盲從」蘇聯更是嗤之以鼻（他說：「這根本就是政治破產嘛！」）。

堪卡瑪瑪的母親，也就是我外婆迪迪瑪，在每個星期的面會時間結束時總是格外難分難捨。但我外公克西提．莫罕除了一臉嚴肅地冷冷看著之外，什麼也沒做。他總讓面會時間顯得更短暫（對迪迪瑪而言尤其如此），總是隔一陣子就說我們還剩下二十（或十五、十、五）分鐘——「有什麼重要的事，現在趕快講一講」——誰聽了都講不下去了。我只有單獨跟外公在天色未亮，星光熠熠的清晨散步時，才能感覺到外公對自己兒子鋃鐺入獄的那股難言沉痛。

我外婆除了去跟兒子會面外，也會試著去拜託她認識的（或者有點交情的）政府官員，說她兒子是無辜的，不應該實施預防性羈押。我有一次跟著外婆去找一位知名的印度文官署（India Civil Service, ICS）官員比奈．冉真．沈恩（B. R. Sen），他其實是我們的一房遠親。比奈．冉真原本是米納波爾（Midnapore）的區長，但是我外婆去找他那時，他正在幫英屬印度政府統整糧食政策。（他說來也怪可憐的，在孟加拉大饑荒發生時，因為身為資深官員而不得不負起責任來。）我們在外頭的接待室裡等他，那裡的人說等他刮完鬍子就出來見迪迪瑪。我們坐在那兒等了快兩個鐘頭吧，時不時可以聽見從他辦公室裡傳出來的說話聲，偶爾還穿插幾聲大笑。我記得我那時候還問了迪迪瑪，比奈．冉真是不是留了滿臉的大鬍子呀？

最後，比奈．冉真總算有時間——就只有幾分鐘——見迪迪瑪，讓她當面解釋自己的兒子沒有捲入任何暴力活動中。「我愛莫能助啊，」比奈．冉真．沈恩說：「除非他改變自己對政府的政治態度。他遭控訴的罪名不是暴力犯罪，而是他的著作會激起對大英帝國的不滿。等他不這樣做了，他們就會放他出來的。」我跟著迪迪瑪回了家，外婆她真是失望透了，不過，後來她倒是很愛提起我在那場會面後說的話：「他的鬍子刮得還真乾淨。」

一九四七年後，這位效忠英國統治（包括幫忙將印度叛亂分子關進牢裡）的前ICS官員在新成立的獨立國家中擔任國際代表的要職，比奈・冉真・沈恩成了聯合國設在羅馬的糧食及農業組織（Food and Agriculture Organization, FAO）的總幹事。他一如往常地勤勉任事，在這位置上做得可圈可點——就跟先前侍奉英國老闆一樣。他顯然針對世界糧食問題推動了一些有想像力的方案，但是心懷英屬印度文化的那些人要是知道他在FAO這位置上還是維持英屬印度資深官員不用自己提公事包的那副架子——在他身後兩步的隨扈會幫他提著——應該也就放心了吧。不過這景象倒是讓我在羅馬的義大利朋友感到十分好笑，害得我還得向他們解釋這是英屬印度不可動搖的「隨扈文化」。

四

在我小時候，印度獨立運動正當風起雲湧，有各種不同的示威和騷動。隨著我逐漸長大，我愈來愈想理解這各種團體之間有什麼分別——以及為什麼彼此不同。

但過沒多久，二次大戰就成了印度的英國統治者最關心的事了。一九三九年，印度總督林利斯哥侯爵（Lord Linlithgow）片面宣布印度參戰，而加入的當然是英國這一方。宣戰這時，我才快要六歲，我們一家人正在從曼德勒返回達卡的路上，我父親要回去達卡大學教書。林利斯哥侯爵完全沒有跟任何人商量過就決定宣戰，招來了如潮抨擊，我這時也隱約察覺到，儘管我們家裡的大人似乎都十分反對納粹德國，但是他們都覺得若要印度參戰，就不能連問都不問過印度人。

這倒不是說他們不支持英國對抗納粹的立場，只不過完全否定了印度過問的權利這件事實在令人惱怒。除了商議宣戰這項權利之外，還有其他更重大的議題。國大黨已經打算好，只要印度獨立這件事有個結果，就願意配合英國。印度內部很嚴肅看待戰況，戰火很快就會延燒到緬甸——我們才剛從那裡回來——這時已經有許多印度人都聽說了日軍在中國的暴行，紛紛譴責他們的無法無天。

為了安撫印度境內逐漸升高的怨氣，一九四二年三月，英國政府派了一支特使團來跟印度各黨派的政治領袖商量如何更全面地配合作戰。特使團的團長是工黨耆老斯塔福・克利普斯爵士（Sir Stafford Cripps），據我父母和其他叔伯舅所說，他是個「大好人」。他原本奉命要跟印度各政治領袖會談，敦促他們盡力配合作戰，並答應在戰後會認真考慮印度獨立這議題。話雖如此，但英國統治者可不會現在就立即答應印度獨立。

甘地覺得不能馬上改變現狀就沒什麼好談的了，但是邱吉爾政府不讓克利普斯開出更能讓印度各黨派領袖滿意的條件。克利普斯最後只能答應戰爭結束之後就展開協商，可是甘地還是冷冷相對。克利普斯問甘地他為什麼看起來這麼冷淡，甘地明白地說，他很努力在想「要怎麼從一間要倒了的銀行兌換一張遠期支票」。有些人懷疑邱吉爾派克利普斯來印度與其說是為了跟印度各黨派領袖取得合作（克利普斯也沒辦成，畢竟他能給的承諾不多），倒不如說是為了暗地裡搞掉工黨這個「大好人」，因為大家都說要是邱吉爾倒台，克利普斯就會是下一個首相了。

一九四二年四月，克利普斯率領的特使團任務失敗，隨後甘地在八月八日便發起了「滾離印度」運動。這場運動聯合了所有國大黨的領袖，但宣布發起運動隔天，他們——包括甘地、尼赫魯，以及其他黨派領袖——就幾乎全員被捕了。一九四二年的夏天，有超過三萬人被當作政治犯，送進了英屬印度監獄。支持反抗運動的民族主義者——包括我們家的好幾名遠親——都說這份名單是他們的「英雄榜」。堪卡瑪瑪和我其他幾個叔叔舅舅又都被送進了監所。「滾離印度」激起的「八月叛變」來勢洶洶，在孟加拉也是一發不可收拾，我到現在都還記得被那些參與活動者的英雄氣概感染的激動心情。不過，到了年底，這場可說是群龍無首的運動——畢竟所有國大黨領袖都被捕入獄了——就無以為繼了。但是這瞬息萬變的局勢倒是在各地都激起了無數論辯，我們家和學校裡頭當然也不例外。

隨著德國在一九四一年六月開始攻打蘇聯，印度共產黨也馬上轉而把戰勝軸心國看得比印度獨立更加重要。共產黨隨即因為這遽然轉變而遭到民族主義者的猛烈砲轟，並在一九四六年的地方選舉中慘敗。我們家那些大人親戚也因為這場爭辯而分裂開來了。積極參與共產黨活動的黨員蘭卡瑪瑪想破了頭要為共產黨為何轉變立場提出可信的說法，但是我們家其他人全都不能接受共產黨這一百八十度的大翻轉。不過，我家這些親友中也有不少人認為，比起國大黨在意的「民族」議題，打敗納粹確實重要得多。

所以他們也有人批評國大黨；就連加入了國會社會主義黨的堪卡瑪瑪也對我說：「要知道，這世界不是只有印度跟英國而已。」但是他更氣的是共產黨人竟然不能「拒絕跟隨蘇聯腳步」。共產黨並未加入「滾離印度」運動——甚至還多方阻撓，而且共產黨追隨人家口中「蘇聯主子」的速度之快，在我們家更是飽受非難，而我可是愛聽得很。

五

那段時間裡有一件格外有意思的事件發展，這件事和偉大的獨立運動領袖蘇巴斯・闡德拉・波斯（通常大家都稱他 Netaji，意為領袖）有關。波斯是國大黨裡的重要人物，他一再鼓舞民眾為印度獨立奮鬥；一九三八年，他獲選為國大黨主席。他激進的政治觀點和堅定不移的世俗關懷使他在我們家親友間備受擁戴。不過，他對爭取印度獨立是否該採取暴力手段一事不置可否的曖昧態度還是不免引人質疑，所以我們家裡甘地派的親友（例如堪卡瑪瑪）對他的態度也就有點保留了。一九三九年，他被趕下了國大黨主席的位子。這齣倒台戲碼其實是甘地一手主導，採取的手段也多少有點不太光彩。

波斯在被踢下台之後不久，就被英屬印度政府監禁在加爾各答，後來又改為居家監禁，結果他在一九四一年在姪子西瑟・波斯（Sisir Bose）的大膽協助下逃跑了。他先逃到了阿富汗，隨後在同年四月逃到了德國。他想要藉由德國的幫助，在印度起兵獨立。我們要到後來才知道，原來波斯在德國有個女朋友，是他一九三四年到德國時就結識的一名女子，名叫艾蜜莉・申克爾（Emilie Schenkl）。他這番潛往德國一方面也是因為急著想見她，後來兩人在一九四二年生下了一名女兒。在德國的幫忙下，波斯成立了一家「解放印度廣播電台」，但是在波斯看來德國人根本就不怎麼認真。所以他決定另起爐灶，歷經幾番波折危難，最後總算在一九四三年年初搭乘潛艦抵達了日本。

接下來的事態進展迅速。英國在日本猛攻下從東南亞撤退，波斯——或者也可以叫他 Netaji——就從被日本俘獲的印度士兵中號召了大量人員，並將這支部隊命名為印度國民軍

（India National Army, INA），又稱Azad Hind Fauj。他們還招募了許多僑居東南亞的印度人，增強了不少實力。印度國民軍與日軍並肩作戰，攻抵了印度最東邊的因法爾。但就在此時，戰局開始翻轉，印度國民軍和日軍一樣節節敗退。一九四五年八月六日，廣島遭原子彈轟炸；九日，長崎再遭原子彈轟炸；至此，一切都結束了。過了一個多星期後，八月十八日，波斯趕在同盟國抵達日本之前，搭乘飛機離開日本，詎料竟遭遇空難，墜機身亡。在他死前三天，也就是一九四五年八月十五日（不知是否冥冥中註定，恰好是印度獨立前兩年整），他對印度民眾發表了一篇演說，細述他這一生種種作為的最終目標：「世上沒有強權能夠永遠奴役印度。不用多久，印度終將自由！」

在印度的我們也斷斷續續耳聞Netaji的動靜與舉兵的消息，無論是在學校或是我們自己家裡，對於他這番舉動究竟有沒有效、恰不恰當，又掀起了不少爭論。有些人深受感動，顯得慷慨激昂；有的人則是擔心在這世界大戰中加入日軍和德國這一方恐怕是下錯棋了；還有些人對這難解的問題根本就不知道該做何感想。事實上，波斯本人並不喜歡納粹德國，也不喜歡窮兵黷武的日本，他一九三八年在哈里普拉（Haripura）發表印度國大黨主席就職演說時就說過，近來不斷擴張勢力的日本「窮兵黷武、橫行霸道」。但是由於他的最終目標是要終結英屬印度政府對印度的統治，他願意為此和日本合作，畢竟他們先前不曾欺壓過印度。

英屬印度政府查禁了ＩＮＡ的廣播電台，收聽他們的節目變成一項重罪，但是大家當然都還是會調整收音機收聽這些不准播出的消息。我們會聚集在桑蒂尼蓋登的學生會館的某個房間裡，通常是在薩提許．庫提爾（Satish Kutir）館裡，關上窗戶，打開收音機——收聽那小聲卻清晰的廣播。即使我們不全然相信ＩＮＡ播報員所說的一切，也還是能感受到一股興奮。就連懷疑波斯的政治智慧和手段的人，也只能佩服他和那些追隨者想為印度做的一切——在這個困難重重的世界裡，冒著巨大的生命危險努力為之。

當英國統治者開始將捕獲的ＩＮＡ將領送交軍事審判時，印度舉國上下都感到義憤填膺，因為整個印度都認為這些軍官是愛國者。我還記得我在衣服上別了支持ＩＮＡ將領的徽章，其他同學也一樣。不過，英國統治的印度帝國這時開始崩潰，這些等待審判的將領最終獲得了英國人的釋放。

六

對英屬印度來說，在這危急存亡的關頭最重要的莫過於全印穆斯林聯盟的崛起了，而領導穆斯林聯盟的，正是老牌政客穆罕默德・阿里・金納。穆斯林聯盟在一九二〇年代以政治團體之姿成立，聲稱要為在印度次大陸的穆斯林利益發聲，後來逐漸成為一股重要的政治勢力，極力鼓吹除了將國家一分為二之外——分為屬於印度教徒的印度和屬於穆斯林的巴基斯坦——沒有其他方式能夠公平對待在印度的穆斯林。這種觀點在我們家親戚間當然不受青睞，因為他們都持強烈的世俗態度。更重要的是，我們家——尤其是克西提・莫罕・沈恩（如第八章所談的）——全都認為這種印度教徒—穆斯林的分別儘管在宗教信仰上有重要意義，但根本沒有任何政治意義可言（這若要有政治意義，就必須刻意將宗教認同硬加入政治之中）。

然而，金納卻變得極有影響力。起初這趨勢還相當緩慢。在一九三七年的地方選舉裡，穆斯林聯盟就連在孟加拉、旁遮普這些以穆斯林為主的邦都未能取得多數席次。但是穆斯林聯盟的影響力在一九三〇年代晚期到四〇年代之間卻迅速擴大。一九四〇年，金納更一手安排在拉合爾決議中加進了以宗教信仰分界將印度國土一分為二的某種計畫。

對許多印度的穆斯林來說，這種分裂國土的想法萬萬不可。印度頂尖的政治分析家拉菲克．札卡里亞（*Rafiq Zakaria*）在《是誰分裂了印度》（*The Man Who Divided India*，二〇〇一年出版）中就說，金納提出他「包藏禍心的兩國論」其實只是為了追求他狹隘的目標而已。他大肆宣傳他那套印度教徒與穆斯林是兩種民族的理論，藉以合理化「印度必須分裂，穆斯林必須獲得獨立家園」的要求。不少印度的穆斯林都能看出這種說法中含藏的危害，但是在一九四〇年代，接受這套兩國論的人卻愈來愈多。一九四六年一月（也就是印度分裂前一年）在孟加拉的地方選舉中，穆斯林聯盟獲得的席次雖然尚未過半，但首度創下贏得多數席次的佳績。

一九四〇年做出拉合爾決議的時候，我還沒滿七歲。但是在我念中小學那幾年的討論裡，這決議可是個關鍵的轉捩點。孟加拉這個原本大家和睦共存的家園，現在卻成了印度教徒與穆斯林之間械鬥頻仍的地方，拉合爾決議裡那種煽風點火的語氣也成了我身邊眾人交談的常態。金納為了實現他的政治規劃，在一九四六年要求全印度穆斯林發起「直接行動」，將印度一分為二。印度教徒與穆斯林族群隨即爆發前所未見的大規模廝殺，無論在加爾各答或是孟加拉各地皆然，而世俗政府能夠採取的政治選項也隨之銳減。

然而，真要把這些暴力械鬥都怪在金納和穆斯林聯盟頭上，倒有兩點說不過去。第一，儘管國大黨領袖中絕大多數——從尼赫魯到阿布爾．卡蘭．阿札德——都支持宗教中立的世俗政治，但是印度在分裂前就有不少（無論是隱是顯）支持印度教多數主義的聲音了。甚至最早提出兩國論的並不是金納，而是一九三七年文納雅克．達莫達．薩瓦卡（Vinayak Damodar Savarkar）在擔任印度教大齋會黨主席的致詞中首次提及。薩瓦卡力推要將印度教融入政治之中，也是他創了「身為印度人的資格」（Hindutva）這個現在廣為流行的說法。他的思想在今日印度的印度教多數主義觀念中還是很有影響力，但並不是單單只有他主張「印度教民族」（Hindu Rashtra）與印度教主導政治，反對印度成為多元宗教的世俗國度。主張「身為印度人的資格」這派還有一位重要人物：瑪德哈夫．薩達希夫．高沃卡（Madhav Sadashiv Golwalkar），他在群龍無首時站出來領導運動，發揮組織才幹，並且提出了印度教分離主義的種種奇特理論。

第二，國大黨對於鞏固穆斯林支持者信心的作為實在少得過分。拉菲克．札卡里亞說得好：「國大黨裡沒有統一的理性說法可以揭穿金納挑唆印度教徒與穆斯林反目成仇，進而破壞國家整體的把戲。」我還記得，當外公看到國大黨那些領袖竟然對於穆斯林與印度教徒千百年來合作的成果不聞不問，似乎除了讓彼此被動容忍之外就沒有進一步想法，他對此有多麼沮喪。克西提．莫罕不斷地對我耳提面命：「我們在印度除了和平共存之外，其實老早就**共同**做了更多啊！」

七

從後續研究來看，尤其是艾莎．賈拉爾（Ayesha Jalal）的研究報告，都指出金納本人其實並不十分積極推動徹底分裂。他想要的其實是一個有條件分裂的國家，一邊是以印度教徒為主的印度，一邊是以穆斯林為主的巴基斯坦，但兩者享有相同的外交政策與國防軍力——這與實際結果相去甚遠。賈拉爾強力評析了金納對分裂議題的曖昧態度，以及他所推動的種種政策的內在問題。她問道：「巴基斯坦究竟是怎麼會如此不符合大多數穆斯林的利益呢？」這個問題的重要性日趨顯著，而巴基斯坦以軍事為主的情勢愈形明顯，讓人們更需要思考這個問題。金納本人並不特別虔誠（他的性格比較像是喝著威士忌的西方紳士），而且就在巴基斯坦成立、他擔任總督之前不久，他才發表過一篇演講，主張人人均享宗教自由與平等權利。諷刺的是，他所催生出的這個政體卻很快就擁抱了伊斯蘭基本教義派。印度的新任總督蒙巴頓伯爵（Lord Mountbatten）在尼赫魯的同意下，似乎願意讓渡的事項還多過金納所望。

當然了，宗教極端主義造成的種種問題跟巴基斯坦藉著宗教之名提升軍力都是日後才慢慢浮現出來的。但是在一九四〇年代的世界局勢中，穆斯林與印度教徒的分裂政治正狂飆猛進，結果就是血流成河的混亂局面，印度教徒與穆斯林的械鬥幾乎在全國都成了日常場景，就連孟加拉也不例外。到最後印度正式分裂時，已經有大約一百萬人死於械鬥衝突和族群仇殺之中，成千上萬的婦女慘遭強暴，一千五百萬人流離失所。大作家薩達特・哈森・曼托（Saadat Hasan Manto）把眾人的挫折感描寫得絲絲入扣，說族群械鬥顯示出人類可能變成「思想偏狹的奴隸……宗教激情的奴隸、動物野蠻本性的奴隸」。

八

印度分裂的騷亂情勢節節高漲時，我父親還在達卡大學教書。但是街頭的械鬥混戰已經使他無法在達卡校址所在的蘭姆納（Ramna）繼續授課了。在正式分裂的兩年之前，教學研究就已經中斷了好幾個月，達卡大學有好多老師都已經下定決心求去了。包括我父親在內，這批老師裡還有物理學家薩提彥札・納特・玻色（Satyendra Nath Bose，就是玻色－愛因斯坦統計的那位玻色）、經濟學家阿密亞・庫馬爾・達斯笈多（Amiya Kumar Dasgupta）、文學家布達戴・波斯和其他許多人。我們家在達卡瓦里區那幢可愛的小屋上了鎖，我爸媽搬到了加爾各答去。我那時已經住在桑蒂尼蓋登了，這裡和加爾各答一樣，後來在分裂後的印度都劃歸為西孟加拉邦。達卡則成了東巴基斯坦的首都。

但是即使離開了達卡，我父親仍繼續關注他的大學裡的政治問題。他受夠了孟加拉的國大黨政治，因為全都是由印度教大地主所掌控，所以他設法要找出更合乎人道的出路。他在學校裡的好夥伴法茲魯爾・拉曼（Fazrul Rahman）先前就加入了穆斯林聯盟，一直與我父親保持聯繫。不過，雖然拉曼是聯盟成員，但他在一九四五年到四六年這段期間裡都聲稱自己試圖要促成某種真正的世俗主義。我父親阿許托許很看好拉曼參加地方選舉一事，提倡要更重視身而為人的天性與「品格」，而不是只看人所屬的黨系派別。阿許托許和阿密亞・達斯笈多有頻繁的書信往來，談論各種政策的選擇。最後，在達卡大學這選區裡，拉曼在許多印度教教授（包括我父親和阿密亞・達斯笈多）的支持下，成功代表穆斯林聯盟出線。

拉曼顯然是個好人，但是阿許托許和其他投票給拉曼的同事卻太過天真，才會以為在一九四六年到四七年的政治氛圍下，區區一名穆斯林聯盟的成員能有踏上獨立政治路線的充足自由。不過阿許托許還是永遠那麼樂觀，還是相信人有獨立思考、主動任事的能力；我那些叔伯舅都說他太低估黨派與組織的威力了，這話大概不假。

九

隨著印度分裂愈來愈勢在必行，我們全家就都搬到桑蒂尼蓋登長住了，我也在這裡繼續學業。不過，由於我父親還需要掙錢養家，所以我爸媽他們決定在加爾各答租屋落腳，方便工作。

我爸爸原本想做點小生意，賣些便宜的日常碗盤。所以他去借了點錢，開了個小工廠。他確實投入了不少精力，但也顯然相當欠缺商業才能，生意一直遲遲不見起色。不到一年，我爸爸就決定另外求職，找份領固定薪水的工作了。他跟我說，他在做碗盤生意的時候，其實心裡害怕得很，因為工廠裡的工頭對底下的工人十分粗暴，甚至有時還會虐待他們（這也是後來城裡之所以會出現訴求強硬——其實不光是訴求，連行動也很強硬——的工會派的緣故，也是自一九七〇年以後共產黨之所以能逞凶鬥狠的堅實基礎）。阿許托許並沒有插手工廠的運作方式，但是也受不了親眼見到「自己的」工廠發生這種事。他希望能趕緊找到一個在道德上能過得去的工作。

最後，阿許托許總算找到了一份有固定薪水的工作——說準確些，是獲得在德里的中央政府工作的一份承諾，而且條件是要到美國去接受農業管理的訓練，才能夠在政府裡工作至少五年。（我父親原本的化學專業學的是土壤化學。）所以我爸爸就和其他五名受訓人員一同前往美國接受為期六個月的訓練，並參訪了相關機構，如著名的田納西河谷管理局（Tennessee Valley Authority）。可是就當他們一行人在美國受訓期間，政府突然又改了心意。這批受訓人員回國時才知道，原本說好的五年工作保障遭到取消，這個計畫不打算聘僱人員了——事實上，整個計畫都裁撤掉了。自這時候起，誰都可以看出印度在經濟計畫方面的不穩定了。

阿許托許從美國回來時，還帶回了一輛俗又大碗的雪佛蘭汽車、一架家庭攝影機、一架投影機（不時會輕輕電到使用者）和一些才剛問世的原子筆。多了這些新玩意兒，家裡頭的其他人尤其開心，但我爸爸還是得找份工作才行。好在他很快就獲得了德里行政當局的一份新職務，頭銜也挺響亮的，叫土地開發專員。這位新任專員很能適應東奔西跑的戶外生活，成天帶著一批牽引機大隊和土地測量儀器在德里郊區到處跑，希望能達成適宜居住、有效耕種以及保護環境這三大目標。

我到德里的時候，總喜歡陪著爸爸一起到郊區走走，但我特別喜歡待在德里市政府撥給他的那棟可愛房子裡——就在優美的阿里坡爾大道（Alipore Road）上，新德里北方，達里揚甘吉（Daryanganj）的另一邊。我超愛在那邊度假，靠我們這一側有一八五七年印度民族起義時的戰場「脊丘」（the Ridge），另一側則是德里大學。我經常會爬過丘陵走進校園裡，沒想到十多年後我還真的在這裡任教。不過當年的我只想在校園裡走走逛逛，在圖書館裡打發時間，在咖啡廳裡喝幾杯冰咖啡。暑假時節，外頭的氣溫往往高達華氏一百一十五度（大約攝氏四十五度），所以我每次在熱氣騰騰的脊丘爬上爬下還真是挺辛苦的挑戰呢！

十

英國人後來幾乎是以迅雷不及掩耳的速度離開了印度，而印度的分裂大概也是前無古人、後無來者地倉促。席瑞爾・雷德克里夫爵士（Sir Cyril Radcliffe）只有兩個月不到的時間畫出那條著名的雷德克里夫分界線，在一九四七年六月末到八月中這段期間內就要把整個國家一分為二。

當然了，他最主要的依據就是當時英屬印度各地區裡穆斯林與非穆斯林的人口比例，不過總有些例外情況，這些例外情況中有的可以理解（例如地理上的可行性），有的看起來則莫名其妙。有人說雷德克里夫為了畫出分界線，熬夜畫著畫著，畫到打瞌睡，我覺得這也不無可能。他像一陣風一樣的來了，也像一陣風一樣回英國去了，對這片他剛分割開來的土地沒有顯露一絲留戀。

不過，故事還沒到此完結。許久之後，到了一九七三年，正在倫敦政經學院任教的我受邀到華威大學發表關於經濟問題的系列演講，講座名稱就是以席瑞爾・雷德克里夫爵士為名的「雷德克里夫講座」。我當時談的是關於經濟不平等的問題。當然了，雷德克里夫子爵（這時他已經獲頒此等爵位了）在印度史上是一位重要人物，所以我就問了華威大學能否順道前去拜訪，反正他的住處離校園並不遠。學校一開始跟我說子爵不太想跟印度訪客見面，但是一聽到我不是從印度來的訪問學人，而是長住倫敦的學者，他就通知學校他願意與我來場簡短茶敘。我聽到這回覆真是高興（我本來就想見見這號人物了），答應了茶敘邀約。但是就在我正準備離開華威大學的副校長室時，子爵又差人來說他改變心意，茶敘就算了吧。

這樣也好，我正好能和邀我前來演講的主辦人，華威大學首席副校長約翰・布雷克史塔克・巴特沃斯（John Blackstock Butterworth）有多點談話時間，我跟這位大家都叫他「快活傑克」的傑出學者聊得可愉快了。他還對雷德克里夫子爵取消茶敘這件事說了幾句，說他真是猜不透這個「印度老手」葫蘆裡賣什麼藥。「我老是在想，」他對我說：「這貨色怎麼能管得了整個帝國。」

第10章 英國與印度

一

大英帝國真正統治印度要從一七五七年六月二十三日的普拉西之戰（Battle of Plassey）開始算起。這場仗一下就打完了，天色破曉時開戰，日落時就結束了。當時正是雨季，普拉西的芒果林子裡間歇下著雨。普拉西這小鎮就在英國據為基地的加爾各答和孟加拉王國首都穆爾西達巴德（Murshidabad）中間。英軍就是在普拉西的芒果林子裡對上了太守希拉吉—兀德—朵拉（Siraj-ud-Doula）的部隊，打得他們落花流水。

將近兩百年後，我們在學期快結束時學到這段歷史，不禁要問，英軍能如此輕易取勝的道理是什麼？在面對孟加拉這個聞名歐洲的富庶王國時，英軍對上孟加拉太守的部隊怎麼能有如切瓜砍菜般輕鬆？英軍人數雖然明顯少得多，但是他們火力強大，軍紀嚴明。這種標準的軍事答案無疑十分重要，但是除此之外，問題還出在希拉吉太守部隊的離心離德上。

英國在戰勝後統治了整塊印度次大陸，這段統治時期內，傳出許多在印度的印度教徒與穆斯林之間向來敵對不和之說（據說英國人故意要分開這兩大族群），所以就有人說，正是由於這兩個族群不睦，才使得希拉吉太守一敗塗地。然而，事實上完全不是這麼一回事。在孟加拉，印度教徒和穆斯林彼此之間並沒有明顯敵意，在穆爾西達巴德的希拉吉政府也從未偏離自從穆斯林征服孟加拉以來，孟加拉的穆斯林政府就一直平等對待印度教徒與穆斯林的政策。希拉吉還命米爾・瑪丹（Mir Madan）這名印度教徒擔任政府中最高要職，而瑪丹至死都還是效忠希拉吉的一員大將：他正是在普拉西中力戰英軍而亡。希拉吉的國相莫罕・拉爾（Mohan Lal）也是一名印度教徒，同樣效忠國君至死不渝。希拉吉的部隊一共有三支，但是領軍的人卻都是叛徒——其中的兩支部隊由穆斯林將領米爾・賈法（Mir Jafar，希拉吉的舅爺）和亞爾・拉提夫・可汗（Yar Latif Khan）率領，另一支則由印度教徒將領萊伊・杜爾拉巴（Rai Durlabh）指揮。

當羅伯特・克萊武（Robert Clive）揮軍普拉西並佯裝乞和（這當然是他的戰略之一）時，他寫信給希拉吉，說他們之間的爭端應該交由這位年輕太守信得過的人來仲裁。克萊武說，也就是「賈蓋・賽斯（Jagat Seth）、拉賈・莫罕・拉爾（Raja Mohan Lal）、米爾・賈法、萊伊・杜爾拉巴、米爾・瑪丹，以及閣下身邊其他優異人士」。這份名單上共有一名穆斯林與四名印度教徒，這些人就是克萊武眼中孟加拉穆斯林國君身邊的決策圈成員。

克萊武設法在穆爾西達巴德內部製造的分裂與鬥爭，其實跟宗教完全無關。這些人之間之所以不和，主要是為了爭權奪利。由於蒙兀兒帝國在孟加拉的勢力消退，當地的有錢仕紳和歐洲商人也在日常生活中形成了兩面討好的習慣。會這麼做的不僅只有英國和印度的商人與金融家，在這裡的法國人也是一樣。事實上，在普拉西之戰以前，法國一直與希拉吉政府結盟，隔三差五地提供援助保證——但就在希拉吉最迫切需要的時候一點忙也不幫。叛變陰謀的主角是希拉吉的舅爺米爾．賈法，他原本就一心想爭奪王位，克萊武更是積極慫恿。米爾．賈法在作戰中扮演了十分關鍵的角色。雙方大戰正酣時，他所指揮的太守部隊竟突然不戰而走。部隊能這麼輕易撤走，看來他早就和克萊武預謀好了。

克萊武取勝當晚，就收到了叛變主謀米爾．賈法的賀函：「恭賀閣下大計告成。」克萊武隨即將仍力圖頑抗的希拉吉處死，並將米爾．賈法拱上了王位，讓他在英國主子的恩賜下仍擁有名義上的權力。所以大英帝國對印度的統治打從一開始就不是因為宗教分裂，而是一場精心策劃的陰謀叛變。要是普拉西之戰是一場板球賽的話，克萊武隊長早就被禁賽好幾年了。

一九四七年八月十四日那天半夜，賈瓦哈拉爾．尼赫魯發表了著名的印度「與命運有約」演說，結束了英國將近兩百年的統治。隨著英國國旗在印度各地紛紛降下，處處無不對擺脫殖民宰制歡欣鼓舞，誰都用不著熬夜聆聽尼赫魯的演說，也能了解殖民統治結束的喜訊。大家都知道，許多印度人最愛聽的英軍軍樂就是〈鳴金收兵〉（Beating Retreat）。不過，我在一九四四年頭一次聽到這首人人琅琅上口的樂曲時，英國其實還沒有一絲要從印度撤離的跡象。所以在三年之後，當國家獨立突然迎面而來，結束了「普天之下莫非王土的大帝國」統治——套用傑出的歷史學家尼爾．弗格森（Niall Ferguson）在《帝國》（*Empire*）這部用筆審慎但精彩絕倫的大英帝國主義史一書中的說法——也就難怪印度各地無不喜出望外，歡聲雷動了。

二

兩百年是一段漫長的時間，這段期間裡，英國在印度有何成就，又有哪些事窒礙難行或是功虧一簣呢？我們在桑蒂尼蓋登無所不談的日子裡，這些問題時不時就出現在討論之中。這些問題至今仍然十分重要，有個不可忽視的原因在於大英帝國經常被認為是統治世界的成功範例。也有人（這裡又是弗格森）試圖要說服美國承認自己扮演的就是當今世上最強悍的帝國霸權：「美國應該卸下——或是承擔起——自己早已繼承了的帝國重擔？」這實在是個有意思的問題，而弗格森說得也對，要回答這個問題就不得不了解大英帝國是如何崛起與衰敗的——也要知道這帝國原本究竟有何打算。

我們在桑蒂尼蓋登爭論了半天，總卡在一個困難的方法論問題上：我們要怎麼想像假如英國沒有統治印度，一九四〇年代的印度會是什麼模樣？大家很容易就會拿一七五七年的印度（英國統治時期開始）跟一九四七年的印度（英國撤離印度）相比，但這實在說明不了什麼，因為即使英國不曾統治印度，現在的印度當然也不會像普拉西之戰那時候的情況一樣。就算英國沒有征服印度，這個國家也不會一切如故。但是這樣一來，我們又要怎麼回答英國統治究竟造成了什麼區別這個問題呢？

要凸顯出這「另類歷史」的意義，不妨設想另一種情況——原本可能出現帝國侵略但事實上卻沒發生，那會是什麼樣？我們以一八五三年美國海軍准將馬修・佩里（Matthew Perry）率領四艘戰艦闖進日本江戶灣為例好了。假設佩里不僅僅是要秀美國肌肉（實際上就是這樣），而是打算作為美國征服日本的前鋒，在這日出之國建立起新興的亞美利堅帝國，就像克萊武在印度幹的那樣。在這假設情境中，如果我們要評估美國統治日本有何成就，只是簡單比較日本在一八五三年美國統治之前和美國結束統治後（無論何時發生）的情況，把兩者間的差異都說成是美國的功勞，那我們就完全忽視了一八六八年明治維新的貢獻，也無視於在這期間發生的其他全球性變化。日本並未一成不變；印度亦是如此。

雖然我們可以了解日本在明治天皇統治下究竟發生了什麼事，但要憑此猜測英國若是沒有佔領印度的話，印度會走出什麼樣的歷史軌跡，也著實難以料想。印度會像日本一樣在逐漸全球化的世界裡走向現代化，還是會像阿富汗那樣抗拒改變，又或者是像泰國一樣牛步前進？這恐怕誰也說不準。不過，即使沒有發生真正的另類歷史，透過理解英國統治在印度所扮演的角色，有些問題還是可以回答得了。比方說，我們可以問：英國征服時期印度所面臨的挑戰有哪些？在英國統治時期，那些相關的重要領域又發生了什麼事？當時亂無章法、體制落後的印度勢必需要做出一些重大變革。

三

要了解十八世紀中葉印度需要改革，其實用不著忽視印度過去的偉大成就，以及在哲學、數學、文學、藝術、建築、音樂、醫藥、語言學和天文學方面的豐富歷史——許多印度極端民族主義者實在是多慮了。印度在殖民時期之前也曾發展出十分蓬勃的經濟和繁榮的商業貿易——英國觀察家熟知印度經濟富庶的情況，例如亞當・斯密（我們在第二章中提過）。然而事實上，儘管擁有這些輝煌成績，十八世紀中葉的印度在許多方面確實遠遜當時的歐洲。這些落後層面的性質與其影響程度經常是我們在桑蒂尼蓋登學園晚間熱議的話題。

一想到這件事，我們不少人會特別注意到一八五三年馬克思發表在《紐約每日論壇報》

（*New York Daily Tribune*）上那篇關於印度的精闢文章。馬克思指出了英國統治在印度扮演著極具建設性的角色，因為印度此時正需要極端的重新檢校與自我審視。英國實際上就是印度最主要的西方聯絡人，尤其是在十九世紀這時候。這層關係的影響重大到難以忽視。在印度當地慢慢萌生出來的本土性全球文化不僅深深仰賴英文著作之功，也同樣獲益於其他非英語系的歐洲語文書籍和文章，而這些又都是透過英國中介才得以在印度流傳開來。就拿克里斯多福．貝里（Christopher Bayly）在他包山包海的《現代世界的誕生：一七八〇至一九一四》（*The Birth of the Modern World, 1780–1914*）中所舉的重要例子來說好了，出生於一七七二年的加爾各答哲學家蘭姆．莫罕．洛伊（Ram Mohan Roy）「花了二十年，就從蒙兀兒帝國晚期國家士人一躍而成印度首批自由主義分子……〔他〕獨立倡言了許多議題，恰恰是當時歐洲加里波底和聖西門也同時在努力發展的題目。」要了解洛伊的創意，就得明白他那份打破沙鍋問到底的慎思精神不僅是受到了傳統梵文、阿拉伯文與波斯文典籍中傳統知識的影響，同時更是在東印度公司的金援下，英文著作能在加爾各答的印度知識分子間流通的成果。

蘭姆．莫罕．洛伊只是眾多激進的知識分子之一。在他之後，孟加拉還出了伊許瓦．闡德拉．維迪亞薩加（Ishwar Chandra Vidyasagar）、麥可．穆度蘇丹．杜特（Michael Madhusudan Dutta）以及好幾世代像泰戈爾那樣的才子和後進，他們都以歐洲在十八、十九世紀經歷的變化來重新檢視自己所承繼的印度家國。由於在英國治下，因此這些人最主要的——往往也是唯一的——資訊來源就是在印度流通的書籍（通常是英文本）。即使在英國的軍事、政治與經濟力量都大幅消退的現今，這種在智識層面上廣涵了歐洲各文化的影響仍然十分強勁。我相信馬克思對於印度需要激切改革的診斷基本上說得沒錯，因為正當文藝復興與工業革命在世界各地都邁開了智識和經濟全球化（唉，只可惜還有殖民主義）的步伐，印度的舊有秩序卻因為趕不上這腳步而土崩瓦解。

不過，馬克思的說法裡可以說有一項嚴重缺陷，也就是他暗指英國入侵是印度能夠一探現代世界的唯一機會。印度當時需要的是積極的全球化，而這跟帝國主義是兩回事。這一點必須區分清楚。綜觀漫長的歷史，印度一直都樂於與外界交流貨品和溝通思想。從兩千多年前開始，這千百年來商人、開墾者和學者就在印度與東亞地區之間不斷往來——遠及中國、印尼、馬來西亞、柬埔寨、越南、泰國等地。這種交流活動的深遠影響——尤其在語言、文學和建築方面——至今仍隨處可見。印度自古以來就願意廣納流民——以及其他開墾移民——的開放疆界態度也同樣產生了巨大的普世影響。

自從耶路撒冷在西元一世紀淪陷後，幾百年來一直陸陸續續有猶太人移居至印度，甚至到了十八世紀都還有大批的巴格達猶太人（例如極為成功的沙遜〔Sassoon〕家族）移民過來。基督徒至少從西元四世紀就開始移入印度了——說不定實際上還要更早。關於基督徒移民還有形形色色的不同傳說，甚至其中一個流傳的故事說，門徒聖多默（St Thomas the Apostle）在西元一世紀到達印度遇見的第一個人就是一個在馬拉巴爾（Malabar）海岸上吹奏笛子的猶太女孩。我們在桑蒂尼蓋登談天的時候很愛講這則動人的——也無疑是捏造的——故事，因為這故事確實描繪出了形成印度傳統的多元文化根源。

巴斯人自從八世紀初在故鄉伊朗遭受迫害就開始遷到印度來。同樣在八世紀，亞美尼亞人略晚一些也在印度現蹤，從喀拉拉到孟加拉都有他們的足跡。穆斯林商賈大約也在同一時期裡頻繁出現在印度西岸——直至好幾個世紀之後，穆斯林大軍才從印度次大陸西北方的不毛之地入侵。

同樣遭受迫害的巴哈伊人則要到十九世紀才從伊朗逃了過來。

我這裡談到的貿易連結確實歷史悠久，可以上溯至將近兩千年前的恆河口附近——離十八世紀東印度公司首次入侵印度的地點不遠。普拉西之戰爆發時，早就已經有歐洲各色民族的商賈仕紳、販夫走卒在此安身定居了。所以說，納入英國統治並不是與外國聯繫、學習的唯一管道。一八六八年，日本藉由明治維新建立了維新政府（這當然與十多年前佩里准將展示武力後在日本引發的內部政治衝突有關），但日本並未因持續向西方學習而臣服於帝國主義之下。他們派遣人員赴歐美留學受訓，藉助西方經驗進行了許多體制改革。日本並沒有等著讓帝國主義逼他們邁向全球化。

四

在印度獨立之際反思這些關於英國統治印度的爭辯過程中，我們會盡可能地援引桑蒂尼蓋登學園十分注重的世界史，所以一天到晚都在圖書館開架書架上上下下翻查閱讀。最後，我們認為英國大致上是適時給印度踢上了這迫切需要的一腳，但是印度其實也可以透過其他方式和管道覺醒過來。

不過，我們實在拿不出一個可以跟英國統治相抗衡的選項。相比之下，英國官員帶來的改革的確是大刀闊斧。英國確實成了印度最主要的西方門戶，而這當然也跟大英帝國本身密不可分。承認這點並不是要說假如印度沒有臣服於英國治下的話就斷無其他與西方交流的管道——這是一個重要卻與此無關的獨立問題。話說回來，實際上發生的事——真正發生的變革——倒是真的值得我們特別關注。

我們從這番探究中找出了什麼呢？英國的帝國主義理論家通常都愛特別大肆強調英國成就的功績之一就是促成了印度統一。他們分析說，印度原本由眾多王國各自為政，直到英國統治，才將各國整合成單一國家。按照這說法，印度本來並不是一統的國家，而是一盤徹徹底底的散沙。所以說，是大英帝國鎔鑄了統一的印度。甚至連邱吉爾也說，在英國到來之前，根本就沒有所謂印度這國家：「印度只是個地理名稱。就和赤道一樣稱不上是國家。」

若真是這樣，那麼大英帝國顯然就是透過這統一手段間接促成了印度的現代化。日本在明治時代所採取的種種改革若無一定的統一國家基礎，確實不太可能成功。然而，英屬印度政府扮演了統一印度的角色這冠冕堂皇的說法是正確的嗎？克萊武的東印度公司在一七五七年打敗孟加拉太守的時候，印度的確沒有統治全境的單一勢力。但要就這麼把英國在印度強加一個統一政權的故事（實際上的確如此）說成全都多虧了英國，印度才能從各邦割據的狀態下統一，那也未免跳得太遠了。

用這種方式來看待印度歷史的話，就大大牴觸了印度千百年來都是由大型帝國統治的事實。自西元前三世紀以來，各個雄才大略、英明神武的帝王（從旃陀羅笈多〔Chandragupta Maurya〕算起）都認為除非把整個天下都納入掌中，否則就還不算建國立業。孔雀王朝的阿育王、笈多王朝的歷代帝王、阿勞德丁．卡爾吉（Alauddin Khalji）、蒙兀兒帝國等各朝各代，無不如此。印度歷史上一直有朝代更迭的大型帝國和叢集並立的諸王列國。所以我們不應該把十八世紀中葉克萊武入侵時那種小國林立的情況當作是歷史上的常態，以為只有等到英國人來了才幫印度完成了統一。

雖然在歷史課本裡寫說英國取代了蒙兀兒帝國在印度的統治，但是大家要知道，英國其實根本沒有正面對上蒙兀兒帝國的兵力。英國開始統治印度時，蒙兀兒帝國的勢力早就已經式微了，只不過在形式上孟加拉太守（被英國打敗的）還是臣屬於他們的藩國。太守還是要宣誓效忠蒙兀兒帝國的皇帝，但其實已經不太理會皇帝的命令了。雖然強大的蒙兀兒帝國早就已經消退了，但是在印度，大家還是公認蒙兀兒帝國的權威。

一八五七年爆發了俗稱的「印度兵叛亂」（sepoy mutiny），威脅到了英屬印度的基礎，各方反英勢力之所以能集結起來造反，就是因為他們共同承認蒙兀兒帝國的皇帝才是印度真正合法的統治者。事實上，皇帝本人不太願意率軍反叛，但是這並未阻止各方叛軍稱他才是全印度的共主。年僅二十八歲的蒙兀兒皇帝巴哈杜爾．沙二世（Bahadur Shah II，又稱札法爾 Zafar）喜愛吟詩作對更甚於領兵作戰和統治印度。當叛軍被英軍擊潰，德里遭到大肆蹂躪時，他只能眼睜睜看著一千四百名手無寸鐵的平民遭英軍殘殺。這位詩人皇帝最後被逐至緬甸，五年之後辭世。

我是一九三〇年代在緬甸長大的小孩，我爸媽會帶著我到仰光的札法爾陵寢參觀，附近就是著名的仰光大金寺（Shwedagon Pagoda）。在當局限制下，皇帝陵就只有一塊加了鐵條固定的石板。我還記得我跟爸爸說，印度和緬甸的英國統治者一定很怕這蒙兀兒的末代皇帝遺體作祟。皇帝的墓碑上只刻著「德里前任君主巴哈杜爾．沙」——連「帝國」兩個字都根本沒提！要到許久之後的一九九〇年代，札法爾的陵寢才總算翻修，稍微有點蒙兀兒帝國末代帝王的體面樣子了。

五

要是沒有英屬印度政府的話，蒙兀兒帝國最可能的繼承者大概要數孟買附近剛崛起的印度教徒馬拉塔人（Maratha）吧。他們每隔一陣子就會洗劫蒙兀兒首都德里，還會伸手干預印度各地事務。一七四二年時，東印度公司就已經在加爾各答邊境挖掘一條偌大的「馬拉哈壕溝」，為的就是阻撓馬拉哈人日行千里、來去如風的騎兵。但說實話，馬拉哈人要建立一個跨全印度的大帝國還早得很，連計畫都談不上。

相對於此，英國人倒是處心積慮要成為這塊次大陸上的最大霸主，在這方面他們與本土歷代帝王都想統一印度的雄心壯志相去不遠，並非引進什麼外來的新願景。普拉西之戰後，英國人隨即就從帝國的根據地加爾各答不斷向外擴張統治勢力。當東印度公司的勢力擴及印度全境時，加爾各答也成了這個新興帝國的首都。從十八世紀中葉到一九一一年（該年遷都德里），所有侵略各地的政令都出自加爾各答，而英國在殖民擴張時期之所以能在印度發動大大小小的戰爭，有極大部分都是靠著東印度公司在孟加拉的經濟收益來支撐。

俗稱的「孟加拉大失血」其實在普拉西之戰後不久就開始了。既然孟加拉太守都掌握在自己手裡了，東印度公司就不只能從土地稅收中大幅獲利，還能在孟加拉繁榮的商業活動中獨享免稅貿易優惠——這都還沒算上本地商賈定期要上繳給東印度公司的「貢禮」。想以大英帝國榮光為傲的人也許最好別讀亞當．斯密的《國富論》，包括他談到「在東方印度各地欺凌壓榨的商貿公司」濫用國家權力的段落。歷史學家威廉．達林波（William Dalrymple）說得好：

扛起了白人的重擔——
打起了和平的惡戰——
填飽了待哺的飢民——
連疫病也束手遁形。

唉，可惜在英屬印度政府的英明統治下，既沒擋住饑荒，也沒能提升健康。事實上我們很難不注意到在英國結束統治時，印度新生兒的平均預期壽命幾乎探底——頂多只有二十三歲。

殖民統治在基礎教育這方面毫無建樹，反映出了殖民行政官員對滿足殖民地需求的心態。統治者與受統治者兩邊並不對等：英國政府打定主意要在十九世紀達成英國本土民眾都識字的目標；相較之下，英屬印度轄下的印度識字人口卻出奇地低。英國結束統治時，印度的成人識字率竟低於15%，而且少數擁有較高識字率的竟是「土著王國」特拉梵戈爾（Travancore）和高知（Cochin）這些本就在英國統治地區之外的地方，也就是印度獨立後組成喀拉拉邦的原本地區。這些小王國雖然在外交與軍事上都受英國管轄，但嚴格上來說卻是獨立於英國之外，自主內政，所以才能投入更多學校教育與公共衛生。

殖民時期這兩百年也是一段總體經濟停滯，人均國內生產毛額幾無實質成長的時代。印度獨立之後，這些嚴峻的事實經常在新開設的媒體上播送，而這些媒體的豐富文化——這點必須承認——有部分又是承繼自英國的文明社會。雖然印度媒體在英屬印度時期經常遭到消音噤聲——主要是為了避免抨擊英國統治，例如在一九四三年孟加拉大饑荒期間那樣——但是在英國本土細心培育的出版自由傳統卻為獨立後的印度樹立了良好典範。

說實在的，印度在獨立之後確實從英國那邊接收了不少原本沒有的——或是不能獲得的——好東西。印度語言寫成的文學著作就從英語文學作品中借鑑不少，這也包括在印度一片欣欣向榮的英文寫作傳統。在英屬印度時期，出版物及宣傳品都有嚴格限制（就連泰戈爾也有些書遭禁）。現在印度政府倒是沒有查禁出版的需要了，不過，唉——由於國內威權政治的種種理由——現在的出版限制有時候也不亞於殖民時期呢。

從這方面來說，大概沒有什麼比多黨派的民主政體與出版自由這兩件事更重要的了。可是這兩件事卻往往不是在大英帝國統治時期能夠正常運作的贈禮，反而只能在英國人離開之後才能實現——也就是說，這兩件事是印度在英國結束統治後，從英國自身的經驗中得來的果實。帝國統治通常需要依靠些許暴行：出版自由跟投票民主通常跟不對等的權力搭不上邊，畢竟這兩件事與管束殖民地臣民的需求互不相容。

七

英國人說他們終結了像印度等各個屬地的饑荒，對此我們同樣可以合理懷疑。英國統治印度一開始就帶來了一七六九到七〇年的大饑荒，而且在整個英國統治時期裡，印度各地也經常爆發大大小小的饑荒。就連英屬印度政府也是在一九四三年的大饑荒中倒台，這件事在第七章中已經提過了。相對於此，印度從一九四七年獨立之後，連一次饑荒也沒發生過。

諷刺的是，獨立後的印度之所以能夠終結饑荒，所依賴的體制——民主政治與相對自由的媒體——卻又都直接來自英國。這些體制與避免饑荒發生之間的關聯淺顯易懂。饑荒其實很好避免，因為只要發放相對少量的免費糧食或是提供薪資相對低廉的公共職務（讓這些領公家薪水的人能夠買得起糧食），就能讓遭受饑荒威脅的底層民眾有能力免於挨餓。所以任何政府應該都可以避免大大小小的饑荒發生，而這又合乎一個民主體制實質運作、迎向出版自由的政府本身的利益。出版自由可以讓大家早早就知道饑荒正在醞釀的消息，而投票民主又可以使現任政府在饑荒中——或饑荒過後——難以勝選，因此更能誘使政府盡早處理這燙手山芋。

既然在英國統治時期印度民眾沒有民主選舉的權利，印度也就沒辦法擺脫饑荒的威脅，雖然當時統治者是世上首屈一指的民主國家，更標榜著在大都會裡享有的出版自由——但是在殖民地可沒有這福氣。這些因自由而生的體制是統治者獨享，而非帝國臣民能有的。

泰戈爾在一九四一年大力抨擊了英國對印度的統治（當時他是在他的生日聚會上進行這場演說，沒想到也是他的最後一次生日聚會），他說印度已經從與英國的往來中收穫了許多，例如「關於莎翁戲劇和拜倫詩作的討論，尤其最重要的是……關於十九世紀英國政治裡那份寬容自由的討論」。但是悲慘的是——他在這場最後的演說（「文明的危機」）中說道——「他們文明裡真正最傑出的優點，也就是對人際關係尊嚴的重視，在英國統治下的這國家裡卻蕩然無存」。這一語道破了英國與大英帝國主義兩者所扮演的角色有何區別。隨著英國米字旗在印度各地緩緩降下，我們深深體認到這樣的區別。

第三部分

作者像，約攝於一九五三年

第11章 大都市加爾各答

一

加爾各答（如果要加上孟加拉口音的話，英文會寫成Kolkata）——吉卜林說這是一座有著「可怕夜晚的城市」——以其貧窮髒亂而惡名昭彰，後來也因此吸引了德蘭修女（Mother Teresa，一般亦譯德蕾莎修女）來到此地施濟貧苦。這座城市至今都仍被全世界當作是悲苦城市的具體代表。不過各位從前文就可以知道，這座城市是我從小就親眼見過的「大城市」，我們在達卡和桑蒂尼蓋登之間往返時總會經過這座城市，而每每經過時，我總會為這裡並存的各種不同生活型態大大吃驚。在加爾各答這裡，九歲的我熬夜看見了日軍轟炸碼頭；隔年也是在這裡，我看見了滿街餓殍。我探望我那些被英屬印度政府「預防性羈押」的親戚時，幾乎都在這裡，而我開始反思帝國暴政的起點也同樣是在這裡。

以前在桑蒂尼蓋登學園上當時還叫做「中階科學」的課時，我因為想要在大學念物理學和數學學位，所以想去加爾各答的念頭，大多都是出於想要進總統學院就讀。我經常跟同學（迪潘卡·恰特吉、姆黎瑙·達塔·朝圖里、譚立、阿密特·米察、希布·克里希納等）聊到總統學院提供的傑出教育和頂尖的學術氛圍。但是吸引我的也包括這城市本身，就像薩提亞吉·雷在《大都市》（*Mahanagar*）這部佳片裡描繪的那樣，加爾各答就是一個「龐大、擁擠又迷人的地方」。

吉卜林對加爾各答的埋怨包含了許多獨特元素。其中一點就是他實在想不通，英國貿易商約伯·查諾克（Job Charnock）當初怎麼會選在恆河（或者說胡格里河）邊這麼糟糕的地點建立起這座現代城市：

霍亂、颶風與鴉群，來來又去去；

……

此處座落大城市——查諾克當初親選址——
海灣邊上隔咫尺——
汙水惡臭生瘴癘，
水道破舊無清氣，
穢濁巽德班森林，
沼澤泥濘遍滿地；
你我皆知城中民
不與總督同一氣。

對於查諾克居然決定在這個怎麼看都糟透了的地點發展起都市，不只吉卜林百思不解，就連現在也有許多人莫名所以。寫過加爾各答這座城市詳盡歷史研究的喬佛里．穆爾豪斯（Geoffrey Moorhouse）就說這根本是個「白痴決定」。不管白不白痴，查諾克這項決定都算得上永垂不朽了。距今三百多年前的一六九〇年八月，查諾克航行到一座名叫蘇塔納提（Sutanati，過去常因發音而拼成Chuttanutti）的村落，並順利在這裡建起了東印度公司的據點。蘇塔納提跟鄰近的其他兩個小村落——高賓達普爾（Gobindapur）與迦梨迦達（Kalikata）——慢慢發展起來，就形成了現在的加爾各答。

過了一百年，加爾各答已經從原本貿易公司的據點演變成了英屬印度的首府所在。在普拉西之戰以前，孟加拉的首都一向都是達卡，後來才改到孟加拉太守所在的穆爾西達巴德。等到克萊武打敗並處決了希拉吉－兀德－朵拉之後，加爾各答自然也就成了東印度公司統治轄下印度領土的核心所在，畢竟英國人早就在此據地為王了。

二

加爾各答很快就成了「帝國第二大都市」。直到二十世紀中葉之前，加爾各答確實遠比競爭這頭銜的其他都市還大得多。我猜光是這樣就足以讓加爾各答擔得起這名號了，不過對我來說，加爾各答的吸引力倒是與這段帝國歷史沒什麼直接關係。對教育感興趣，尤其是對科學教育感興趣的任何人來說，加爾各答都是無出其右的首選。除了總統學院之外，還有許多提供良好大學教育的學校，例如聖沙勿略學院（St Xavier's College）、蘇格蘭教會學院（Scottish Church

College）、城市學院（City College）、阿速托許學院（Asutosh College），以及其他研究機構和高等進修中心。加爾各答大學自一八五七年成立以來就夙負盛名。此外還有孟加拉皇家亞洲學會（Royal Asiatic Society of Bengal，後來更名為亞洲學會Asiatic Society）、印度統計研究所（Indian Statistical Institute）、印度科學培育學會（Indian Association for the Cultivation of Science）、薩哈核物理研究所（Saha Institute of Nuclear Physics）、孟加拉科技學院（Bengal Technical College，後來以這裡為基地成立新的迦達弗普大學〔Jadavpur University〕是我在一九五六年到五八年開始教職生涯的起點）、孟加拉工程學院（Bengal Engineering College）、醫藥學院（Medical College）和其他許多學校。這些學校為這座城市創造出了一片無比精彩的知識生活風景。

也是在加爾各答這裡，掀起了所謂的「孟加拉文藝復興」，從方方面面把現代文化引領入這片古老土地，讓古老的印度文化（或者該說印度的諸文化）和歐洲帶來的貢獻交融為一體。加爾各答總統學院首屈一指（而且啟發了包括我在內的眾多學子）的大史學家蘇修班・薩卡爾（Sushobhan Sarkar）就強力主張，英國文化對本地傳統造成的辯證式影響產生了一批全新覺醒的知識分子，深深衝擊了孟加拉人民的生活與心態，所以說「文藝復興」一詞所言不虛。孟加拉的傳統知識源泉也融入這激烈的風潮之中，眾多受過教育的孟加拉人和加爾各答居民因此得以善加利用孟加拉文、梵文和波斯文的學術資源。

自十八世紀末葉起就開始有了這種變化，在華倫・黑斯廷斯接手掌管英國在加爾各答的事務之後尤其如此——黑斯廷斯大概和歷任東印度公司主事一樣該為某些殖民暴行負責，但是他卻也是力挺文化與印度傳統的支持者。一七八四年，孟加拉皇家亞洲學會在加爾各答成立，不僅擴大了英國人對古印度的興趣與學術研究，也大大增進了歐洲與印度學者間的交流互動。從十九世紀初開始，新大學陸續成立，圖書館紛紛落成，民眾開始關注與支持系統化的法律業務，各家劇院也因著與日俱增的都市人口而擴建新增，整座城市都洋溢著企盼變化與擁抱進步的興奮感。

在蘭姆．莫罕．洛伊、伊許瓦．闡德拉．維迪亞薩加、班欽．闡德拉．恰托帕德葉（Bankim Chandra Chattopadhyay）、麥可．穆度蘇丹．杜特，到泰戈爾、卡齊．納茲魯爾．伊斯蘭和更晚近一些的孟加拉作家（包括布達戴．波斯、碧濕奴．戴伊〔Bishnu Dey〕、賈西慕丁〔Jasimuddin〕、夏姆蘇爾．拉曼〔Shamsur Rahman〕等人）影響之下，孟加拉成了文化轉變的薈萃之地。這些作家裡有許多人都挑戰了古老的觀念與表達的方式，發展出他們自己新的一套，不斷與老派成見和新式批判拚搏，促成了以論辯與文藝創新為特色的各種都市與鄉村文化。到二十世紀中葉，這股智識熱火已經為加爾各答這座城市煉就出了一塊亮澄澄的金字招牌。

我在一九五一年七月搬到了加爾各答，扛著一口生鏽的鐵箱，裡面塞滿了我的私人物品。這座城市這幾天才剛經歷了雨季的滂沱大雨，處處積水。我一邊小心避開水窪，一邊仔細探路前進，看來前面等著我的生活充滿了挑戰啊。

三

雖然建立起現代加爾各答的是英國人，但是卻也有許多——甚至是大多數的——英國人不太喜歡這座城。他們十分自豪自己在這裡——以及從加爾各答這裡對印度其他地方——所做的一切，可是卻也十分不喜歡這座城市後來發展的模樣。不過，加爾各答的確不負「宮殿之城」這項稱號。這些宮殿大多都是英國人在印度人的協助下新建的，畢竟加爾各答所在的這小地方原本就只是些小村落，根本沒有什麼傳統宮殿建築流傳下來。這一方面和達卡還有穆爾西達巴德就截然不同了。「宮殿之城」這稱號是十八世紀末時出現，但要到詹姆士．艾金森（James Atkinson）在一九二四年的〈宮殿之城〉（The City of Palaces）這首詩才真正名聲大噪：

我一介遊人，佇立河階邊，
舉目四望，浮華高塔尖聳天，
宮殿盤鬱，琳琅滿目世罕見；
燦燦陽光點萬千。

這首詩雖然曾經備受推崇，但是卻沒有抓到大家今天對加爾各答的印象，而且說不定從來就沒抓到過。我對那些宮殿不是很感興趣，不過我倒是很喜歡在廣場（maidan，用以隔開商業區與恆河的廣場）中央的維多利亞紀念堂（Victoria Memorial Hall）那棟大理石建築。對我來說，吉卜林感到的那股不舒服要比艾金森的誇讚還更貼近這座城市真實的面貌。吉卜林一九二二年那首〈雙城故事〉（A Tale of Two Cities）裡的加爾各答就遠遠比不上西姆拉（Simla）：

蕈菇坐菇床，散飛孢子芽。
紛飛隨機緣，緣至落塵沙。

或落殿宇頂，或至牛棚下。
貧富隔一線，並肩似無差。
壅塞城巷內，街市疫癘行。
閻王眼睥睨，冷冷高空掛。

韋德・梅塔（Ved Mehta）指出吉卜林的人生觀其實是「在不講帝國主義的時候，骨子裡是個務實的拉合爾人，還帶著一點安拉阿巴德（Allahabad）人的那份信仰」。雖然吉卜林對加爾各答嫌東嫌西，但大家都對吉卜林的看法印象深刻，用梅塔的話來說，主要是因為「荏苒的歲月時光只不過是保留、加深了這座城市重重的恐怖陰影。」

吉卜林真的沒看錯這座城市嗎？如果他的看法沒錯，那為什麼不光是那些最後定居此處的人如此喜愛加爾各答，就連有機會反思並重新選擇的人也會堅決留下來呢？這座城市在文化與智識上的豐富程度無疑是一部分原因。這當然消除不了這座城市裡的貧窮與混亂，但是會喜歡住在加爾各答的人是為了這座城市提供的許多優點而來。

孟加拉文藝復興雖然是本土傳統回應在英國統治下傳入的歐洲思想而直接產生的結果，但是英國人卻很少發現有這麼一回事。這有一部分是因為殖民者漠不關心，另一方面也是由於大部分的發展都發生在語文方面——孟加拉語——而來自英國的統治者與商賈通常既不懂孟加拉語，也不打算學。

現任牛津大學教授阿密特・朝圖里（Amit Chaudhuri）提到了這現象的怪異之處：

對英國人來說，印度的現代化與現代的印度都是隱形的。所以說，在某種意義上，英國人看不見加爾各答。在這場文藝復興運動中寫作的吉卜林，生出了他那個充滿魔力的印度，有會說話的狼群、老虎、黑豹，還有可以跟野獸溝通無礙的印度孤兒。閱讀吉卜林的作品時，沒有誰會知道巴希拉、邪汗、毛克利其實就和小說家班欽・闡德拉・恰特吉（Bankim Chandra Chatterjee）與詩人麥可・穆度蘇丹・杜特生活在同一時代、同一地區。在吉卜林宇宙裡——在很大程度上也可以說在英國人的宇宙裡——在美妙無間斷的印度歲月中，這場文藝復興運動，以及孟加拉和印度的現代化，就如同從未出現過一樣。

四

吉卜林說東印度公司選擇在加爾各答設立首要據點實在愚不可及，這話有道理嗎？早在我搬到加爾各答之前，「為什麼要選在那裡」這問題就一直吸引著我，也是我在桑蒂尼蓋登學園開架圖書館——也就是我告訴外公「我最愛的去處」——那些非正式研究的主題之一。在克西提・莫罕的大力協助下，我探索起了加爾各答地區的漫長歷史。「為什麼選在加爾各答」這問題可以分成兩個部分：首先，為什麼會選在**這一帶**——選在孟加拉的恆河南端，靠近胡格里河這一片地區？其次，為什麼選在了這個**點**——選在胡格里河東岸，有蘇塔納提、高賓達普爾和迦梨迦達這三個小村落聚集的地方？第二個問題很容易回答。英國人佔據了當時商貿區的最南端，比葡萄牙、荷蘭的工匠與貿易商都更靠近海邊，佔了出口貨物的地利。選擇下游地區的另一個好處是所有來自北方的敵襲——比方說，如果蒙兀兒人決定南征孟加拉，打斷這裡的生意——都得先跟荷蘭人與葡萄牙人作戰。何況，約伯．查諾克會選在河川東岸設點，也是為了便於抵禦來自西方的地面部隊——無論是來自穆爾西達巴德、德里，或是孟買附近新興的馬拉塔人勢力。

然而，更大的問題是：為什麼要選擇加爾各答這片地帶呢？一六〇〇年由一群商人合股在倫敦成立的東印度公司，不久後來到了印度開始貿易事業。這時候英國還遠遠沒有征服印度、建立帝國的心思，不過，若要像人家曾說過的那樣，大英帝國的成立全靠「一陣失心瘋」，這話也說得太過頭了。查諾克在派駐孟加拉約莫十四年前就已經在印度了——大多時候都在帕特納，靠火力替英國開發生意。隨著他在東印度公司扮演的角色日趨吃重，他必須設法確保東印度公司的生意更有賺頭，把各色各樣的印度土產——包括孟加拉著名的棉花、棉布和絲織品，還有順著恆河、賈穆納河與眾多支流一路運來的北印度商品——順利銷往海外市場。

查諾克急於從德里的蒙兀兒帝國官方獲得東印度公司貿易活動的授權保障（後來也確實取得了），但就在此時，他也發現蒙兀兒王朝官員對孟加拉地區根本無力羈縻。他在孟加拉的據點無疑需要仰賴蒙兀兒帝國保護周全。查諾克深知下游貿易對東印度公司有多麼重要，更清楚富甲全印度的孟加拉在此時的重要性。童頓在一七〇三年繪製的胡格里河流域圖詳細標誌出了恆河下游大大小小的城鎮村落與貿易集市，還特別用大寫字體標示著「富庶的孟加拉王國」。

當然了，英國人並不是唯一了解這區域經濟重要性的外國人。葡萄牙人早在一個世紀前的一五一八年就來到此地，並在胡格里區域建立了三個不同的貿易據點。荷蘭人在一六三二年到來，在鄰近的欽蘇拉（Chinsurah）區域設立工廠。坎波斯（J. J. A. Campos）一百年前在《孟加拉的葡萄牙人史》（*History of Portuguese in Bengal*）裡就解釋過：「無庸置疑，綜觀整部印歐歷史，絕無任何印度城鎮會比胡格里更加迷人，因為在那方圓幾哩地內，就能看到在這裡鬥強爭霸的歐洲七國：葡萄牙、荷蘭、英國、丹麥、法國、法蘭德斯和普魯士。」

所以說，查諾克會選擇加爾各答這地帶不能說是違背常理。

五

加爾各答地區與其經濟角色的歷史其實還可以一直追溯到歐洲人在這裡開始活動之前。從十三世紀開始撰寫的孟加拉文敘事詩《史頌》（*Mangal Kavyas*）就針對這點詳加描述。我小時候讀了其中最著名的一篇《馬納沙女神頌》（*Manasamangal*），作者是畢普拉達斯（Bipradas），他生活在十五世紀，顯然就在現今加爾各答附近。畢普拉達斯描述身兼河川航商和大洋貿易商的叛逆主角闡德（Chand）如何順流而下，一路航向大海時，他提到了迦梨迦達和附近的迦梨賈特（Kalighat，此處有一間古老的迦梨神廟），以城鎮來形容這兩個地方。

但說不定更重要的是，這個地區至少自西元前二世紀就開始出現城市聚落了。加爾各答周遭不遠處就有許多古代遺跡，我剛搬到加爾各答時，正好有考古隊在開挖其中一個叫做闡德拉克圖加厄（Chandraketugarh，離加爾各答不過二十哩遠）的遺址；古代城鎮的廣大遺跡，包括堡壘與許多公共建築，就這樣一點一點地重見天日。幾乎每一次在這個地區認真進行的考古挖掘，都會找到在城市中才會出現的商品——裝飾品、小型雕像、展示品，當然還有各式器皿——這些東西都可追溯至兩千多年前的巽加（Sunga）王朝時代（約興盛於西元前一八五年至西元前七十三年）以及隨後的貴霜（Kushana）王朝時代。

我持續閱讀關於當地挖掘的資訊，可是實在找不出時間與機會親自去現場看看。孟加拉的道路交通一向做得不好，就算加爾各答離闌德拉克圖加厄只有二十哩遠——只算直線距離的話——要過去一趟可得忍受顛顛簸簸的路程大半天。後來到了二〇〇五年，我的好友高帕爾·甘地（Gopal Gandhi，他是聖雄甘地和另一位大政治家拉賈戈帕拉查里〔C. Rajagopalachari〕的孫子）當上了孟加拉總督，我才總算有機會去了當地一趟。我們一路開著他的車過去，在崎嶇的路上顛顛抖抖好幾個小時。我很喜歡聽高帕爾聊關於這個地區的歷史淵源——這可不是一個總督尋常會做的事。

孟加拉的古代遺址遍布了整片加爾各答地區，可是直到最近，才在加爾各答市區裡挖出了過去的歷史陳跡——古代城市的繁複架構——但這可不是出於考古興趣，而是因為要進行現代城市規劃才被挖掘出來。印度鐵路公司在一九七二年到一九九五年間在加爾各答進行地下鐵路系統工程（這也是印度第一個地鐵工程），結果竟挖出了兩千多年前的陶器以及其他裝飾品。隨後在二〇〇一年，市政府決定修復克萊武故居時，又在該處挖出了巽加—貴霜時期的古代遺跡，包括古代陶器、細緻織品、磚瓦、整片的石灰磚地板、灶床，以及估計最晚在西元前二世紀活絡的貿易活動中使用的錢幣與印記。這些發現並不特別令人意外，畢竟大家早就知道加爾各答這片地區過去的歷史，然而這些發現也確定了查諾克當初決定設立據點的這個地區無疑早就是十分重要的交通及貿易樞紐了。

我有一陣子真的很想寫一本「加爾各答的真實歷史」——說不定將來哪一天真的會寫吧。根據我在桑蒂尼蓋登的圖書館裡讀到的資料，我確信自己遷居的這座城市絕對不像大家常說的那樣只有三百年的歷史。還有一點也很清楚，就是這座城市不是因為東印度公司在加爾各答引入全球貿易才建立起來的，反而是這個地區為東印度公司帶來了全球貿易——這才使得查諾克決定在這塊早就有都市生活與漫長經濟活動史的地區設立據點。

六

一九五一年初，我對即將進入總統學院就讀和搬到加爾各答生活感到愈來愈興奮。但我馬上就得考慮的一個問題是：要住哪？總統學院有兩幢學生宿舍，但是這兩幢宿舍都維持著英國統治時期將印度教徒與穆斯林分開來的分離制度，看起來就像是那套古老的「分而治之」。學校把我分配到了當時所謂的「印度教徒宿舍」。我實在開心不起來。說真的，我覺得族群分離非但完全不適合獨立後的世俗印度，更和總統學院自身徹底的宗教中立格格不入。雖然這所學校在十九世紀初有一度曾被叫做「印度教學院」，但是它從來都不是只收印度教徒入學，對學生也絕無任何宗教歧視。事實上，在一八五五年時——也就是我入學前差不多一百年的時候——學校就不用這個指稱宗教派別的校名了。我從小就見多了族群間的流血衝突，所以即使只是在棲身之所的名稱上掛著清楚族群身分——「印度教徒宿舍」——我也感到十分抗拒。

所以最後我在海鮮市場（Mechua Bazar）那邊的ＹＭＣＡ宿舍找了間合租宿舍（後來又搬進一間簡單的單人房），離學校大約步行二十分鐘的距離。我在一九五一年七月初搬了進去。當然，ＹＭＣＡ宿舍並不是專給基督徒住的，什麼宗教背景的學生都能住在那裡。住在裡頭的全都是加爾各答各大學各個科系的學生。我真是愛死了這種多樣性，時不時就跟同宿舍的其他朋友聊天。我們經常在YMCA空曠的陽台上聊著聊著就聊到了半夜。

加爾各答這城市實在太適合閒聊嗑牙了——孟加拉話叫做*adda*，意思是想到什麼就聊什麼。我很快就發現自己喜歡靠閒聊來打發時間，比做什麼都有意思。我搬進YMCA那天就跟宿舍舍監穆克爾吉先生（Mr. Mukherjee）聊得高興極了。穆克爾吉先生是位虔誠的基督徒，他跟我說他正在想，不知道接下來這次選舉要不要投給共產黨。「你支持共產黨的政策嗎？」我問他。「才不咧，」他說：「他們對他們不喜歡的人壞透了，而且他們還反對所有宗教，所以我其實是反對他們的。可是話說回來，他們說不定真的能為西孟加拉邦做些好事，畢竟執政的國大黨看起來什麼事兒也不想幹。」我一邊坐著吃我在這裡的頭一頓晚餐，一邊跟穆克爾吉先生聊天，馬上就覺得我很喜歡他這套不怕衝突對著幹的想法。這多少契合了我對加爾各答的印象和我對這城市的期待。我原本還懷疑穆克爾吉先生只是個愛碎碎念的人，不過很快就欽佩他願意用截然不同的想法思考政治、社會以及宗教上的政治需求，儘管我先入為主地認為他有嚴格的宗教背景。

從海鮮市場到總統學院所在的學院街，最方便的步行路線要經過一些破落的貧民區，也會經過光鮮亮麗的商店辦公區，尤其是哈里森路（Harrison Road，現改稱Mahatma Gandhi Road）那一帶。每當我愈來愈靠近總統學院，要從哈里森路轉進學院街的時候，眼前就會突然出現一大排各式各樣的書店，有那種把書放在玻璃書櫃裡小心呵護的堅實書店，也有東一堆西一堆，在人行道上疊得顫顫巍巍的書攤——教人目不暇給。我真覺得我來對地方了。

七

我對自己那麼快就融入加爾各答的生活感到十分不可思議。我是個在達卡長大的小孩，自然會對長期住在加爾各答的居民有那麼一點競爭心態——我們都叫他們「加爾各呆」（Calcuttan），或是正式的孟加拉話「加爾各答居民」（Kolkata-*basi*）。印度在四年前正式分裂，孟加拉人分居在兩個國家裡。我先前談過在印度教徒與穆斯林之間的敵對態勢，其實大多都是受到了政治操弄，如今又讓給了（在國界兩邊）重談孟加拉統一的風潮，只不過偶爾還是會有些政治分離主義者巴不得從中作梗。

加爾各答過去就一直是個美輪美奐的多元文化城市，現在依然還是。當然了，這城市裡大多是孟加拉人，但是也有比哈爾人、坦米爾人、奧里亞人（Oriya）、馬瓦里人（Marwari）、盎格魯─印度人（歐亞人）、華人、尼泊爾人、藏人、亞美尼亞人等等的大型族群。城裡常用的語文有孟加拉語、印地語、英語、博傑普爾語、邁蒂利語、烏爾都語、中文和其他許多語種。若要說加爾各答有什麼可以自豪的，那就是它從來不曾出現重大的反移民運動，這是它跟其他大都會城市的不同。相對於此，孟買的政治氣氛就特別偏好馬拉地人（Maharashtrian），所以有過好幾次盛大的反坦米爾人運動。但在加爾各答政壇中，向來不太有這種反移民的心思。

除此之外，在加爾各答這裡看到曾一度飽受怨言的英國殖民遺緒，如今竟能被消化成為溫馨多元文化歷史中的一道寬容記憶，實在是格外令人訝異。從十九世紀下半葉起，加爾各答就大力支持反對英國統治的民族主義運動。由著名的蘇倫占納特·班納吉（Surendranath Banerjee）所領導的強大民族主義組織印度人協會（Indian Association）就是一八八三年在加爾各答成立，這比印度國大黨在孟買的成立大會還更早兩年。蘇巴斯．闌德拉．波斯也是出身於道地的加爾各答家族。在孟加拉這裡興風作浪，甘願以暴力叛亂來促成印度獨立的民族主義者，實在比印度其他地方多太多了。

不過時至今日，英國統治的遺緒卻翻身成為這座城市最寶貴的地標。美輪美奐的市政廳是一八一三年東印度公司為了提供歐洲人社交聚會所興建的，如今在加爾各答市政府細心安排下，按照舊有模樣重新翻修。一九〇五年到一九二一年間興建完成的維多利亞紀念堂也同樣受到良好維護，保留了許多英國統治時的物品與繪畫。維多利亞紀念堂的展示廳每天吸引的遊客比這城市裡的任何博物館都多——事實上，人家告訴我，這裡每日的遊客比全印度各地各類型的博物館都還要多呢！

八

加爾各答是我第一次自己獨居的城市，也是我度過大學生活的地方。我在那裡感受到的那股自由感可能反映出頭一次離家自主的解放感，但是我也超愛在學校旁邊咖啡店裡、ＹＭＣＡ的公共空間裡和朋友家裡閒聊的那份輕鬆。不過我很快就發現，原來加爾各答是個很適合散步的城市，尤其在交通沒那麼繁忙的晚上更適合。而且由於我是從清晨即起的桑蒂尼蓋登搬到「丁夜方眠」的大城市，所以我大可以在朋友家聊個痛快，然後在半夜裡再慢慢踅回ＹＭＣＡ宿舍。這裡跟我後來待的劍橋三一學院不一樣，三一學院晚上十點一到就關門了，但是ＹＭＣＡ宿舍沒有嚴格限制幾點關門的門禁，只要先跟舍監通知一聲今晚會晚點回來就行了。我很喜歡在夜深人靜的城市裡漫步的時光。印度分裂後，我們有許多親戚朋友都從新成立的東巴基斯坦搬到了印度，其中一大部分人都搬來了加爾各答。既然住得近了，這些人際關係自然也就跟著緊密起來了。我在搬到加爾各答之前，從沒想過我和梅達、米拉蒂、寇康大、拉特納瑪拉、巴布亞、拉畢大（Rabida）、皮亞里、杜拉還有其他堂表親會處得那麼愉快。我有時候也會加入父母親那輩人的談話，和欽尼卡卡、喬托卡卡、堪卡瑪瑪等從事各行各業的叔伯舅聊天。我在總統學院和YMCA宿舍結交的朋友清一色都是年輕人，所以這種跨世代的閒聊擴大了我們聊天的範圍。

在加爾各答閒逛是很享受的一件事。雖然我有時候會行經一些罪案頻生的區域，但是我從來沒有——真的沒有——遇過任何想要搶劫我的人，連攔住我的人都沒有。我那個時候還不知道（我後來深入探究都市統計資料才發現），加爾各答不只擁有全印度最低的重案發生率，也是全世界殺人案發生率最低的主要城市之一。這對一個世上最貧窮的城市來說是件十分稀奇的事，也引發了一個嚴肅問題：貧窮是不是犯罪的主因？

要是說加爾各答這罕見特色鮮為人知——也少有傳聞——那麼加爾各答在書籍、戲劇和其他文化形式方面的特徵就明顯多了。加爾各答常年主辦世上最大的書展（*boi mela*），為期兩週的書展期間，每天都吸引數十萬人入場。（當然了，加爾各答書展敢自稱是世上最大書展，主要看的是總計入場人數，而不是看交易量總額。要是看銷量，那就得是法蘭克福書展或倫敦書展了。）遊客蜂擁進場來看看有什麼新書，甚至還會翻開來讀一讀，但是通常都買不起這些書。加爾各答書展這項超大型文化活動在每年初春時節都會為這城市帶來一股生猛活力。

我剛搬到加爾各答時，一九五一年的加爾各答書展已經結束了，不過戲院也是個能提供眾多刺激的迷人場所。這座城市素以擁有眾多正規戲院聞名——這是全印度唯一每個晚上都有不同戲院搬演多齣不同戲劇的地方。加爾各答人頗以此自豪，而我既然搬到了這裡，當然也與有榮焉。戲院票價都不貴，所以我經常去看戲。每晚都能隨意挑一齣孟加拉戲劇來看真的很快活，很多戲碼都有鮮明的政治社會主題。

加爾各答的第一家戲院就叫做加爾各答戲院（Calcutta Theatre），是英國人在一七七九年成立的，不過賈特拉（*jatra*）這種傳統戲劇才是這幾百年來吸引大批孟加拉觀眾的劇種。一七九五年，有一位名叫賀拉希姆．勒貝戴夫（Herasim Lebedef）的俄羅斯劇作家來到了加爾各答，和一些孟加拉藝術家合作搬演了好幾齣孟加拉戲劇。他待的那間戲院名為印度教戲院（Hindu Theatre），生意實在太好了，結果後來發生火災時，城裡有好多人謠傳是因為英國人心生嫉妒才縱火洩憤（事實上這是空穴來風）。總之，在十九世紀時，加爾各答已經有了好幾家正規的戲院。

加爾各答的孟加拉戲院有個特色，就是女人可以在劇中扮演女性角色，這做法足足比印度其他地方早了幾十年。雖然這一點現代性特色讓孟加拉在印度可說是獨領風騷，但是加爾各答還有許多老一派人士不能認同，覺得讓「良家婦女」上台拋頭露面實在有失體統。不過，由於我那出身學術世家的母親從一九二〇年代開始就在泰戈爾的戲劇中擔綱演出，所以我從小就知道關於這種做法的爭辯（見本書前文對這種文化異端的討論）。我母親的扮相曾經被某些圈子——還好不太多——認為傷風敗俗，但也受到某些圈子的追捧盛讚。

加爾各答的保守派不僅見不得「體面的」女性在舞台上演出，有時候甚至連孟加拉語演出的賈特拉戲曲都要反對。我還滿愛參與這些爭辯的。最妙的是有一回我聽人家說，賀蘭巴．麥伊查

（Heramba Maitra）——著名的教育家，也是加爾各答城市學院的校長——在街上被一個年輕人問知不知道米涅瓦戲院（Minerva Theatre）怎麼走，因而陷入道德兩難。米涅瓦戲院是有女演員上台的戲院，麥伊查聽到這年輕人居然品味如此低俗，鄙夷地丟下一句「不知道」就走了。但是才剛走開沒多久，他就對自己說謊感到良心不安，於是跑了回來，氣喘吁吁地追上那個滿頭霧水的年輕人，抓著他的肩膀說：「我其實知道怎麼去，但是我才不告訴你咧！」

九

聖雄甘地雖然在很多方面都是個傳統派的道德家，但是對戲劇方面卻採取自由開放甚至是支持力挺的態度。有一回他到加爾各答時，雖然他不懂孟加拉話，卻還跑去看了孟加拉語戲曲。甘地第一次到加爾各答是在一八九六年七月四日，當時他搭船從德爾班（Durban）渡海而來，但他當天就離開這裡了。同年十月三十一日，他又回到這裡，而且儘管歷經長途奔波（我想應該是），他還是決定去看場戲來度過在這城市的頭一晚。雖然有著語言隔閡，但是隔沒多久，他十一月七日又去看了另一齣孟加拉語戲曲。

我之前不知道發生這些事的確切日期，但是我知道甘地待在這城市的時候看了孟加拉語戲曲，也一直很好奇他究竟看了什麼戲。直到他的孫子高帕爾．甘地翻查了他當年的筆記，我這份好奇心才得以滿足。多虧高帕爾深入調查了加爾各答的文化史，我們總算知道當年他爺爺有四家搬演孟加拉語戲曲的戲院可以挑：皇家孟加拉戲院（Royal Bengal Theatre）、翡翠戲院

（Emerald Theatre）、星辰戲院（Star Theatre）和米涅瓦戲院（可惜我們最後還是不知道甘地最後看了哪兩齣戲）。不過顯而易見的是，這些一流的孟加拉戲院可以大大自豪一番，不管怎樣我們總是樂見「國父」大駕光臨嘛！

十

我搬到加爾各答住的時候，在印度人民戲劇協會（Indian People's Theatre Association, IPTA）的率領下，左派對文化事務已經佔據了極大聲量。這其實是好幾起重大事件所引發的反彈。一九四三年孟加拉大饑荒直接催生出一齣叫好又叫座的孟加拉戲劇《新穀》（*Nabanna*，這是借自傳統收割慶典的名稱），強烈批評了殖民政府與操縱市場者的沒心沒肺。這齣戲的編劇是畢戎・巴塔恰利亞（Bijon Bhattacharya），導演是宋布胡・米察（Sombhu Mitra），兩人都是IPTA中的活躍分子。這齣戲甫一推出就大獲好評，帶起了好幾齣戲曲和一九四六年由夸賈・阿瑪德・阿巴斯（Khwaja Ahmad Abbas）執導的一部好片《大地之子》（*Dharti Ke Lal*）。這波新戲劇運動觸及了需要靠文藝發聲的強力社會議題，而這又對愛上戲院看戲的加爾各答民眾有所啟發——我當然也不例外。

當時全印度的電影產業都還頗受傳統約束，但是已經出現改變的端倪。一九四四年，一部充滿左派社會批評色彩的電影《力爭上游》（*Udayer Pathe*）橫空出世，還在一九五〇年代初期不斷重映。我那年代最熱門的就是義大利新寫實主義的電影了，其中的《單車賊》（*Bicycle*

Thieves, 1948）和《米蘭奇蹟》（*Miracle in Milan*, 1951）這兩部片都是由維托里奧·迪西嘉（Vittorio de Sica）執導。由盧契諾·維斯康蒂（Luchino Visconti）與羅貝托·羅賽里尼（Roberto Rossellini）開創的義大利新寫實主義傳統十分受我們學生群歡迎，大家開口閉口都在聊這個。這些電影對加爾各答的年輕人所造成的影響不可估量。受其影響的包括了薩提亞吉·雷，比我早十年進入總統學院就讀的他看了《單車賊》之後深受感動。他是在倫敦看的——比我們在加爾各答更早看到——後來他自己寫道：「我馬上就知道，如果我要拍出《大地之歌》——這念頭一直藏在我心底好久了——我也要這樣拍，用自然的背景，用無名的演員。」沒多久，他就真這樣拍成了。

十一

雖然吉卜林滿紙批評，但我還是很快就愛上了加爾各答這座城市，我想薩提亞吉·雷也是吧。雷在談到他的電影該如何取材時，自問自己的電影應該拍些什麼：

> 你該把什麼放進你的電影裡？又該丟掉什麼？你要拋下城市，走到農村裡，看著牛隻在一望無際的草原上吃草，還有牧童在一邊吹笛嗎？那你可以在這裡拍一部純真自然，如同漁歌般蕩漾的片子。
>
> 或是你想要回到過去——回到史詩時代，那個眾神與惡魔彼此對戰，兄弟相殘的故

事裡，讓大神黑天用《薄伽梵歌》裡的話來鼓舞心灰意冷的王子？那就可以來些刺激的東西，用上傳統的卡塔卡利舞，就像日本片也用上能劇和歌舞伎的傳統那樣。

還是說，你想待在現在這裡，就在這個當下，在這個龐大、擁擠又迷人的城市裡，試著編排好社會環境中眩人耳目的各種反差呢？

「眩人耳目的各種反差」教我深深著迷。我才搬到加爾各答不久，就發現這些絢爛多彩的差異變化很快就成了我生活的一部分。我意識到自己沉迷其中，甚至知道這樣的迷戀是怎麼發生的。

第12章 學院街

一

總統學院素有培育出國內最頂尖科學家的熠熠名望，是我們當年獨一無二的名校——至今依然如此。出身自這座學院的傑出人才多如繁星，個個後來都做出了重要非凡的獨創貢獻。就拿我熟悉的來說吧，薩提彥札．納特．玻色在物理學上就做出了許多名垂青史的突破，包括發展出「玻色—愛因斯坦統計」，結果更促成了半數宇宙基本粒子的分類。我後來在劍橋認識了另一位偉大的物理學家保羅．狄拉克（Paul Dirac），他堅稱應該把這些基本粒子叫做「玻色子」，這樣才能彰顯玻色的成就有多重要。我有幸能跟狄拉克聊上幾句，那是在一九五八年（如果我沒記錯的話）某一天，皮耶羅．斯拉法跟我走在狄拉克任教的聖約翰學院的操場上，他趁這機會帶我去拜訪狄拉克。說起來狄拉克可比玻色有名多了，他卻這麼在意應該讓年輕的玻色享有應得的榮耀，讓我印象深刻。

薩提彥．玻色是位了不起的數學物理學家，對理論物理有著卓越貢獻。他跟我們家很熟，也是我父親在達卡大學的同事，兩人也一同在一九四五年離開了達卡大學。玻色－愛因斯坦統計緣起於玻色在達卡大學一場演講中的思路。他一開始還以為自己想岔了，但他隨即了解到其實是有了重大發現。我每次到薩提彥．玻色家裡去跟他聊天時，總不免折服於他的過人才智。我也很高興他好像總是有大把時間跟我聊天，總是一派輕鬆從容的模樣——他一貫的殷勤懇切讓我不禁好奇：他到底哪裡生出時間來做研究啊？

還有另一位同樣（在我入學前）曾在總統學院任教，但是作風截然不同的科學家：普拉桑塔．蘭德拉．馬哈蘭諾比斯（Prasanta Chandra Mahalanobis）。他不滿足於自己在物理學方面的工作，還成了統計學這新興科目的其中一位奠基者。馬哈蘭諾比斯不僅跟我們家相熟，也是桑蒂尼蓋登的傑出校友。他曾經擔任泰戈爾的學術祕書好幾年（一名頂尖科學家居然在創造力巔峰時期做這份工作，著實罕見），我在蹣跚學步時就認識他了。（我母親的一本相簿裡有好幾張還是小小孩的我坐在馬哈蘭諾比斯肩頭上的照片，看起來笑得樂不可支，大概是因為覺得自己飛高高吧？）當我開始考慮念大學的事時，馬哈蘭諾比斯正在忙著主持他剛成立不久的新學校——印度統計研究所——後來成為世界上頂尖的統計學研究及教學中心。但是他那些拓展統計學邊界的想法，尤其是取樣理論，都是在總統學院時期萌生出來的。

我會知道原來透過統計學的基本推理就能夠利用一堆數字得到許多了不起的成果，都要歸功於我一個最好的朋友姆黎瑙．達塔．朝圖里。他喜歡追蹤統計學的最新發展，對馬哈蘭諾比斯在取樣方面的研究特別感興趣，不光是在理論層面，還包括如何應用到印度的許多隨機抽選資料上，像是作物、糧食、人口等。姆黎瑙在我們還在桑蒂尼蓋登讀書時就開始自己鑽研統計推理的基本分析架構，我還記得我們有幾次忘情地討論需不需要解釋為什麼世上雖然有很多車，但是馬路大部分時候都是空的。我知道隨機分布有好幾種不同類型，但是我在想我們究竟能不能在**分析性**推論（包括關於「隨機性」的種種觀念）形成的期望值的基礎上真正獲得關於世界的**經驗性**資訊（例如哪些路比較不塞車）。所謂的分析性推論是不是其實只是對於我們所觀察現象的一種堂皇的描述方式，姆黎瑙和我為此爭論了好久。後來姆黎瑙也和我一樣在一九五一年進了總統學院就讀，而各位大概也猜到了，他讀的是統計。

二

我是在一九五一年七月雨季一個濕答答的日子裡到總統學院註冊了經濟學和數學學程。我原本打算讀的是物理學和數學，但是最後卻換了研究領域，這有一半是受了我朋友蘇卡莫伊・查克拉伐帝（Sukhamoy Chakravarty）的影響，他當時已經在總統學院讀經濟學。蘇卡莫伊在我念桑蒂尼蓋登的最後一學年裡，來了桑蒂尼蓋登好幾次。他原本是來拜訪一名傑出的學生貝爾圖（Bheltu，本名是蘇布拉塔Subrata），而我跟貝爾圖和他弟弟恰兒圖（Chaltu），時常處在一起。我就是在那時候認識蘇卡莫伊，並開始跟他有密切的交談。他常來桑蒂尼蓋登，想多認識認識這地方——他尤其想看看住在桑蒂尼蓋登的穆庫爾・戴伊（Mukul Dey）的畫作。我從沒見過像他這樣一個無所不知，又能夠深入淺出地講解各種主題的人。蘇卡莫伊也和我一樣十分關心印度的社會不平等。

蘇卡莫伊問我：「你何不跟我一起來念經濟學？」他指出，最合乎我的——還有他的——政治興趣的學科就是經濟學，而且經濟學也跟自然科學一樣，包含了許多分析性與數學性推理（他知道我喜歡這一點）。除此之外，經濟學會觸及到人，又有趣。更何況（他強調），下午都可以不用待在實驗室工作（這就跟理科學生不一樣了），所以我們可以到學校對面的咖啡廳去喝杯咖啡。但除了蘇卡莫伊所說的這幾點，我還要再加上兩個誘因，一是能夠跟他一起上課，二是可以經常跟他聊天。從此我就愈來愈覺得自己應該要念經濟學（和數學）而不是物理學了。

總統學院跟當時印度的其他大學不一樣，已經把數學當成研究經濟學的必修科目，而這讓經濟學更有意思。這也讓我更容易整合我從中小學時就培養起來的不同興趣，包括數學和梵文。此外，我也愈來愈了解到經濟學對我從事社會關懷與政治參與大有用處。我當時就有了一個念頭，要努力讓印度改頭換面——要打造出一個不像我們那時那麼貧窮、不平等、不正義的國家。而懂一點經濟學可能就是改造印度的關鍵。

這些問題我跟阿密亞．達斯笈多（Amiya Dasgupta）教授聊了不少。達斯笈多教授是我們家的世交，也是一位厲害的經濟學家，我都叫他阿密亞卡卡。阿密亞卡卡原本是達卡大學的經濟學教授，一九四五年時和薩提彥．玻色與我父親等人一同離開達卡。阿密亞卡卡聽到我考慮主修經濟學而非物理學時十分開心，給了我兩本約翰．希克斯（John Hicks）的書——《價值與資本》（*Value and Capital*）和《社會架構》（*The Social Framework*）——讀起來果然津津有味。《價值與資本》是經濟學理論中一套邏輯十分清晰的分析模型，用來處理價格理論的基本問題，《社會架構》則是想要廣泛探討經濟關係如何在社會中透過彼此相互依賴而得以運作。我真是愛死了希克斯的書——他清晰透徹的分析真的是一針見血——日後我更認為他是二十世紀頂尖的經濟思想家之一。多年以後，我在牛津大學萬靈學院（All Souls College）跟希克斯成了同事，混得很熟，我告訴他我年輕時讀了他的書，他咧嘴笑道：「阿馬蒂亞，我現在總算知道你對經濟學的妄想是多麼根深柢固了！」

三

雖然總統學院在我入學前一世紀就已經改成公立大學，但是在將近兩百年前設立時，這所學校是加爾各答公民社會倡議成立的教育機構。總統學院一開始叫做印度教學院（這名稱一直用到一八五五年，不過正如我先前說過的，這所學校並不是只收印度教徒），一直歡迎來自加爾各答各個社群的學子入學就讀，幾十年內招收了各種不同背景的學生。主持建校的建校委員會主席是擁有羅闍頭銜的蘭姆・莫罕・洛伊，他是一位了不起的學者（專長是梵文、波斯文、阿拉伯文、拉丁文和其他好幾種歐洲語文），也是一位奮鬥不懈的社會改革家。當初會設立這所學校，是城裡的一流知識分子共同努力推動的成果，而且儘管學校的行政與系所主管全都是印度人，學校之所以能落成，還得歸功於一位當時住在加爾各答的蘇格蘭鐘錶匠大衛・海爾（David Hare），這位卓越人士和本地仕紳拉達坎塔・戴布（Radhakanta Deb）密切合作，鼓舞了眾人興辦學校。建校過程還有城裡許多志士仁人出錢出力，其中巴丁納特・穆克吉（Buddinnath Mukherjee）尤有貢獻，是他讓加爾各答最高法院大法官愛德華・海德・伊斯特爵士（Sir Edward Hyde East）決定支持建校。伊斯特爵士於一八一六年五月在自宅辦了一場「歐洲及印度仕紳」聚會，討論建校事宜。隔年一月十日開幕，有二十位學子在校。至一八二八年，註冊人數多達四百。

這場社會倡議是加爾各答早期激進知識分子運動的其中一部分，他們自稱「孟加拉青年」（Young Bengal，大概是借鏡自差不多同時的「英國青年」Young England吧）。領導這場倡議的是一群十分激進的思想家，他們堅決反對保守派，也不滿於印度與歐洲的傳統思想。既然建校伊始就是以宗教中立為前景，一八五五年六月從印度教學院改名為總統學院時，校方再度清楚重申不管是印度教徒或非印度教徒都有機會入學就讀，這也是順理成章。兩年後，加爾各答大學建校，並將總統學院併入成為其中一個學院。將近一百年後的一九五三年，我以經濟學暨數學學士的身分從加爾各答大學畢業了。

四

總統學院在「孟加拉青年」運動興起時扮演了何等重要角色，這事不可不知。孟加拉青年陣營中最主要的成員是一名有印度與葡萄牙血統的歐亞裔青年亨利・戴洛奇歐（Henry Derozio），官方資料上是一名基督徒，但他實際上並不相信基督教，自稱是無神論者。戴洛奇歐出生於一八〇九年，一八二六年五月就成為總統學院的講師，當時他才剛滿十七歲。格外早熟的他很快就成了加爾各答動見觀瞻的知識分子，是一位傳奇性的歷史與文學老師。戴洛奇歐一生成就斐然，可惜天妒英才，一八三一年他就因霍亂病逝，年僅二十二歲。戴洛奇歐除了是優秀的教師與頑強的改革者之外，還是一位多產詩人，最重要的是他更是一名積極提倡自由無畏思考的行動家，鼓舞了他的學生、眾多的同事和加爾各答菁英分子。儘管他年紀輕輕，卻對總統學院自由思考的傳統有著深遠影響。即使過了一個半世紀之後，他仍是我們大學辯論賽中的重要典範，我們也藉著辯論賽來紀念他的傑出才智與領袖風範。

戴洛奇歐希望他周遭保守的印度社會發生劇烈改革。他高舉法國大革命背後的理念（離他那時代才不過幾十年而已），堅定反抗排山倒海而來的輿論壓力，尤其是加爾各答的英國人的意見。但是他也是個印度民族主義者，激切地想要讓自己的國家不怕思考、行動自由——也就是擺脫一切沒道理的束縛。他在一首題為〈致印度——我的祖國〉（To India—My Native Land）的詩裡，刻意用繁複的語彙對比了印度的歷史成就與不堪入目的當下：

我的國！昔日多輝煌，
眉眼盡現眩目光芒，
猶如神祇，萬眾景仰——
輝煌今何在，又有何人臧？
鵬翼遭鎖終難張，
委地匍匐塗塵糠：
歌者無花可獻上，
空有一曲奏哀傷。

戴洛奇歐的學生無不為他逆俗的觀點和寬闊的想像力而振奮。這些人稱「戴洛奇歐派」的學生建立起了總統學院充滿批判性與理性探究的精神，也深受他們讀到的休謨、邊沁、湯瑪斯．潘恩等理性主義思想家的影響；不過戴洛奇歐自己倒是喜歡伏爾泰更勝其他在歐、美大陸上信仰宗教的思想家。他也甘冒大不韙，建議學生多讀荷馬，別念基督教文本。他遭到印度教正統與基督教組織的反對，公開宣揚非關宗教的理性思考，最後因此丟了工作。

當時這一波在加爾各答崛起的新知識分子運動並非全都異口同聲地反宗教。由學術派改革家蘭姆．莫罕．洛伊羅闍領導的婆羅門社（Brahmo Samaj）在此時迅速擴張，很快就成了一支堅定改革的宗教勢力，對印度教經典文獻提出了相對自由的詮釋，其中某些詮釋甚至像極了一神論的主張。戴洛奇歐是總統學院萌生強健自由思考傳統的核心人物——而這傳統在好幾個世代之後仍然讓學生受益無窮。

五

我才剛對經濟學感興趣，馬上就在總統學院優異的教學中獲得了豐沛的收穫。影響我最深的是巴巴托許．達塔（Bahbatosh Datta）和塔帕斯．馬駿達（Tapas Majumdar）這兩位經濟學理論家，不過學校裡還有其他好老師，像狄瑞許．巴塔恰利亞（Dhiresh Bhattacharya）講授的應用經濟學就很精彩，跟印度經濟更是密切相關。在政治學方面指導我的則是烏朋占納特．高薩爾（Upendranath Ghosal）與拉米希．高栩（Ramesh Ghosh），他們兩位不僅授課生動，而且教學技巧十分卓越。能跟這些優秀的老師交談，真是太棒了，其中不只有經濟學、政治學和數學老師，還有歷史老師。尤其是洞見深遠又擅於馬克思主義式分析的蘇修班．薩卡爾，他的課格外發人深省。

巴巴托許．達塔大概是我遇過最能深入淺出地講解經濟學的老師了。價值理論與分配理論中的各種疑難雜症，他都能解釋得一清二楚、明白易懂。我愛死他的課了，但是出乎我意料的是，他似乎不太願意做他自己獨創的研究。他是個非常謙虛的人，我猜能夠當一名出色的學術傳承者，把困難的經濟學理論化繁為簡地教會我們，就已經讓他心滿意足了。聽巴巴托許巴布（我們都這樣叫他）講話——和上課——總讓我們內心充滿無限感激，但我記得自己曾經這麼想過，要是我有他那顯而易見的才華，我大概就會做些獨門研究了吧。

塔帕斯．馬駿達的教學方式跟巴巴托許．達塔很不一樣。塔帕斯大（我都這樣叫他）是位年輕的老師，才剛完成學業。塔帕斯大的心思剔透，而且我想他也受到巴巴托許巴布的影響（他似乎視巴巴托許巴布為人生導師），所以講起課來也同樣清楚明白。他十分用心培養學生的學術自信，而且自己也做了相當有意思的研究。後來塔帕斯大在教育經濟學和社會選擇理論方面都做出了非常出色的貢獻，以極具巧思的方式闡述了如何將社會選擇理論應用到教育規劃與發展。

比起單單接受學到的觀念和知識，我更喜歡挑戰這些知識觀念，而且有時會質疑從書本和經典文章中讀到的說法，所以塔帕斯大這種無懼前人之言的大膽方式相當吸引我。有一次，我跟他爭辯起他在課堂上講授的一篇文章內容對錯，辯了大約一個小時之後，他告訴我：「如果某個分析理論你覺得讀起來有問題，那有可能是你沒抓到其中的思路（這一點你必須小心檢驗），不過也有可能——千萬別忽略了這種可能——是因為大家公認的這說法論證真的就是錯了。」這真是為我增添了無數據理力爭的勇氣。我當時就想，如果我從巴巴托許巴布那裡學到如何講述，那麼我也必須從塔帕斯大身上學到如何質疑。

塔帕斯大的第一堂課上完，我就跟他繼續討論他剛剛講授的內容，所以我們倆很快就熱絡起來了。我經常從學院街搭好長一段路的公車到他位在南加爾各答多佛巷（Dover Lane）的家裡去拜訪他。他和他母親住在一起，我們學生都喚他母親瑪希瑪（Mashima）。瑪希瑪是個了不起的人，講起話來有趣極了。塔帕斯大的父親納尼・高帕爾・馬駿達（Nani Gopal Majumdar）是個天才洋溢的考古學家，率先探勘了印度河流域文明的遺址，可惜英年早逝。我對考古學也非常感興趣，所以偶爾不談經濟學，跟他們聊聊印度和世界各地的考古探勘也相當快意。瑪希瑪和塔帕斯大實在對我這個經常不請自來（當時電話在加爾各答還十分罕見）的大學生無比寬容，我每次來都會聊上幾盞熱茶的時間，還能嚐到瑪希瑪親手做的美味甜點呢。

六

總統學院的老師留給我的都是美好的回憶，我那些同學們也是。我能有這麼棒的同學真是太幸運了，其中當然有蘇卡莫伊，還有蘇尼提・波霍斯（Suniti Bhose）、圖夏爾・高栩（Tushar Ghosh）、薩米爾・雷（Samir Ray，我們都叫他薩米爾大Samirda，因為他年紀比我們大一些，離開學校一陣子才又回來讀書），還有賈提・沈恩笈多（Jati Sengupta）——他後來在新興的「隨機規劃法」（stochastic programming）方面功成名就。還有別的聰明學生主修的是經濟學以外的科目，像帕爾薩・笈多（Partha Gupta）、巴倫・戴（Barun De）和比奈・朝圖里（Binay Chaudhuri）念的是歷史。說起來，當時總統學院裡傑出學子雲集，各種科目領域的都有，像尼奇萊許・巴塔恰利亞（Nikhilesh Bhattacharya）就是在數學與統計方面的天才巨星。擅長英國文學的喬提爾莫伊・達塔（Jyotirmoy Datta）和專精哲學的米娜克西・波斯（Minakshi Bose）兩人後來還結婚了。大學生常有社團聚會，我們有個定期聚會的活躍詩社，我跟喬提爾莫伊、米娜克西、姆黎瑙，還有其他好幾個都是詩社的活躍分子。我們這詩社聚在一起的時候不是寫詩或批評彼此的作品，而是欣賞詩作；有時候會討論一些為人忽略的詩人——比方說，我就經常逼大家聽我談我最愛的安德魯・馬維爾（Andrew Marvell）。

總統學院也堅定支持男女合校，從一八九七年開始就招收女生——就跟桑蒂尼蓋登學園打從建校開始就招收女生一樣。（說起來，我在去英國劍橋三一學院之前還從來沒讀過純男校呢。）在總統學院，我們班上有好多天資聰穎的女同學，而且我也注意到裡頭有好幾個漂亮極了。但若是要單獨見面，在當時的社會氣氛與學校環境下實在是太少見也太難安排。我們通常都約在餐廳裡，包括學院街上的咖啡店，偶爾會到電影院或是市集廣場。

宿舍禁止異性訪客進入住客寢室。我住的YMCA宿舍也一樣，所以我有一次生病不舒服時，看到一個我很熟的女性朋友居然能進到我房間來探望，我真是有點驚喜——事實上該說是訝異。我問她：「你怎麼有辦法進來？」她說：「我跟舍監說你病啦，而且大概病得很重，需要有人隨身照料。」舍監對她說：「那你趕快去看看他需要什麼。好好照顧他，如果有什麼我能幫得上忙的，隨時告訴我。」後來我那朋友離開時，還真的把我的病況「報告」給舍監。這件事馬上就傳遍了學校。

七

總統學院裡充滿了令人興奮無比的才智挑戰，但是如果我讓人覺得我在那裡的生活只圍繞著課堂和學習，那我所做的描述就太不精確了。舉例來說，我待在學院街上那家咖啡店裡閒聊的時間，就幾乎跟我在課堂的時間一樣多了。

那家咖啡店原本是一間勞工合作社，後來被印度咖啡委員會收購，然後又改回了合作社。那家店實在太適合閒聊了，不過也很適合嚴肅的學問探討。我還記得在那邊辯論過幾百次關於政治與社會的話題，不過通常都跟我們讀的東西八竿子打不著。我沒辦法確切說清我從其他顧客身上學到多少——絕大多數都是像我一樣的學生——他們會告訴我他們最近讀了什麼，或是從什麼管道學到了什麼，比方說去聽了什麼課（有各個學院裡所開的不同的課，從歷史、經濟學到人類學、生物學）。但是除了這種直接傳遞的知識碎片之外，更重要的其實是細密交織的論證所帶來的美妙衝擊，爭辯彼此對於事物的理解與所持的信念。絕頂聰明的歷史學家塔潘・雷朝圖里在一九四〇年代也是總統學院的學生，他稍微誇張地寫道：「我們有些人其實是在〔那家咖啡店的〕座位上，從其他同學身上學到了一切知識，根本就沒走到馬路對面的學校課堂去上過課。」

來這家咖啡店光顧的不只有總統學院的學生，還有加爾各答大學其他學院的學生，他們的學院大多也在學院街上或是附近，像是醫藥學院、蘇格蘭教會學院、梵文學院、中央加爾各答學院（以前曾叫做伊斯蘭米亞學院 Islamia College，後來又改名叫做茅蘭納阿薩德學院 Maulana Azad College）等。有一名經常出現在這家店裡的學生很特別，他是從稍遠一點的聖沙勿略學院過來的，後來又改從大學科學學院過來。他就是人類學界的明日之星——安德烈・貝泰耶（André

Béteille）——年紀只比我小一點。我是到了後來一九五六年重回加爾各答時才跟他相熟，不過我早就欽佩他的聰明才智了。

我也很快就一頭栽進散布在學院街咖啡店附近的各家書鋪，這些書鋪是我另一個求學兼娛樂的場所。我最愛去的是一八八六年開幕的達斯．笈多書店（Das Gupta），每每都把這家店當圖書館用。書店老闆十分有肚量，總是讓我跟蘇卡莫伊在店裡逗留，翻閱新進書籍。這機會真的是太寶貴了，畢竟我們倆都沒有錢買那麼多書。老闆有時候甚至還會讓我們把書帶回去一個晚上，只要我們還回來時保持原樣就好（他通常會用報紙包著書封）。有一次，我帶了個朋友跟我一起過去，那個朋友問老闆：「你一點也不介意阿馬蒂亞沒錢買書嗎？」老闆帥氣地回他：「你覺得我不去賣更賺錢的珠寶首飾，跑來賣書是為了什麼？」

八

我一九五一年到總統學院時，對一九四三年造成了兩、三百萬人死亡的孟加拉大饑荒還記憶猶新。親眼見證這場大災的我，當時就驚覺饑荒深深具有階級的關聯性。雖說加爾各答學術發達、文化興盛，卻一直提醒著我經濟悲劇就近在咫尺。總統學院的學生社群非常積極參與政治，這不讓人意外。雖然我自己沒有熱衷到參加哪個政黨，但是政治左派的真摯同情和力求平等的理念非常吸引我，我身邊大多數的朋友同學也都是這樣。我當初就是基於這種想法，才會在桑蒂尼蓋登為鄰近村落的文盲孩子辦夜校課程，而這份初衷如今看來十分需要有系統地擴及全國。我跟當時許多人一樣加入了學生聯盟（Student Federation），這是個左派的學生組織，跟共產黨關係相當密切。我有一陣子還擔任了學生聯盟主席，但是我對共產黨的偏狹排擠始終多有顧忌。

雖然政治左派具有人飢己飢、人溺己溺的同情心，深刻關注政治以及對平等的不懈堅持，因而在倫理道德上佔了高處，但是當時標準的左派政治卻有些問題，最重要的就是這種政治派別深深懷疑民主程序，而正是那整套民主程序讓崇尚自由的多元主義得以實行。一般左翼組織都瞧不起民主政治裡的主要機構，認為那都是在「資產階級民主」下的標準產物。他們確實是注意到了金錢在世界各地民主實作中的敗德力量，但對自己提出來的替代辦法——包括濫用威權，不容異己的政治制度——卻不曾好好詳加批判。他們往往也會將政治上的容忍視為某種會形成阻礙、使政治領袖難以推動社會公益的「意志軟弱」。

我在總統學院的時候，嗯，說起來是在那之前，我就深信反駁與異議有其積極意義，也努力追求普遍的容忍與多元。我很難將這些信念跟學院街上學生政治主流的那套積極左派立場融合起來。在我看來，想要建立一個積極正向的公民社會、人人試著互相體諒，那我們就不只該肯定歐美在啟蒙運動之後發展出來的自由政治學說，也必須格外注意在許多文化中——印度當然也包括在內——千百年來都不斷力行容忍多元的傳統價值。把在政治上的容忍當作是一種西方自由主義的傾向，在我看來是大錯特錯。

不過，雖然有這些棘手難題，我還是很高興在彼時彼地能夠被這些難題逼著面對我說不定會忽略的一些基本政治問題。我不光是厭惡任何形式的威權主義，也愈來愈不相信所謂的政治虔信——我已經在周圍的人身上看太多了。

虔信這種事要是出現在我們不意之處，多半會具有某種驚人性質。比方說，我們都無比欣賞霍爾丹的著作，而且我也很著迷他那種左派、追求平等的筆鋒，這恰恰與他學術著作中講求一絲不苟的科學原則相輔相成。我從他的作品裡學到了許多，尤其是他談「關於天擇與人擇的數學理論」的一系列文章。所以當我讀到他的這段話時，真是大吃一驚：「我以前有長約十五年的時間一直犯胃炎，直到我讀了列寧和其他人的文章，才知道我們的社會究竟出了什麼毛病。從此我就不用再吃胃藥了。」這句話是他在一九四〇年對一名記者說的，我有許多在加爾各答的左派朋友很喜歡引述他這句話——不管是不是斷章取義。霍爾丹講這句話時說不定只是在說笑，但要是他是認真把這句話當作政治或科學觀察，那我就非得跟他的思想分道揚鑣不可——絕無轉圜餘地。我想，我寧可相信胃藥也不信政治虔信。

我在一九五三年從總統學院離開，前往劍橋，那一年正逢史達林逝世，要再過好一陣子，直到一九五六年，赫魯雪夫（Nikita Khrushchev）才會在蘇聯共產黨第二十次代表大會上將史達林統治蘇聯期間的敗行劣跡一一披露出來。但是即使在一九五〇年代初期，明辨世界局勢的觀察家只會把蘇聯的「清洗」和「審判」當作是在酷刑嚴罰下的強迫認罪。我們在咖啡店裡經常聊起這些話題，但我有時候不免覺得自己跟其他朋友有些隔閡。在認為馬克斯一無是處（這判斷當然錯得離譜）的極右派和主張蘇聯境內無暴政，只有展現「人民民主意志」（我覺得這想法真是太天真了）的「真左派」這兩者之間，我們似乎找不到什麼出路。我開始在想，也許不需要那麼在乎其他人的肯定，順其自然就好。

儘管我還是打從心底支持消除世上的不平等與不正義，也始終對威權主義與政治虔信抱持疑慮，但我很快就下定決心絕不參加任何要求服從的政黨。我的政治參與將要另闢蹊徑。

九

正當我的課業和我在加爾各答的新生活一帆風順之際，一項學術上的發現朝我迎面而來，改變了我後來大半人生的努力方向。一九五一年，肯尼斯・阿羅（Kenneth Arrow）在紐約出版了社會選擇理論的扛鼎之作《社會選擇與個體價值》（*Social Choice and Individual Values*）。當時我跟蘇卡莫伊都還在總統學院念大一，蘇卡莫伊迫不及待地借到了一本——我相信一定就是達斯・笈多書店唯一進的那本——也很快就讀過一遍，形成了一套看法。這本書才剛出版不久，蘇卡莫伊就在咖啡店裡跟我聊起了這本書，對阿羅在社會選擇理論上的主張讚不絕口。蘇卡莫伊跟我當時對社會選擇理論這門由十八世紀法國數學家（例如孔多塞 Marquis de Condorcet）創立的學問都才懂一點皮毛而已，不過蘇卡莫伊懂的比我多一些，所以我都是靠著跟他聊天來釐清我自己的理解。

那到底什麼是社會選擇理論呢？我們可以用許多數學連結和形式關聯來介紹，但是若要對這個相當技術性的學科有個粗略概念的話，不妨這樣想：一個社會是由一群各自擁有某些偏好與價值排序的人所組成，若要替這整群人做出合適的社會決策，那這些決策就必須認真參考個人（也許各自不同）的看法與利益所在。社會選擇理論做的事就是將可以被我們合理視為社會價值排序與偏好的事物跟組成社會的各個個體所偏好的事物連結起來。

這些連結可以有許多種不同的形式，而這些形式又可以用公理化條件（axiomatic requirement）來表達。打個比方好了，某一條公理說：假如社會中的每個成員都喜歡 x 勝過 y，那麼 x 就比 y 更受社會偏好。另外又一條公理說，假如每個人在情境 A 中對 x 與 y 的排序方式都和在情境B中對x與y的排序方式完全一樣，那麼無論社會在A與B這兩個情境中對其他變異項（也就是x與y以外的其他事物）的偏好排序為何，對x與y的偏好排序也仍必定相同。諸如此類。

阿羅提出了一項「不可能性定理」，也就是說，基本上，若要滿足顯然是合理程序（例如前一段所舉的那兩條公理和其他類似公理）的某些基本條件，那就不可能有任何非獨裁式的社會選擇機制能做出一致的社會決策。這是一條十分特殊的數學定理：強而有力、出乎意料，卻又簡潔優雅。

阿羅的不可能性定理在某些方面可以看作是孔多塞想法的延伸，也就是先前提到的那位十八世紀法國數學家兼社會思想家。孔多塞在十八世紀就證明了多數決可能產生不一致，而且在某些情境下可能根本就產生不出多數的一方。舉例來說，在一個由三個人組成的社會裡，某甲的偏好依序是x＞y＞z，某乙的偏好依序是y＞z＞x，某丙的偏好依序則是z＞x＞y，這時若採用多數決的話，x會贏過y，y會贏過z，但是z又會贏過x。所以在這狀況裡，沒有哪一個偏好選項能夠勝出。

在進行社會決策時，多數決是非常吸引人的辦法，但是卻可能導致嚴重的不一致或是無解。阿羅將孔多塞的結論大大擴張，而且用他的「不可能性定理」證明了：凡是滿足顯然合理情境中最低條件要求的所有社會選擇規則，最終都是不一致的，或者根本就派不上用場。所以說，看起來我們不可能找到一個能用的，而且也足夠吸引人的社會選擇規則。阿羅所指出的極端結論是：只有一套十分不吸引人的社會選擇規則，也就是獨裁選擇，才有可能殘存下來，順利一致運作。這結論實在太黯然了——比孔多塞的結論更令人絕望。

蘇卡莫伊把他從達斯・笈多書店借來的那本阿羅著作給我看。他只能借我幾個小時——結果我完全被迷住了。阿羅這顛撲不破的「不可能性定理」的證明實在很複雜，之後勢必要有簡化版本（後來果然有了）。我們必須在數理邏輯中依循這道漫長論證才能一窺這條定理的全貌，也才能明白怎麼會得出這麼出人意表的結論。這種數學跟我們在學校課堂上學到的很不一樣，學校課堂教的都是為了方便物理計算所需的數學，對於演算中出現的各項變數都要求必須比在社會現象（也就是阿羅定理中的主題）裡出現的變數更加精準。

撇開數學跟證明，這條定理還有個問題待解：這個結論有什麼重要意義？這難道真的就像許多評論家說的，是為威權主義找到了開脫的藉口嗎？我印象很深的是，有個無聊的下午，我坐在咖啡店的窗戶邊，蘇卡莫伊正滔滔不絕地講到對阿羅定理結論的其他詮釋，那張精明幹練的臉上映著加爾各答和煦的冬陽。他覺得阿羅定理的結論究竟會對民主政治和整合後的社會判斷有什麼意義其實還很難說，而且就算要從阿羅驚人的數學結論推進到現實社會中的社會選擇與政治經濟決策，也還有很多東西需要釐清。後來等到我真正在做這些事的時候，總會想起蘇卡莫伊先前的那份悲觀看法。

那都是我自己還在摸索如何以系統化數學推理的方式理解社會選擇的年代了。我在那些操練（以及相關的其他操練）中培養出了伴我一生的興趣。剛獨立的印度才正試著要成為一個成功的民主國家，如何形成一致的民主政治是個迫在眉睫的重大議題。我們真的能透過民主取得一致嗎？還是只能造出個四不像？當時在加爾各答的許多學術討論中，總有許多人宣傳阿羅的想法。通常大家都認為他的意思就是我們無法透過民主取得一致，而且我們尤其要仔細檢視是什麼條件會使得阿羅所說的公理顯然合理。我壓根兒就不相信我們找不到其他既同樣合理又可以接受非獨

周都隱約可見到馬克思的偉岸身影，但是一般的經濟學課程裡卻幾乎都避談馬克思。我們在學校裡學的經濟學課程之所以不談馬克思，是有幾種簡單說法，其中之一就是現代的經濟學家不喜歡馬克思死守的那套「勞動價值理論」，很多人都認為那太過簡化、太過天真了。這種說法的其中一個版本說，馬克思的主張似乎認為商品的相對價格反映出了製造這些商品或服務所涉及的勞動多寡，也就指出了「剝削」的存在。資本家利用勞力來製造商品，但是勞工本身的所得卻比他們製造商品時投入的勞動價值還少。資本家的獲利（剩餘）就來自於工人所產生的勞動價值以及雇主以薪資形式付給勞工的少量金額（有時甚至極為微薄）之間的落差。

反對馬克思經濟學的人通常都認為「勞動理論」犯了一項基礎錯誤——而且還基礎到難以啟齒。製造商品當然包含了勞動以外的其他因素，使用這些非勞動資源當然也要計入製造出來的商品售價才行。商品的相對價格並不是只反映出製造時所花費的勞力。不考慮非勞動資源的話，勞動理論的確可以讓我們粗略估算物價是多少，但是這描繪出來的圖像並不逼真。所以說，無論勞動理論對「古典」經濟學家（例如亞當．斯密——他其實比馬克思早得多，還深深影響了馬克思）具有多大的吸引力，馬克思都應該拋棄勞動價值理論，而不是死守著這套有缺陷的說法。但是把製造中的非勞動因素跟勞動都加進價格來全面考慮的話，就很難指出剝削的存在，因為商品的價格也必定包含非勞動資源（例如資本家投入製造的資本）應得的報酬。既然知道有這些額外因素，我們的價格理論就不能光講勞動，而剝削無助勞工的這套說法也就跟著煙消雲散了。對於那些在教師休息室裡泡茶閒聊、躊躇滿志的主流經濟學老師們來說，馬克思不過爾爾。

二

馬克思主義者對價值與剝削的理解就這麼輕易被打發了嗎？這有解釋馬克思為什麼在大學院校（包括我們學校）一般的經濟學課程中都這麼遭人輕忽嗎？姑且不論先前這些反駁論證有多粗淺好了，這套解釋為什麼在經濟學課程裡沒有馬克思的籠統說法至少有兩個問題。第一，馬克思其實有很多想法都跟勞動價值理論毫無干係（各位稍後就可以看到），所以馬克思主義經濟學有沒有用並不是光看勞動價值理論是不是一套有道理的價格理論。第二，就算馬克思談到了勞動價值理論，但他真的認為這就是一套好的價格理論嗎？這又可以進一步追問：馬克思為什麼要談勞動價值理論？

我在總統學院和YMCA宿舍的時候很喜歡讀在美國麻省理工學院教課的大經濟學家保羅・薩繆森（Paul Samuelson）的書，他用估計的好壞與否對這問題做了些釐清。他接受勞動價值理論當然可以當作對價格理論的一種估計，但既然這不是一套好的估計，那我們為什麼還要用它呢？劍橋大學的馬克思主義經濟學家莫里斯・道布（Maurice Dobb）引述了薩繆森這段言之成理的話：「現代科學與經濟學充滿了簡化的初步估計，但我們會承認這些粗估確實不如進一步估計，所以一旦遭到挑戰就會拋棄不用。」這樣說來，我們如果很容易就能發展出更進一步的理論，那又何苦再繼續使用勞動理論呢？何必死守著頂多只能給我們粗估結果的一套理論呢？我們何不（像薩繆森所傾向的那樣）完全拋棄勞動理論呢？

道布在《政治經濟與資本主義》（*Political Economy and Capitalism*）中的〈價值理論的條件〉（The Requirements of a Theory of Value）一文裡仔細檢視了這種將勞動價值理論斥為較差

粗略估計的簡單反駁。他主張，如果「在粗略估計中包含了進階估計所欠缺的某種東西」的話，那麼反對粗略估計也就不見得有道理了。但這「某種東西」究竟是什麼呢？

道布說，如果要凸顯勞動在製造中的角色，那麼勞動價值理論就派得上用場了。我們可以從不同視角來看待勞動價值理論。如果是當作價值理論來看待，那頂多只是粗估，而且通常還不太準確。如果當作具有某種道德內容的規範理論，那就是在告訴我們關於這世上的不平等以及貧窮的勞工如何遭受資本主義壓榨。這些不同視角可能彼此都有某些關聯，但是更進一步說，勞動價值理論基本上也能當作一種描述理論來看待，描述人類勞動在製造商品與服務中所扮演的角色。馬克思在他研究的幾乎所有課題中都格外注意人類在其中扮演的角色，道布也正是根據這一點，主張勞動理論是「一套關於社會經濟關係的事實描述」。這套描述是特別關注人類沒錯，但這並不代表這套理論就是錯的：它反映出的是一種十分特殊而且重要的視角，能藉以看出社會中不同行動者——勞工、資本家等——之間的關係。

我們可以拿這套說法跟其他以勞動為主的歷史概括敘述比較一下，例如歷史學家馬克．布洛赫（Marc Bloch）就說封建制度其實是封建領主「靠其他人的勞動過活」的一套系統。真是這樣嗎？這種描述有點取巧——特別聚焦在勞動上（尤其是辛苦的工作）——但是這說法並沒否定封建領主所擁有的土地也有生產力。不過布洛赫的說法卻聚焦在不同的人在生產關係中扮演的不同角色之間的不對稱，而且在生產過程中農奴所付出的辛苦勞動，與封建領主提供自己所擁有的土地給人耕種，這兩者之間恐怕也無從比較起。「辛苦勞動」與「提供土地耕種」都可能同樣有生產價值，但這兩者卻是截然不同的生產活動。我們這就遠遠超出了經濟學家所謂「邊際生產力」（marginal productivity）所聚焦的那種機械化對稱——也就是將不同資源的使用混為一談。

我們還可以檢視生產過程中的另一種差別，就拿佛羅倫斯的大衛像來說吧。我們可以合理地說：「米開朗基羅造了這座大衛像。」承認這句話為真並不是要我們否定造出大衛像也會需要那塊大理石和那些錘子、鑿子（米開朗基羅當然需要用到這些東西）。在一個包含多種因素的描述中，這些不同的「生產因素」其實也都包含在製造雕像這件事當中。但是當我們聚焦在米開朗基羅這位藝術家身上時，是特別凸顯出生產過程中的另一個特別關鍵，而且不會把他的角色跟那塊大理石和錘子、鑿子所提供的重要性拿來相提並論。

所以說，生產製造其實可以透過不同方式來加以描述。聚焦在其中所涉及的勞動當然是一種正當的描述方式，而且在某些目的和脈絡下，這樣的描述也確實是恰當的。馬克．布洛赫只挑選了一個特殊面向——也就是辛苦勞作——凸顯出封建領主「靠其他人的勞動過活」，這時他並不需要道歉，也不需要為此自承錯誤。馬克思也不需要自認糊塗——道布當然也不用。勞動價值理論是否適用，取決於我們想要強調什麼樣的視角。

我還清晰記得我當初讀到道布〈價值理論的條件〉這篇鴻文的那個漫漫長夜。我讀到半夜才讀完，同時心想，我現在可以用其他視角來考慮馬克思是如何使用勞動價值理論了吧。我也暗自想道：要是我能去英國的話，我一定要想辦法見見這位莫里斯．道布。

三

我現在要來談談我覺得馬克思的著作中格外有意思的其他面向。但是在談這個之前，我想先簡短說說我讀他的作品時，愈讀愈覺得他古怪的地方。馬克思顯然很喜歡廣泛談論各種經濟分析——包括勞動價值理論、生產工具所有權的不平等、勞力的普遍剝削、獲利衰退速率等，不一而足——但他對政治組織的看法卻出奇地粗淺。我們很難想出有什麼理論會比「無產階級專政」這觀念更令人咋舌，既說不清無產階級的要求到底是什麼（或應該是什麼），也講不明白在這種專政制度下，政治規劃實際上要如何運作。事實上，在我看來，馬克思的著作竟不處理如何將人民的偏好與價值排序化成社會決策與政府行為的問題——也就是「社會選擇」的重要面向。由於我對搞懂社會選擇這件事愈來愈感興趣，所以馬克思這種明顯不肯深入的態度自然令我失望。

除此之外，馬克思在談民主的時候也有嚴重闕漏。約翰·肯尼斯·高伯瑞斯（John Kenneth Galbraith）解釋得很清楚，民主要運作得好，就要有一支強大群體能對另一支強大群體發揮「抗衡力量」，才不會有任何群體強大到所向披靡。我不禁心想，真要理解民主政治實際上究竟如何運作，高伯瑞斯的看法恰恰補足了馬克思的不足。

當然了，把共產國家的威權做法都怪到他們奉為圭臬的馬克思頭上是不太公允（但有時候是該怪罪他沒錯），畢竟他既沒想過這些做法，也沒提倡過。但是既然他不太願意談在後資本主義社會中權力如何分配與運作的問題，不免就會留下些讓危險的威權主義上下其手的縫隙，這一點他就難辭其咎了。馬克思似乎完全沒注意到對立性政治有其積極作用。

我們不能說馬克思對自由或是選擇的自由權滿不在乎。事實上，他對選擇的自由權反而還非常感興趣。只不過由於他忽略了政治組織，又沒提防威權主義，這就很可能讓壓力團體自行其是，加上政治權力未經制衡，導致對自由的呼籲遭到扭曲。打著馬克思主義招牌的政權都有個揮之不去的毛病，就是欠缺自由與各種自由權利，但這無論如何都不會是馬克思自己的主張，可是既然馬克思對權力與壓力團體避而不談，那難免就提供了讓這結果應運而生的氛圍。

馬克思在一八四六年與恩格斯合著的《德意志意識形態》（*The German Ideology*）裡為個人的選擇自由權所提出的辯護十分出名，他也確實抓到了許多作家——事實上，應該說是絕大多數作家——經常忽略的不少重要觀念。他極力誇讚選擇的自由權讓「個人擁有得以自由發展與自主活動的條件」，因為這種自由權「讓我能夠今天做這件事，明天做那件事，上午去打獵，下午去捕魚，傍晚去餵牛養羊，晚飯後大發議論，隨我心意，不必非得是個獵人、漁夫、牧人或評論家」。這番話裡對個人自由權的本質與重要性說得真是太好了，只不過他認為傍晚是個適合餵養牲口的時段，這件事多少會讓我們懷疑他有點不食人間煙火。讓他有憑有據的倒是「晚飯後大發議論」（想必他經常練習）。馬克思無疑十分明白選擇的自由有何重要性，對人民生活的豐富性又多麼不可或缺。

四

馬克思佔去了我在YMCA宿舍晚餐後的一大部分晚間時光，不過他還有不少競爭對手，像亞里斯多德、亞當・斯密、瑪麗・沃斯東克拉夫特（Mary Wollstonecraft）和約翰・斯圖亞特・彌爾。我大二那年，由於我多少將自己的政治哲學（有些觀念受到了馬克思和其他不同思想家的影響）理出了點頭緒，便決心要將馬克思啟發了哪些我所喜歡的觀念都清楚記錄下來。他對「不受剝削」原則（按成果計酬，也就是照他的勞動價值理論建立起來的計算法）與「需求原則」（即按需求而非生產力與成果計酬）的清楚區分就是他這激進思想給出的一記當頭棒喝。

在一八七五年出版的最後一本書《哥達綱領批判》（*The Critique of Gotha Programme*）中，馬克思提出德國社會民主工黨的任務就是把尋求「社會中所有成員的平等權利」當作是工人取得「未曾減損的勞動成果」的權利。工黨代表大會原本要在哥達（Gotha）這個小鎮召開，哥達綱領則是工黨原本要在大會上提出的宣言。雖然平等權利跟避免剝削是一致的訴求，但馬克思犀利地指出這並不是看待人民訴求與資格的唯一方式（他甚至說這種權利其實是一種「資產階級的權利」）。他提出了一條可以分庭抗禮的原則，也就是個人按照自己的需求來獲取報酬。馬克思接著就討論了幾個分別支持這兩種原則的不同論證。他大力批判工黨顯然無力看出這兩種原則不僅有所區別，而且還相互競爭，並且解釋這兩種原則會導向兩條不同的統合社會的路線；工人運動不僅必須清楚辨別這兩種原則孰先孰後，也要知其所以然。

馬克思心底支持的是需求原則——畢竟人人的重大需求可能不同，忽視差異就是不公平——但是他也注意到，這條原則可能難以配合有效的工作誘因體系。如果一個人的所得與勞動脫鉤，那他可能就沒有了賣力工作的誘因。所以馬克思在為需求原則提出強力辯護後，又說這原則應當只視為一種長期目標——在大家不像現在這麼受誘因驅使而工作的遙遠未來裡實現的目標。儘管馬克思認為需求原則最為優先，但他也承認在近期內不可能出現一個依照這原則運作的系統。所以他願意暫時支持社會民主工黨按成果計酬的訴求，可是重要的是大家都該知道這種按工計酬的分配方式終究是不符社會正義的。

自此之後，公眾對話中就不曾漏掉過馬克思對需求原則的極力吹捧。這條原則蘊含的道德力道使得它在各種言詞爭辯中一枝獨秀，在世界各地一再傳頌。也有人試圖大膽打破那道可行性障壁，在社會尚未形成無私合作風氣時，就將需求原則強加在社會上頭，最後終究以災難收場，這就是毛澤東所提出的「大躍進」。既然這次嘗試不成（要是馬克思還在世，他就會預料到大躍進的失敗），毛澤東就力推「文化大革命」以求畢竟其功——同樣又是不顧馬克思說要等待長期文化變遷的建議，力求馬上就完成天翻地覆的變革。毛澤東三番兩次試圖以馬克思之道勝過馬克思，但是折騰了許久，終究還是一事無成。

需求原則既然無法當作全面性的政策目標，那就表示短期內勢必要棄之不顧。然而，現代世界的政治目標與期望確實體認到需求的重要性（雖然來得緩慢），只不過不是以那麼翻天覆地的形式來接受——這正是馬克思倫理學特別強調的。舉例來說，英國在一九四八年創立了國民保健署（National Health Service, NHS），這個在我到英國前不久才全面運作的系統，就是試圖聚焦於醫療保健上，以滿足需求原則其中一項關鍵要素，可謂英勇創舉。NHS的創辦人，也是這套體系堅貞的捍衛者安奈林·貝文（Aneurin Bevan）在倫敦的中央勞工學院（Central Labour College）求學時研究過馬克思的著作，他的話說得對極了：「如果一個社會裡有病人因為缺乏管道而無法接受醫療照護，那這個社會就沒有資格自稱文明社會。」除此之外，整個歐洲福利國家的概念——在可行的程度上——其實也都謹守著需求原則。

「各盡所能，各取所需」這句口號據說出自馬克思，而這口號的可行性如果真的跟馬克思所設想的不遠將來有所衝突，那麼我們也該承認某種關於需求與自由的馬克思倫理學確實成了歐洲在慘遭二次世界大戰摧殘之後最主要的進步與啟蒙原則之一吧。

相反地，近來——尤其是在二〇〇七年到〇八年的金融危機之後——許多歐洲國家都試圖強推「撙節」政策，卻導致了災難性的後果，這種做法往往是根據一種常見規律（這種規律經常被人錯誤理論化，尤其輕忽了凱因斯學派的見解），認為應該推翻需求原則，滿足眼前經濟控管的立即需求，以應付高額公債。對需求與對誘因（以及與工作相關的資格）的訴求，兩邊至今仍然猶如馬克思當年撰寫《哥達綱領批判》時那樣爭執不休。

我還要說一下，在馬克思區分不同計酬原則的這本書裡，他還談到了一些普遍事實，這些事實密切關聯人類的多重身分。他說，我們必須從許多不同視角來看待人類。他對社會民主黨的批評包括他們在詮釋「社會中所有成員的平等權利」時只談個人作為勞工這身分，忽略了這個人還有其他面向與身分。勞工並不是任何人唯一的身分。馬克思說，哥達綱領就只注意勞工的權利與不受剝削，結果把人看作「**就只是勞工**，再也看不到他們的其他身分，勞工身分以外的一切全都遭到忽視」。他在一八四八年〈共產黨宣言〉中雖然熱切呼籲「全世界的勞工團結起來！」卻並未忘卻每一名勞工也都是一個個有著多重面向、活生生的人。

今天這紛紛擾擾的世界裡，大家都格外看重個人的單一身分，「以外的一切全都遭到忽視」（如同馬克思所說），所以在他堅決不把人看成單面向生物的態度中，我們能發現至為重要的訊息。馬克思於一八七五年在火熱論戰脈絡中寫下的這段簡短文字，在我們這個往往因身分問題而興戰征伐的時代中顯然更值得大家深思了。

五

馬克思的思想裡頭還有吸引我的其他出色之處。我覺得「客觀幻象」這個他高度原創的概念和他對「虛假意識」的論述格外激盪人心，讓我再三低迴。客觀幻象是指從某個制高點看起來儼然客觀為真的現實，但其實卻需要補上其他觀察描述，才能禁得起批判檢驗，經過仔細檢查後，才能判斷在原本立場上以為是真的這個現實是否果然為真。比方說，我們站在地球上看，太陽和月亮兩者的大小好像差不多，但是如果根據這樣的觀察就下結論說太陽和月亮在物理質量或體積上確實相同，那可就錯得離譜了。可是若否定從地球上看太陽和月亮兩者的大小一樣，那也同樣不對。馬克思對客觀幻象（他稱之為「事物的外在形式」）的探討率先讓我們理解到，原來所處位置對於觀察以及根據觀察而生的思考會產生認知上的影響。

客觀幻象這個觀念在馬克思的社會與經濟分析中扮演了重要角色。我們如果透過觀察加上仔細批判，而不是訴諸直接根據某個立場而生的想法，可以建立起某些事實。馬克思舉了一個客觀幻象的例子：勞工與資本家可以藉由自由交換而形成一種公正平等的關係。馬克思說，但是事實上這裡頭存在著經濟剝削，因為勞工根本沒有討價還價的力量。勞工會因為市場運作的方式而得不到他們所產生出來的價值，更何況他們與資本家在生產工具的所有權上存在著巨大的不平等。因此，馬克思主張我們應該用更好的方式來思考公平交換這種需求。

馬克思那種按成果計酬的算法得出來的結果，跟我們實際在市場上觀察到，讓人覺得自己確實在平等交換「相等價值」的情況，實在相差太遠了。我們想像一下莫里斯·道布提出來的一個例子，假如（經過某樁訴訟後）你現在掌管一道進出工廠另一區的大門，所以你可以對打開大門索取高額費用，因為開門有「生產力」。現在我們不妨仔細——甚至無所不用其極地——檢視這項「生產力」。你這道位居關鍵位置的大門其實除了有能力阻礙生產之外，根本就生產不出任何產品，所以並不是真正具有生產力的資產，只不過**不使用**這道門的話，顯然會有「邊際產品」

（marginal product）就是了。這道大門會令人產生具有生產力的幻覺，但是我們只要透過理性論證就能推翻這種幻覺。

客觀幻象這個觀念除了馬克思自己的用法之外，還有許多不同例證，深深衝擊了我年輕時的許多想法，更開啟了我對階級與性別不平等問題的理解。階級與性別不平等可能乍看之下並不明顯，因為通常看起來不同的人——勞工與資本家、女人與男人——都受到相同對待，但是事實上其中卻暗含著強烈而且常遭忽略（因為欠缺嚴肅的政治討論）的嚴重歧視。隨著我在大學的日子愈久，我就愈發覺自己對強化平等的政治感興趣，還花了不少時間分辨客觀幻象的例證——尤其是身處在不平等社會中的勞工居然無法看清自己遭受剝削那種自欺欺人的情況。

六

馬克思的著作真的令人獲益匪淺，他也確實可被視為另類經濟學的重要源頭。不過，大家一不小心就容易用一些定義狹隘的詞彙來看待馬克思，例如說，把他看成一個用物質條件的重要性來解釋世界的「唯物主義者」，卻否定他這些觀念與思想的重要意義。大家經常將馬克思詮釋為唯物主義者，但這是嚴重誤讀了馬克思，因為他強調的其實是精神條件與物質條件的雙向關係。馬克思明明那麼重視觀念在理解社會上所扮演的重大角色，結果卻這樣遭人無視，不亦哀哉？

這讓我想起差不多在我搬到劍橋那時，有一場關於歷史解釋的重大爭議。艾瑞克．霍布斯邦（Eric Hobsbawm）一九五五年在《馬克思主義者季刊》（*Marxist Quarterly*）發表了一篇精彩絕倫卻較不出名的文章：〈英國史學家該何去何從？〉（Where Are British Historian Going?），他在文章中大談特談馬克思對精神條件與物質條件雙向關係的重視為二十世紀提供了非常不同的教訓，迥異於馬克思自身所處的十九世紀，他們當時知識分子所關注的——黑格爾與黑格爾學派所舉的例證——都是強調精神條件對物質條件的單向影響。為了回應這種誤解——也為了反抗這種誤用——馬克思在他實際參與的經驗性論辯中描繪精神條件與物質條件的關係時，也就更加偏重物質條件對精神條件的影響。馬克思這種為了矯正當時盛行的觀念（強調精神條件對物質條件的影響，而非物質條件對精神條件的影響）而矯枉過正的做法，既不適合我們這時代，也未公允看待馬克思對雙向影響的關注。

我們這時代的主流觀點已經有所變化。霍布斯邦引述了路易斯・納米爾（Lewis Namier）影響至鉅的歷史著作，說二十世紀中葉主流歷史學派已經改擁抱某種唯物主義，認為人類行為幾乎完全都只受物質利益所驅使——尤以狹隘定義的自身利益為最。這種不同於以往的偏見，在許多方面對立於黑格爾與其他馬克思那時代的大思想家的唯心主義傳統，霍布斯邦著眼於此，主張兩邊雙向作用的平衡觀點如今尤其應該強調觀念以及精神條件對物質條件的影響，畢竟長期以來一直都忽視了這一方面。因此，二十世紀的馬克思式分析採取的方向，需要大大別於馬克思為他那時代提供的規劃，而不放棄馬克思對於精神條件與物質條件之間的雙向關係的見解。

舉例來說，愛德蒙・柏克（在那場著名的彈劾聽證會上）對華倫・黑斯廷斯在印度行止失措所做的那些強烈批判，其實與柏克本人堅持的正義公平觀念息息相關，但是在納米爾這些聚焦自利動機的唯物主義史學家眼裡，柏克對黑斯廷斯政策的不滿只不過是因為柏克擔憂東印度公司管理失當會導致財務的負面結果。對於唯物主義——尤其是特別狹隘的那種唯物主義——的過度強調，需要從更寬闊的馬克思主義視角來嚴加糾正。所以霍布斯邦說：

在納米爾之前的馬克思主義者認為他們最主要的歷史責任之一就是讓大家注意到政治的物質基礎……但是既然資產階級出身的歷史學家也採取了某種庸俗的唯物主義，馬克思主義者就有必要提醒他們：歷史既是人類物質環境的反映，也是人為了觀念而進行的鬥爭。〔著名的保守派歷史學家〕崔佛－羅波先生（Mr Trevor-Roper）不僅誤以為英國光榮革命反映的是鄉紳財產縮水，也同樣誤認清教徒運動只不過是即將破產的反映罷了。

我在加爾各答讀書時，認真研究了柏克在彈劾黑斯廷斯的聽證會上所提出的那些觀念，我當時就不解柏克的道德主張在這些「聰明人」——納米爾與其他人——對那場彈劾的歷史解讀裡怎麼會只佔這麼小的分量。我以為柏克是昏了頭才會一邊攻擊黑斯廷斯，一邊讚美克萊武（我覺得他才是比黑斯廷斯更齷齪，更徹頭徹尾的帝國主義者）。但是柏克對於英國統治初期的印度臣民所懷抱的寬大胸襟又深深打動了我，讓我實在很難把他反對帝國主義的滔滔高論只看成他自己經濟上利己考量的反映。直到我在劍橋讀到霍布斯邦對納米爾和柏克的論述，我才豁然開朗。

七

無論是在加爾各答或是後來在劍橋的時候，我們學主流經濟學時，老師都教我們先假設人人都優先考量自利，做任何考量與決定時都不受其他價值影響。我覺得這假設不僅粗糙，還錯誤百出。馬克思是不是也做了同樣假設，才會採取一種扭曲了的主流經濟學，而不是質疑這種解釋人類行為的假設太狹窄了？

不過我後來慢慢體悟到，確實應該多注意馬克思對人類行為的寬鬆講法。真正該要避免的，是用一些太過簡化的主張——特別是宣揚唯物主義至上（最糟糕的就是以人人自利這種普遍形式來談）的那些說法——將馬克思的想法斷章取義。這種斷章取義的說法本來應該是難以為繼的，因為馬克思真的談了許許多多不同的行為動機（例如《德意志意識形態》裡的描述），對於長期合作價值的描寫（例如《哥達綱領批判》中的敘述）更是令人動容。霍布斯邦對馬克思的評論也澄清了這一點。

霍布斯邦那篇文章大約是在我從劍橋畢業那時候出版。我在到劍橋之前就已經讀過他的一些早期著作了，所以我一到劍橋的時候當然就想跟他見上一面。還好這事並不難辦，因為艾瑞克當時還是國王學院的年輕教師，十分平易近人，所以我就請我在國王學院讀書的朋友普拉拉德．巴蘇（Prahlad Basu）出面，約他一起茶敘（後來又加上了摩根．佛斯特，更增熱鬧）。我還記得剛到劍橋時參加那些茶敘約會有多興奮，當時我對馬克思主義在學界的廣泛影響衷心敬佩，但是我仍不打算成為馬克思主義者。因為對我來說，還有其他許多思想源流可供借鑑，而且不是每種思想都能跟馬克思主義契合。不過，當我看到偉大的——而且曾經創意十足的——馬克思主義傳統居然大大墮落，一九五〇年代竟有那麼多人都用那麼形式教條的方式來做文學、經濟學與歷史分析，實在令我覺得相當不滿。還好，艾瑞克不愧是個堅定的馬克思主義者，堅決不隨流俗，就像莫里斯．道布和皮耶羅．斯拉法等令人欽佩的劍橋前輩一樣。後來我們倆成了好友。我很高興能從他的思想與著作中學到馬克思主義傳統的豐富內容，而不是聽其他文抄公照本宣科地複誦那些形式教條。

八

最近，出色的歷史學家葛瑞斯．史泰德曼．瓊斯（Gareth Stedman Jones）寫了一本重新檢視馬克思的精彩著作：《卡爾．馬克思：偉大與幻象》（*Karl Marx: Greatness and Illusion*）。他特別點出了從十九世紀末到整個二十世紀裡，有幾個扭曲馬克思思想的理由，使人把馬克思看成是白玉無瑕的思想領袖、政治上的至聖先師。史泰德曼．瓊斯說：

> 他的形象變成了一個留著滿臉鬍子的長老與立法者，是個冷酷保持不變原則、高瞻遠矚的思想家。這就是我們在二十世紀裡見到的——形象錯得離譜的——馬克思。

不過史泰德曼．瓊斯這本書的目標反而是要「將馬克思放回他身處的十九世紀裡，重現在他身後建構出這種種品格與成就之前的原貌」。

若要理解與詮釋馬克思的著作，我們確實非得從他所處的環境中來了解不可，這點史泰德曼．瓊斯著墨甚深。他談到了促成馬克思有如此的思考、論辯與政治參與——我要說也包括他的憤怒與歡欣——的種種偶然因素。然而，我們也得加上霍布斯邦的一點啟發，他提出了另一套關於馬克思有何關懷與動機的解釋，與史泰德曼．瓊斯的說法可說是並行不悖。我們還要明白，合乎不同時代——尤其是在我們的二十、二十一世紀——的那些馬克思觀念，不可能用馬克思自己處理十九世紀世界局勢的那套講法來達到完整的理解。如果我們為了某些緣故要追本溯源，緊貼脈絡，那麼一旦情勢有變，我們也得要去脈絡化，或者改變脈絡。要理解馬克思主義式的分析在不同於馬克思所處的情境下有何能耐，我們需要保持一些適當的彈性。

正如霍布斯邦闡釋的，精神對物質條件施加改變的巨大力量一向是馬克思主義的主軸，但馬克思本人卻沒有發現這個思想主軸，不過要是他當年不去跟想法相左的那些人唇槍舌戰，說不定也能發現。說真的，我認為馬克思思想如今最豐碩的一些成果——融貫描述的廣為應用、客觀幻象的適時性、分配目標的繁多、精神條件與物質條件的二元角色——都來自於他的廣泛反思，有時候甚至只是簡單觀察，常被他一筆帶過，沒有再進一步推敲。

我當時就愈來愈相信，要讓馬克思發揮最大用處，我們就得超越他著作中提出的那些重大思考。我們在學院街咖啡店的許多爭論都是在想辦法檢視這套更龐大的哲學。我們的重新詮釋不一定成功，但是在一邊喝咖啡，一邊爭論馬克思是非的那段時光裡，我們真的盡力往最遠處探索。

第14章 早期的一場抗戰

一

慮病症（hypochondria）是我的老朋友了，但是我沒想過有一天這老友竟然會救了我一命。十八歲生日那天，我發現嘴巴裡長了個腫皰——就在上硬顎處，大約半個豌豆大。我並不覺得痛，也沒造成什麼困擾，但是這跟我所知所聞的一切又都迥然不同。我真是擔心死了。

那是一九五一年的十一月。我當時已經在加爾各答的YMCA宿舍安頓下來了，所以我就去找了負責照料全宿舍學生健康的宿舍醫師。醫師覺得那個腫皰應該沒什麼問題，過一陣子應該就會自己消腫了，所以要我不用擔心。但是他那副無關緊要的樣子反而讓我更擔心了，因為他既沒有告訴我那個腫皰是怎麼回事，也沒說明會出現這狀況的可能原因。我請醫師解釋可能的病因，結果他的回答反而讓我更焦慮了：「我們做醫生的通常也搞不懂上帝在變什麼花樣，不過我們可不會這樣大驚小怪！」我想起了一直陪著我的老夥伴——順世派的唯物論哲學，他們的核心論題就是「物質事件必有其物質原因——不假外求」。我哪有理由忽視這從西元前六世紀就流傳下來的建議呢？

我在聖誕節假期結束後的一月回到了宿舍，那個腫疱還在——事實上，好像還變大了些。我決定再探個究竟。「增生」這個字眼一直在我腦海裡盤桓，所以我到學校圖書館去查了幾本談癌症的書，看能不能讓自己安心下來。但是這種做法偏偏適得其反，我讀著讀著，就開始擔心會不會是這個叫做「上皮癌」的怪東西。我想要弄個清楚，但是我又負擔不起昂貴的醫療檢查（我爸媽都還住在德里，絲毫不知道這件事），所以我就到了加爾各答當地最大的公立醫院卡麥克醫院（Carmichael Hospital）的外科門診掛號檢查。（後來卡麥克醫院併入了拉達・高賓達・卡醫學大學及附設醫院〔R. G. Kar Medical College and Hospital〕體系裡頭。）這家醫院風評很好，有優秀的門診醫師與外科醫師，而且也會正眼對待窮苦病患。

我排隊排了好幾個小時。好不容易總算輪到我看診了，一進診間，長相帥氣的醫師對著我微微一笑。我告訴醫生我上硬顎長了個腫疱，我擔心是上皮癌。他和氣地咧嘴笑了，然後馬上就開始揶揄我，顯然覺得我這個主修經濟學的大學生哪懂得什麼醫療診斷：「好，好，我知道了，」他說：「你覺得你可能得了上皮癌！我想最好仔細檢查一下，但是在做檢查之前，你覺得自己還有沒有可能是得了其他哪種重病？」

「沒有，就只有上皮癌。」我堅定答道。然後醫生就拿著手電筒對準我上顎開始仔細檢查。過程中他一語不發，直到我問他：「你要做切片嗎？」「不用，」他說：「做切片沒用，查不出什麼來的。那只是個小疙瘩，過一陣子就會消了。如果你想快點消腫，可以泡一下消毒水——回去用滴露漱漱口就可以了。」

「不過，」他停頓了一下，說：「我有個更好的點子。如果你可以待到下午晚一點，剛好我有排開刀，可以順便幫你局部麻醉後切掉。」到時候腫疱就沒了，「你也就沒什麼好擔心害怕的啦」。但是根據我讀過關於癌症的那一點資料來看——把這個腫疱交給一個不知道自己手上案例可能就是癌症的人隨便切除——這擺明就是個糟糕透了的點子。所以我向他道了聲謝後就離開了。走回宿舍，非但不覺得放心，反而更頹喪了。一想到自己可能罹癌，可是卻又沒辦法有個確切診斷，搞得我真是無心學業，就連到咖啡店隨興閒聊也沒辦法。

我也確實想過我是不是杞人憂天。明明已經給兩位執業醫師看過症狀了，而且他們都不覺得有什麼異狀。我當然知道我這種怕自己得了什麼不治之症的念頭實在無可救藥，朋友間也愛拿這件事當笑柄。我還記得有一回，桑蒂尼蓋登的校醫當著大家的面前說我「鰓鰓過慮」（用孟加拉話講起來還好聽些，但仍然不是什麼好話）。校醫之所以這麼說，是因為我慮病症最嚴重時鬧出來的一樁蠢事：我有一天覺得自己說不定得了霍亂，因為我肚子一直不太舒服，我就不說症狀了，不過以前那些英國殖民者都叫這種症狀「德里肚」（Delhi belly，即急性腹瀉）。校醫一再跟我保證我沒有得霍亂，然後還做了一番有趣的評論。他說他行醫這麼多年來看到的霍亂病患個個都樂觀無比，所以看我嚇成這樣，他就更肯定我沒有得到霍亂了。

他這番話讓我安心多了。我總算不再驚惶失措，開始樂觀起來。當然，接著我馬上又開始擔心起來，因為照醫生的說法，我現在的樂觀豈不就是得了霍亂的症狀嗎？我趕緊告訴校醫這件事，醫生氣炸了，對著我說：「阿馬蒂亞，看來我們還真是拿你沒轍，但是你真的得好好收斂你這種杞人憂天的毛病才行！」幾年之後，人在加爾各答的我想起了他這番話，我的慮病症反而增強了我的決心。我告訴自己，無論機率多低，我都有理由懷疑自己嘴巴裡這東西可能是某種重症。我一定非解決不可，就算是為了讓自己不再為此心慌意亂也好。

二

YMCA宿舍裡有個聰明又和善的舍友，他是念加爾各答醫藥學院的醫學生。（難過的是我現在想不起他的名字了，不過這畢竟已經是六十八年前的事了。）我去找他談了好長一陣子，跟他說了我的狀況，問他能不能幫我看看嘴裡那個腫疱。「我還沒畢業，」他一邊看我的上顎，一邊說：「不過我看起來是滿像上皮癌腫瘤的模樣沒錯。」他是願意正視我這份憂慮的第一個人。隔天一早，他就去了醫藥學院圖書館，帶了好幾本談上皮癌的書回來給我。

我當晚就拿著兩大本書躺到了床上。我聚精會神地讀到了半夜，這時我終於確信——從純粹的形態學上來看——我那個腫疱就是鱗狀細胞上皮癌。我對自己說，我得馬上找個癌症專科醫師。可是要找誰呢？我母親的堂弟阿米亞．沈恩醫師（Dr. Amiya Sen）恰巧就是加爾各答這裡的傑出醫師，也是一位著名的外科醫師。阿米亞瑪瑪（我都這樣叫他）住在加爾各答南端的巴里亙吉區（Ballygunge），我撥了通電話給他，想當面請他看看，然後我就跳上一輛雙層公車，從城市的北端緩緩地搭到他家附近。我還記得我坐在雙層公車的上層，看著陽光照耀下的加爾各答，心想著在這麼燦爛美好的一天，我卻準備要迎向我恐懼的結果，接下來的日子只剩下無窮無盡的黑暗了。

阿米亞瑪瑪認真檢查了那個腫疱，然後說大概要做個切片檢查，但是也有可能是癌症以外的其他因素，所以他要我先塗一點消毒水看看狀況。我想他拿給我的那罐應該是紅藥水吧，總之是一種紅色的藥水，塗上去之後總是會從我嘴巴裡滲出一點，沾在我的嘴唇上。結果我班上同學以為我一定經常跟塗了滿嘴口紅的女生親嘴。有個朋友就說：「我看啊，少說也親了一個，」他說他也反對政治上的極端主義。

紅藥水沒什麼用，所以我聽從阿米亞瑪瑪的建議，到加爾各答新開設的齊塔蘭占癌症醫院（Chittaranjan Cancer Hospital）掛號，安排一天做局部麻醉切片手術。這時候已經是五月初了，加爾各答已經迎來逼人的暑氣。阿米亞瑪瑪親自操刀切除了那個腫疱，並用電療燒灼發病部位，然後將病體送檢。他再過兩天就要啟程前往倫敦參加研討會，接著還要在英國工作好幾個月。等到檢驗報告出來時，我試著聯繫他好幾次，但是他實在太難聯絡了，我只好作罷。

正當這些事接連發生，我正等著檢驗報告出來時，我爸媽從德里搬來了加爾各答。我沒跟他們提起這件事，他們搬到這裡純粹是巧合——我父親成了西孟加拉邦公務員敘用委員會（West Bengal Public Service Commission）的一員，負責公務員資格面試及選派單位。他喜歡這份工作，我爸媽也都喜歡加爾各答，我妹妹曼如也跟著一起搬了過來，我也很開心地從宿舍搬出來，住進了我們在加爾各答的新家。一切看起來都十分美好，只不過我仍然擔心遲遲未收到的檢驗報告。至此，我總算盡我可能樂觀地跟我爸媽說了這件事。他們聽了之後想要馬上就聯絡阿米亞瑪瑪，但是他人還在英國，實在是鞭長莫及。

醫院通知我切片檢驗報告會用郵件寄給我，不過要是情況緊急，會打電話通知。結果我什麼也沒等到。我大可以直接過去醫院拿報告，但是齊塔蘭占醫院門禁森嚴，而且我知道他們不喜歡把報告直接交給病患，尤其是年輕病患。我們家討論了幾次，最後決定請我父親的堂弟阿秀可・沈恩（Ashoke Sen，我都叫他齊尼卡卡）幫忙走一趟，到醫院拿報告回來。

我爸媽比我早看到那份報告。我從學校回到家裡，發現氣氛一片死寂。我媽顯然哭個不停（雖然她一直試著不讓我看出來），老爸成了一座沉默的雕像，我妹妹曼如看起來無比難過，齊尼卡卡則是一臉凝重地坐在客廳裡。「切片報告出來了，」爸爸開了口：「沒想到真的是鱗狀細胞上皮癌。」我當時真是心都涼了，但是又有幾分得意。「我就知道！」我對他們說：「我是第一個診斷出來的。」我的話聲裡還透著幾分科學家的自豪。

我死定了。我們靜靜地吃完了晚餐，然後老爸說他明天上午跟癌症醫院有約，他會直接從辦公室過去醫院，叫我不用——其實是叫我不要——跟他一起過去，醫生可以比較自在地告訴他不想讓我知道的消息。

那晚我躺在床上——我的臥室其實像是間書房，因為床邊擺滿了大大小小的書櫃——心裡一直反反覆覆想著我的病情，也想著居然是我自己頭一個診斷出來。我想，其實我身體裡住著兩個人，一個是才剛剛接到噩耗的病患，但是另一個我則是負責照料這名病患的人，仔細讀書來對照病徵，堅持要做切片檢查，最後果真找出了病灶，倘若天可憐見，說不定還能救病患一命。我不能讓身上這個負責人離去，也不能——絕對不能——讓這病患接管接下來的一切。這當然稱不上是什麼安慰——沒什麼能安慰得了的——不過這想法確實激勵了我。我告訴自己，我的確需要這份激勵來面對接下來幾個月的抗癌戰爭。我當時不知道的是，這場仗最後打了幾十年。我身上這負責人告訴這名病患，咱們首要之務就是找出最好的治療方式，摸索出一線生機來。

等我總算睡著時，已經是破曉時分了。有個可憐的小販已經開始挨家挨戶地大聲吆喝叫賣著什麼——我猜大概是自家種的蔬菜吧？他雖然命運坎坷，但中氣十足的喊聲倒是透露出堅定的決心。他的喊叫聲和不肯放棄的努力模樣鼓舞了我，讓我也有了勇氣決心。燦爛的陽光開啟了這新的一天，這也足以告慰了。我需要睡眠，但我真的不想睡太久——更不想要一睡不醒。

三

那份日期標著一九五二年五月十四日的切片報告上寫道：「鱗狀細胞上皮癌第二期」。我當時已經知道第二期這數字實在不太妙。上皮癌第一期的癌細胞跟非癌細胞十分相似，照實驗室的說法：它們「分化良好」，所以很像正常細胞。第三期和第四期的細胞分化情況就很差，而且十分猖獗恐怖。我的狀況是「中度分化」——就是不好不壞。這不是無可救藥的情況，但是的確值得擔憂，也需要趕緊處置。這就是齊塔蘭占癌症醫院告訴我父親的。醫生們認為我應該盡快接受放射治療。

我後來跟父親一同去醫院找院長蘇柏德・米察醫師（Dr. Subodh Mitra）。米察醫師熟悉一般癌症，但對於口腔癌並不特別擅長。事實上，他是一位頂尖的婦科專家，在陰道手術方面有不少創新成就（但這實在非我所需）。他那時候正因後來俗稱的「米察手術」（說白話些，就是長時間的經陰道式子宮切除術）而聲名大噪，有好幾本醫學期刊都在討論這種手術方式。他還因為這手術方式在維也納得到了某種獎，當時我還在他醫院裡接受治療。

我問了他們醫院裡有誰是口腔癌專家，但是總得不到一個滿意的回答，雖然他們給了我一串名單，卻沒人告訴我這些醫師的專長是什麼。他們說會有一位放射科醫師來照顧我，要我別擔心。我父親不太確定該怎麼評估這情況，但是對於我病情的診斷十分苦惱，急著想趕緊做些什麼。我很訝異我老爸這個平時那麼拘謹有禮的人居然多話了起來，還會在醫生們討論如何處置的時候（應該就是「腫瘤會診」的時候）插嘴，導致他原本可以在其他適當時機提出的好問題不被理會。

我讀了關於口腔上皮癌的資料後，覺得我在接受放射治療後，大概還是要安排手術。但是醫生就只安排高劑量放射治療。我有點擔心這種做法，也有點擔心齊塔蘭占醫院畢竟還是家新醫院——這家醫院是在我就診之前兩年的一九五〇年一月才成立的。醫師團隊的其中一位醫師告訴我，為這家醫院開幕剪綵的嘉賓就是得過兩座諾貝爾獎（物理獎與化學獎）的瑪麗．居禮。不過這並沒有讓我更放心——有部分原因是這種歷史淵源並不能代表醫療技術好壞，也因為我知道瑪麗．居禮其實在一九三四年就逝世了（死因是再生障礙性貧血，因為她長期接觸核物質導致了這種貧血病），根本就不可能在一九五〇年還到加爾各答幫一家醫院開幕。

不過我又追查了一下，才知道原來幫齊塔蘭占醫院開幕剪綵的是瑪麗．居禮的女兒伊蓮．喬略特－居禮（Irène Joliot-Curie），她也是諾貝爾化學獎得主。知道這件事讓我稍微安心點了，但是我在意的問題還是沒有解答：那有誰來為我的療程提供專業指導呢？用排除法的話，答案很明顯，就是醫院裡的放射科醫師本人。經過我幾番要求，醫院總算安排我跟他見了幾次面。這個人看起來一臉聰明相，奇特的是他的頭髮略帶紅色，這在孟加拉人裡頭倒是少見。儘管他對我的人生如此重要，值得把他的名字永久烙印在我心上，但不好意思的是我現在實在想不起他的名字來了。

那位放射科醫師很值得信賴。口腔癌很難根治，就算我只是二期也一樣。我一直問他治癒的統計數據，他不願回答，但最後還是告訴我，從我目前的狀況來看，根據他們的預測，我的五年存活率大約是15%。這真是太令人沮喪了，那位放射科醫師一再安慰我，說每個癌症個案的狀況都不太一樣，他很確定（雖然他說不出原因）我一定可以活得比那些數據更好。他向我拍胸脯保證，他們給我安排的積極治療一定能奏效。

那為什麼沒有安排手術呢？放射科醫師說了些如果動刀，說不定還會擴散之類的話——而且還會延誤我接受放射治療的期程（他再三強調務必趕快）。他又向我保證，絕大多數口腔癌對重劑量放射治療的反應都十分良好。我又問他——那要是我這癌症就偏偏不是反應良好的那些怎麼辦？他給我的答案實在很難說是合理的講法，總之他就是相信我這癌症是能有良好反應的那一類。醫院才剛進了一塊要給我用的鐳，他們說會把它放在一個鉛模裡頭，這樣口腔裡的其他組織就不會受到影響了。那個鉛模花了我好長一段時間才做好，裡頭有個可以把放射性物質安裝進去的凹槽。

醫生跟我說，我要接受的放射治療劑量非常高——有八千雷得。我知道這高得很誇張。我問他為什麼給我這麼高的放射劑量？他回我說：「你知道，這療程不能重複，我必須在你能忍受的範圍內盡可能提高劑量，一次完成。我要找出既能殺死癌細胞的最低劑量，同時也必須是你能忍受的最高劑量。」我對他喃喃說道，我其實滿熟悉數學上「極大極小值」的問題，然後帶著滿腹焦慮回家，不過也多少有了些勇氣。我後來到深度X光發展出來了才知道，當初用來治療我的鐳，也就是瑪麗．居禮發現的那種元素（當時她還發現了釙——這個元素是以波蘭的諧音來命名，紀念她的波蘭血統），其實穿透力並不強，而且很快就衰退了。我當時還不知道原來在一九五〇年代初期，也就是我在接受這種老派放射療法時，有人開始研發醫療用線性加速器，這種機器能產生穿透力更強，也更能瞄準目標的放射線。

照老派的放射治療法，我要連續七天接受足夠劑量的放射治療，以期能殺死癌症——而不是害我送命。對我的治療也成了齊塔蘭占醫院試著挑戰的新里程碑：我是最先接受用他們新進的鐳進行高劑量放射治療的個案之一。據說醫院裡每個人都對這件事相當興奮。當然了，我也是。

四

六月二十六日，加爾各答的雨季開始了，我住進了齊塔蘭占癌症醫院。醫院位在繁忙的夏馬普拉德穆克吉路（S. P. Mukherjee Road）上，拐個彎就是交通擁擠的哈茲拉路（Hazra Road）。醫院對街有塊小空地，小朋友會在那塊顯然不夠大的地方踢著氣沒打夠的足球玩。我爸媽陪著我辦了入院手續，還有幾個朋友跟一大堆親戚也都來看我了。我爸爸的大姊——我叫她皮希瑪（*pishima*）——給了我一個銀製品，上頭還點了一點硃砂，說能夠祈福開運（我不太確定這是什麼原理），助我度過難關。

彷彿是為了增添這抑鬱的氣氛，當晚還有一個從達卡過來的虛弱癌友來齊塔蘭占醫院做「最後一搏」，但是隔天一早，在我接受治療之前，他就過世了。住院的第一個早上，我在病房四處走走，看到有好多年輕人——裡頭還有不少小孩——個個都罹患了不同類型的癌症。我覺得十八歲的自己跟這群人比起來，已經是成人了。

放射治療是種無比折磨的體驗——不是因為進行治療時會痛（其實一點也不痛）——而是因為我必須連續七天呆坐在那張搖搖欲墜的鐵椅上，把鑲在鉛模凹槽中的那塊鐳塞進嘴裡，動彈不得卻又無聊至極。我每天都必須將那塊鉛模緊緊抵住上顎，然後靜靜坐滿五個小時。離我不遠處有個窗戶，我可以看到窗外的單調景色：院子裡有好幾個垃圾桶，還有一棵樹，樹上剩沒幾片葉子。我挺感謝那棵樹的，我也想起我舅舅堪卡瑪瑪說他當年被英國統治者「預防性羈押」的時候，從一間沒有窗戶的囚室移到另一間可以看到窗外樹木的房間時，簡直欣喜若狂的故事。

我因為怕在每天進行放射治療時呆坐的那五個小時會覺得無聊，所以帶了好幾本書進去。我帶的都不是經濟學的書，主要都是蕭伯納寫的故事和劇本——我還沒讀過的那些——也帶了幾本我還沒讀的莎士比亞劇本。我又重讀了一次莎士比亞的《柯利奧蘭納斯》（*Coriolanus*），我覺得自己需要那份勇氣——勇於抗拒——也心想著不知道培養這股勇氣的時候能不能不必像柯利奧蘭納斯那樣趾高氣揚、目中無人。這部劇作就跟莎士比亞的其他劇本一樣蕩氣迴腸，讓我久久不能自已。我也讀了一些霍布斯邦的早期著作，還從一些左派朋友那裡拿到了打算發表在英國才剛發行的史學期刊《過去與現在》（*Past & Present*）的一些資料。

放射治療的第一天，親切的皮希瑪去求了神明保佑，我記得我還真心希望她的祈禱有效，畢竟我真的需要一些好運。我還記得讀了蕭伯納的一篇短篇小說，說有個倫敦記者受派到一個不知名村莊去調查怪事，村裡那些信仰虔誠的人說他們把一名犯了罪的醉漢埋在了河岸邊的教堂墓地，結果隔天教堂竟然移到了河對岸，死也不跟那名罪人在一起。那名倫敦記者——既然在蕭伯納的故事裡出現，大概是《泰晤士報》的記者吧——就是被派來寫些關於這些無知村民的迷信心態的。結果，這名記者卻遇到了麻煩，他發現那些村民說的沒錯，教堂真的移到了河流對岸。

所以他把這篇報導傳回了編輯檯，但是編輯檯告訴他，他是去那邊報導村民有多不理性的，不是要他去確認他們那種瘋狂信念的：要是他真的相信這種迷信，回到倫敦恐怕連飯碗都沒了。由於擔心會丟了工作，這名記者就只好照他能想到最好的辦法去做。當天半夜裡，他把那名醉漢的棺材從教堂舊址裡挖了出來，然後拖到河流對岸的教堂新址。他才把這名醉漢的棺木埋進土裡，教堂就一溜煙回到了原本所在的位置。這名記者馬上用他的生花妙筆寫了封信回報編輯檯，說他確認了教堂果然還在原本舊址上，而且還不假辭色地大罵村民的迷信無知。我不禁心想，這種微不足道的奇蹟雖然違背科學，不過我現在倒是求之不得啊！

到了七月初，我總算熬過了這七天療程，回到了家裡。這時還看不出放射治療的效果如何，我拿著鏡子看了自己的上顎，切掉腫疱的那塊地方看起來還是原本模樣。但是沒過幾天，我的嘴巴就體會了貨真價實的地獄。接受治療的那整塊區域腫了起來，變得像稀飯一樣軟軟爛爛的，我沒辦法吃東西，碰不得自己的臉，照鏡子也認不出自己的模樣，就連微笑、說話都會從傷痕累累的嘴裡噴出血來——害得老媽整天哭哭啼啼的。現在會痛了（醫生有警告過我，不過我沒想到會這麼痛），但是我最主要感受到的是一種奇異的不適感，這是什麼事先警告都沒提到的。

我讀過關於長崎與廣島的許多資料文章，這兩個地方七年前才遭到原子彈轟炸，我突然覺得自己就像是那些遭到轟炸的人口之一。我對日本那些受害者頓時比以往更能感同身受。我不停地想，我最後一定會變成那樣——那位放射科醫師一定計算錯我能忍受的最高劑量了。後來那位醫師告訴我，治療反應確實有點出乎意料。他有想過治療過程中應該會出現很糟糕的情況，只不過沒有料到反應這麼大。放射線對於年輕組織更有破壞力，因此能殺死癌細胞——癌細胞就是身體裡的年輕組織。但是因為我還年輕，所以我身上的細胞也都相對年輕——這才導致了意料之外的過激反應。我可以猜想得到，在我嘴巴裡出現的這種慘烈狀況會成為齊塔蘭占癌症醫院對年輕患者使用放射治療的案例教材。不過，我實在沒辦法說這份功勞是我心裡最在意的事，因為我只能耐著疼痛，一點一點地啜飲我母親幫我準備的流質食物——那是我唯一入得了口的東西。

過了兩個星期，醫生們看到切除後的腫瘤殘餘已經完全消失，個個都高興極了。我也是，只不過我還不能確定自己身體裡是不是還有其他像這種一發不可收拾的壞東西。我爸媽和我妹妹把我照顧得無微不至，盡可能地幫我保持樂觀——總是說一切都會沒事的，「很快就沒事了」。我的嘴巴真的開始慢慢復原了，兩個月後——這兩個月真是太煎熬了——我總算恢復到看起來像是住院前的模樣了。好不容易鼓起勇氣踏出家門的第一天，我正在草坪上休息，物理學家薩提彥．玻色就過來看我了。他跟我一起坐在草坪上的雙人椅，跟我聊了許多話題，還講到他怎麼會一頭栽入物理學研究（「你實在不該轉行的，」他這樣鼓勵我）。他又說，逆境有時候會讓人更堅持努力下去。

被迫離開校園生活倒讓我有時間可以仔細思考自己打算做什麼，好好想想我要是活得下來，又應該做什麼。我也有足夠的時間構思與期盼——還有準備——為改善印度的文盲程度和貧窮狀況做些什麼。我愈來愈迫不及待回到總統學院，回去跟朋友們相聚。我錯過了許多堂課，但是我的朋友在這段期間裡都會來告訴我發生了什麼事，甚至還會拿課堂筆記給我看，深怕我跟不上進度。薩米爾大更是幾乎天天都來探望，說說今天又出了什麼事。學校裡已經有傳言說我行將就木，所以當我重新現身在眾人眼前粉碎流言時，不光是我，連這些摯友也都覺得特別痛快。

五

我在九月回到了學院街——能回來真是棒透了。我的世界又完整了。我又能享受跟同學嘰喳閒聊、激辯政治的快活了。那些女生看起來就跟我離開前一樣聰明又迷人，咖啡店也依然充滿活力。詩社溫暖地招待我回來，喬提爾莫伊還給了我幾本罕見的打氣詩集呢。

過沒多久，我和好友帕爾薩．笈多一起到距離加爾各答一百二十哩遠的巴哈蘭浦爾（Baharampur）去參加全孟加拉辯論賽。聰明絕頂的帕爾薩主修的是歷史，是個大好人。我們在辯論賽上贏了好幾場，但我更高興的是能在火車上和帕爾薩繼續我們先前討論的政治話題。我們談了好幾件令人憂心的消息，包括蘇聯對東歐的政策，還有蘇聯境內種種清洗與審判的新聞——這話題對像我和帕爾薩這樣的左派而言頗有爭議。帕爾薩說美國記者約翰・岡薩（John Gunther）在他的《歐洲內幕》（*Inside Europe*）裡寫道，布哈林（Bukharin）等多位在公眾面前接受審判的人，每個看起來都十分健康，不像受到虐待的樣子。我對帕爾薩說，岡薩的話要是能聽，那什麼都能信了。

要說服帕爾薩不必多費唇舌。他也和我一樣十分關心史達林主義（雖然我們當時還沒有這個詞）會不會破壞共產主義當初信誓旦旦說要保障的自由。在我接受過放射治療，重回總統學院的日子裡，生活充滿了關於政治的話題，夾雜些時事更新。

我在放射治療後逐漸復元的那陣子，還有一場與我切身相關，不得不參加的辯論。我在加爾各答學生界算是小有名氣，所以我就診治療的事也成了大大小小的學生圈子裡的話題。傳到後來，居然說我遭到誤診，用錯療法了。甚至還有流言說齊塔蘭占癌症醫院的高層私下跑來找我父親商量放射治療的價碼（但是那明明就是公立醫院呀），一方面幫醫院找點經費，一方面則是找個呆頭鵝讓他們試試看剛進的那塊鐳有什麼用處。謠言愈傳愈誇張，最後竟說我差點就死在醫院裡了，因為我根本就沒有要治的病，更用不上高劑量放射治療那麼致命的療法。

這些話沒一句是真的，當然啦，決定要做放射治療是有些匆促沒錯。我們家在加爾各答的家庭醫師卡馬奇亞・穆克吉（Kamakhya Mukherjee）在我們要做決定那時剛好不在城裡，對我們這麼倉促決定很不高興，還寫了份報告：「沈恩先生的雙親〔對切片報告〕非常焦慮，並未尋求第二意見與進行第二取樣重新檢查確認，匆促地在一九五二年六月就進行了放射治療。」當時確實可以尋求第二方意見，重新再做一次切片檢查。但是那時候情況也的確相當緊急，也有很好的理由按照診斷結果立即治療，於是做出艱難的決定。我覺得完全沒有理由質疑我們的做法。我爸媽採取了最明智的行動，醫院也做了最好的處置，再加上那位幹勁十足的放射科醫師的鼎力協助，雖然他經驗不足，卻能靠廣泛閱讀來加以彌補。更何況，做完放射治療後，我看不出有什麼要重新檢視這一切經過的理由。假如我真的因為誤診而接受了毫無必要進行的放射治療，那肯定會把我氣得半死，而不是像我當時那樣慶幸自己熬過了這一切。

六

我接受放射治療後過了大約十二年吧，大科學家霍爾丹在加爾各答的另一家醫院裡因大腸癌病逝。霍爾丹在一九六〇年代初期就已經歸化為印度公民，和他的妻子海倫・史普威（Helen Spurway）住在布班尼許瓦（Bhubaneshwar）。在他得癌症之前，我們曾見過一面，能對他有幾分認識，讓我心情激動：我從學生時期就讀過他的著作，受他影響很深。他生病時我正在德里教課，我很後悔沒有設法從德里趕過去見他一面。

霍爾丹在加爾各答的病床上寫了首談癌症的詩。《新政治家》（*New Statesman*）在一九六四年二月二十一日刊出了這首詩，我能想像他寫下這首好詩是為了讓自己振作起來，不是憑著盲目的樂觀，而是帶著嚴謹的理性寫下了這首詩，就像我們所認識的他。他一開頭就寫出了癌症的高好發率：

癌症是個有趣的東西：

我多希望能用荷馬的聲音來
歌頌大腸癌，
這玩意兒殺死的人啊，事實上，
比死在特洛伊城淪陷中的人還多哪。
……
我知道癌症經常要人命，
不過車子跟安眠藥也同樣致命；
癌症會痛到你滿身大汗，
蛀牙和欠債也同樣要你盜汗。
只要一點笑聲，我敢說，
就能讓人好得多；
我們癌友不妨盡點力，
好讓醫生幫我們恢復元氣。

霍爾丹大概太高估了積極心態的醫療價值了——這種心態的效果從統計數據來看，實在莫衷一是。但是儘管我一九五二年時還沒讀過他這首詩（他這時候根本就還沒寫），我也照著他可能會提出的這個建議，盡量保持愉悅心情。這對結果可能沒有絲毫影響，但要是不刻意保持愉悅心情，我不覺得我能那麼容易熬過近乎致死劑量的放射治療。雖然生命中總有逆境，但是必須「盡點力」這個念頭絕對影響了我的人生。

無論霍爾丹對於積極心態有助醫療的期望究竟是對或不對，這種心態確實比悲觀態度更能讓人撐過治療過程與後續生活。有些人可能認為這點無足輕重，但說不定並非如此。我們的人生就是一系列的體驗，接受醫藥治療的階段也是這系列中的一部分。所以我們絕對不能只看「最終結果」——無論我們是不是死於所患病症——即使我們正在抵抗病痛，也要為我們自己想過的生活努力。或者換個方式說，我們有理由不只關心我們這一仗之後的餘生——如果還有餘生的話——也要關心在這抗戰**期間**的生活，而癌症這一仗可能會打很久。

緩和醫療對我們的生活的確很重要，但是醫生有時候——特別強調——說某種療法「只是緩和作用」（也就是「不影響最後結果」）的這種判斷，對於美好人生的實現可能幫助不大，反而是關注整體的體驗會對人生更有助益，包括我們的知識與關懷、恐懼與希望（就算是天馬行空的願望也無妨）。我相信霍爾丹說得對，歡笑就是抗癌作戰的一部分。

七

回到了總統學院和咖啡店後，我重拾了昔日在學院街的生活——讀書、議論、辯論。我覺得開心極了。當然，癌症的威脅並未就此遠去，放射線對骨頭與組織的破壞可能會產生某些後果，接下來幾十年裡都還要仔細注意與控制。不過，我的慮病症暫時可以消停一下了。我現在覺得迫切需要掌握自己的人生——要活得轟轟烈烈。我回來跟人家討論的不再是只影響到我的事（像我的上皮癌就是），而是影響世界的事。我想要風光戰勝癌症在我身上強加的這份自我中心。

一九五二年十月初的某個晚上，我坐在總統學院的走廊邊，想起了與我相差超過一世紀的亨利・戴洛奇歐，他對教育的批判思考與大膽想法為加爾各答的學術社群點燃了耀眼的火種。我覺得他能體會我現在這種心境，隨之而來的昂揚喜悅沖散了我的憂慮。現在再也沒有什麼能攔阻我享受探索學術的樂趣，在對街咖啡店裡與朋友喝咖啡——什麼都攔不了，只有學院街上整排的書店和堆滿書的書攤例外。真是爽翻了。

第15章 到英國去

一

我會到英國留學一開始是出自我父親的一個念頭。他很喜歡在倫敦大學念農業化學博士那三年的生活，多半時候都在赫特福德郡哈彭登鎮（Harpenden）的羅譚斯特德研究中心（Rothamsted Research）工作。我在接受癌症放射治療的時候，爸媽都想讓我有個在受了這番醫療折磨後還能繼續向前看的目標。我父親問我想不想去倫敦的政經學院留學，他聽說那間學校很不錯。「可以的話就太棒了，」我回他：「可是我們出得起這筆錢嗎？」這是個再自然不過的問題了，畢竟我們家不是豪門大戶，而我父親長年擔任大學教職，薪水也就那麼一點。

老爸說他算過了，結論是他能出得起——剛好夠——我在倫敦三年的花費，包括學校的學費。當年去英國讀書沒有獎學金，當然也沒有我具備資格的補助，不過還好大學的學費低廉得誇張——就算減掉通膨，還是連今天學費的零頭都不到。

所以我就開始研究，等這高劑量放射治療帶來的虛弱效果消退後要做些什麼。我跟阿密亞·

達斯笈多（第十二章介紹過他）聊起這件事。阿密亞卡卡認為我應該去英國——不過不是去政經學院（他自己在一九三〇年代初期就是在那裡念博士），而是去劍橋，他認為那裡才是當時舉世第一的經濟學重鎮。

接著我去英國文化協會圖書館搜尋關於英國大學院校的相關資料。這間圖書館是我最愛逗留的其中一個地方——氣氛怡人，使用方便。我開始瀏覽劍橋的各個學院，三一學院這名字一下就跳了出來。我先前就聽過關於這個學院的一些事。我表哥布達在印度獨立後就到三一學院去接受六個月的印度公務員訓練。我很喜歡布達表哥，小時候就愛聽他講莎士比亞戲劇背後的故事（對於我來說他根本就是活生生的《莎士比亞戲劇故事集》）——那時候我連英文都還看不懂呢。後來當布達表哥從三一學院回來時，十六歲的我還很認真地記下了他對那裡的各種欽慕讚嘆。就連他說學校大中庭裡的鐘聲會輪流用男女聲報時（就是用不同的高低音），我也覺得好新奇。

我還知道三一學院有牛頓、培根、羅素、懷德海、莫爾、維根斯坦，更甭提三一學院出過的詩人（有我最愛的德萊頓，之後又出了馬維爾、拜倫、丁尼生和豪斯曼）、數學家（哈代與李托伍德，還有令人望而生畏的拉馬努金〔Ramanujan〕），還有一大堆三一物理學家、生理學家。

但決定的關鍵，是我發現堪稱二十世紀最有創意的馬克思主義經濟學家莫里斯・道布（我讀過他的一些著作）就在那裡，還有皮耶羅・斯拉法——他是兼顧經濟學與哲學方面的大思想家，也是馬克思主義思想家安東尼奧・葛蘭西（Antonio Gramsci）的摯友兼助理。除了他們倆之外，還有丹尼斯・羅伯森（Dennis Robertson）這位頂尖的效益主義經濟學家，他是十分聰明的保守派學者，在聚集經濟方面有極為傑出的創見，某種程度上可以說預見了凱因斯（John Maynard Keynes）的某些想法。一想到可能和道布、斯拉法和羅伯森共事，實在教我興奮莫名。我孤注一擲，只申請就讀三一學院，其他學院一概不投。我打定主意，「不成功，便成仁」。

二

結果，我馬上就成仁了。三一學院以迅雷不及掩耳的速度回絕了我的申請，公式化地回我「今年」有太多優秀的印度學生申請了。真是令人惆悵。我只好打算繼續在加爾各答讀完大學。我這時正要念完大二，到年底就有學士學位了（我拿到的時候是十九歲），再讀兩年我就可以拿到正式的大學學歷——雖然在我們這裡叫碩士，但是其實大約相當於劍橋的學士水準。我對自己說，以後說不定還是能到劍橋做博士後研究，但我現在還有兩年可以在加爾各答跟朋友相處——蘇卡莫伊・查克拉伐帝、姆黎瑙・達塔・朝圖里、喬提爾莫伊・達塔、米娜克西・波斯、巴倫・戴、賈提・沈恩笈多、蘇尼提・波霍斯等，大家都各自學有專精（唉，可惜我另一名好友帕爾薩・笈多接下來不會在這裡了，因為他已經申請到了牛津大學，正在準備出發）。一九五三年的清涼雨季裡，收到三一學院回絕的消息也還不算太壞。

八月的某個早上，三一學院突然發了個越洋電報過來，說一名今年申請上的印度學生放棄了，所以要是我能確定在十月初到劍橋的話，就可以入學。這下一切都得馬上重新打點。我跟父親到了英國海外航空公司（BOAC），即英國航空（British Airways）前身，那邊的人員都十分客氣有禮，但是我們付不起機票錢，畢竟當年的機票實在很貴。不過，我們發現有一艘輪船正要從孟買開往倫敦，船票比最廉價的機票還便宜，十九天包餐包宿，還有免費酒水（我那時還沒喝過酒，不過確實很好奇喝酒是什麼滋味），可以在甲板上自由閒晃交談，每天晚上還有免費賓果可以玩（如果你想玩這個全世界最無聊的遊戲）。所以我父親就幫我買了半島東方輪船公司（P&O）的斯特拉斯號（SS *Strathnaver*）的船票，這艘船會及時抵達英國。

我們接著就去採買外套、領帶、大衣，還有一些我在加爾各答從來用不上的東西。老爸很興奮，彷彿是他自己要重新回英國上大學一樣。他會半夜突然爬起來列我該帶些什麼東西的清單。最後，我們一家人——我爸媽、我妹妹曼如，還有我——全都一起搭上了開往孟買的火車，準備趕赴船班。我在加爾各答火車站（其實正式的名稱叫做豪拉〔Howrah〕車站）看到了一些人也正要到孟買去搭同一班輪船，歷史學家塔潘大（Tapanda）還親切地跟我打招呼。我們這一列車簡直就像是一群學生在開往孟買的兩天旅程中大開同樂會一樣。這歡樂的氣氛讓我不知怎的想起了義大利新寫實主義電影《慾海奇花》（*Riso Amaro*，一九四九年上映，在學院街的學生間非常受歡迎，而且可不光是因為戲裡有美豔無比的詩雲娜·曼嘉諾〔Silvana Mangano〕），影片開頭就是一群剛受僱到波河河谷收割的稻農正歡天喜地地在車站碰頭，渾然不知悲劇就在目的地等著他們。

三

我們在孟買住在我媽的表兄弟阿傑·笈多（Ajay Gupta）家裡。阿傑舅舅——我叫他阿傑瑪瑪——的媽媽是我外婆的妹妹圖魯蒂（Tuludi），就是我小時候每次都帶著一堆謎語和智力遊戲到桑蒂尼蓋登家裡來跟我玩的那位姨婆。我也很喜歡阿傑瑪瑪，尤其佩服他的遠見，早早就毅然決然投身才剛創立不久的印度製藥廠西普拉（CIPLA）。西普拉是一九三五年由一名深具科技長才的印度民族主義者夸賈．阿布杜爾．哈密德（Khwaja Abdul Hamied）成立的，起初是為了對抗西方藥廠，現在這目標大致已經成功了，而早期就投身其中的阿傑瑪瑪當然功不可沒。

不過，有些成就卻是直到最近才大放異彩，可惜阿傑瑪瑪卻已經作古了。有一件事讓我想起了阿傑瑪瑪：世界大廠先前壟斷了治療愛滋病所需的抗反轉錄藥物，西普拉花了九牛二虎之力打破這個局面，一舉將藥價砍半。一夕之間，西普拉的新藥炙手可熱，從非洲到拉丁美洲的發展中國家只要付出過去藥價的些許零頭就買得到這款藥物，以抗反轉錄藥物來治療愛滋病突然成了全球都更負擔得起的做法。西普拉因此更下定決心要讓有需要的人都能買得起藥。今天假如有一個患有抗藥性泌尿道感染的病患（就算他人在美國）想要使用一種叫做「箭得利」（Zemdri）的特殊抗生素——這種藥原本是由愛卡爾健藥廠（Achaogen）研發出來的，但這家藥廠已經破產倒閉了——那供藥的源頭就一定是至今還在繼續生產這款有效藥物的西普拉藥廠。

我準備啟航時，跟阿傑瑪瑪聊了幾次，他說他想要盡力讓印度的經濟一鳴驚人。這想法雖然從某些方面看是有些民族主義，但是他其實絲毫沒有排他的意思。他說他不只欽佩哈密德的才幹天賦，更佩服人家海納百川的胸襟。身為穆斯林的哈密德，娶了一名猶太人妻子，這恰恰證明了他心胸寬大（我後來跟他們的兒子郁蘇夫〔Yusuf〕很熟，他當時已經順利接掌了西普拉）。阿傑瑪瑪也很佩服哈密德竟能憑著製造與銷售上的勝利來對抗西方藥廠的殖民宰制，而不是靠政府控制來遏止競爭。阿傑瑪瑪是個堅貞的左派分子，但他很訝異印度竟然有那麼多左派會認為國際貿易是糟糕透頂的事；我覺得他說得對，這種想法實在說不通。

我們也會聊一些現實問題，這時候阿傑瑪瑪就展現出他的長者風範了。他給了一個令我茅塞頓開的建議：別做出超過自己能力範圍的承諾，免得尾大不掉。他覺得這是印度留英學生的老毛病了。他說，這對交女朋友也一樣。他格外希望我能理解長相廝守的真感情跟拈花惹草的風流韻事之間的差異。我明白這兩者之間確實有所分別，卻沒辦法讓阿傑瑪瑪願意討論，是否無心之樂和隨興而行在日常生活中也有些好處。

我覺得自己還不夠了解阿傑瑪瑪——只知道他對政治與經濟的看法。他在孟買好像是一個人獨居，而且我也沒聽說他在國外的時候有過什麼與人交往的事。但這個謎團在他迷人的蘇格蘭女友琴（Jean）到孟買來陪他的那一刻就冰消凍解了。他們很快就結了婚，生了三個孩子。但是要再跟他們聯繫卻變得麻煩多了，因為他們在孟買住了幾年之後，決定舉家搬到澳洲去。不過這都是在我去劍橋前夕的那場談話之後相隔好多年的事了。

四

我在一個晴朗的晚上搭上了斯特拉斯號，啟程前往倫敦。我們全家人都到了碼頭上，我一一跟他們告別。我心裡既興奮，又帶著一點莫名焦慮。我知道跨洲航行的旅費很貴，要等到在劍橋拿到學位，我才能再回印度。我當然也明白這一去就是拋下了許多曾與我同甘共苦的重要人們。

我站在甲板上，看著印度一角在夕陽中漸漸消失，突然想起了馬克西姆．高爾基（Maxim Gorky）的回憶錄中，他父親一路送他到莫斯科大學入學的那個橋段。他在爬上莫斯科大學著名的前門階梯時，緊緊握住了他父親的手。等到他說完再見，獨自站在那裡時，頓時一股前所未有的孤離感襲來。我那時心想，我更懂得高爾基了。除了印度之外，我只去過緬甸，但那都是我小時候的事了。要前往新地方——去英國和去劍橋——的那股興奮和離開自己土生土長的家鄉的那份哀愁就這樣揉在了一起。

同樣重要的是，我現在要去的大都會，是從小人家就教我要反抗的帝國首都，這讓我更焦慮了。印度獨立才六年，而前宗主國跟前殖民地之間的關係到現在還沒正常化。坐在英屬印度監獄的會客室裡探視我那些遭到「預防性羈押」的叔舅與表親的景象，如今還歷歷在目。當我看到一群白人跑上船對著我們吆喝時，我突然想起我父親在一九二〇年代到倫敦讀博士時的一段往事。他說，儘管他喜歡待在英國的日子，卻常想著這種統治者與被統治者的關係有多麼不正常。有一次他打算到火車站寄信回家，想請身旁的人幫忙確認信封上的郵票貼足郵資了沒，但是他聲音太小，旁邊那人沒聽清楚——畢竟車站人聲嘈雜——這時一個小男孩（我父親猜他搞不好還不到十歲）跑了過來說：「對呀，你貼這樣就對了呀——在我們的帝國內寄到哪裡都是一樣的郵資呀！」這麼小的孩子就會把整個帝國當作自己的，我父親聽了想笑，不過那小孩子當然只是想幫忙而已，沒有什麼惡意。

斯特拉斯號船上有不少旅客都與我相熟——要去英國留學的印度學生就有大約二十四個人。塔潘·雷朝圖里和帕爾薩·笈多兩人都要去牛津大學。在啟程赴英前的這個夏天，帕爾薩還跟我一起到大吉嶺去度假避暑。我們在宜人的山區漫步，對不同話題大發議論，當然也免不了談到印度左派的複雜情況。我們倆都覺得自己挺左派的，但是對於世界各地共產黨信誓旦旦說會保障民主卻都滿腹疑慮。我們談了不少，講到蘇聯如何對付他們頂尖的列寧主義哲學家布哈林更是停不下來，他們最後逼他承認叛國，隨後就處決了。雖然加爾各答到處都有史達林的擁護者，但是帕爾薩和我都疑惑他不知道到底在打什麼算盤。

塔潘比我大了幾歲（所以我都照孟加拉人稱呼長輩的習慣叫他塔潘大），去英國之前我只曾在加爾各答見過他一面。他後來關於土地所有權的那些著作（我在第八章引述過）只是他成為名震德里與牛津的歷史教授的諸多原因之一。

我們同船還有一位天才洋溢的歷史學家羅米拉・塔帕爾（Romila Thapar），她出身上層階級，是德里的知識分子。她不僅在學術方面聲譽鵲起，其他方面也不遑多讓：不僅生活風格優雅，還練得一身驚人舞藝。我從前不認識她，可惜的是我在船上也沒能跟她說上話，即便我常看到她穿著一身精心挑選的紗麗翩然遊走。我們是不同世界的人——我連怎麼跳舞都不會，只會不斷踩到舞伴的腳尖（然後就會聽到她的哀號聲）。不過許多年之後，羅米拉和我還是在德里重逢，結成了好友。

輪船從阿拉伯海進到地中海的時候，我跟塔潘大和帕爾薩・笈多正聊時事聊得不可開交。隨著旅程繼續前進，塔潘大開始對印度留學生在船上遭到英國籍與澳洲籍船員的傲慢對待忿忿不平，尤其是餐廳裡那些服務生更是盛氣凌人。他跑去找輪船上負責的行政人員抱怨，對方很有耐心地聽了許久，但是我們始終沒看到任何改善。

與我們同船的還有一整支印度女子曲棍球隊，她們要去英國參加一場國際賽。她們隊裡有好幾個人看起來都很親切和善、容光煥發。我跟她們聊了好幾個小時，聊到後來帕爾薩還向我提了個頗為知識分子本位的疑問：「阿馬蒂亞，你跟那些打曲棍球的女生聊那麼久，不覺得彆扭嗎？」

那支曲棍球隊裡有一個特別漂亮的女生，好像很想繼續跟我聊天喝咖啡，問我：「你是要到英國留學嗎？」我有點不好意思承認是為了這麼平凡的目的，但最後還是說這的確就是我要做的事。「真的嗎？」她說：「我一直超討厭上學的。上學有什麼用啊？」我不太確定該怎麼回應這麼根深柢固的懷疑，但還是試著回答：「我不知道怎麼打曲棍球，所以就只好去讀書了。」「哎唷，打曲棍球很簡單啦，」她說：「我可以教你啊。」我不禁回嘴：「但是你如果教我，那我也是在學啊——你就是在教育我啊。」「對啦，」她說：「但是這好玩多啦——總比你整個下午都在甲板上做那些無聊數學好玩多了吧！」我只好認輸投降了。

五

我在船上還跟許多來自印度和巴基斯坦的其他人暢談甚歡。我在這趟航程中交到最有裨益的新朋友或許是來自孟加拉的東巴基斯坦青年凱撒．穆爾榭（Kaiser Murshed）。穆爾榭一家在加爾各答的英語知識分子圈裡相當有名望。凱撒的父親老穆爾榭（K. G. Murshed）先生是資深公務員，是替倫敦當局管理印度當地行政的印度高級文官（Indian Civil Servants，或ICS官員）。我曾聽人家說老穆爾榭先生是印度高級文官中最聰明的人，而且在行使英屬印度政府賦予他們的權力時十分富有人情味。

有一天早上，我正在甲板上看著阿拉伯海逐漸洶湧起來的海象，凱撒走了過來。他跟我打了個招呼，手裡拿著一塊包裝精美的東西，問我：「Would you care for some chocolate?」（想不想吃巧克力？）我從沒聽過人家這樣問話——「care for?」（畢竟英文還是我的第三語言，不如孟加拉文與梵文流利）。我還記得我那時候在想，他到底是在問我的飲食口味（我覺得巧克力好不好吃？）還是要請我吃（想不想吃一塊？）。不過既然我也想跟這個友善的人多聊聊，所以我就直接回答：「當然，多謝。」但是我其實不太喜歡吃巧克力。沒想到他伸手一遞，接著我就嚐到了美味的瑞士巧克力。我何其有幸能跟這麼一個聰明過人的才子結識相交，甚至到我們下船之後都還有多年往來。

凱撒在加爾各答時就讀於聖沙勿略學院，那是城裡英語居民的首選。他此程是要到牛津大學攻讀法律，而且總的來說他還頗期待，但是我始終不太清楚他的動機。後來我才知道他並未走上法律這一行，雖然他在牛津大學的成績很好，而且在林肯律師學院（Lincoln's Inn）取得了律師資格，還在哈佛念到了法律碩士。不過，他後來進了巴基斯坦文官體系，無論是在東巴基斯坦時期或是後來待在孟加拉表現都十分傑出，退休時已經當到了孟加拉外交部長。雖然他這輩子無疑為大眾做出不少貢獻，但我後來還是不禁私心為學界沒能留住這麼一個碩彥英才感到惋惜。

船上還有一位來自奧迪夏邦（Odisha）的青春少女莉莉（Lily），和她同行的是她的母親，跟女兒同樣活力十足。我聽莉莉稍微說了她怎麼會去英國攻讀法律，她說她其實也搞不太清楚。我還滿確定自己到英國是要做什麼——就是到三一學院跟莫里斯．道布和皮耶羅．斯拉法學經濟學——所以對莉莉這麼既來之則安之的態度既摸不著頭緒又有點欣賞。

莉莉迷人的心思和凱撒審慎的猶豫都讓我不禁開始懷疑自己，原來篤定未來的目標相形反而好像不太正常。當我們行經阿拉伯海的藍色海面時，我自問此去前途是否也像哥倫布出航時一樣茫茫。

六

我們越過阿拉伯海後的頭一站，是葉門的亞丁。葉門當年還是個沒沒無聞的國家，可嘆的是現在卻是因為人民顛沛流離，戰火蹂躪不休而出名。一九五三年時，它還十分和平，我們大家搭著巴士參觀這片世間罕見的乾旱之地，確實別有一番風味。過了波斯灣和紅海後，斯特拉斯號抵達了蘇伊士運河碼頭。船長告訴我們要在這裡停一天，不過如果埃及政府允許的話，我們可以上岸。就在我們等消息的時候，我聽到甲板上有一群操著上層階級口音英語的人破口痛罵埃及政府紊亂無章。原本忠於西方的埃及國王法魯克（King Farouk）在去年遭到罷黜，由新任總統納吉布（Naguib）率領的革命政府接掌政權。賈邁爾．阿布杜爾．納瑟（Gamal Abdel Nasser）原本在革命政府內就勢力龐大——隔年果然就拿下了總統職位。蘇伊士運河的控制權與使用權早就大大小小爭議不斷，英國與埃及之間愈鬧愈僵。這時候情況還沒那麼糟糕，但三年之後雙方終究還是爆發了戰爭。

我們在船上等待的時候頗有風雨欲來的緊張感，大家都暗自希望埃及官員趕緊出現，等了半天，他們總算穿著一身雪白筆挺的制服過來了。準備上岸的船上乘客排成了長長一列人龍，從甲板上一直排到輪船頂層。我被夾在兩群人之間，不停聽到他們大聲嫌棄埃及人有多懶散怠惰，就連勞倫斯（T. E. Lawrence）和考古學家李奧納德．伍利（Leonard Woolley）這些喜愛埃及的英國人也被說成是傻子。

有一名埃及官員從梯子走了上來，停在我面前看著我，問我從哪裡來。我告訴他我是從印度來的，他就帶我直接下船，一路走到一群有色人種（當年還沒有用這樣的稱呼）中間，跟他們一塊兒排隊等著搭巴士。這是我這輩子唯一一次在通關檢查時因為印度公民的身分受到禮遇。我到現在還是只有印度國籍，所以十分習慣在入境的時候排上長長的隊伍，等著海關人員問我此行是否想要持續待在某國並回答他。當年我不懂得這份禮遇有多不尋常。

載滿乘客的巴士一輛輛開走。經過一天飽覽埃及風光回來時，我又聽見一大批英國籍與澳洲籍乘客大聲嚷嚷，抱怨埃及海關的百般刁難與拖延，害他們根本沒時間好好觀光。「我們一定要把運河從他們手上奪走，」有個格外刺耳的聲音說道。過了幾年，我在劍橋跟一個埃及朋友——他是一名篤信基督教的埃及人——談起這件事的時候，他問我「英國佬真的很生氣」嗎？我說：「我看是這樣沒錯。」「好，」我那埃及朋友說：「很好，太好了。」

七

我們緩緩駛過了塞得港（Port Said），稍作暫停後就繼續航行進了地中海。我們不時瞥見歐洲大陸，有一天晚上甚至還看到了斯特龍柏利火山（Stromboli）噴出了熊熊火光——真不愧號稱「地中海燈塔」。我們繼續穿過直布羅陀海峽和比斯開灣，然後在繞經布列塔尼半島頂點附近時，臨時在法國岸邊的瑟堡（Cherbourg）靠岸。我興奮地連忙下樓，探頭向外張望。只見在輪船與岸邊之間好像正在運貨，靠岸處還開了道小門，好幾道人影進進出出。我正看得入迷，突然一名船員大聲喝道：「天殺的你在看什麼？」我說我想看看歐洲長什麼樣子，結果碰得一鼻子灰，隨即被趕了回去。

接著開船後又走了一小段，我們總算抵達了蒂爾伯里港（Tilbury Docks）。那天天氣陰濕，偶爾還下著雨。有個氣焰囂張的印度駐英高級公署（Indian High Commission）官員上了船，對著我們——印度留學生——劈頭就是一頓訓話，說了一堆英國本地人的行止習慣（例如說話輕聲細語之類的），要我們好好效法。這番建議要是當年來得及說給庫克船長（Captain Cook）聽，說不定能保他一命，但是對歷經長途跋涉，一心只想下船上岸的我們來說，實在是又臭又長。

最後，我們總算搭上了開往倫敦的火車。等我們到達聖潘克拉斯車站時，已經是陽光和煦的午後了。聖潘克拉斯車站十分優雅美觀，在陽光錯落照耀下，處處都顯得格外迷人。

我父親的一位表兄弟——我們家都叫他「奇亞帕．賈薩」（Khyapa Jyatha），意思是「瘋叔」（這名字不好聽，不過我們孟加拉人常給人取這種難登大雅之堂的綽號）——站在月台上等我，身邊站著一個在他公司裡上班的印度年輕人。我們開著車穿過倫敦市區到奇亞帕．賈薩位在漢普斯泰德區（Hampstead）的家裡吃飯，夕陽為沿路的建築與公園染上了一層如夢似幻的色彩。我的國家和世上許多地方都曾被來自這個大都市的勢力所操控，如今它就在我眼前，恬靜景象與我原本期待的衝擊感恰成對比。

跟奇亞帕．賈薩一家人吃過飯後，我就出發前往吉本（Kilburn），曾在桑蒂尼蓋登讀書的納拉揚．查克拉伐帝（Narayan Chakravarty）在那裡幫我租了個房間。當天在沉入夢鄉之際，我還想著我人都到了倫敦，是不是應該更開心才對呢？我倒不是失望，而是覺得多一點城市的喧囂還是比較適合我。「明天就知道了，」我暗自說道。隔天一早，一群孩子在街上大聲說話的聲音把我吵醒，我覺得開心極了。

八

我一早就跟房東太太相談甚歡，還吃了一頓豐富的英式早餐。我頭一次知道原來吃水煮番茄時要小心翼翼，因為煮熟的番茄就像個熱水瓶，要是直接用刀叉伺候的話，裡頭滾燙的汁液會噴得你全身都是。白天裡我去學著怎麼搭地鐵，還一邊掐著我微薄的預算，到牛津街上的雜貨店採買些必需品。我當然也順便去觀光一下，在布倫斯伯里區（Bloomsbury）和攝政公園待了好幾個小時，盡收這城市的如畫美景。許久之後，我又回到倫敦，愉快地住了二十多年，我才發現原來初識倫敦時，這城市就已在我心裡結下了不解之緣。

當天晚上，有一位名叫維妮弗瑞德．杭特（Winifred Hunt）的女性來訪——我爸媽在我到英國前曾告訴過我，她是我爸幾十年前學生時代的女友。維妮弗瑞德人超好的，給了我各式各樣有用的建議，還在我租屋處與我共進晚餐。她還說了我爸年輕時候的一些軼事，真是讓我大開眼界。「他騎著摩托車載我穿越全國，」她說：「我跟阿許說他飆太快了，他都不聽。」過了幾年，我跟我們家另一位世交，也是我父親當年在英國的老友阿尼爾．闡達（Anil Chanda）說起這件事，他也證實了我老爸愛飆車——「在英國馬路上時速七、八十英里是真的飆很快啊！」

後來有一次，我對我那個當演員（也寫童書）的女兒南達娜說，她應該好好遵守我們家的傳統。當時南達娜正在拍一部電影——是一部貨真價實的「動作片」——她在片中必須從一棟建築物的二十二樓跳到隔壁建築（兩棟樓離得很近）的二十二樓。我對她說，照我們家的傳統呢，從這棟樓的二十二樓要到隔壁那棟樓的二十二樓，會先搭電梯下樓，然後走到隔壁再搭電梯上樓。不准有其他走法。但是就在我這樣訓斥女兒的時候，我耳邊突然響起了維妮弗瑞德的那番話，我還真不敢保證我那精力旺盛的老爸年輕時會怎麼做呢！

維妮弗瑞德從小就是貴格會基督徒（後來也一直都是），他們家（尤其是家中男性）由於在第一次世界大戰拒絕參戰而遭到了嚴厲的抨擊。罵他們的人經常在他們家外牆上寫下「良心仔」（conshy）的塗鴉。「良心反對派」被人用侮辱的方式叫喚，我想應該是滿不好受的。維妮弗瑞德說，後來第二次世界大戰時，她就覺得沒有那麼多道德顧慮，因為她已經知道了納粹所使用的恐怖暴行與滅絕手段。「不過，」她說：「我想我終究還是個良心仔吧。」

維妮弗瑞德在我到倫敦後頭一個得閒的晚上就來訪，有點出乎我意料之外。不過這的確很重要，因為這一方面讓我感受到倫敦——應該說是整個英國——其實並不是什麼陌生的地方，另一方面也因為我們談到了即使是為了做好事也不該使用暴力，這在印度當年對抗英屬印度政府時可是個嚴重分歧的議題。此時此刻，我人在帝國的核心（雖然只是在吉本區）討論著非暴力這項普世需求，抱著跟當年在甘地領導下為印度獨立奮戰的人們同樣的信念。我對自己說，雖然我還不認識吉本這地方，但我是真心懂得為什麼有人會想要當個良心仔。

第四部分

三一學院大中庭，約攝於一九五八年

第16章 三一學院的大門

一

一九五三年九月，在抵達倫敦兩天後，我搭上了一列從國王十字路站開往劍橋的慢車。當年最快的火車是從利物浦街站發車，但我帶著大包小包的行李，到國王十字路站比較方便。我的行李中有一口大行李箱，是我父親當年到倫敦留學時用的，現在箱裡除了一些衣物和個人物品外，塞滿了我覺得大概會用到的經濟學與數學書籍。慢車開到劍橋大概要兩個小時，我焦躁地不停查看途中經過的站名，最後總算看到了劍橋的站牌。到站後多虧有個腳夫幫我，才能把那口大行李箱放到計程車上，接著我就驅車直奔事先預訂在公園大道（Park Parade）上的住處。

三一學院幫我安排了雅房——房東家裡的一個房間——而不是學院宿舍。這是當年的慣例：一年級新生都住在外頭的雅房，升上高年級後才能搬進學院裡。對一個初來乍到，人生地不熟的外地學生來說，我覺得這制度真是糟透了。我住的房子在小修道院路（Priory Road）上，過了杭亭頓路（Huntingdon Road）那邊——離三一學院有一段距離。房間要到十月才能入住，但是我是在九月二十九日到的，所以我才會暫時住在公園大道。我的住處離劍橋市中心很近，可以俯瞰美麗的公園——芳草如茵，青翠怡人，一派英國各地公園與草地夏季常見的景象。

幫我訂公園大道旁住處的是我們家在達卡時的一位巴基斯坦裔世交，名叫夏哈布定（Shahabuddin）。他在劍橋攻讀法律，一下就答應幫忙；他自己也正要搬進另一處雅房，原本的住處可以讓我住兩晚。不過這邊的房東太太跟我在倫敦那位親切的房東太太很不一樣，不停發牢騷。夏哈布定一早就到法學院的圖書館去了，所以房東太太要我轉告「你那個朋友」：「你知道吧，泡澡要一先令，熱水很貴耶！」我說：「我現在知道了，我馬上拿昨晚泡澡的那一先令給你。」「問題不在你身上，」房東太太說：「你那個朋友是個騙子。他一天泡四次澡，還敢說他沒有。說什麼他只泡了一次，其他時候都只是洗洗腳而已。根本就是騙子！」我只好跟他解釋穆斯林禱告前需要沐浴淨身的要求是怎麼回事。

但是房東太太毫不退讓：「洗那麼多次腳是要幹嘛？」我又解釋了一下在禱告前潔淨身體的必要性。「那你咧？」她咄咄問道。我連忙向她打包票：「不會不會，我不是穆斯林，不做禱告——我不信神。」不說還好，一說就引火上身了。「你不信神？」她滿臉驚恐地叫了出來，我不禁開始懷疑自己是不是該馬上打包走人了。還好，這危機一閃即逝：生意還是要做的，她最後就只叫我記得傳話，提醒我朋友每次泡澡都要付一先令。我答應她會照辦。當晚我見到夏哈布定時，我勸他跟房東太太把話說清楚。「欸，這瘋婆子，」夏哈布定說：「反正我明天就搬走啦。」隔天一早，我們倆都搬離了公園大道，我想那位房東太太可能暗自慶幸不用再擔心房客是騙子或不信神的傢伙——說不定還是不信神的騙子呢。

二

我在小修道院路住處的房東太太又是另一副模樣。韓納太太（Mrs Hanger）無比慈祥，對外頭世界充滿好奇。不過她坦承說道，她有點擔心讓我住在家裡，因為她從來沒遇過白人以外的人種（她又加了一句：但在火車和公車上曾經見過）。她其實跟三一學院說過她不想收有色人種房客，結果三一學院回覆她說那他們會將她移出房東清單。她嚇壞了，說她收什麼樣的房客都可以。學生住宿組的人員說不定有點故意，馬上就把我這個明顯是有色人種的學生派給了她。

不過我發現，以韓納太太的科學觀念來看，她會害怕有色人種是有她的理性根據。我到達的第一天，韓納太太在熱情地招呼後，突然問道：「你身上這身顏色會不會褪色啊——我是說如果真的泡很熱的熱水，會掉色嗎？」我只得向她再三保證我的膚色絕不會褪色。接著她就說起家裡的燈光、電器怎麼使用，提醒我要是沒拉上窗簾，即使看戶外是一片黑暗，燈火通明的房間裡還是會被外頭看得一清二楚。一切交代停當後，她就只想著怎麼讓我在這裡過得開心舒適。過了幾天，她覺得我實在太瘦了（天哪我還真懷念那時的身材），一副營養不良的樣子，所以她就規定我喝全脂鮮乳：「沈恩啊，你每天早上至少都得給我喝一杯：我們得把你養胖才行！」

三

我到劍橋的第一天，就是還住在公園大道那時，我特別去找了三一學院的位置，走到三一學院正門前面，真的是高大雄偉，就像我先前在照片裡看過的那樣。我隱約知道三一學院的正門比這座學院本身還古老，是在國王學堂（King's Hall）的時代興建，於一三一七年落成的。一五四六年，亨利八世合併了原有的國王學堂與米迦勒學院（Michaelhouse）這兩所學院，成立三一學院。說起來，國王學堂還是劍橋這裡第二古老的學院，僅次於伯多祿學院（Peterhouse）。併校之後，國王學堂的大門也就成了三一學院的正門。這座正門獨特的歷史（門上還用拉丁文刻著國王學堂的名字）與優雅的美感都教我一見難忘。

我溜進了正門下方較小的那扇門——畢竟較大的那扇門總是關著。之後我就先到正門後頭的收發室（Porter's Lodge）。收發室裡的工友十分好客，見到我一副很開心的樣子，而且還有點意外我不是中國人。收發室副室長說：「我們這邊也有不少來自中國的沈同學，不過他們都希望大家直接叫他們的名字就好。」「您也可以直接叫我名字，」我說：「就不用加上『先生』這敬語了。」副室長搖頭大笑，說：「這可不行，而且我看了你的名字，我們還是叫您『沈恩先生』方便多了。」說著還拿出了一小張學院的地圖出來，告訴我圖上哪裡是哪裡。

接著我去了教堂，發現整座學院的歷史具體出現在我眼前——牛頓的沉思像就座落在法蘭西斯・培根與湯瑪斯・麥考萊（Thomas Macaulay）的雕像隔壁，旁邊還有其他三一學院名人的眾多紀念碑。但是說不定最重要的是我頭一次看到在教堂牆壁上刻滿了所有在第一次世界大戰中喪生的三一學院師生姓名。不幸罹難的人數竟有那麼多，真是嚇到我了。我不敢相信有那麼多三一學院的人喪生，只能慢慢接受這些人真的「全都是來自同一所學校，同樣的年齡層，全都在這短短四年的戰爭中」送命的事實。一九一四年到一九一八年間死亡人員的姓名多到在二戰中死亡人員名單要到教堂前廳才有空間刻上。我雖然知道死亡數目，但是從沒真正領略到死亡規模竟是如此龐大。我不得不在教堂裡找張長椅坐下，試著釐清這麼殘酷的事。到了第二次世界大戰，大多數參戰國領袖都設法將大量傷亡轉移到一般民眾的數目中——在考文垂如是，在德勒斯登如是，在廣島、長崎亦復如是。

我就在這驚魂未定的狀態下回到了美麗的中庭，沒一會兒我就從隔板後第一次看到由克里斯多福．萊恩爵士（Sir Christopher Wren）設計，優美絕倫的內維爾庭院（Nevile's Court）。在內維爾庭院一側的萊恩圖書館是我這輩子見過最精緻的建築之一。當我走進萊恩圖書館，看見無數古籍排列架上，再抬頭一看，陽光從頂窗斜射而入，我不禁懷疑這麼美的地方真的能拿來當作每天工作研究的處所嗎？

「你是新來的學生嗎？」一位青春洋溢的女性問道，她看起來就是這裡的圖書館員。「我還不習慣暑假已經結束，學期要開始了。來吧，我帶你到處看看，」她效率極高，三兩下就介紹完了。我暗自心想，這世上還有什麼比在這種地方工作——按照自己的節奏——更吸引人的事。我猜我之後會經常來這裡。雖然我猜錯了許多事，但是這件事卻是猜得絲毫不差。

四

隔天早上，我去見了我的導師約翰．莫里森先生（Mr John Morrison），十分風趣和善的一個人。劍橋大學中的導師不是為你授課的老師，而是負責你的校園生活，也告訴你學習問題該去找誰。莫里森不是經濟學家，而是一位傑出的古典學家，在古希臘文領域聲譽頗隆。他問了我這趟行程如何，又問我在劍橋是否安頓妥當，說我應該去見見斯拉法先生，因為斯拉法先生會是我的指導教授——由他來負責安排我的課程，派我去受哪些老師指導。

莫里森先生一邊歡迎我來到劍橋，一邊拿出了雪利酒邀我喝一點，不過我婉拒了。他說：「這樣也對——好好讀書，可是你過兩天一定要來我的雪利酒派對——我會給你一張邀請函的。」我出席了派對，還見到了莫里森先生的其他導生。如果說小修道院路韓納太太規定的全脂牛奶是一種飲料攻勢，我在這裡又要面對另一種。莫里森先生倒了一大杯甜雪利酒給我。我超討厭雪利酒，甜雪利酒更是討厭到不能再討厭了。但是我又不好意思跟莫里森先生說，最後只好在房間走廊上找個花盆偷偷倒掉。沒想到莫里森先生一看到我酒杯空了，馬上又給斟滿了。我躊躇了好一陣子，還是走到那條走廊上把酒倒了。然後我總算鼓足勇氣向他說：「謝謝你的盛情款待，但請別再倒了。」後來我再去他家找他時，都會偷偷繞到走廊上去看看那盆花有沒有事。還好，那盆花反而開得更茂盛了。

第二天早上十點鐘，我到三一學院的內維爾庭院去見指導教授皮耶羅．斯拉法，他跟我說他才剛吃完早餐，還沒完全清醒過來，所以請我過一個小時再來找他。一個小時後，我又來了。他告訴我，負責直接指導我的是肯尼斯．貝瑞爾先生（Mr Kenneth Berrill），聖凱瑟琳學院（St Catherine's College）的一位年輕老師。雖然後來我和貝瑞爾處得相當融洽，兩人還成了好朋友，但是聽到這消息時，不免有些失望。我來三一學院就是想要接受莫里斯．道布和斯拉法本人的指導。斯拉法先生看得出我面露不豫，向我保證：「你會喜歡肯．貝瑞爾的——他是個很聰明的經濟學家，也是一位了不起的經濟史學家。不過也請你務必去和莫里斯．道布談一談。別忘了，隨時都可以來找我。」

肯．貝瑞爾的每週指導一如預期地相當順利，我也寫了張便箋給莫里斯．道布，找了個時間去拜訪他。我不知道他對我讀過他不少著作並且有些自己的見解這件事開不開心，但是他聽到我在遙遠的加爾各答還能讀到那些文章倒是相當驚訝。我在三一學院的這幾年和莫里斯．道布成了十分親密的好友，他老是對我說我「古怪的閱讀品味」令他瞠目結舌。第二年時，莫里斯．道布成了我的主要指導老師，不過三一學院還是安排我去上奧博瑞．希爾伯斯頓（Aubrey Silberston）的英國經濟（我猜我對這題目的無知程度大概所有人都一目瞭然吧）。奧博瑞和我也成了畢生好友——我們的友誼一直延續到二〇一五年他過世為止。我有時候不禁會想，我究竟何德何能這麼快就能遇上這麼多好老師呢？

五

雖然皮耶羅．斯拉法對我說隨時可以找他，但是我沒想到他是真的想多見見我。後來我乾脆當他是聯合指導老師。他除了教我一些經濟學課程之外，還教了我不少好東西，比方說短萃取濃縮咖啡（就是煮濃縮咖啡時剛開始流出來那幾秒的咖啡，時間一到就不能再倒了）。那滋味真的叫醒醐灌頂，簡直堪比他給我的第一項建議：對劍橋經濟學的至少某些內容要保持懷疑態度。

斯拉法告訴我：「在你來的這地方，經濟學家時時刻刻都想提出新理論，這實在不知道是好是壞，但是你要知道，每個劍橋經濟學家都覺得自己的理論非得濃縮成一句『口號』才算大功告成。你要想辦法避免變成這樣——尤其是在劍橋這裡。」這建議果然令我受用無窮，更讓我在劍橋經濟學遍布的重重口號間安然優遊。

後來等我成了三一學院的獎金研究員（Prize Fellow）後，有了許多機會能跟斯拉法多聊天，我才知道原來是他將維根斯坦從原本在《邏輯哲學論》（*Tractatus Logico-Philosophicus*）的那套想法拉了出來，開創出對語言規則的嶄新見解——這項改變也牽扯到了斯拉法的朋友安東尼奧・葛蘭西。我稍後會再回頭來談這段爭論。

我從斯拉法身上還學到了自我審視與自我批判的功夫。我還在念大學部的時候，有一次在一位知名經濟學者的文章中找到一個明確的錯誤，這篇文章是刊登在我們這領域裡頂尖的《經濟學期刊》（*Economic Journal*）。我興奮極了，馬上寫了篇駁斥文章，拿給斯拉法看，問他這樣的文章能不能上《經濟學期刊》。皮耶羅看了那篇出錯的期刊論文，然後又看了我的駁斥，說道：「我想他們恐怕會刊出來吧。」接著又說：「但是你不可以投過去。難道你想要頭一次發表的學術文章——雖然寫得不錯——就只是為了糾正這麼微不足道的東西嗎？」所以我頭一次在頂尖專業期刊上投稿的念頭就此打消了，但我很感謝斯拉法那一句話，讓我來得及懸崖勒馬，不至於誤以為發表這文章有什麼了不起。

六

我在三一學院的老師都是一流的經濟學家，而且個個都有其獨到之處。不過他們彼此未必氣味相投。丹尼斯・羅伯森雖然偏向保守黨，但是他告訴我他把票投給了自由黨。斯拉法和道布都是徹底的左派——事實上，道布還是英國共產黨黨員呢。他們三人之間儘管有些重大歧異，相處卻十分融洽。

羅伯森請道布到三一學院任教時，道布馬上就答應了，可是——斯拉法後來告訴我——道布隔天就覺得非寫信告訴羅伯森不可：「我很抱歉您來邀我赴聘時，我沒告訴您我其實是共產黨黨員，若您因此想要撤回聘約，我絕無二話。」羅伯森回給道布的信只寫了一行：「親愛的道布，只要您能在炸掉教堂之前兩週先行通知我們一聲，什麼都好談。」

我原本只想在三一學院念兩年，快速取得學士學位（銜接我在加爾各答已經念的那兩年），結果卻在這裡從一九五三年待到了一九六三年，是我待在三一學院這裡的頭一個十年——原本只是個大學生，然後變成研究生，然後是獎金研究員，最後成為講師，變成正式教師。即使在一九六三年我離開三一學院之後，這裡仍然是我每次回到劍橋時停駐的老家。

多年之後——離我第一次踏足這裡四十五年之後——我穿著全套正裝，又站在了三一學院的正門門口。我必須在正門靠邊那扇較小的行人門上敲三下。收發室室長過來開了門，問道：「閣下是哪位？」聽到這問題後，我得擺出一副自信從容的樣子回他：「吾乃學院新任院長。」室長會再問我：「閣下可有任命狀？」（三一學院院長的任命狀是由英國女王簽發。）我要回他：「任命狀在此。」然後把任命狀拿給他看。收發室室長回我說，全體教員會在中庭裡集合見證任命狀，然後就把那扇小門關上了。我知道接下來那份任命狀會交給所有教員一一檢視，而我則是在正門外頭靜候。等到眾人確認過皇家書狀真偽後，學院總算打開了正門那扇大門，副院長走上前來，摘下帽子，向我問候：「歡迎院長閣下。」在和所有教員一一招呼介紹後（許多人我當然老早就認識了），我必須緩緩走進教堂，在一場溫馨感人的儀式中正式就任。

在正門外頭等著大家檢視任命狀的那段時間裡，我不禁回憶起一九五三年十月，我頭一次跨進三一學院正門下方那扇小門的情景。稍後在就任典禮上，我又再看了一次那些紀念碑，看著我在進入三一學院第一天看過的那些名字。這些在一場原本毫無必要的歐洲大戰中不幸犧牲的三一學院師生，從此與那場大戰過後許久才在遠方出生的我有了緊密的連結。

隨著我跟三一學院——以及跟英國——的連結愈來愈強，我也愈來愈清楚我們的多重身分有多麼複雜。這些複雜性從當年在加爾各答劇院路上的英國文化協會開始，延續到我在孟買焦慮地登上斯特拉斯號客輪。當我跨過三一學院的正門時，我感覺得到多重身分的複雜性又更進一步，伴隨著一股強烈的傾慕之情與一份濃濃的歸屬感。

第17章 不同圈子的朋友們

一

我在劍橋做的第一筆投資——有好一陣子其實是唯一的一筆——就是買一輛腳踏車。從小修道院路靠雙腳走到三一學院或劍橋大學中心得花好長一段時間。而且我還時不時就得到城裡的其他地方去——去其他學院、去聽課、去圖書館、去拜訪朋友，還有參加各式各樣的政治、社會與文化聚會。可惜的是我的錢買不起變速單車，所以我只好買一輛二手的定速單車——自我安慰說，騎這輛古董車爬上城堡丘（Castle Hill）回小修道院路家裡剛好順便讓我運動運動。

我在買到這輛腳踏車之前就認識了來自巴基斯坦的馬哈布・烏爾・哈克（Mahbub ul Haq）——他念的是國王學院，從三一學院走一小段路就到了。我們是在我去上第一堂課的路上認識的。當時才剛開學，我正從國王街匆匆趕著要去聽喬安・羅賓森（Joan Robinson）的課。我在加爾各答時就對她一九三三年出版的《不完全競爭經濟學》（*The Economics of Incomplete Competition*）愛不釋手，一直很想聽她的課。在那個晴朗的秋日早晨裡，打扮得一身瀟灑帥氣的馬哈布在國王街上快步疾行，他也和我一樣，正要去聽羅賓森講課。

我們都有點遲了（結果喬安·羅賓森還更晚到），所以我們一邊趕路一邊聊了起來。我真是走運，一九五三年十月這場上氣不接下氣的對話竟能延續一輩子，直到一九九八年馬哈布突然不幸過世為止。在課堂外，無論是在劍河旁的後園散步時，或是在他房間或我房裡，我們總在抱怨主流經濟學。主流經濟學為什麼就這麼不關心人類生活呢？馬哈布和我不僅惺惺相惜（後來我也認識了他活潑的妻子班妮Bani，也叫卡迪嘉Khadija——是來自東巴基斯坦的孟加拉人），而且還有許多共同的學術興趣。馬哈布在一九九〇年《人類發展報告》中提出的創見正反映出了他一心想要擴張經濟學涵蓋範圍的那股熱情——而且還是十足講理的熱情。

來自斯里蘭卡的拉爾·賈亞瓦德納（Lal Jayawardena）也在國王學院就讀。拉爾和我也是畢生摯交，我們倆都同樣努力想要擴張經濟學思考的範圍。許多年後，拉爾的努力有了具體成果，於一九八五年在赫爾辛基成立了聯合國大學的經濟研究所，並擔任創所所長。我有一陣子也在那裡和他並肩作戰，甚至在這機構成立之前還幫忙想要取什麼名字才好。我們最終定名世界經濟發展研究所（World Institute for Development Economics Research），字首縮寫是WIDER——正合拉爾希望讓經濟學與社會科學海納百川的心思。如今回顧我曾參與過的種種全球計畫，我才體會到自己有多幸運，竟然能與後來創立與領導這些計畫的人物當大學同學——馬哈布與拉爾更是個中翹楚。

我在開學頭幾個星期常跑國王學院還有另一個原因，就是去找來自以色列的麥可·布魯諾（Michael Bruno），他當時念的是數學，但是沒多久也改念經濟學了。他們家是猶太人，一九三三年就搬離了德國，當時他才一歲，及時逃過了後來的大屠殺。布魯諾是個厲害的經濟學家，而且還是成功的以色列中央銀行總裁。他在擔任國際經濟學會（International Economic Association）主席時，毅然決然作主拒絕了歐美各國的提案，成功在突尼西亞這個阿拉伯國家舉辦世界大會。他支持民主，在政治上傾向左派，所以我們倆在許多世界議題上都有共識，獨獨對巴勒斯坦的阿拉伯民眾可能遭受什麼命運意見相左。

麥可致力於和平與包容，唉，只可惜他對以色列與巴勒斯坦的關係太樂觀了。我因為見證過一九四〇年代印度教徒與穆斯林之間的浴血衝突，很清楚在蓄意製造的身分衝突中，煽動分裂的激烈情緒多麼容易產生敵意與暴力。我們倆在一九五〇年代談到巴勒斯坦問題時，我真希望他的樂觀看法能夠成真。後來卻是我的悲觀看法成為了現實，我真是一點都高興不起來。

二

我雖然跟三一學院外的很多學生混得很熟，但是我在學校的頭一年裡最主要的交友圈還是三一學院的同學。我三一學院的朋友裡有幾個很行的數學家，尤其是艾倫．海耶斯（Allan Hayes）和來自南非的大衛．艾普斯坦（David Epstein）。我朋友裡也有歷史學家——其中西蒙．迪格比（Simon Digby）更是成為伊斯蘭研究的重要人物，在印度和巴基斯坦享有盛名。（西蒙的祖父威廉．迪格比曾因痛批英國統治造成了印度的貧窮而聲名大噪。）幸運的是，沒多久我也認識了後來在哲學界動見觀瞻的伊恩．哈金（Ian Hacking）。我們的友誼讓我一生獲益。

我發覺自己經常跟一群初來乍到的外國學生聚在一起，大家會安排定期見面。這群人裡沒一個能算得上沉默寡言的，有來自挪威的薩福・薩福森（Salve Salvesen）、菲律賓的荷西・羅美洛（Jose Romero）、日本的岡崎久彥（大家都叫他恰克Chako），還有其他好幾個同樣熱情洋溢的人。說起來，這些人其實都不算專注在本行上（恰克大概是唯一例外），這真是太合我脾胃了，我們總是三五成群的湊在一塊兒聊個不停。有時候來自泰國的阿南德・班亞拉春（Anand Panyarachun）也會加入我們，這位才華出眾的思想家比我們這些新鮮人早了一年到三一學院來。

後來我們這群三一學院的外籍生個個都可說是事業有成。阿南德兩次當上了泰國總理。恰克是個出色的外交家，還曾是日本外務省的高官，他退休後在東京擔任岡崎研究所所長，這機構為讚揚他的成就以他為名。荷西・羅美洛後來當了大使。多年後，他到三一學院院長公館來找我，還說他實在不太習慣我坐在學院院長這位子上。（「你對條文規定的懷疑態度都到哪裡去啦？」）荷西在正式退休之後，還是在菲律賓的許多教育、傳播與社會運動機構中扮演活躍角色。

一九五三年時，人人都還對第二次世界大戰記憶猶新。我那些亞洲朋友對這場大戰所持的看法各有不同，例如日本人的觀點和菲律賓人的觀點就天差地遠了。這當然沒什麼好意外的。我們這群朋友都會說恰克「很保守」，不過我其實不太確定在戰後受美國主宰的日本，這「保守」到底是什麼意思。我跟恰克第一次長談是在三一學院的新生廳（Junior Parlour），當時他問我知不知道印度法官拉達賓諾德・帕爾（Radhabinod Pal）在國際軍事法庭上對審判日本戰爭罪行提出了不同意見書。

我對那場審判熟得很，畢竟在印度可是傳得沸沸揚揚。帕爾法官獨排眾議（不過法國與荷蘭的審判員都支持帕爾法官的部分見解），認為被告並未犯下最嚴重（稱為「A級」）戰爭罪。帕爾質疑這場由戰勝國所設的軍事審判庭的正當性，因為以新設的「A級」戰爭罪來判處戰敗方將領分明是「溯及既往」。他並未否認日軍的某些行徑確實慘無人道，例如南京大屠殺——他甚至還說日軍的某些行為「禽獸不如」——但是他希望用更通用於大多數戰爭的「戰爭罪」標準來評判這些恐怖行徑。他更主張在廣島與長崎投下原子彈也同樣是犯下了嚴重的戰爭罪。

帕爾法官在一九四六年（印度獨立前一年）遞交了對這場軍事審判的不同意見書，在英屬印度政府苟延殘喘的那段日子當然隨即遭禁，但是當英國統治結束後馬上就全文廣傳了。我沒有細讀帕爾法官的不同意見書全文（我在看到不同意見書全文竟長達一千二百三十五頁後，就只看了全文摘要），但是我在加爾各答讀書那時候，經常在學院街咖啡店裡跟其他人討論報章雜誌報導出來的那些重要論證。恰克說他很意外——也很高興——我知道帕爾的主張。我只好告訴他，其實我對帕爾的看法也只有部分同意，主要是盟軍在廣島與長崎所做的事也該算是犯罪。

要說我對帕爾法官的不同意見書印象深刻，那是因為這個議題引起極大分歧。印度人那段時間很高興看到日本這個亞洲強國能夠挑戰歐洲殖民者，而且蘇巴斯・闡德拉・波斯領袖所率領的印度國民軍正是來自投降日方的英屬印度軍，之後更與日軍並肩作戰，在印度人的政治想像中頗具正面印象。更何況盟軍對日本投下原子彈這件事深深嚇到了大多數印度民眾。

日本人也同樣認真看待帕爾法官的見解，只不過一九五三年時還沒有具體表示。後來到了一九六六年，日本天皇頒發瑞寶章給帕爾法官，現在在靖國神社與京都靈山護國神社都設了感念帕爾法官的紀念碑。二〇〇七年時，日本首相安倍晉三在參訪加爾各答的一日行程中，還特別去拜訪了帕爾法官的兒子普拉桑達（Prasanta，他也是一位優秀的律師）。

恰克和我還聊了不少其他事情，有些比較嚴肅，例如談到佛教是怎麼傳到日本的（其實是從韓國傳過去的，而非有時人們說的經由中國傳播），也有比較輕鬆的，像是我們對某些人有何看法之類的。恰克當時正要展開他的外交生涯，我毫不懷疑他能在這領域中發揮他犀利的才智，只不過可能會帶些民族主義色彩吧。

三

薩福・薩福森是個幽默的挪威人，跟他聊天總是樂趣無窮，偶爾還能學到些東西呢。他讀書的時間少得驚人（他都說那是「書呆子」才幹的事），很努力試著喜歡他主修的經濟學。薩福的母親席爾維亞（Sylvia）有一次來看他兒子，還帶我們去一家高級餐廳吃大餐（跟我們平常在學院的一般飲食真是截然不同），席上跟我們熱絡地談話。薩福森一家人來自挪威的上流階層，跟皇室關係相當密切，但是席爾維亞對政治的熱中還帶著點激進與勇悍，所以她才敢在第二次世界大戰時勇敢抵抗納粹對挪威的控制。她跟我們說了她反抗納粹佔領，一再遭到逮捕的事。她說她最後一次被捕時，被送進了德國漢堡的拉文斯布呂克（Ravensbrück）集中營。還好，她終究是熬過了那場苦難，戰後還成為指證漢堡拉文斯布呂克集中營所犯戰爭罪的證人。

我覺得席爾維亞寫的那本《恕而不忘》（*Forgive–But Not to Forget*）十分感人，我們還談了書裡的許多細節。書裡頭十分睿智地談了該如何對待過去曾經戕害一般百姓的加害者。席爾維亞這番想法，雖然說不能直接拿來類比，卻也適用於英屬印度政府結束統治後的後帝國時代。當時——一九五〇年代初期——我們正在重建印英之間的關係。後來我發現，席爾維亞的想法更適用於尼爾森・曼德拉（Nielson Mandela）總統與戴斯蒙・屠圖（Desmond Tutu）大主教領導下的南非面對後種族隔離時代所採取的策略。

儘管席爾維亞反納粹，但她絕不是個社會主義者，反而還十分擔心社會主義思想對戰後挪威的影響。她一邊大笑一邊告訴我：「你看看，我好不容易把我兒子送到三一學院這貴族學校來保護，避開挪威那些社會主義者，結果三一學院偏偏馬上派了個英國共產黨的來教他！」我後來跟莫里斯・道布說起這件事時，他也笑了，說：「那我可得想辦法讓席爾維亞知道薩福跟我談的都是標準的新古典主義經濟學啊！」

四

我在三一學院讀書時交到最好的朋友說不定是麥可・尼克爾森（Michael Nicholson）。我們在劍橋的第一年就認識了，但是要到第二年時我們才熟悉起來。且不說麥可討人喜歡的個性和聰明的腦袋，他給我最深的印象就是他的人道關懷和普世主義。我們還在大學部就讀時就經常討論彼此共同關心的一些話題，之後的幾十年裡也不曾斷了聯繫。他後來深深投入分析各種衝突的性質與起源，為的就是要設法解決民族及團體之間的紛爭與衝突。他在我一九九八年年初搬進院長公館後還來找過我，真是令我欣喜萬分。但是不久之後，他竟然在二〇〇一年罹癌驟逝，教我悲痛不已。

麥可和我一樣不信宗教，但他出身自約克郡貝弗利（Beverley，離著名的貝弗利大教堂不遠）的虔誠基督教家庭。我有一次在他們家過夜，見到他無比親切的父母時，我才明白基督徒的人道關懷有多麼明智動人。不過也由於麥可的爸媽十分虔誠，麥可不好在貝弗利的酒吧露臉，只能帶著我到隔壁村子的酒吧喝兩杯。這倒不是什麼嚴重代價啦，我這樣想，因為他爸媽真的很棒，不僅對他們身邊的人付出十足的熱情關懷，就連對世界上其他人也都是如此。麥可的媽媽做的約克郡布丁是我嚐過最美味的布丁——當然，這是餐桌上獨立品嚐的第一道菜。

我在三一學院還有另一名摯友皮耶安哲羅．加列納尼（Pierangelo Garegnani）。他是來自義大利的馬克思主義者，來三一學院是為了跟著皮耶羅．斯拉法學習。我們倆差不多同時到三一學院來，不過他已經是研究生了，不像我還是個大學生。我對義大利的馬克思主義很感興趣，所以我們經常談天。皮耶安哲羅是葛蘭西的忠實信徒，而且對葛蘭西的崇拜有點天主教徒的感覺，會把葛蘭西的照片放在書桌前，彷彿盯著自己這弟子好好認真。我已經可以說是對斯拉法佩服得五體投地了，但是皮耶安哲羅比我還誇張，受不了有人批評斯拉法的經濟學，就連像我這樣由衷欽慕斯拉法的人也是一句批評都說不得。

我一定還得提提我和路易吉．帕西涅提（Luigi Pasinetti）的交情。帕西涅提比我晚一點到劍橋來，因為他先去讀了牛津大學。他和我是畢生摯交，到現在都還親密無間。帕西涅提除了在資本理論與經濟成長理論方面有卓越貢獻之外，對振興新凱因斯學派經濟學（源起於凱因斯學說，但比凱因斯本人的想法更進一步）更有推波助瀾之功。帕西涅提對馬克思十分感興趣（當年大多數的義大利經濟學者都是如此），但是從任何方面看他都算不上是馬克思主義者。他也明顯受到斯拉法的影響，並且花了極大工夫推廣斯拉法的經濟學觀點——這稍後就會提到。

五

還有另一位義大利經濟學者尼諾（本尼亞米諾）．安德列亞塔（Nino/Beniamino Andreatta），他既不屬於斯拉法這一派，也不是馬克思主義者，更非凱因斯學派，而是為了鑽研傳統主流經濟學而來到劍橋大學經濟系的訪問學者。他也十分熱中政治——後來他不僅成為義大利中間偏右政府中的資深內閣大臣，更影響了後來採取中間路線的義大利總理恩理科．雷塔（Enrico Letta）。他與羅曼諾．普羅蒂（Romano Prodi）共同推動了一九九六年中間偏左路線的橄欖樹聯盟，並試圖抵制貝魯斯柯尼（Berlusconi）掌權。

我還清楚記得我經常跟尼諾在談的那些事。他滿支持左派的呼籲，但覺得左派總是太自以為是，固執不通，所以像他這樣幽默的人會用些逗趣軼事來表達他的疑慮。他對印度十分好奇，後來他還代表麻省理工學院向當時由尼赫魯領導的計畫委員會（Planning Commission）提供建言。

他來德里的時候，我們也是聊個不停。我跟他說，他可能會覺得他的印度僕人太唯命是從，無畏無懼的他還是照樣質疑我的說法。「這回你又搞錯了，阿馬蒂亞，」尼諾過了幾天後說：「我才剛確認過僕人房裡的服務鈴裝好了。服務鈴是在吉安娜〔Giana，尼諾的太太〕和我出門時裝好的，我們回到家後想確認一下電力設施裝好了沒，結果水電工說不但都搞定了，而且還多做了一些。」他們家的僕人普拉蒂普（Pradeep）還叫水電工在尼諾他們的起居室再多裝一個服務鈴，一個開關設在僕人房裡。普拉蒂普向吉安娜說：「夫人，這樣就方便多了：夫人你們要找我的時候，只要在起居室裡按下白色開關就好，要是我要找夫人，也只要在我房裡按下白色開關就行了。」我除了慶幸好友尼諾沒有因為人生順遂就喪失了他的幽默感，也從他這兩個服務鈴的故事裡察覺到印度正在改變的好消息。

六

我在劍橋念大學部的時候，南亞學生是相當特殊的一個群體。我在到劍橋之前就已經認識了兩個印度人，都是在他們到加爾各答遊歷時結識的：普拉拉德．巴蘇和迪帕克（哈潘）．馬尊達（Dipak/Hapan Mazumdar），他們比我早一年到劍橋來。我到這裡不久就找到了他們，也很快就成了摯友。普拉拉德後來進入行政體系，成為印度的一流公務員，迪帕克則跟我一樣留在學術界——事實上，我們在一九七〇年代還是倫敦政經學院的同事呢。迪帕克經常和他明豔動人的太太寶琳（Pauline）一塊兒來找我，寶琳研究的是醫學，相當風趣幽默。

我也認識了許多印度人與巴基斯坦人，晚上經常和他們聚在一起。阿帕娜．梅塔（Aparna Mehta）不僅惠我良多，更親得像家人一樣，後來還和普拉拉德共結連理。她小時候有一陣子住在加爾各答，說得一口流利的孟加拉話。我們常聊些心底話。其他朋友都說我們倆是「互捧搭檔」，我覺得倒不如說「諮詢搭檔」還貼切得多。

還有一個我也很熟的印度人迪潘卡．高栩（Dipankar Ghosh），這個法律系高材生的父親杜瓦卡納特．高栩（Dwarkanath Ghosh）是印度頂尖的經濟學家。我早就耳聞他們家的名聲，但是直到我到劍橋才真正認識迪潘卡。他在加爾各答時讀的是馬丁學院（La Martinère College），那裡收的都是英文程度比我好許多的學生。我一開學就去找了迪潘卡，當時我們是在一家印度—

巴基斯坦餐廳（這餐廳不免俗地取名為「泰姬瑪哈」）見面，位置大概在三一學院正門斜對面。迪潘卡在劍橋法律系的成績優異得令人咋舌（不過實在摸不清他到底什麼時候在讀書做研究）。我們有一群共同朋友，大家總會定期碰頭。

我們這群人裡的迪利普．阿達卡（Dilip Adarkar）是另一位印度傑出經濟學家的兒子，雖然我在劍橋第二年才認識他，卻很快就成了知心好友。我們在劍橋的第二、三年裡經常一起出沒，還結伴去了挪威、瑞典、丹麥、德國與荷蘭。一九六一年夏天，我和妻子娜班妮塔（Nabaneeta）還到史丹佛大學去拜訪雙雙剛完成研究所學業的迪利普和他太太琪特拉（Chitra）。

我有些十分熟悉的印度朋友也在三一學院。最熟的我想應該是庫瑪．湘卡達斯（Kumar Shankardass）了，他是德里印度最高法院的頂尖律師，在一九八〇年代還當過國際律師協會（International Bar Association）主席，我們一直交好至今。還有總是在城裡各間小酒吧聽爵士樂的薩米爾．穆克吉（Samir Mukherjee）。我上次在加爾各答跟他見面聊天時——老天哪，都幾十年前了吧——我聽他說，他自從得了小兒麻痺復原之後，就專心為加爾各答戲院創作左派戲劇（這倒是挺出人意表的，因為他出身自一個專做英國生意的上流家庭）。他弟弟普拉畢爾（Prabir）也在三一學院讀書，雖然是個極好相處的人，卻總對我們談論的每個政治理念都有意見。

七

當年在劍橋的時候，印度人和巴基斯坦人經常混在一起，雖然沒有印度社團或巴基斯坦社團，不過卻有個歡迎所有南亞同學參加的「麻吉團」（Majlis，波斯文中「聚會」的意思）。這團體裡跟我比較熟的朋友，有來自東巴基斯坦（也就是後來的孟加拉共和國）的雷曼・索柏翰（Rehman Sobhan）和來自西巴基斯坦的馬布伯・烏爾・哈克（Mahbub ul Haq）與阿里夫・伊夫特克哈（Arif Iftekhar，他說不定是我見過最厲害的辯士）。從我到劍橋的第二年開始，麻吉團就成了我生活的重心，我在雷曼當社長的時候擔任社團總務（總管不知道在哪的財務），後來也接任了社長。雷曼大概是我這輩子關係最密切的朋友了，而一九五〇年代中期的麻吉團把我們綁在了一起。

我們與牛津麻吉團辦過幾次聯誼，有一次雷曼和我一起去跟他們辯論關於冷戰的問題。牛津大學的代表是主修法律的卡瑪爾・海珊（Kamal Hossain），他後來積極推動成立孟加拉共和國；一九七一年，他當上了孟加拉共和國的外交部長。卡瑪爾跟我們說，有人要他小心來自劍橋的兩個左派健將，所以他下足苦功準備了半天。結果發現雷曼跟我兩個人根本沒那麼氣燄高張，他坦承還有點失望呢。

八

每年十月新生入學時，劍橋麻吉團都很積極招收新成員。舌粲蓮花的雷曼根本就是為了拉攏南亞新生而生的。一九五五年十月，明媚動人的莎瑪・伊克拉穆拉（Salma Ikramullah）從巴基斯坦來到了紐納姆學院（Newnham College），雷曼格外積極地設法拉她入會。他鼓足勇氣行動，求我陪他去邀莎瑪入會。一見到莎瑪，雷曼就滔滔不絕地講起他精心準備的說詞，說南亞新生最好一入學就加入麻吉團，不然接下來在學校的生活恐怕在文化上與政治上都孤立無援。莎瑪微笑看著雷曼使出渾身解數，顯然不為所動。她眼裡閃過幾分猜疑，不過最後還是決定入會了。

我當時當然絲毫不知道這對雷曼的人生來說是多麼重要的一場會面，更沒料到會影響到印度次大陸甚至世界上無數人的生命。莎瑪後來嫁給了雷曼，和他一同打拚比我們這小小麻吉團更大、更重要的事業。她成了人權先鋒，在孟加拉推動了不少重大的進步改革，堅決對抗社會上的不平等，尤其是性別上的不平等問題。莎瑪在達卡大學法律系是備受推崇與敬愛的老師，對於人權（包括婦女權利在內）有著許多創新的遠見，更有不少對抗與打擊社會不公義的具體想法和手段。她也擴展了孟加拉與其他各國如何從性別觀點以及女性主義視角看待社會不平等的想法。她創辦了許多重要組織，其中「法律及仲裁中心」（Ain O Salish Kendra）致力於協助無法透過尋常管道獲得法律支援的民眾，為的就是對抗性別相關的不公義。

在這些作為背後有一套關於欠缺資源的深刻分析。儘管權利不足的民眾往往需要靠法律來捍衛保護，但是現有的法律扶助實際上卻可能很難幫助到資源嚴重欠缺的民眾，因為他們有其他像是不識字或是過於貧窮等難處。這些困境會使得受害者無以尋求法律保護與申冤——畢竟要是看不懂法條，那就更不懂得怎麼用了。莎瑪和她的朋友、同事（蘇丹娜・卡馬爾〔Sultana Kamal〕、哈蜜達・海珊〔Hameeda Hossain〕以及其他許多人）都對這些改革舉措不遺餘力，共同為抵抗侵犯人權與捍衛社會中最不利階級的訴求打下了邁向康莊大道的基礎。莎瑪在二〇〇三年十二月驟逝，但是「法律及仲裁中心」的精神號召與心血努力，一定會將她的遠見與志向長久傳承下去。

獲選為三一學院的獎金研究員。隔年，我從加爾各答回到了三一學院，除了研究工作之外也開始負責教學，路易吉就來找我當指導教授——他最感興趣的是義大利貧窮的南部地區（所謂的Mezzogiorno）的匱乏問題。他只比我年輕一點點而已，我們經常談經濟學、談政治、談義大利的酒，還談了許多歐洲社會問題，我在這些對談中學到的絕對不比他從我這裡能學到的少。路易吉後來並未遞交劍橋博士論文，但是他其實只要再多花一點點工夫就可以完成博士學位（「可是我拿回去義大利沒什麼用，」他說），後來他在義大利的許多大學授課——這是義大利高教體系的要求——最後才回到羅馬大學當上正教授。他也十分熱中政治，從一九七六年到八三年還代表共產黨出任國會議員，共產黨當時正在轉型為左派民主政黨。他有段時間擔任內閣部長，後來陸續擔任幾個不同的經濟主管職務，包括義大利金融市場監管委員會（CONSOB，義大利政府監管金融企業並規範證券市場與證券交易的委員會）主委。

某天上午——我想是在一九六〇年的某一天吧——克萊兒碰巧來找我，我當時正在三一學院新庭（New Court）能夠眺望劍河大道的研究室裡指導——至少是假裝指導——路易吉。他們倆顯然一眼就看上了彼此，不過剛開始他們肯定不會承認這回事。克萊兒離開後，路易吉就說「那個英國女生還滿拘謹的」。過沒多久，克萊兒也跟我說我那個叫路易吉的朋友「修養太好，學問也太好，當年一定是腋下夾著一份《曼徹斯特衛報》出生」。過了大概一年左右，他們告訴我他們打算結婚的好消息，著實令我百般驚喜。他們後來過著幸福快樂的日子，一直互相扶持，如膠似漆。

十

我這些新交友圈子裡，有一個倒是出於醫療所需而形成的。我為了口腔癌接受高劑量放射治療的一年後就來到了劍橋。當時就知道這種癌症的復發率很高，而且輻射線可能造成的危害也不容小覷。但是我在加爾各答就診的齊塔蘭占醫院當時紊亂無序，根本就沒辦法從他們那裡找出病歷讓我帶到劍橋來。許多年後，我重新回到齊塔蘭占醫院去找我當年的病況報告與治療紀錄，結果還是同樣一無所獲。

幸虧我父親是個十分有條理的人，對那些診斷、會診商談、另類治療的可能性、我接受多少放射線劑量、接受放射治療後的種種反應等做了一疊又一疊的筆記。等我看似康復後，老爸將這一大疊筆記統統整理成一個資料夾，用一條紅線緊緊打包好——這一幕我畢生難忘——然後轉頭告訴我：「我希望——不對，應該說我確定——我們再也用不著打開這包東西了。」可是後來我還是打開了這份資料夾，畢竟由於齊塔蘭占癌症醫院的病歷紀錄付之闕如，這裡頭的紀錄就更顯得珍貴。我母親的堂弟阿米亞瑪瑪是最早幫我做切片檢查的醫生，他在我決定接受放射治療時雖然人並不在加爾各答，但也給了我一頁半的簡要病歷。

我把這些資料都收好，但是心裡頭對於到了劍橋要去找哪位醫生還是毫無頭緒。我嘴巴裡沒有什麼明顯可見的變化。我給綜合科大夫辛普森醫師（Dr Simpson）看了這些筆記，他檢查了一下我的上顎，復原狀況良好，決定什麼都不必做。但是當我到劍橋幾個月之後，我的上顎邊緣好像開始萎縮，上排牙齒搖搖欲墜（這是放射治療後常見的狀況），而且還相當疼痛。所以我去找了牙醫，結果他居然說要幫我局部麻醉，把上排牙齒統統拔一拔。不過阿米亞瑪瑪先前就告訴過分感興趣。可惜的是他在一九九七年過世，就在我從哈佛回到劍橋的前一年——因此，我要在院長公館招待他的主意從未實現。我想他要是看到自己曾經細心呵護的那個病弱男孩能夠過著完滿的人生，一定會很開心吧？

我這陣子經過格蘭切斯特草原，看見大衛他家的房子時，總格外感到一股失落，但也由衷充滿感激。我從蒂爾伯里港上岸時，還不知道在這裡會認識哪些新朋友。有些好朋友是位置相近，有些人和我有同鄉之誼，有些人是在政治上志趣相投，有些人是彼此脾性相合，還有些人——就像我在放射治療中心認識的這些醫生一樣——則是與我患難與共。回顧我在劍橋展開的新生活，我想不是只有強項才能教人惺惺相惜，脆弱之處也同樣能夠凝聚人心吧。

第18章 什麼經濟學？

一

一九五四年的夏天，我分到了三一學院惠威爾庭院（Whewell's Court）的宿舍，隔著三一街與學院正門相對。房間相當寬敞，有一間舒適的臥室和一間挺大的客廳。但是我當然跟當時三一學院的大多數人一樣，要上廁所必須穿越庭院去，要洗澡的話得帶著毛巾跨越三一街到大庭院區（Great Court）去。由於我宿舍房裡沒有熱水（其實是沒有自來水），所以寢室管理員每天一早會拿著一冷一熱兩大壺水過來，倒進臉盆裡讓我簡單洗漱刮鬍。

我很高興總算能住進學院裡頭，只不過要離開小修道院路的韓納太太家讓我有點難過。我後來很喜歡她。她總是對人和藹客氣，我住在她家那一年裡她還搖身一變，成了捍衛種族平等的義勇軍。一九五三年十月我初到時，她還擔心我的膚色會染黑浴缸，到我離開時，她已經在周遭社區裡呼籲大家都該懂得「人人平等」的道理。

一九五四年六月，我來向韓納太太告別，她遞給我一杯茶和一些家常點心，說她會很想念我。接著她又說了些關於種族關係的進步想法，還告訴我她在常去的跳舞社團裡被另一個英國女子氣壞了，因為那個女子不肯跟另一名還在找舞伴的非洲男生搭檔（「我真的氣得半死——所以我就抓著那個男生跟他跳了一個多小時，跳到他說他想回家了為止」）。

多年後，一九九八年的一月，我又回到了劍橋，我想再去見見韓納太太，猜想她應該會很樂意到院長公館來喝杯茶，但是我在電話簿上卻找不到他們家的姓名。所以我跑到了小修道院路去，但是沒有人知道韓納家搬到哪兒去了。這也難怪，畢竟我上次見到她已經是四十年前的事了，是我一廂情願才會以為她還住在那裡。但我很難過，我連見我那溫暖親切的房東太太一眼的機會也不可得。

一九五五年攝於劍橋三一學院學生宿舍房內，拍攝者為作者表哥貝倫・沈恩

二

我搬進惠威爾庭院宿舍時，同樣念大學部，住在隔壁房的西門．迪格比（Simon Digby）過來跟我打了招呼。他比我早兩年，也就是在一九五一年時進三一學院讀書，我們原本就有些共同好友，但是直到我們現在當了鄰居才真正認識彼此。西門煮了些印度菜歡迎我搬到惠威爾庭院來，真的是太貼心了。唉，可惜的是我搬進來那天多有耽擱，到扛著我的行李箱進門時，都已經快要半夜了。我當然壓根兒也想不到西門竟然準備了鮮蝦咖哩等我。我們還是大快朵頤了一番——只不過這已經是我當晚的第二餐了，我猜西門也是一樣。

令人訝異的是，西門竟十分精通印度史，對蒙兀兒帝國之前的伊斯蘭教歷史更是瞭如指掌——我們的對話根本就是為我開設的免費課程。不過，我們對當代政治的看法卻是南轅北轍，西門還是想把印度當作印度教國家來看待，就像我們說巴基斯坦是一個伊斯蘭國家一樣。他最討厭的就是賈瓦哈拉爾．尼赫魯，更討厭尼赫魯擺出一副歷史學家的姿態（「你知道嗎，就算隨便寫都不可能比他那本《世界史管見》（*Glimpses of World History*）還差勁，」他這樣說）。西門對尼赫魯的政治觀點也是難以苟同。我對他說，宗教中立的民主還是有些實在的好處，但這番話他在當年可聽不進去。我相信他的想法後來有所改變，因為他的伊斯蘭研究（由於某些因素）在巴基斯坦受到抵制，卻在印度大受歡迎。可惜的是，西門已經過世了，不過在印度還有許多徒子徒孫繼承了他的衣缽，延續他的學說。

三

我在總統學院學到的剛好夠我銜接上劍橋第一年的經濟學課程，只有像喬安・羅賓森當時正在撰寫的《資本積累》（*The Accumulation of Capital*）這種新分支除外。我在劍橋聽的第一堂課就是她的課。儘管我們私下互動相當友好溫暖——更甭提我也花了許多時間與她和她們一家人相處——但是我們就是無法形成學術上的連結。這很令我苦惱，因為我很喜歡她，何況她總是那麼熱情、和藹又慷慨大方。

喬安跟印度關係匪淺，她年輕時就曾經去過印度。她嫁給了奧斯丁・羅賓森（Austin Robinson）。奧斯丁在一九二〇年代末曾擔任一位印度王子（瓜廖爾大君〔Maharaja of Gwalior〕的兒子）的私人家教。不過那是奧斯丁到劍橋、成了廣受歡迎的知名教授之前的事了。喬安很喜歡她在印度的日子，她去了許多歷史景點（有時也會和奧斯丁同行），在那邊結交了不少朋友。若要說經常穿著印度服飾的喬安最大的特色就是對印度的東西來者不拒，那麼她對經濟學理論可就挑剔多了。她堅信在經濟學裡有對錯之分，也自認有責任為正確的一方奮戰到底。她徹底而且堅決地反對普通經濟學（通常也稱為「主流經濟學」或「新古典經濟學」），但是另一方面，她認為馬克思經濟學的想法雖然看似頭頭是道，卻錯得離譜。她尤其愛批評（甚至揶揄）她的劍橋同事莫里斯・道布——我說過，道布可是英國當時頂尖的馬克思主義經濟學家。

老實說，我並不覺得喬安對馬克思的理解有道理，也不相信我入學時她正在做的那套關於成長經濟學與資本理論的新學說。不過，我確實對她的想法（和她本人）十分好奇，希望她能和道布一起擔任我大學時期的主要指導老師。當時是一九五四年到五五年，也就是我在劍橋讀大學部的第二年。

喬安那時剛寫完《資本積累》，並於一九五六年出版。她自信她這本書是能夠推垮主流資本理論與「他們」那套經濟成長理論的扛鼎之作，試圖用她對於資本與成長的嶄新看法來取而代之。我出於好奇，便接受了她不尋常的建議，不照當時劍橋教學系統的慣例每週寫一篇論文給她評論，而是每週閱讀她的一章手稿，並提出自己的見解。我讀得非常開心，也十分享受讀後的會面討論。她的想法的確有獨到之處，趣味盎然，只不過我覺得仍不足以說服我。

我努力閱讀羅賓森著作的結果之一，就是愈來愈相信雖然我很欽佩她，但我絕不會成為她的「門徒」，這大概要讓她大失所望了。我很感激她的賞識，也十分尊敬她，但是我真的沒辦法說服自己她這套理論是正確的。我跟她爭辯過幾次，卻都無疾而終——她述說的能力顯然優於傾聽的能力。說起來，喬安不只固執己見：她幾乎決心不考慮任何反駁主張，彷彿這樣就能夠不證自明。我忍不住想起一向在印度哲學爭論中受到支持的論辯傳統，以及其中仔細聆聽的功夫，這說不定可以幫助喬安更能體會什麼樣的理論才會更有威力。在我看來，她對主流經濟學的漠視實在站不住腳，而她對道布、斯拉法與霍布斯邦嚴謹發展出來的馬克思主義觀點充耳不聞，也同樣沒有道理。

四

儘管其中關聯並不總是顯而易見，但是喬安的著作顯然受到了凱因斯駁斥市場經濟適足性不是盟友，就是敵人。新古典主義學派與新凱因斯學派就經常以這種對比形象出現在大家的口頭爭辯之中。我在到劍橋之前還沒聽說過經濟學脈絡中的「新古典主義」，但這個新名詞馬上就流行起來，在各種論辯中廣為使用。我很想知道「新古典主義」在經濟學裡究竟是什麼意思，但若比附到藝術、雕刻、建築界常用的說法，卻完全說不通。我回想自己曾經看過的新古典主義藝術作品，像賈克－路易・大衛（Jacques-Louis David）的名畫《荷拉斯兄弟之誓》（*Oath of Horatii*）或是安東尼歐・卡諾瓦（Antonio Canova）雕的《邱比特吻醒賽姬》（*Psyche Revived by Cupid's Kiss*），還是摸不出一點頭緒來。

我做了點小研究後發現，原來在經濟學裡「新古典主義」這個詞最早是在一九〇〇年由范伯倫（Thorstein Veblen）提出來的，而且從當時就似乎被當作準備加以批判的對象，至今仍脫離不了這種貶抑性用法。所以我想最簡單的方式就是乾脆把新古典主義當作是主流經濟學，認為行為者——資本家、勞工、消費者等，諸如此類的——都遵循著讓這個邊際效果等於那個邊際效果的極大化法則來行動。

范伯倫是個多產的思想家，除了對新古典主義經濟學有點語焉不詳之外，談起其他主題倒是相當清晰明瞭：像「炫耀性消費」和「有閒階級」等重要觀念其實都來自於他。我還記得當初看到范伯倫談「有閒階級」時，發覺這與馬克・布洛赫筆下某些人「靠其他人的勞動過活」的描述（詳見第十三章關於勞動價值理論詮釋的討論）如此類似，著實大感震撼。事實上，要能夠捨棄常見的浮濫批評（比方說「新古典主義」這觀念中所隱含的貶義），轉而對主流經濟學提出更清楚明確的批評，才是真正重要的事。

五

雖然劍橋有許多好老師並未深入摻和不同思想流派之間的激烈爭鬥（像布萊恩・雷達威〔Brian Reddaway〕、理查・史東〔Richard Stone〕、羅賓・馬修〔Robin Matthews〕、肯尼斯・貝瑞爾、哈利・強森、奧博瑞・希爾伯斯頓、羅賓・馬利斯〔Robin Marris〕與理查・古德溫〔Richard Goodwin〕），但是總的來說，陣營界線劃分得一清二楚，而且還頗有蹊蹺。相對於新古典主義經濟學派的擁護者，凱因斯學派人士被認為是左傾，但是這種劃分法實在有些不堪細究，因為新凱因斯學派其實對馬克思主義者與其他左派思想也都堅決反對呀。

我很快就明白了，沒有哪種方式可以將不同經濟學家清清楚楚地劃歸左右。道布是個敏銳的馬克思主義經濟學家，但凱因斯學派和新凱因斯學派卻經常認為他對新古典主義經濟學「太軟弱」。無論軟弱與否，在我看來，馬克思主義者與新古典主義經濟學家之間的關係，確實比新凱因斯學派與新古典主義經濟學家之間來得友善。舉例來說，道布這位馬克思主義者是劍橋當時少數幾位對福祉經濟學感興趣的老師，而他的好友彼得・鮑爾卻是保守的新古典主義經濟學家，後來還被提名為上議院保守黨議員——更成了柴契爾夫人的經濟顧問。

雖然我自己的立場傾向左派，但我到劍橋不久就發現右派的鮑爾不僅是在發展經濟學方面最好的老師，更是整個劍橋大學裡這方面成就最高的學者，遠超越其餘眾人。說起來，他是全世界最具創見的發展經濟學家，我後來關於「發展如何發生」的許多想法都來自於我們之間的定期交流。我真是三生有幸，彼得從我還是個年輕學生時就把我當作朋友，幾乎每個星期都跟我一塊兒喝咖啡——他總是說這叫「見面辯一辯」，每每都讓我獲益匪淺。我和鮑爾當了一輩子的朋友。

自己對這領域已經培養出了深厚的興趣。但是我卻很難說服其他劍橋老師對社會選擇多感到一點興趣，也找不到人鼓勵我做些相關的研究。

照理來說應該有辦法透過福祉經濟學將社會選擇理論和劍橋這裡認可的一般經濟學主題連結起來，但是福祉經濟學卻不被當作一個獨立主題。在我入學前不久，聰明過人的南非經濟學家約翰尼斯·德·維利耶斯·葛拉夫（Johannes de Villiers Graaff，也叫「阿強」Jan）就寫了篇迷人的論文，證明福祉經濟學要是不談如何評價社會福祉的價值判斷的話，就沒什麼可談的了。這原本可以打開一道門，讓學者開始仔細審視社會判斷究竟是如何連結到個人福祉評估（或個人價值判斷），就像阿羅將合理公理運用在社會選擇理論中的做法一樣。但是葛拉夫的分析卻被大家認為是這主題的喪鐘，最重要的原因就是劍橋大多數經濟學家都沒有仔細搞懂阿羅的不可能定理。事實上，大家都認為阿羅的結論是全盤投降，而不是要大家仔細審視所謂的公理與這些公理彼此之間的關聯。所以在葛拉夫提出那篇論文之後，福祉經濟學就一直被當作一個無可救藥的陷坑，而非一塊有待耕耘的沃土。

我對喬安·羅賓森說我想做福祉經濟學時，她說：「你不知道這題目已經掛了嗎？」她跟我說有一批聰明絕頂的經濟學家全都試著要做福祉經濟學，但是「他們裡頭最聰明的阿強·葛拉夫卻證明了這根本沒有意義。」我對喬安說她對葛拉夫的文章可能有些誤會：首先，葛拉夫其實並不是證明福祉經濟學毫無意義；其次，他自己也從來沒這樣說過。喬安不僅絲毫不為所動，更沒興趣聽聽我對這題目有什麼想法。她對我說，我最好找點有用的題目來做。

我還不死心，試著在劍橋再找一兩位老師跟我一起探討社會選擇理論，但終究沒找到。沒有一個人覺得我能走出一條活路。理察·卡恩跟喬安一樣排斥。尼古拉斯·卡爾多則還是一副他的老樣子，也就是說些什麼人不輕狂枉少年的話來安慰我。劍橋唯一會講福祉經濟學的老師是莫里斯．道布。不少左派同事都覺得莫里斯這是犯傻了（他們總說莫里斯這做法是「倒向右派」）。道布不太喜歡數學推理，當時經濟系很多老師都是這樣，不過他倒是要我說說阿羅定理的內容，解釋這定理有什麼意義。他十分專注地聽我說明，但最後還是告訴我這題目牽扯太多數學，他沒辦法跟我共同合作，可是他很願意——事實上還頗渴望——多跟我談談他所理解的社會選擇理論。「偶爾走走別條路也不錯，」他說。

另一位對我做社會選擇理論也有點興趣的老師，是跟道布截然不同的馬克思主義者——皮耶羅．斯拉法。我說過，斯拉法和建立義大利共產黨的左派知識分子安東尼奧．葛蘭西過從甚密。斯拉法說他想跟我討論社會選擇理論必然衍生的社會溝通究竟是什麼，而我們後來發現這題目——雖然阿羅並未多加著墨——是一項極有意思的挑戰。

八

我在大學部時過著財務捉襟見肘的日子，但大學畢業，成為研究生後，手頭就寬裕多了。我現在領兩份全額獎學金。其中一份是倫布里獎學金（Wrenbury Scholarship），是按學士學位考試成績表現頒發的獎學金，不過這份獎學金有很多奇奇怪怪的規矩。我後來才知道，擔任劍橋政治經濟學教授的丹尼斯．羅伯森每個學期都要寫些關於我做了什麼事的報告。「你要不要用第三人稱的方式寫寫你做了些什麼，」他對我說：「這樣方便我送報告？不過不要在文章裡耍寶，學在總統學院那兩年，看過義大利新寫實主義的電影後，不僅改變了我對電影敘事的理解，也更堅定了我去義大利的決心。在咖啡店裡跟人家暢聊歐洲政治也增添了我的興致，我還讀了許多關於義大利反抗法西斯政權運動，最後終於成功推翻的書。當時的我還不知道我很快就會結交許許多多參加過義大利反抗運動的朋友。

然而，即使義大利離英國不遠，但在我跟義大利之間卻橫亙著一道巨大的難關。我父親給我在劍橋第一年生活的預算只有六百英鎊。這筆錢足夠支應含學費在內的一般開銷，但僅止於此。我自忖要能滿足心願，就必須砍掉一些日常花費。我大可以說出國遊歷一趟有其教育意義，但我最主要的動機就只是單純地想去看看那些我喜歡的畫作、雕塑、電影和建築——世上知名建築大約有一半都在義大利吧。到了三月，春風解凍，我開始仔細盤算到底能不能成行。就在這時，主修「現代文學」的羅伯特——我雖然跟他不熟，但還挺喜歡他的——告訴我他打算去報名全國學生會舉辦的義大利「美術之旅」，旅費相當便宜。他們來回搭包機，而且還含食宿，一共要去六個城市（米蘭、威尼斯、維羅納、佛羅倫斯、佩魯賈和羅馬）。我馬上問了最關鍵的問題：「這要多少錢？」「五十英鎊全包，」他說。

我回到家裡重新算了一下帳，然後就跑到全國學生會去買票報名。我對自己說，沒關係，之後能從其他方面省回來的。幸運的是，就在我們出發前不久，三一學院通知我獲選為資深學者（Senior Scholar）。這份獎助不多（不過英國的一些地方政府會贊助獲選為學院學者的當地公民），但光是獎學金的基本報酬就比我在全國學生會旅行組織的旅費還多了不少。獲選為資深學者還有個好處，就是可以抵免學費和學院宿舍一整年的住宿費——寒暑假都包含在內呢。我從舊倫敦機場搭上飛往米蘭的包機時，簡直要覺得自己是有錢人了。

二

這趟義大利之旅大大成功。同行的旅伴都很好相處——我們這一團一共有十八名女生跟三個男生（有羅伯特、我，還有一位快五十歲的學校老師）。我們住的平價旅館都相當舒適，食物也棒透了。這裡餐餐都有彈牙的義大利麵，跟三一學院食堂裡味同嚼蠟的包心菜和抱子甘藍根本是天壤之別。每座博物館不僅都廣開大門，而且還充滿了神聖的氣息。我每天都在逛博物館（烏菲茲美術館、碧提宮、梵蒂岡博物館，還有其他好幾間），不停在這些美麗的城市裡遊走逡巡。

我很喜歡義大利生活中的嘈鬧歡愉，讓我覺得充滿活力——相比之下，劍橋的生活就拘謹多了。某天夜裡——我想應該是在佩魯賈吧——我正睡到一半，突然被窗外街上的大聲對話吵醒。雖然我因此少睡了些，卻很享受這勃勃生氣。隔天早餐時，我是全團裡唯一沒有抱怨義大利人半夜吵鬧的人。我就喜歡他們的熱情奔放。

我當時還帶了本莎士比亞全集在身上（我在加爾各答時，莎士比亞提供了我關於義大利的想像），還花了點時間想要一一比對我在書裡讀過的和親眼見到的景色。凱旋歸來的奧賽羅葬在了威尼斯的哪裡呢？普羅特斯又是在哪裡跟另一位維羅納紳士說起「四月天裡不定的榮耀」呢？要是莎士比亞寫過關於遊歷義大利心得的日記，我還真想讀一讀，後來我才知道原來莎士比亞可能從沒到過義大利，令我大失所望。

三

美妙的旅程終歸有盡。但這時我已經打定主意不跟其他團員一同搭機回倫敦了，因為劍橋大學的暑假才剛開始呢。羅伯特也與我所見略同，在我們抵達羅馬前就去了瑞士。我在羅馬跟其他可愛的旅伴道別，看著他們搭包機返航，我們都答應彼此保持通信——不過沒人真的動筆。

我獨自一人慢慢地從羅馬北上，往多洛米提山（Dolomites）前進。我都住在青年旅館，沿途靠著搭便車前進，偶爾遇到路況不佳時，才會買學生票搭短途火車。我口袋裡還有二十英鎊，看起來應該夠我從羅馬一路回到劍橋了。

到了多洛米提山山腳的特倫托（Trento）時，我問路人這附近哪裡有青年旅館（我隨身帶著的旅行指南上寫著這裡有青年旅館），他指著山頭說，大概要兩個小時路程，途中還會經過幾個陡坡。所以我只好背著我的帆布背包，爬上這段考驗體力的山路。沒想到爬到頂了才發現，青年旅館還在建造中，雖然有浴室和廁所，但尷尬的是連門都沒有。

我實在捨不得離開義大利，繼續流連，和一群同樣住在旅館裡的英國學生爬了幾天山路，他們還一一向我指點路上有哪些特別迷人的景點。最後我總算跨越了阿爾卑斯山，來到了因斯布魯克（Innsbruck）。過了奧地利之後，我和羅伯特在瑞士會合，一起待了幾天，接著我就自己繼續前往巴黎與加萊（Calais），準備回英國去了。我身上還有些零錢，對自己能夠堅持靠麵包、起司、咖啡、搭便車和青年旅館完成這趟旅程還頗為得意。在橫渡英吉利海峽的渡輪上，我突然對這趟歐陸之行就此結束有些傷感，卻又有些開心——這真是出乎我意料之外——能夠回到熟悉的學院，回到已經成為我的家的地方。

四

我在義大利靠搭便車與住青年旅館輕鬆觀光的經驗太美妙了，所以我還想繼續這樣到歐洲其他地方去看看，想去法國、比利時、荷蘭、德國。後來這些規劃也都一一成行了。我有時候和友人同行，有時則獨自一人。一九五五年夏天從義大利回來後，我就醞釀著找幾個南亞來的朋友，包括印度人和巴基斯坦人，一塊兒從劍橋去挪威和瑞典走走。我們從哈里奇（Harwich）搭船到挪威的卑爾根，靠著搭便車走遍了大半個挪威——也享受了沿途的山川風光。但是離開奧斯陸之後，要到瑞典斯德哥爾摩的路上，搭便車旅行突然就變成不太愉快的一件事了。這時夏季已經快要結束了（大約是九月初），天氣轉雨，路上的車輛大多都不願意停下來載人。跟我一起搭便車旅行的同伴是來自東巴基斯坦的雷曼・索柏翰，我跟他說應該是他那一臉大鬍子嚇得那些駕駛不敢載我們了吧。雷曼拒絕了我勸他刮鬍子的建議，最後總算有一輛從我們面前經過的車子又回頭過來載我們上車，駕駛先生說他坐在後座的孩子想仔細檢查看看雷曼的鬍子是不是真的，雷曼這才覺得擺脫罪嫌了。

那位先生載我們走了好長一段路，甚至還邀我們在他家吃了一頓。我們在席間談了好多關於南亞的事，像是在印度次大陸上各式各樣的飲食習慣和禁忌。那位先生問我們倆是不是真的一個不吃牛肉，一個不吃豬肉。雷曼指著我說我是那種視規矩如無物的人，才不管那些飲食規定，但是駕駛先生說的其實大致上沒錯——印度教徒通常不吃牛肉，穆斯林則拒食豬肉。不過雷曼還想讓駕駛先生多知道一些關於行為人類學的事，所以又接著說：「可是這些規矩限制不太能相提並論，因為印度教徒不吃牛肉是由於他們認為牛是神聖的，但是我們穆斯林不吃豬肉卻是因為我們相信豬是汙穢的。」

我們又花了點時間講解這其中的複雜區別，雷曼使出了渾身解數，當場成了個熱情十足的老師。我們向主人道謝離開時，那位先生還熱切地感謝我們傾囊相授，然後他又說改天一定要再跟我們好好聊聊，到底為什麼穆斯林會認為豬是神聖的。雷曼講了半天人類學，結果卻是這樣，不免有幾分沮喪，我只好安慰他：要是他經濟學學得超級棒，那他到時候就可以去教經濟學，不用找人類學的教職了。

後來雷曼和我都覺得搭便車旅行實在太慢，所以我們就搭了巴士到火車站，轉乘火車前往哥本哈根。到哥本哈根時已經沒雨了，天色也比較開朗。所以我們又繼續搭便車，一路經過丹麥、德國（我們在漢堡停留一陣子，看到了十年前盟軍轟炸這古老城鎮後留下的新傷痕）與荷蘭（我們都沉醉在阿姆斯特丹的優雅迷人之中），最後我們從荷蘭角港搭船，又回到了哈里奇。

五

還有一趟歐洲之旅讓我念念不忘。一九五八年，我受邀到華沙大學進行兩個星期的經濟學講授，我其實還不夠資格（當時我還沒遞交博士論文給劍橋大學呢），所以不免喜出望外。能一訪波蘭，結交新朋友，這機會實在難以抗拒。華沙那邊跟我說他們沒辦法先用外幣預付我授課費用，但是等我到了波蘭，他們就可以給我豐厚的波蘭幣。他們會在華沙替我安排極好的旅館，提供我最好的服務。

這提案真是太有吸引力了，就連此時阮囊羞澀的我也想冒險跑一趟。猶豫沒多久，我就買了張從倫敦到華沙的長途火車票，中途在柏林轉車。旅程的前半段一路順利，只不過火車抵達柏林時卻太晚了——晚到錯過轉往華沙的班車——當時從西歐開往東歐的車次每天只有這一班。所以我就這樣被困在了空曠的東柏林車站，接下來的二十四小時裡只能捏著手裡只夠買杯咖啡的零錢，連租個房間過夜都沒辦法。

我正在月台上一邊閒晃，一邊想著怎麼度過這場小危機時，不知道從哪裡冒出來一個印度人向我走了過來。他自稱夏陽・桑達爾・戴（Shyam Sundar De），他說他從加爾各答來柏林念電子工程，而他之所以會在這裡是因為他女朋友內急，只得借用車站廁所。他問我為什麼到柏林來，我就跟他說了我這樁有點難以置信的事情。我想我當時一定是愁容滿面，絕望透頂吧。

結果一連串的奇遇就這樣發生了。夏陽幫我弄了一份可以在東德自由活動的簽證，又弄了另一份簽證讓我能自由進出西柏林。他們帶我到工學院的食堂吃飯（夏陽的德國女友也十分友善，還跟我介紹當天晚上的「佳餚」），還幫我在夏陽就讀的工學院裡找了間舒適的客房過夜。隔天夏陽和他女友都要去上課，我就自己在東西柏林到處觀光。

到了晚上，他們到火車站送我搭上往華沙的列車。夏陽覺得我在柏林到華沙這段路上說不定還會遇上什麼麻煩，硬塞了一些錢到我口袋裡。「那我要怎麼還你？」我問他。夏陽掏出他的筆記本，記下我十四天後從華沙返程的火車時刻，然後說：「我到時候會過來這裡的。」

華沙之行相當順利。我尤其喜歡跟那些學生的討論，還就近去了美麗的蕭邦故居。那時候有個左派的朋友有話要跟我說，拉著我到了浴室，把所有水龍頭都打開，避免被人聽到他對政府的批評。我搭火車回到柏林，夏陽果然坐在月台的長椅上等我。我是先聽到他大聲用英文打招呼才

七

我在歐洲去的大多數地方都只待上幾天——體驗一下當地城鎮風光，走訪博物館和美術館——然後就離開了。但是一九六二年我特別安排在奧地利一座叫做阿爾卑巴哈（Alpbach）的迷人山城住了三個星期。那次是因為全歐暑修班就開在那裡，而我得負責教課。不過這已經是後來的事了；我當時已經結婚了，我太太納班妮塔和我都很喜歡阿爾卑巴哈的質樸之美。艾瑞克·霍布斯邦也同樣要教暑修班，所以我們就載他一路從劍橋過去。離開阿爾卑巴哈之後我們又去了艾克斯普羅旺斯（Aix-en-Provence），艾瑞克和我都要在第二屆國際經濟學史研討會上發表論文——邀他發表當然是實至名歸，而主辦人大概想做點嘗試才邀了我。

我們這趟旅程妙不可言。艾瑞克對沿途各地瞭若指掌，各種掌故如數家珍——從比利時、德國、奧地利、義大利，一路講到法國。艾瑞克對我的思考影響很深，但是我到這時才意外發現這位當世頂尖的馬克思主義歷史學家竟然對教會歷史也那麼嫻熟，我們行經各大教堂時就聽著他細數那些地方發生過什麼故事。

艾瑞克和他女友馬蓮妮·許瓦茲（Marlene Schwartz）打算在我們這趟歐洲之行後結婚。旅途中，艾瑞克有時會停下來採購馬蓮妮交代他買的家具用品；馬蓮妮後來也成了我們家的至交。當時歐洲正在談如何整合的問題，我們經常談的話題之一就是這趨勢會對歐洲造成什麼改變。我那時候還不知道這對歐洲政治的發展竟會帶來這麼大的影響。

八

我有些在桑蒂尼蓋登和加爾各答的同學也都出國留學或受訓——有的在德國科隆，有的在杜伊斯堡、亞琛或其他地方。我想一一去拜訪他們。同樣來自桑蒂尼蓋登的希布·克里希納·卡爾（Shib Krishna Kar）向認識的修車廠老闆借了一輛車，載著我和我表哥巴楚大上路。結果我們發生車禍，雖然我們人都沒事，車子倒是撞得歪七扭八。希布整個嚇壞了。還好修車廠老闆說反正他開的是修車廠，修理車子不是問題——「你們要是把引擎搞丟了，那問題才大了」。

不過我更早之前就已經開始造訪德國——在一九五五年的時候。在一九五〇年代，大家都還對剛結束的大戰記憶猶新，所以我不禁好奇看起來相當親切友善的德國人對納粹時代犯下的野蠻暴行——尤其是集中營——有什麼想法，也想知道他們怎麼看待自己的城市遭到盟軍猛烈轟炸這件事。巴楚大和希布都有點擔心我在大庭廣眾下談起政治來。「拜託拜託，千萬別談政治好嗎，」巴楚大斬釘截鐵地說：「這裡其實還有不少擁護希特勒的人——我們在公共運輸工具上都要避免談到任何納粹相關的字眼，就連用外語都怕人聽出來。」我問道：「那要是你用孟加拉話講到希特勒怎麼辦？希特勒這名字不是在什麼語言裡都叫希特勒嗎？」「我們會說希土·巴布（Hitu Babu），」巴楚大說道。我還滿喜歡這個用孟加拉話巧妙迴避的叫法，不過聽起來好像比希特勒本人親切太多了吧。

我那晚睡覺時還在想希土·巴布會拿這名字怎麼辦。但是我也在想，歐洲要怎麼克服這世紀前半濫用國家尊嚴與認同所造成的政治分裂。在三一學院的教堂牆上看到那麼多在世界大戰中罹難的人名帶給我的震撼，在我周遊各國時揮之不去，這些國家不久之前都還彼此視若仇讎啊。

歐洲在這兩次世界大戰中的死亡人數真是高得嚇人。我很難理解彼此接壤的兩個國家既然長期以來在文化、藝術、科學與文學上不斷互動，為什麼轉眼就非得殺個你死我活不可。在我寫這本書的二〇二一年，身分認同的衝突大多都是由於宗教派別不同——比方說，蓋達組織、博科聖地、伊斯蘭國、激進的反閃族主義、有組織的伊斯蘭恐懼症，此外也包括對中東與非洲難民的敵意。很難想像不到一世紀之前，歐洲人彼此征戰不是由於宗教分歧，而是爭取民族認同。當時國籍的差異——英國、德國或法國——很容易就凌駕了基督教形式下的宗教共通性。

這是在我小時候歷經突然爆發的印度教—穆斯林械鬥後，又一次令我想要了解身分認同具備什麼樣的破壞力的背景。德國人和英國人才在大戰中彼此浴血廝殺，怎麼能在短短幾年之後又成了莫逆之交？一九三〇年代的印度人彼此和睦相親，怎麼突然就變成了好勇鬥狠的印度教徒與穆斯林，導致一九四〇年代爆發族群械鬥？這情勢又是怎麼暴起暴落，戛然而止？冷靜的反省思考究竟能不能讓我們遏制暴力衝突？

九

我除了到科隆、杜伊斯堡和亞琛拜訪朋友之外，還想多去看看德國其他地方。沿萊茵河搭船而行似乎是個好點子，而且我發現原來可以從科隆出發，剛好接上我的訪友行程。我第一次就一路搭船到了美茵茲（Mainz）去，途中還經過了林茨（Linz）和科布倫茲（Koblenz）這些迷人的河港，不禁沉迷在這山光水色之中。這樣的旅行規則方便又便宜：你可以在途中各個停靠點下船遊覽，持同一張船票就可以搭另一艘船繼續前進，直到抵達美茵茲為止。我愛死了這種旅行方式，後來又搭了兩趟。我已經深深愛上萊茵河流域了。

有一回搭船時，有幾個坐我旁邊的英國學生說想去看看呂德斯海姆（Rüdesheim）剛開始的紅酒節，拉我跟他們一塊兒去。在那裡的時候，來了一群有些高傲的德國大學生，問我是從哪裡來的。我的回答既說了印度，也說了孟加拉，他們那群人裡頭有個特別好奇的人就問我孟加拉的古名是什麼。「我意思是說，孟加拉在以前的歷史上到底叫什麼名字？」由於幾個世紀前孟加拉才統一成一個國家，我只好勉強說：「孟果（Bongo）」——這其實是一個早在孟加拉統一之前就存在的重要地區，涵蓋了大半的孟加拉。

這些德國朋友裡又有人問，那孟果是不是在剛果旁邊？我只好糾正他，還在紙巾上畫了個簡單的世界地圖，標示出非洲（剛果所在地）和印度（孟果所在地），還在兩處之間寫了好幾個其他的國家。結果那群德國人裡的一個女生看到原來這兩個地方差這麼遠，興奮地叫了出來：「我們得把這兩個地方湊在一塊——一定要！」「那就難了，」我說：「地理是改不了的。那些國家就是在那裡。」「你不懂啦，」她激動地說：「我們要把全世界都湊在一起。」她又重複了一次：「要全都合在一起，懂嗎？」我還在想她到底是在說什麼，她突然又豪邁地說了一句，應該是想幫助我理解：「大家都是鄰居。」

我突然發現，這麼簡單的一句話很像在《路加福音》的好心撒馬利亞人故事裡，耶穌對那個好辯的律法師說的話。所以我問她：「你的意思是不是說，誰都可以跟誰當鄰居？」「對啦，」她說：「不過我們可得努力才行啊！」她說這話時帶著一股氣勢，彷彿馬上就要衝出酒吧，開始去凝聚全世界了。

那天晚上，我在小小的臥室裡想著這段奇妙的對話，我想這遭遇說不定讓我明白了戰後德國青年的心思，他們在經過反思之後，已經遠離了過去主宰整個國家幾十年的民族主義心態。我最近聽到安格拉．梅克爾在回應敘利亞危機時說德國必須接收大量難民，說這是對「我們世上鄰人」無可推卸的責任，不禁讓我想起了一九五〇年代那個德國女生的話。

我有沒有誤解那個德國年輕學生對我說的話呢？我不敢確定，不過我相信我應該沒聽錯。在德國作為主要勢力的那場驚天大戰後才過了十年，這國家裡就已經出現了許多轉變的跡象。在呂德斯海姆那間小小的客房裡，半夢半醒的我不禁感嘆，居然在萊茵河畔的地方紅酒節看到有人展現出這麼四海一家的氣魄——如果我的判斷沒錯。

輾轉整夜，呂德斯海姆天邊已露出晨曦。我全身疲憊，心神浮動，卻異樣地感到開心。

第20章 對話與政治

一

既然加爾各答的左傾知識分子有國際人脈，我剛到劍橋就有左派歡迎我，這事不該讓我大感意外才對。收發室那邊轉交給我一封信，是劍橋大學社會主義社的奧德瑞奇・布朗（Aldrich Brown，大家都叫他瑞奇 Ricky）寄來的。瑞奇是位才華洋溢的數學家，他在那封溫暖的信裡寫說，他從加爾各答那邊得到了一份「警告」，說我即將入學，所以他來邀我參加社團特別為劍橋新生舉辦的歡迎派對。我出席了派對，也決定加入社團。社團裡的激進分子有好幾個都自稱是馬克思主義者，但是令我這個自詡來自學院街的高級知識分子訝異的是，他們讀過的馬克思主義經典不太多，就連馬克思本人的著作也沒讀過多少。

我也很詫異社團裡的領袖人物對蘇聯與蘇聯轄下的東歐各國採取的強烈極權主義竟然無動於衷。當時是一九五三年，確實是離一九五六年二月蘇聯共產黨第二十次代表大會還久，赫魯雪夫還沒公布史達林治下慘絕人寰的暴行；一九五六年撼動人心的匈牙利革命也還沒發生。不過蘇聯極權暴政的種種證據早就已經甚囂塵上，我覺得任何關心自由的人都不可能把所謂的「清洗」和恰如其名的「作秀公審」（show trial）不當一回事。帕爾薩．笈多和我在來英國之前曾到大吉嶺度假，當時我們聊的就是這件事。

大戰期間，英國士兵曾在戰車上寫下：「撐住，兄弟，我們馬上到。」但這種團結氣氛到一九五三年已經消散殆盡了，就跟紅軍在一九四五年一月解放奧許維茲集中營一樣為人淡忘。蘇聯極權統治的傳聞這時傳得沸沸揚揚，這背後當然有美國在推波助瀾，但也絕非空穴來風。可是不光是英國共產黨內部強烈否認這些暴政，就連廣義的左派組織在內，包括劍橋社會主義社，也都一概無視。

然而，社會主義社還是積極關注英國境內與世界各地的平等問題，也不斷質疑冷戰的緊張狀態，推動削減核武。這些事項都跟政治實務密切相關，但是我們這社團所提的馬克思主義式分析卻少有效果。

劍橋社會主義社的核心圈子裡有些激進分子看起來有點像工黨的極左派，不過也有些倡言理論的理論派。理論派的成員包括皮耶安哲羅．加列納尼（我們都叫他皮耶羅），不過他說他覺得這社團水準太低，葛蘭西一派的學者會這樣想也不出我所料。查爾斯．范斯坦（Charles Feinstein）對這番評論忿忿不平。來自南非的查爾斯有共產黨背景，在劍橋主修歷史，一直是個相當激進的左派知識分子，我還記得有一次我因為貶抑史達林的著作而被他痛罵一頓（就連我把史達林的書倒放在書架上也被批得狗血淋頭）。不過後來查爾斯的看法急遽轉變，他成了絲毫不過問政治，看不出一點左翼傾向的英國頂尖歷史學家。在當上牛津大學奇契爾經濟史講座教授（Chichele Professor of Economic History）後，查爾斯還是一如他在一九五三年那樣犀利敏銳又充滿人性關懷，但是他確確實實更不問政治了——這跟當年剛從約翰尼斯堡金山大學（Witwatersrand University）來到劍橋的那個激進分子真的是天壤之別。

雖然皮耶羅這般奚落，但社會主義社還是挺有知識水準的。艾瑞克．霍布斯邦就經常出現，史蒂芬．塞德利（Stephen Sedley）這位傑出的法律系學生——後來成為英國首屈一指的法官——也常來，他大概是在我一九六三年去德里時加入的。舉世聞名的國際法律師伊恩．布朗利（Ian Brownlie）當年是牛津大學的學生，也是社會主義社在牛津的姊妹社成員（他原本也加入了共產黨，但是一九六八年蘇聯入侵捷克斯洛伐克後就退出了）。我在劍橋求學時，伊恩常來劍橋，他當上奇契爾公共國際法講座教授（Chichele Professor of Public International Law）後，我們更成了萬靈學院的同事。

二

我在政治領域中接觸到最為出色的人之一是桃樂絲．柯爾（Dorothy Cole），也就是後來的桃樂絲．魏德本（Wedderburn）。我第一次到劍橋社會主義社時，瑞奇．布朗就邀我一起到桃樂絲家去喝一杯。桃樂絲原名桃樂絲．巴納德（Barnard），父親是一名成功的木工，也是個看法極端的木匠。桃樂絲和丈夫歷史學家麥克斯．柯爾（Max Cole）住在帕克公園的房子裡。桃樂絲那張俏麗親和的臉蛋上煥發的智慧光彩實在令我印象深刻，深深著迷。她聊起天來十足風趣。我們的交情維持了一輩子，一直到二〇一二年八十七歲的她辭世為止。

儘管桃樂絲成就斐然，卻是無比謙虛。艾瑞克・霍布斯邦在《衛報》上撰寫她的訃聞時，說她「厭惡一切自吹自擂」，這種特質在一九五三年我們在劍橋初見面時我就深深感受到。她不僅說起話來溫文爾雅，甚至還帶著幾分自我懷疑。這也表現在她對主流經濟學的疑慮上——她雖然說她「笨到跟不上」，卻隨口就能一針見血地指出主流經濟學裡最主要的問題。

我們認識幾年後，桃樂絲就和麥克斯・柯爾離婚了，並改嫁傑出的律師兼法學家比爾・魏德本（Bill Wedderburn，後受封為爵士），他也是英國政壇上的一名左派大將。他們倆過了幾年幸福日子後，終究還是離婚了。後來這幾十年裡，桃樂絲幾乎都是獨身一人——她還是那麼開朗，那麼關懷他人，但無疑相當寂寞。桃樂絲的人生在我眼中是一連串的悲喜交錯。不過她晚年時不乏摯友相伴，除了霍布斯邦夫婦之外，還有瑪莉安・米利班（Marion Miliband）。瑪莉安是我好友馬克思主義社會學家雷夫・米利班（Ralph Miliband）的遺孀，是一位思路清晰的思想家，育有大衛和愛德二子。

我剛認識桃樂絲時，社會學在劍橋還未被當成是一門正式學科，所以她往往被稱為一名應用經濟學家，這她當然也當之無愧。等到社會學真正在學術界立足，桃樂絲馬上就成為了英國頂尖的社會學家。她有一部作品鞭辟入裡地——也令人惴惴不安地——分析了英國的老人生活，並深入探究相關的醫療照護工作。她當上了倫敦貝德福學院（Bedford College）的院長，並在貝德福學院與皇家哈洛威學院（Royal Holloway College）合併後擔任新學院的院長。她還主持了一項調查監獄中婦女處境的大型研究，並撰著成《為女性求公義：改革之必要》（*Justice for Women: The Need for Reform*）一書，提出不少女性主義的洞見，影響深遠。我從桃樂絲的書裡學到了不少，尤其是關於探討經濟關係中社會面向的重要性，我真的很佩服她對社會忽視的重要面向所做出的貢獻。

令人難過的是，在我看來，桃樂絲的一生也反映出了女性所陷的困境。她遵循社會習俗，在兩次婚姻都改從夫姓，大部分知名作品出版時用的名字都是冠著第二任夫家姓氏（魏德本），即便後來和比爾．魏德本離了婚仍然如此。因此思想激進的桃樂絲．巴納德出版的所有文章書籍全都是用她婚後的名字。巧的是，我們在帕克公園初次見面時就聊到了這話題，我當時就覺得婦女在結婚之後必須改冠夫姓是社會上的一大錯誤。桃樂絲很有耐心地帶著微笑聽我這初來乍到的印度研究生大放厥詞，但她好像不太領情。她說：「我懂你說的，不過我們一定還有更嚴重的問題該先處理。」

三

雖然我相當積極參與社會主義社，但是我對政治的興趣可遠遠不止於此。我喜歡去參加政治辯論與討論，而最便宜的方式就是加入會舉辦這類活動的社團，這樣就能免費參加了。所以我同時加入了自由派社團和保守派社團，還十分享受偶爾看起來像是奇怪聚會的討論會。參加劍橋勞工社對我來說好像也是理所當然的事，但是當時勞工社有個奇怪的規定，就是社會主義社成員不能入社。這反映出勞工社其實很擔心共產黨員和社會主義社的遊走成員會在他們社團裡搞破壞。但與其說這規定不自由，還不如說愚蠢。其他人聽到我參加了劍橋大學幾乎所有主要的政治性社團，唯獨「勞工社」除外時，都會猜想我的政治觀點大概跟勞工社的觀點大異其趣。事實上我經

起來不僅聰明又嚴肅（他本人當然是），而且還比他實際年齡老了好幾歲。學生時代就認識山姆的丹尼斯．羅伯森有一天跑來問我，覺不覺得山姆放這張照片是故意要顯老（「看起來有五十歲吧，」丹尼斯說道）。我們討論了一下這種可能，但是我總覺得山姆只是想看起來學識淵博而已，年齡倒在其次。我不太確定這話有沒有說服丹尼斯就是了。

山姆．布里丹可不光只是名記者而已。他在後來的職業生涯裡還出版了不少關於社會、經濟、政治的雄辯之作。他一九九八年出版的《道德、政治及經濟論文集》（*Essays: Moral, Political and Economic*）裡彙整了好幾篇獨具創見的文章，論理精闢，言無遺策。他對經濟與政治的主要想法都收錄在他一九八八年的《經濟自由主義新論》（*A Restatement of Economic Liberalism*）與一九九五年的《有人情味的資本主義》（*Capitalism with a Human Face*），尤其後者的標題更是真正抓到了山姆的基本立場。

我是在一九五四年讀研究所的那個秋天認識山姆的，他當時剛去了一趟俄羅斯回來，親眼證實了他對蘇聯最大的疑慮。他跟我說，他去俄羅斯之前原本是勞工社的社員，但是在那趟旅行後就毅然決定退社加入自由派了。我很喜歡跟他聊天討論，也從他宏觀的經濟學思考中學到不少——他是經過深思熟慮的市場派，抱有一種讓人們過自己想要的生活的自由主義熱情，而不是那種任人自生自滅的保守主義。對於利用市場經濟的需求，以及這項需求在經濟與政治思考中所佔的地位，還有他偏向自由主義而非保守主義體制的想法，我跟他在這些方面沒有太大分歧。

然而，我還是比山姆更擔心市場與其功能的缺陷，我尤其在意市場無力應付市場外的因素對個人與社會造成的影響——也就是經濟學家所謂的「外部性」（舉例來說，汙染、犯罪、都市貧民區、傳染病盛行等都算）。皮古早在一九二〇年的傑作《福祉經濟學》（*The Economics of*

Welfare）中就已經將各種外部性效果講得非常清楚了。

一九五四年，我跟山姆、馬哈布和其他同學都還在大學部念經濟學時，經濟學大師保羅・薩繆森就出版了〈公共支出的純粹理論〉（The Pure Theory of Public Expenditure）這篇重量級論文，詳細討論了市場在像是安全、國防、普遍健康照護等共同享有的「公共財」方面的生產與分配往往表現得非常糟糕。像牙刷這種東西就是基本的私有財（如果這支牙刷是我的，就不是給你用的），而市場對私有財的生產分配就表現得很好。可是像「街頭上沒有犯罪」這種事就是公共財，因為這件事對某人有利（獲得低犯罪率對其生活帶來的好處）並不會妨礙到其他人也享用到相同的「好處」（低犯罪率）。薩繆森的想法指出了，如果只透過市場來進行公共服務的資源分配，會遭遇嚴重限制，這大大衝擊到了我最關心的問題，所以我也想辦法要說服山姆接受這想法。我們都同意薩繆森的區分確實妥善，但是我覺得我們對公共財在經濟決策中的重要性還是各執己見。若說這表示我們有歧見，那我們另一分歧所在，就是對於避免嚴重經濟不平等是否重要的看法，因為我很看重這件事。就是因為我們的看法有這些大同小異，我才能跟山姆一直維持著彼此切磋琢磨的友誼。

我在班上也交到了其他好朋友。我跟華特・艾爾蒂斯（Walter Eltis）很熟：他後來去了牛津大學任教（在埃克塞特學院〔Exeter College〕擔任研究員），也在英國歷屆政府中擔任資深經濟顧問。我還認識了來自斯里蘭卡的蘭吉・薩加多（Ranji Salgado），他是個一流的經濟學家，卻出奇地木訥寡言。他後來在國際貨幣基金組織任職，表現極為出色。他從學生時代起就勤於冥想和其他佛教修行——後來甚至還當了華盛頓佛教精舍（Washington Buddhist Vihara）的住持。他謹守中道，在政治方面十分寬容，很難誘使他跟人辯論（我試過好幾次）。蘭吉和我在第二年復活節假期時曾一同出遊，到韋林花園市（Welwyn Garden City）共度了一個星期。我們只是想趁著劍橋空曠無人的時候找個便宜的地方去逛逛，誤以為地名裡的「花園」很有可看性才去了那裡。我們在韋林下了火車，舉目望去卻全是人造建築——哪有花園的影子？——蘭吉這時問了：「我們沒走錯地方吧？」

五

劍橋大學最知名的辯論社——雖然一般不會公開談到這社團——就是「劍橋使徒」（the Apostles，即「劍橋辯論社」）。這社團的起源相當早，是由喬治．湯姆林森（George Tomlinson）在一八二〇年創立的，他當年是劍橋大學的學生，據不可靠的傳聞所言（畢竟這社團素有異端之名），他後來還當上了直布羅陀主教。湯姆林森和其他同樣來自聖約翰學院的十一名劍橋學生共組了辯論社（Conversazione Society）——通常就簡稱為「辯社」（the Society）。後來聖約翰學院、三一學院、國王學院的學生紛紛加入。這社團倒也名符其實，最多只有十二名成員能擔任「使徒」，他們在卸下「使徒」身分時就變成了「天使」（照《聖經》描述就是「生出翅膀」），成為社團的終身成員。社團的社長——在天使中票選——依傳統每年都要舉辦一次餐會，不過我猜現在的情況大概有些出入吧。

社團成員包含了許多偉大的科學家、哲學家、數學家、文學家、作家、歷史學家，以及在學術和創作領域中大放異彩的傑出人士。舉例來說，社團裡的哲學家就包括了亨利．西季威克

（Henry Sidgwick）、伯特蘭・羅素、喬治・愛德華・莫爾（G. E. Moore）、路德維希・維根斯坦、法蘭克・拉姆齊（Frank Ramsey）和理查・布雷斯威特（Richard Braithwaite）。從許多方面來說，劍橋使徒這個社團確實就像威廉・柯瑞（William Cory）說的一樣，是「劍橋大學裡的小型知識貴族階層」。

辯社的選舉流程——會花一兩個晚上討論可能人選，然後進行投票——有時會因為候選人的支持者與反對者勢均力敵而引發爭議，但無論如何，能選上使徒總是大事一件。在當選之後，就連成就斐然的立頓・史崔奇（Lytton Strachy）也難掩興奮地在一九〇二年二月二日寫信給母親：「我現在是劍橋使徒的一員了，」還說：「是昨天選上的。」

辯社偶爾也會選到不合的人選，有時他們會自願退出。退社成員裡最令人嘖嘖稱奇的大概要數阿弗瑞德・丁尼生吧——他在一八三〇年退出社團，辯社當時才成立十年。不過跟他同期的其他使徒多半都認為他是被踢出去而不是自願退社的：詹姆士・費茲詹姆士・史蒂芬（James Fitzjames Stephen）就曾略帶挖苦地寫道，丁尼生「是因為太過懶惰，該他寫論文時還遲遲寫不出來，才被趕出社團」。多年之後，劍橋使徒曾試著重新發給丁尼生「榮譽會員」的身分來彌補這位大詩人，但是丁尼生可不領情。他寫給辯社社長威廉・費德烈・波洛克（William Federick Pollock）年度餐會邀請函的回信中就只寫道：「親愛的 P。不克出席。A.T.」。與辯社格格不入的還有後來的維根斯坦，當年舉薦他的人之中有伯特蘭・羅素和約翰・梅納德・凱因斯。維根斯坦覺得使徒聚會根本是浪費時間，始終興趣缺缺，最後是在喬治・愛德華・莫爾和立頓・史崔奇的拜託之下才打消了退社的念頭。

六

辯社事務通常祕而不宣，學術圈裡對此也都心知肚明。事實上，辯社某些討人厭的特色往往比優點還更廣為人知。劍橋的間諜事件曝光時，由於其中的蓋・伯吉斯（Guy Burgees）和安東尼・布朗特（Anthony Blunt）都是劍橋使徒，致使辯社招來了不少惡劣名聲。但是關於劍橋使徒一直在替蘇聯從事間諜工作這種街談巷議，純屬子虛烏有。要說劍橋使徒大部分在政治上都傾向左派（至少在上個世紀裡）確實不假，但並不是左派分子就會想替蘇聯當間諜呀。

長久以來，關於辯社的細節絕大多數時候都因其保密傳統而不為人知。然而最近卻有些著作與公眾討論大談辯社的內容與相關儀節，實在讓人不禁想糾正這些到處流傳的錯誤說法。後來擔任劍橋大學雷吉斯歷史講座教授的昆丁・史金納（Quentin Skinner）在擔任辯社社長時（我們大致同時擔任劍橋使徒），就曾對辯社的性質與其活動發表過一篇相當著名的正論。昆丁在舉辦年度餐會前接到了一通《衛報》打來的電話，要他說明關於「祕密社團」的一切。辯社在公眾心目中的形象是一群詭計多端的間諜學生組成的團體，這顯然大大激起新聞界的好奇心。昆丁在年度餐會上跟大家提到了他對《衛報》的回應，他說他告訴記者，辯社不僅沒有間諜，而且要是真有間諜的話，也不會讓辯社變得更聰明機智，因為「有些人就連私人餐會的消息都保守不住」。

我們從前那些年活躍的使徒（當年女性還不能選為使徒）包括了喬納森・米勒（Jonathan Miller）、諾亞・安南（Noel Annan）、邁爾斯・本尼特（Myles Burnyeat）、約翰・鄧恩（John Dunn）、昆丁・史金納、法蘭西斯・哈斯柯爾（Francis Haskell）、麥可・賈菲（Michael Jaffé）、喬佛里・洛伊德（Geoffrey Lloyd）、法蘭克・韓恩（Frank Hahn）、蓋瑞・朗希曼

（Garry Runciman）、詹姆士・莫里斯（James Mirrlees）、拉爾・賈亞瓦德納，還有在學術與其他領域成就非凡的許多人。我得老實說，我真的很愛我們每週的討論會。一般的晚間討論會會有一名使徒朗讀一篇有意思的文章，接著就開始討論，然後會再投票選出跟剛剛朗讀的這篇文章相關的某篇論文。不過大家對票選結果不太在意，真正關心的是實質討論的水準。

七

個人的學術著作跟劍橋使徒社團的參與程度通常沒有多大關聯。辯社裡討論的文章多半是學術界早就廣為流傳而且振聾發聵的作品。比方說，法蘭克・拉姆齊在一九二五年的某個晚上發表他的〈有什麼東西能討論嗎？〉（Is There Anything to Discuss?），就提出了許多重要觀點（例如關於無可爭論的差異），成為在哲學上受到重視的一篇論文。

有時候個人著作與辯社活動有關聯，是因為在使徒討論會中談到具有普遍性的文獻，而公共期刊對使徒討論會的內容有興趣。我自己就有過這麼一個例子。有一次我朗讀了一篇文章——當時大概是一九五九年吧——談的是盧梭對於「公眾意志」（general will）的想法，以及我們可以從約翰・馮紐曼（John von Neumann）與約翰・納許（John Nash）當時剛發展出來的賽局理論中得到的啟發。結果那次討論後引起了一連串趣事。

我當時才剛開始對賽局理論感到興趣（後來我到德里經濟學院〔Delhi School of Economics〕教的就是賽局理論），而且看起來好像很容易就可以用一點賽局理論來解釋盧梭所說的「公眾意志」（即所有人集體的決定）跟個人獨自選擇結果的加總（相對於「公眾意志」，有時可以稱之為「總和意志」〔will of all〕）之間的差別。才華洋溢的蓋瑞．朗希曼原本是位古典學家，這時剛開始轉成為社會學家，他對討論會十分投入，對我說剛剛我提出的這套思路也可以應用到最近才嶄露頭角的哲學家約翰．羅爾斯剛提出的正義理論上頭。

我們決定將討論會裡談到的想法擴充一下，合寫成了一篇文章，然後我們寄給了《心靈》（*Mind*）這份一流哲學期刊的編輯吉爾伯特．萊爾（Gilbert Ryle）。羅爾斯的正義論當時才發表不久，過不久他就會成為我們這時代最頂尖的道德哲學與政治哲學家，而我們這篇論文有一部分內容支持了羅爾斯的正義理論。但是我們也反對羅爾斯預設在公正選擇的情境中，只會得出一個所有人都支持的選擇結果。我們論證解決方案必定不只一種，若是如此，羅爾斯的理論架構就會面臨嚴重的困難。

令我們高興的是，萊爾竟然馬上就接受了我們從使徒討論會中的一隅之見擴充寫成的這篇論文。但是在那次通知之後，卻一連幾年都沒有下文。最後我們決定再寫封信給萊爾，並重新附上那篇論文，問他究竟發生了什麼事。我們當然知道萊爾的書信都是他親自執筆，而且說不定沒留下信件底稿，但是當我們收到他的回信，心裡頭更是五味雜陳：他竟然以為我們寄過去的是另一篇新論文，所以又答應我們會刊載在期刊上。蓋瑞和我看到萊爾對這篇論文的一致評價確實放心了，可是我們還是得提醒他三年前其實就已經接受了這篇論文，我們希望能盡快出版。這故事最後終於有個快樂結局——那篇題為〈賽局、正義與公眾意志〉（Games, Justice and the General Will）的論文於一九六五年發表在《心靈》期刊上，引起了不少關注。

過了幾年，我以訪問學者的身分到哈佛一年，約翰．羅爾斯、肯尼斯．阿羅和我合開了一門政治哲學課，羅爾斯還在課堂上討論了當年蓋瑞和我提出來的論證，他也提出了頗具巧思的回應。我當然對羅爾斯十分欽佩，這幾十年他跟我在正義這個題目上偶有討論（我在二〇〇九年出版的《正義的理念》裡對此有進一步詳述）。這整件事即使在劍橋使徒討論會裡算是少見的發展，也絕對無愧於辯社鼓勵論證與反駁的優良傳統。

聽羅爾斯講話，看著他在我們共同授課的愛默生大廳（Emerson Hall）裡鏗鏘有力地說理而顯得容光煥發，我在想，要是湯姆林森地下有知，能把這位哈佛的大哲學家變成劍橋學生，說服他加入劍橋辯論社的話，不知道他會變成多厲害的使徒啊！不過丁尼生當年不肯為辯社動筆的那篇文章就是要談鬼魂之事（結果他反而寫了退社申請書），我想他大概會對我這場白日夢嗤之以鼻吧。

八

辯社的討論會在學期中每星期都會在固定時間、固定地點舉辦一次。最早的時候往往都在週六舉辦，但是我們那時候都是每週日晚上到國王學院的愛德華．摩根．佛斯特房間裡聚會。他常常到場，以天使的身分參與討論，對於仰慕佛斯特已久的我是萬分榮幸。不過他有些晚上會到國王學院的教堂去，（他解釋道）通常都是為了音樂而去。

我其實早就認識摩根．佛斯特了——在我獲選為使徒之前就認識了——也經常在其他聚會場合跟他碰面。他還是一如往常地關心印度。一九六〇年的某個晚上，他邀我陪他一起去看《印度之旅》（*A Passage to India*）的首演，由桑莎．拉瑪．勞（Santha Rama Rau）改編成舞台劇，在劍橋的藝術中心（Arts Theatre）上演。與我們同行的還有喬安．羅賓森和理察．卡恩，卡恩帶著大家先去吃了頓晚餐。佛斯特說他非常喜歡這齣戲，舞台劇本身也確實相當吸引人，但是對熟悉小說原著的人來說，實在難掩白璧之瑕。他這樣說可能有點嚴格，畢竟名著要改編成戲劇總是很難改得盡善盡美。不過我可以感覺得到佛斯特真心想要呵護這羽翼未豐的改編者，後來我遇到拉瑪．勞的時候，她告訴我佛斯特的讚許真令她喜出望外。

佛斯特對印度的強烈興趣總是令我感動。我們在一九五三年剛認識時——那時候是在國王學院普拉拉德．巴蘇的房間裡喝茶——他就十分友善地問了我的出身背景。一聽到我說我來自桑蒂尼蓋登，他馬上就說他覺得泰戈爾關於世界的想法——以及他所挑選的主題——都相當迷人，但是他沒那麼喜歡泰戈爾的寫作風格。佛斯特還說，他覺得泰戈爾一直在實驗自己的英文寫作，只不過許多實驗都不成功就是了。他說他很佩服泰戈爾堅持不懈的精神。

我在辯社跟佛斯特變得更熟悉之後，才知道原來佛斯特是西元四世紀古典梵文劇作大師迦梨陀娑的仰慕者。我有一次還懵懵懂懂地問他：「您有寫過關於他的東西嗎？」佛斯特說：「沒什麼拿得出來的，但是我倒是對印度不太熱衷迦梨陀娑的作品略有微詞——這跟我們這邊老拿莎士比亞小題大作還真是兩樣情。」這番對話讓我去找了他一九三六年出版的《亞賓格豐收集》（*Abinger Harvest*）這本論著來看，書裡的〈印度漂流：鄔闍衍那的九顆寶石〉（Adrift in India: The Nine Gems of Ujjain）不僅是一篇精彩的文學賞析，也是對大眾有眼無珠的委婉埋怨。

佛斯特在文章裡栩栩如生地描述了古代鄔闍衍那的迷人風貌，這裡正是迦梨陀娑的故鄉（也是王國首都），他寫道：「行人歡歌於街巷」，又說晚上「女子『在銀針可破的暗幕中』溜進情人家」。佛斯特抵達迦梨陀娑最愛的錫普拉河（Sipra）時，興奮地涉進淹上腳踝的河水中，連鞋襪都顧不得脫。他想起了迦梨陀娑寫到關於錫普拉河與此地民眾的文句，深深沉浸在這無比偉大的一刻之中——他一直都夢想著某天這一刻會到來。等到他回過神來，佛斯特才開始擔心自己的鞋襪在趕上火車前是否來得及變乾——更重要的是，他也開始擔憂現在鄔闍衍那的民眾儘管還住在這些歷史建築裡，卻已經對迦梨陀娑興趣缺缺了。他略帶苦澀地寫道：「古樓僅餘空樓，遺跡徒存遺跡。」他乘興而往，卻是敗興而歸，不過他對我說，這趟「印度漂流」教會了他在自己如此鍾愛的國家裡有什麼值得盼望，又有什麼不必期待。

九

我的大學生涯在一九五五年六月的一聲鑼響中結束。三一學院一位親切的收發室工友在我總算考完期末考的隔天早上用這聲響鑼把我叫醒。先前那幾天裡，每個要考取學士學位的經濟系學生除了要寫經濟學試卷之外，還要選考兩門相關的科目。不過，我們也可以選考三門科目，只挑其中成績較好的兩科計入畢業成績。我選考的是統計、政治哲學與英國經濟史。我現在記不得當時考試的順序了，不過無論如何，我考完前兩科之後就自信成績不錯，決定不考第三科了。所以我跟大伙兒一塊去慶祝考試結束，直到凌晨四點才回宿舍睡覺。

沒想到，隔天一早我的名字還是出現在參加第三科選考（管他是哪一科）的名單上，所以九點一過，考試中心就通知三一學院的收發室，說我人沒到，要我馬上到考試大廳報到。九點二十分，那位叫麥可的工友接下了叫我起床的艱鉅任務。他說他試著叫醒我，但是我沒什麼反應。「我幫你泡杯茶，弄點餅乾，你就趕緊起床吧。」等他端著茶和餅乾回來時，我好不容易掙扎著爬到客廳的沙發上，對他說：「可是我考完啦。」「才怪，還沒有啦，」麥可說：「唐寧街的考試中心打電話來叫你去考試。拜託你行行好，喝了這杯茶，衣服褲子穿一穿，趕快過去吧。」

我試著跟他解釋我不用考第三科，因為我前兩科的成績應該夠了，用不著再考了。「我真的都考完了啦，」我又說了一次。「沈恩先生，」麥可好聲好氣地說：「每個人在考試期間都會這麼想，都會自欺欺人，不過你一定要堅持下去，考完筆試。」我花了好大工夫才說服他我真的不去考試。後來我在學院裡遇到麥可的時候，他還會露出滿臉笑容對我說：「你知道的，他們還在唐寧街考試大廳那兒等你哪！」

十

我爸媽和我妹妹曼如都來三一學院的大議事廳（Senate Hall）看我領取學士學位——這活動還真令人開心，因為我幾乎什麼都不用做。多年以後我成了三一學院的院長，要在我們學院的每位畢業生面前背出一段拉丁文，握著他們的手，用拉丁文告訴他們獲得了什麼學位，我真心覺得在典禮上當學院長官比當畢業生還累。我當院長的時候，學生的反應也有了變化。我很喜歡我第一年當院長時，有個畢業生滿臉笑容地對我說：「多謝啦，老兄。」聽起來很適合替這段拉丁文對話作結。

我父親在我畢業那陣子剛好受邀到倫敦講課，酬勞足以讓他安排一趟家庭旅行。我們在諾丁丘租了棟小公寓，在那邊歡度了將近一整個月。我尤其高興看到妹妹曼如，她說她想到倫敦到處看看博物館和畫廊，我便經常陪她一起去。我有些朋友到我們在諾丁丘的公寓來拜訪我們，我記得最清楚的是迪利普．阿達卡來的那一次，我爸媽和我妹妹都對他印象很好，也才放心我在這裡沒有交上什麼壞朋友。

我很難過在劍橋的許多老朋友都要離開了，不過也陸續有新生進來。而且有些老面孔還在，像雷曼．索柏翰和迪利普就都留下來了，因為他們念的是三年期的學位班。博士班才念到一半的拉爾．賈亞瓦德納也繼續留著，可是馬哈布要去耶魯念博士。一九五五年進來的新生裡，念數學的拉米許．甘戈里（Ramesh Gangolli）也成了我的畢生摯友。我很快就發現他才智過人。拉米許興趣廣博（從高強度的李群〔Lie groups〕數學研究到印度古典音樂的理論與演奏，無不在行），每次對話總帶給我們不同的新鮮話題。他劍橋畢業後又去了麻省理工學院讀博士。我後來在一九六〇年到麻省理工學院擔任一年的訪問助理教授時，總算有機會又見到他和他美麗的妻子香妲（Shanta）。

曼莫罕．辛格（Manmohan Singh）在一九五五年到聖約翰學院來念大學部，他後來當上印度總理。他剛來不久我就去見了他一面。曼莫罕十分溫暖客氣，平易近人——我才剛認識他沒多久就發現他這些特質了。即使在二〇〇四至二〇一四年間他作為印度總理負責帶領整個國家，也仍然一如往昔。我幾乎每次到德里時都會和他在總理官邸吃飯，我注意到他即使位居要津，也總是等其他人先開口說話，自己才接著發言，真是有意思。

曼莫罕的謙和脾氣對擔任總理一職說不定反倒是個麻煩。謙和雖然是公認的美德，但是在

第21章 在劍橋與加爾各答之間

一

一九五六年六月，我的研究生生涯第一年即將結束時，我已經寫了好幾個篇章，看起來也許可以彙整成一本博士論文了。當時各所大學的大批經濟學家嘗試以不同方式來處理如何選擇生產技術這個題目。有些人特別聚焦在極大化產出的總價值，有些人則求極大化產生出來的剩餘，還有些人則希望讓收益極大化。對這些——以及其他——處理進路加以分析，並注意到進行再投資時，投入的剩餘愈高，成長率就愈高，將來的產出也會愈高，我們就能透過評估在不同時間系列中的產出與消費來比較這些經濟學家所持的不同判斷標準。

我確信只要透過對不同時間系列的比較評估，一定能把這些林林總總的文獻分門別類理出頭緒，結果果然有趣極了。我把這套方法稱為「時間序列法」（time series approach）。我很高興能夠理出一套利於討論的通用方法來評判檯面上的各種不同方案。我把這套方法的概覽寫成一篇論文，寄給了《經濟學季刊》（*Quarterly Journal of Economics*，這期刊一直以來都是經濟學界的頂尖期刊），他們很好心地立刻就接受發表了，而且之後還接受了我的另一篇論文。

我還寫了好幾篇處理相關問題的不同論文，各發表在不同期刊上。當研究生生涯第一年即將結束時，我開始想著能不能把這些文章彙整成一本博士論文。但是我也擔心這只是我夜郎自大的妄想，所以我就去找了我老師莫里斯．道布，請他瀏覽一下，給我些指點。兩個星期後，我收到他寫的滿滿一堆評論，教我文章寫法該如何改進。除此之外，最令我安心的是他總結說這些文章裡寫的東西已經夠湊成一本博士論文了。

不過，莫里斯也提醒我，照劍橋大學的規定，我不能在第一年結束時就提交畢業論文。原來校規裡還真的寫道，學生必須修業三年，始可提交畢業論文。所以我便自問：我該不該另起爐灶，找個比手上現有這個更有趣的題目來當博士論文？再說了，既然我都已經完成這幾篇論文了，難道不能回加爾各答兩年，暫時放下博士研究嗎？我很想放個假，而且最重要的是，我很想念印度。

所以我去找了皮耶羅．斯拉法，他不僅在三一學院任職，還是經濟系的研究所所長，要負責指導博士生。我整理了一份論文初稿給他，他從頭到尾看完後似乎頗為滿意。我趕緊打蛇隨棍上，問他我能不能回加爾各答，兩年後再回來提交畢業論文。「你說的沒錯，」皮耶羅說：「學校要再過兩年才會准你提交論文，但是學校也不准你在這兩年裡離開，你必須住在劍橋這裡，至少假裝做做論文研究，才能滿足三年條款。」

這番話對我來說無疑是晴天霹靂，但是斯拉法自己又幫我想出了個絕妙的法子，順利解決了這個難題。我照他的建議，向系上申請到加爾各答兩年，以便獲取印度當地實證資料來驗證我的理論。為此，我必須在印度另外找一位指導教授，不然學校絕不肯放行。找人掛名這件事易如反掌，人在印度的阿密亞・達斯笈多教授這位聰明過人的經濟學家一定十分樂意收我。更何況我還知道跟阿密亞卡卡無論聊什麼，都一定既有趣又富啟發性。所以我馬上寫了封信給他，他也爽快地回信答應了。

在斯拉法的協助下，校規的問題解決了，因此我準備啟程返回印度。我感覺到我跟劍橋的緣分好像即將告一段落了——之後再回來就只是提交論文，然後再度離開。我開始對劍橋感到依依不捨，因為我馬上就要離開這所大學了。

二

我這回可有錢買機票回加爾各答了，因為機票票價從一九五三年（當時我還得搭斯特拉斯號輪船走海路到英國）到一九五六年已經大幅滑落，乘船旅費反而因為工資調漲而激增。就在我飛回印度之前，我突然收到一封來自加爾各答的信，寄件人是才剛成立的嘉達沃普大學（Jadavpur University）副校長，說竭誠歡迎我到他們學校成立經濟系，並擔任系主任一職。但是我要坐這位子實在還太年輕了——我還不滿二十三歲——而且我也不想這麼突然就被綁在管理行政的職務上。不過，除了給我帶來焦慮之外，這封邀請函倒也讓我有點躍躍欲試，畢竟這是要讓我親手成立經濟系，照我心目中經濟學的教授方式來安排課程呢。

要做這決定並不容易，幾經思量後，我決定接下這項挑戰。所以我整個雨勢連綿的八月就在加爾各答忙裡忙外，一邊設計各門課的課程大綱，一邊四處找人來嘉達沃普教課。畢竟是草創初期，人力短缺，所以我當時每週都得親自講授好幾門不同的經濟學課程。我記得其中有一週我竟然講滿整整二十八小時的課。這實在是累死人了，不過我也因為逼自己教這麼多不同領域的經濟學課程而學到了許多新知。希望這些學問對我當年的學生也有些用處。說起來，正是因為我在教學過程中學到了這麼多，我才更相信除非親自教過別人，不然我絕沒把握自己已經徹底懂了一門學科。在經濟學領域裡，這原則尤其適用於經濟學知識的分類機制上，而這麼一想，又讓我想起了帕尼尼這位老朋友，這位西元前三世紀文法學家兼語音學家的分類法深深影響了我的思路。

由於我年紀輕輕就擔此重任，加上有傳言說我是靠著裙帶關係而非實力才進了嘉達沃普教書，所以這件事遭人非議也不讓我意外，而且完全可以理解。除此之外，人們也會懷疑因為我在政治上傾向左派才得到了這職位——畢竟我在總統學院積極參與學生政治也不過才三年前的事。罵得最凶的是右派雜誌《朱加邦尼》（*Jugabani*）上的一系列詆毀文章。不過也多虧我接了創系系主任這位子，才明白原來世界末日更近了。在這些批評之中有一則諷刺漫畫，巧妙地把我畫成一個嬰兒，才剛抱出搖籃，轉身就變成了手握粉筆，站在黑板前面的大學教授，我得承認這把我逗樂了。

不過我的學生不斷為我打氣加油，我為此銘感五內。其中有些學生真的很聰明，比方像蘇林．巴塔恰利亞（Sourin Bhattacharya）後來就成為一位優秀學者與作家。事實上，大部分膽敢就讀這所新設大學經濟系的學生個個都才華洋溢。除了剛剛提到的蘇林之外，瑞巴（Reba，後來還和蘇林結婚了）、迪仁札．查克拉波提（Dhirendra Chakraborti）、P. K. 沈恩（P. K. Sen）等人，每個都是了不起的人才。我在離開嘉達沃普大學之後，仍與他們保持多年聯繫。

我很慶幸有這機會到嘉達沃普大學接受這項挑戰，這個地方真是臥虎藏龍。事實上，這所學校原本幾十年來就是頂尖的工學院——後來才改制成大學，在原有的工程與自然科學領域的基礎上又加設了不同科系（包括各個文學、歷史、社會科學以及廣義的「藝術」科系）。系上的同事——帕拉米許・雷（Paramesh Ray）、里喜奇許・班納吉（Rishikesh Banerjee）、安妮塔・班納居（Anita Banerji）、阿吉特・達斯笈多（Ajit Dasgupta），還有姆黎瑙・達塔・朝圖里等人——無不活力十足。

除了我以外，擔任嘉達沃普大學各系所主管的教授個個都是知名學者，也都比我年長得多。歷史系主任是蘇修班・薩卡爾教授，他原本是我在總統學院讀書時的歷史系教授。薩卡爾教授是位絕佳的老師與研究學者，在我念總統學院那時大大啟發了我的思路。我真是三生有幸才堪當蘇修班巴布的同事，也感謝他的青眼有加，不時提醒我身為一名甚為年輕的新進教授該做些什麼事（更重要的是還告訴我哪些事千萬別做）。

比較文學系的主任是布達戴・波斯——他是孟加拉首屈一指的作家，在詩歌與孟加拉新創散文方面都極富盛名。我是他的書迷，而且之前就已經認識他了，因為他就是我大學好友米娜克西的父親（米娜克西和她男友喬提，也就是她後來的丈夫，在本書前面已經介紹過了）。孟加拉文學系的系主任是德高望重的蘇席爾・戴伊（Sushil Dey）。蘇席爾・戴伊與布達戴・波斯先前都曾在達卡大學任教，是我父親的同事。而且蘇席爾・戴伊跟我祖父夏拉達・普拉薩德・沈恩很熟，他偶爾還會提醒我他比我老了四十多歲，尤其是在我們意見不合時特別愛講。戴伊對大學事務相當保守，他除了會提出論證來反駁我的提案之外，還會拿家族史來壓我，讓我束手無策：「你爺爺是多聰明的一個人呀，我跟他可熟了，他一定能一眼就看出你沒看出來的問題。」總之，我沒有一次辯贏過戴伊教授。

三

我們同事裡還有一位格外有創意的歷史學家拉納吉特．谷哈——因為他大我幾歲，所以我都叫他拉納吉特大，不過他還是相當年輕。我在去課堂途中第一次在校園裡碰見他的時候，我很開心，因為我早就聽說過他和他的過人才智了。

「你很出名呀，」我們頭一次見面時，拉納吉特大就這樣說：「我老是聽人家講你這裡不好、那裡不好，說學校會聘你真是烏龍一場。那我們何不趁此認識一下？——這樣吧，今晚一塊兒吃飯吧？」當天晚上，我去了他在潘迪提亞路（Panditiya Road）的公寓，後來更是三不五時就去叨擾一番。拉納吉特大本來是個十分激進的共產黨員，但是我們認識的時候他早已認清自己過去的錯誤。他還是滿腔熱血——只不過是以寧靜、非暴力的形式表現——為遭受忽視的社會底層努力改革，但是對於共產組織——尤其是當時在加爾各答蔚為風尚的史達林主義——則是徹底絕望。拉納吉特大當時已經與瑪爾塔（Marta）結了婚，波蘭裔的瑪爾塔有著猶太血統，他們倆經常在家裡舉辦朋友聚會。

拉納吉特大當時正在撰寫他的第一本書《孟加拉田制考》（*A Rule of Property for Bengal*），後來果然以此作打響他深識遠慮的歷史學家名聲。這本書探討了康華利侯爵在一七九三年規定孟加拉田賦永定這項政策的知識背景——先前在第八章中曾說過這項政策對經濟造成的致命危害。這本書獨具創見，與一般探討英國在印度殖民政策的其他書籍不同，著眼於觀念想法的影響，而不是把重點放在貪婪與自利（這是當時歷史批判的通說）。有權決定孟加拉土地政策的英國官員其實有一套深思熟慮的想法，想藉此改善孟加拉的農業。在田賦永定這想法背後的倫理性質，以及導致這項政策的合理人性觀，其實是對良好治理的不同解讀。令人震驚的是，儘管這些官員都是存著好心做好事，田賦永定政策卻招致了毀滅性的結果。谷哈著眼處迥異於一般殖民史，不是以大英帝國如何剝削臣民並強調自身利益為焦點，而是聚焦在出於各種善意的思考最後怎麼會在孟加拉推出這麼一團東拼西湊的田賦政策——以及烏煙瘴氣的實施狀況。

不過，《孟加拉田制考》並不是拉納吉特．谷哈現在最出名的著作。他的名氣來自一系列統稱為「底層研究」的著作，這系列出自一支極有影響力的殖民與後殖民史研究學派，而谷哈是開山祖師。（我先前在第四章中提過，這一派也呼應了我外公克西提．莫罕重視庶民所鍾愛的卡畢爾詩歌的態度。）底層研究學派對菁英詮釋的歷史提出了全面性的批駁。谷哈在一九八二年出版底層研究第一卷的序言中就嚴厲批評印度民族主義史學一直以來都由殖民菁英主義與「資產階級民族主義者」的菁英主義所主宰——這就是拉納吉特大要致力破除的局面。要讓印度歷史書寫——或其他各地歷史也一樣——擺脫菁英視角獨大的積習，這是非常重大的一步。雖然底層研究在我初識拉納吉特大時還沒有成形，但從我們日常對話中已經可以清楚發現他早已有了反菁英主義的歷史觀。

拉納吉特大與周遭友人不僅在學術上對我十分重要，也是我在加爾各答社交生活的豐富滋養。我經常和他們這群人談話，包括塔潘．雷朝圖里、賈克．沙遜（Jacques Sassoon）、姆黎瑙．達塔．朝圖里、帕拉米許．雷與恰亞（Chaya）．雷夫婦、拉尼．雷朝圖里（Rani Raychaudhuri）等許多人，他們都是我這加爾各答年輕教師的重要支柱。達瑪．庫瑪到加爾各答來玩時，我也拉著她一起去找拉納吉特大「閒聊」，她對我們晚間閒聊話題的廣泛程度不禁嘖嘖稱奇。即使到了現在，我還是覺得以學術討論而言，很難比得上一九五〇年代中葉潘迪提亞路上那棟簡陋公寓裡的那些閒聊。

四

等我熟悉了在大學裡的新工作，認識了新學生，我當然又跑回了念念不忘的老地方——也就是在學院街上，總統學院對面，離加爾各答大學不遠的那家咖啡店。一九五六年的那個夏天，唇槍舌戰常常都是關於尼基塔·赫魯雪夫在蘇聯共產黨第二十次代表大會上所揭露的史達林種種行徑。二十大是在二月召開，幾個月後我才回到了加爾各答，而那些被揭露的事情有何意義，在加爾各答的左派政治圈裡慢慢地被理解消化。我問了一個熟識的鐵桿老左派有何想法，他馬上回我：「我恨死赫魯雪夫了，他比什麼噁心小蟲子都更討厭」，接著就閉嘴不談了。我繼續試探說，赫魯雪夫所揭露的事情雖然令人震驚，但並不出人意料之外，結果招來了一頓政治批鬥。

我自己大概在十年前就已經察覺到蘇聯體系是什麼樣的專制暴政了（詳見第十二章），因為我讀到了關於「作秀公審」與史達林一派的清洗行動的相關資料，尤其是關於他們如何處理當時頂尖的列寧哲學家布哈林的種種手段，而我對布哈林的作品可熟得很。所以我對那裡發生的事並不覺得突然——只不過現在官方才轉而承認。所以當一名死忠的共產黨支持者氣呼呼地對我說，美國作家約翰·岡薩就親自見證了布哈林與其他人的審判現場，每個人看起來都健健康康、無病無傷——可見他們沒有受到監禁虐待——我真是對他們政治上的幼稚天真瞠目結舌。

我很喜歡赫魯雪夫在多年之後說的一則故事，他說他去參觀一所學校，還親切地問了學校裡的學生：「來，說說看，是誰寫了《戰爭與和平》？」一開始教室裡還一片沉默，接著有個孩子面露恐懼地說：「求求你，赫魯雪夫同志，真的不是我寫的。」赫魯雪夫回頭對特務頭子抱怨怎麼可以造成這種大眾恐慌的局面，要馬上停止欺壓百姓。過了幾天，特務指揮官來向赫魯雪夫報告：「赫魯雪夫同志，您不用再擔心了——那個男孩已經承認《戰爭與和平》就是他寫的了。」

一九五六年的十月到十一月這期間，左派圈子還在消化二十大帶來的震驚，但就在此時，匈牙利掀起了反抗蘇聯統治的革命起義，結果遭到蘇聯陸軍的血腥鎮壓。印度共產黨並未譴責蘇聯的威權暴政，但許多其他國家的共產黨都發聲了（尤其是義大利共產黨），於是大家愈來愈清楚看出，全世界聯合推動列寧派共產主義運動的日子即將到頭了。鎮壓匈牙利的殘暴手段令我難過萬分，一點也不亞於赫魯雪夫在二十大上譴責的驚人暴行。在我看來，如今指出的這些質疑其實都是老早就該面對的問題了。我雖然不是共產黨員（也從沒打算加入過），但我確實認為階級鬥爭在印度可以扮演一個重要的積極角色，因為印度的不公不義已經病入膏肓了。我試過在這樣的脈絡下主張，共產黨如果能正視在一九五〇年代終於響起的民主呼聲，那他們一定能更有影響力也更有建設性。

印度的共產主義運動最終還是面對了如何相容於印度民主政治的這一課題。儘管回應過程實在是拖拖拉拉，但一九五六年與之後的大事所帶來的震撼效果在國內政治論辯中持續發酵終究還是好事一件。不過，印度共產黨跟中國、越南和古巴的共產黨不一樣的是，它從來不曾強大到足以成為決定性的政治力量，而且還分裂了好幾次，第一次就發生在一九六四年。

五

正當我在加爾各答努力教書，享受嘉達沃普大學的課堂生活，等著兩年後回劍橋提交博士論文時，三一學院那邊卻突然有了令我措手不及的發展。三一學院會根據研究生的研究成果來評估擢選極少數人成為獎金研究員——我那時候是四個名額。（每個人在規定年限內可以多次申請。）說起來，獎金研究員算是三一學院的正職人員，可以領取四年研究津貼，而且無需進行任何預先指定的研究——換句話說，獎金研究員可以研究自己想做的任何題目。

一九五六年夏天我從三一學院回印度時，皮耶羅．斯拉法說：「你何不拿論文去申請獎金研究員呢？不會馬上就選上，但你可以藉此收到改進論文的建議，明年再申請就大有機會了。」所以我沒有多想，就從加爾各答寄了一份尚未提交的論文給學校，然後就壓根兒忘了這回事。

評選結果在十月的第一週公布，不過我沒有期待會獲選，所以不曾在意公布時間。剛好那時候正值加爾各答的杜嘉菩薩節（Puja）假期，嘉達沃普大學休假，所以我就趁機去德里玩了。我在德里過得很開心，認識了不少傑出經濟學家，像是後來一起和我在德里經濟學院任教的K. N. 拉吉（K. N. Raj），還有I. G. 帕特爾（I. G. Patel，他後來娶了阿密亞卡卡的女兒阿拉坎南妲Alakananda——小名碧碧Bibi的她一直與我情同兄妹），以及後來與我十分要好的實證經濟學家達姆．納連（Dharm Narain）和他妻子夏坤塔拉．梅拉（Shakuntala Mehra）。從清奈（Chennai，即馬德拉斯Madras）來德里玩的德瓦琪．斯林尼法桑（Devaki Sreenivasan）年輕又有活力，她嫁給拉克許米．賈恩（Lakshmi Jain）後就改叫德瓦琪．賈恩（Devaki Jain）。拉克許米．賈恩是個死守國大黨傳統的忠貞分子，但是德瓦琪後來卻成了全球女權運動的領袖。我是

第22章 道布、斯拉法與羅伯森

一

我當上了獎金研究員，唯一的責任就是研究我自己挑選的題目。不過，由於我在嘉達沃普大學的親身經歷，我體會到教學原來不光是本身就很有趣，也是研究工作的絕妙輔助。所以當三一學院建議我接下指導一批經濟系學生的工作時，我二話不說就答應了。

學校也問我想不想開班授課。這件事也讓我興致勃勃，所以我就申請擔任經濟學助理講師，也順利獲聘了。我教了幾堂基本的經濟學原理，而且還和詹姆士．米德教授（Professor James Meade）合授課程。米德教授才思敏銳，是一位卓越的主流經濟學家，一九五七年從倫敦政經學院到劍橋大學來，接替丹尼斯．羅伯森擔任政治經濟學教授。我跟米德教授合開的課程就接在他經濟學理論的通論課後頭，我們會討論主流經濟學所產生的許多分析難題，當然也會回答學生的提問——常常相當引人入勝。

我也教了幾堂投資規劃，這就用上了我所研究的技術選擇。我何其有幸，就連剛從蘇格蘭來到三一學院的詹姆士・莫里斯也到我的課堂來聽講。莫里斯到劍橋來可是件大事，他那犀利的腦袋讓人無不堅信他總有一天會成為經濟學界的思想領袖——後來他果然先後在牛津與劍橋獨領風騷。他不僅改變了我們對最適政策有何需求的理解，更為英國訓練出一大批優秀的經濟學家。

另一位出現在我課堂上的大人物則是來自哈佛的史蒂芬・馬格林（Stephen Marglin）。我對他的印象很深刻，他會坐在第一排的位子上舉手發問，他獨到的見解總讓我不敢相信他才剛念完大學部而已。他在哈佛寫了一篇精彩無比的學士論文，推翻了許多投資決策的既定方式，尤其是關於投資排序的那些方法。後來我倆也成了十分投契的好友。

二

只是個菜鳥講師的我，做夢也沒想到竟然能在三一學院與丹尼斯・羅伯森、莫里斯・道布和皮耶羅・斯拉法共事。我先前已經稍微介紹過他們了——他們都是我的老師——但是直到我跟他們成了同事，我們才真正熟悉起來。

丹尼斯對我的研究不像道布和斯拉法那麼熟，但是我從到劍橋的第一年開始就對他有不少認識，這不光是因為他人就在三一學院，更是因為他為人親切又很愛講話。丹尼斯最令我好奇的一點就是他與同輩的經濟學家不一樣，徹底支持效益主義倫理學。他認為「精確」是被高估了的一種優點，而且即使我們很難將不同個人的效益清清楚楚地一一對比，這也不妨礙我們做出完全合理的社會福祉判斷。他對窮人有一種天生的同情心，但我始終說服不了他同意大幅縮減經濟不平等是最重要的公共政策。

站在效益主義的立場上，羅伯森倒也願意接受為最貧窮階級——例如長期失業者——提供部分額外收入應定為公共政策的重要目標，不過他其實並不太想把追求平等主義當作重要的社會目標。既然他深信個人之間的效益比較，他大可以推衍出這個目標（因為收入愈高，對個人總體效益的作用愈低），但是他似乎並不想深入探究平等與正義的可行政策。雖然他一提到阿爾弗瑞德·馬歇爾（Alfred Marshall）就忍不住侃侃而談，但是要他談在三一學院裡另一位激進派亨利·西季威克的思想——雖說他們倆都同樣支持效益主義——卻是千難萬難。

丹尼斯對關於社會正義的經濟學不感興趣——西季威克則是說了不少——很可能跟他著迷於所謂宏觀經濟學的工程面向脫不了關係。說起來，他的經濟學名聲確實有一大半都是由於他對宏觀經濟學的諸多實際貢獻得來的，確立了在經濟學中像是國家收入、投資、儲蓄與總就業率等總體經濟的衡量方式。他當年在三一學院申請獎金研究員的論文題目是〈產業波動研究〉（A Study of Industrial Fluctuation）——他申請時還正為自己在第一次世界大戰中究竟該扮演什麼角色而天人交戰（他是個和平主義者，但最後還是從軍了）——這篇論文精闢分析了導致經濟繁榮與蕭條的不同過程。

羅伯森在著作中還探討了許多凱因斯也再三深究的想法。他們倆往來相當密切，也都是活躍的劍橋使徒。他們不僅都鑽研類似的問題、探討類似的經濟關聯，也不時彼此交換想法，怪不得羅伯森會說他和凱因斯的討論多到「連我們自己都分不清哪些想法是他的，哪些是我的」。羅伯森與凱因斯彼此交流如此密切，卻也使他們關係生變。當然了，凱因斯後來的名氣遠遠勝過羅伯森，這多少使得羅伯森心裡有些瑜亮情結。身為學生的我曾花了些時間想從他們個別的著作中判斷出他們哪一位才是主要貢獻者，但是這真的太困難了，我最後不得不承認羅伯森說得對，要區分他們倆的思想根本是做夢。

三

從經濟學家的分類來看，丹尼斯肯定是屬於保守派那一邊的。他不喜歡革命——他會說那是道布幹的事。但是他其實也不相信道布會喜歡革命——「莫里斯嘛，你知道的，他喜歡的是一個無憂無慮的美好世界，」他這樣說。他對道布會有什麼直覺反應大概猜得滿準的，不過我相信他對道布心裡**反思過的**政治偏好可就抓不準了。

我還記得我跟丹尼斯吃的最後一餐，是在大衛・錢泊農家吃的。我當時再過兩天就要出發去印度了。丹尼斯說：「你知道嗎，阿馬蒂亞，現在沒人知道真正的〈貓頭鷹與小貓咪〉（The Owl and the Pussycat）這首歌要怎麼唱了呢！我曾祖母教過我，我一直默默記在心裡。」我回他：「我想聽聽看。」大衛也附和，於是丹尼斯就唱了起來。唱完之後，丹尼斯說：「欸，我死了之後，就再也沒人知道〈貓頭鷹與小貓咪〉的正確曲調了。」兩天之後，我就去了印度——丹尼斯對我說的最後一句話是：「等你回來，我們再繼續討論。」我猜他說的是我們對縮減不平等這件事（於我來說有無比的重要性）的歧見——我們那幾年時時在這個話題上爭辯。

過了一個月，我從機場回來的路上，在國王十字路站快要趕不上開往劍橋的火車，不得不在月台上拚命奔跑。我上車後一邊大口喘氣，一邊瞄到一個熟面孔，是麥可・波斯納（Michael

Posner），劍橋的另一位經濟學老師，他也在同一節車廂上。他一看到我，馬上就問我知不知道丹尼斯・羅伯森剛過世的事。我頓時悲從中來。即使到現在已經過了六十年，我還是很想念丹尼斯——每當想起貓頭鷹與小貓咪，更添了幾許惆悵。

四

打從我在加爾各答開始念經濟學起，莫里斯・道布就一直是我的偶像。由於我對馬克思的思想也很感興趣，道布的馬克思主義學說就更令我欲罷不能了。他一直到一九七六年過世前都是堅貞的共產黨員，雖說共產黨在蘇聯與東歐的那些暴行披露後讓他備感痛心。他認為共產黨往往過於獨斷獨行，我後來從劍橋大學另一位同事那裡聽說他在共產黨聚會中也經常這樣講。丹尼斯・羅伯森說的沒錯，道布確實不愛混亂無序。我朋友傑克・賈拉格有一次就模仿莫里斯・道布穿越到一九一七年十月的紅場上發表演講，他一開口就說：「同志們，時機尚未成熟。」

我在第十三章裡說過，我在加爾各答初次讀到道布一九三七年的名著《政治經濟與資本主義》，尤其是裡頭那篇〈價值理論的條件〉時，真的拍案叫絕。他在那篇文章裡論述了價值理論的重要性，把這種理論跟價格決定論做了區別。道布說，勞動價值理論與效益理論都是價值理論的一種，我們絕對不能像主流經濟學家那樣，只把價值理論看成價格理論成形過程中的過渡產物，而要了解價值理論其實是一種豐富的描述，本身就具有值得我們格外重視的獨特重要性。

我從早年閱讀道布著作的經驗裡學到最關鍵的事，就是仔細檢驗描述經濟學的重要性，這讓我們更明白我們在人類社會中的基本關注是什麼，其用處絕不僅是幫助我們預測價格。經濟學曾有段時間似乎不停走向狹隘問題的研究，大多只關心能否簡便預測出某些經濟數量（未必有多重要），我曾為此感到失望。莫里斯・道布在我眼裡就是對抗這股潮流的中流砥柱。雖然我到劍橋念大學部的第二年才成為他的門下弟子，但在那之前我就已經定期與他見面長談了。

一九五七年，我獲選為獎金研究員，從加爾各答回到劍橋後，我們就又繼續會面了。除了他在經濟學上的深遠洞見之外，讓我感受最深的就是他的慈悲心腸——他總是傾力幫助他人。我們每次見面談話時，他都會沏上一壺茶，那個舊茶壺的蓋子早就不見了，但是他懶得換個新的茶壺。他後來跟我說那個茶壺也壞了，結果他那好心的房間清潔員又送他一個茶壺，拿給他的時候還對他說：「道布先生，我知道你不喜歡茶壺蓋子，所以我就先幫你丟掉了。」我問莫里斯他有沒有告訴清潔員那個缺蓋茶壺的來歷？「沒，當然沒說呀。」所以他後來還是一直用著沒蓋子的茶壺沏茶。

五

能有皮耶羅・斯拉法當我在三一學院大學部的研究導師真的是莫大的福氣。他總一本正經地叫我去找我的指導老師——看我當時的進度，分別去找莫里斯・道布、喬安・羅賓森、肯尼斯・貝瑞爾和奧博瑞・希爾伯斯頓——但也鼓勵我隨時來找他談談。所以我就像在第十六章說過的那樣經常找他談話，把他當作我另一位指導老師。我很快就察覺到斯拉法真的很喜歡談天說地——

從經濟學聊到歐洲政治傳統，連泡咖啡都能講得頭頭是道。我也發現這位獨具洞見又好問不倦的知識分子很喜歡與人共謀大事。

我當上獎金研究員，成為學院講師之後，有了更多與斯拉法相處的機會。從一九五八年到一九六三年，我們幾乎每天午餐後都會一塊兒散步，常常一走就走到離劍橋幾英里遠的科頓去了。我逐漸了解到，在義大利求學的那段日子對他來說有多重要，尤其是和安東尼奧・葛蘭西和《新秩序》（*L'Ordine Nuovo*）那一伙人的交遊。《新秩序》是旨在抵抗法西斯主義並推動義大利社會激進改革的左派期刊，由葛蘭西在一九一九年創辦——他也是期刊的編輯。斯拉法定期在這期刊上發表文章，而且在一九二一年還成為了編輯委員之一，直到二〇年代末因為受法西斯迫害不得不離開義大利為止。他在一九二七年搬到了英國，成為義大利左派知識圈內的要角，一直與義大利共產黨關係密切——但他從未入黨。

六

皮耶羅出版的著作很少，但是他對許多思想研究領域都有深遠的影響。關於他鮮少動筆有不少傳聞。我剛到劍橋時，聽說一向四體不勤的尼古拉斯・卡爾多對醫生抱怨說自己恐怕患了「運動員腳病」（athlete's foot，即香港腳），結果這位詳知自己病患毛病的醫生看了看，竟說：「這機率大概就跟斯拉法先生患了寫作痙攣一樣低吧。」

事實上，斯拉法真正的毛病其實是「出版痙攣」才對，因為他其實寫了許多關於經濟學、哲學與政治的筆記，多半都是用義大利文寫成的。有時這些內容會出現在我們的談話之中，所以我一直覺得他應該想過把這些內容精挑細選，然後編輯出版的事。有一次，我問斯拉法為什麼那麼喜歡大衛．休謨，他告訴我他很久以前匿名寫過這件事，而且除此之外，他還在自己的論文中寫了一大段註釋來談論這主題。後來這些未曾出版的稿件全都保存在三一學院的萊恩圖書館。

斯拉法除了對經濟學與哲學（而且不是曇花一現）貢獻卓著之外，他也和莫里斯．道布共同負責編輯一套鉅著——大衛．李嘉圖全集定本。這皇皇十一巨冊從一九五一年起陸續出版，我一九五三年到劍橋時已經聽到很多人在談論這套書。最後一卷「總索引」（General Index）於一九七三年出版，這份鉅細靡遺的索引與註釋花了皮耶羅與莫里斯整整一年的工夫才搞定。我還記得肯尼斯．阿羅說，他有一次到劍橋來時想去見見皮耶羅，結果皮耶羅說自己正忙著整理李嘉圖的索引，誰都不見，他只好敗興而歸。阿羅還問我：「你不覺得傻眼嗎？編索引這種事不是在下雨的星期天，因為沒地方去才做的事嗎？」我很努力地為皮耶羅辯解，說李嘉圖的這份索引絕不是阿羅所想的那種索引，不過我想阿羅大概聽不進去吧。

七

光是在經濟學這領域裡，就**至少**有三大觀念或見解來自斯拉法的研究。首先，他在一九二〇年代就證明了主流經濟學那種將市場結果解釋為完美競爭均衡的標準講法可能蘊含著嚴重的內在矛盾。這是因為在規模報酬固定（或遞增）的情況下，不可能出現完美競爭均衡。競爭市場確保了只要商品售價不上漲，這家製造公司就能夠不斷增加銷售量，而固定或遞增的規模報酬則確保了製造商品的單位成本會維持不變或逐漸下降。所以說，沒有任何事物能阻止擴張。這就表示我們會無可避免地在市場競爭中發現壟斷性因素的存在——這跟阿爾弗瑞德・馬歇爾與追隨他的丹尼斯・羅伯森等人（也就是當時蔚為主流的「劍橋學派」）所持的主流經濟學理論大有牴觸。

斯拉法據此證明既有價格理論的基礎存在著無可救藥的缺陷。他的論文最初是以義大利文發表，一九二六年英譯版在《經濟學期刊》上發表後，立刻驚動學界。丹尼斯・羅伯森原本還試著為馬歇爾一派的理論提出辯護，但最後還是只能承認斯拉法說得沒錯。斯拉法這套分析也帶起了以喬安・羅賓森與愛德華・錢伯林（Edward Chamberlin）為首的一波新興論述，進一步探討關於「不完美競爭」與「壟斷性競爭」的性質。

斯拉法的第二項重大貢獻，涉及了更多技術性推理。他證明了「資本」這個一般常以數值表示的生產要素概念，其實是一種會產生自我矛盾（除非是在某些特殊預設之下）的錯覺。我們不能用「資本密集」程度多寡來衡量生產技術，因為依賴於利率的資本密集度會因為利率的系統性上升而不斷變換其相對排序。這套論證恰如其名，就叫做「多重轉換」（multiple switching）。由此可推知，資本的「多」、「寡」其實是模糊不清的觀念，所以我們很難將資本當作是生產的要素之一。而這又和主流經濟學中關於生產要素的說法截然不同。照此推論，主流經濟學因為將資本視為生產要素之一，所以它有很大一部分會產生嚴重的不一致。

斯拉法的第三大貢獻相當具建設性。他證明了，若有一套關於進行中的生產活動（包含所有投入與產出）的完備描述，加上給定的利率（或者薪資率），就可以用數學明確表示出所有商品的市場價格。我們在確定商品價格時，其實並不需要知道該商品的需求條件。這套精簡流暢的論證與其他命題都收錄在斯拉法一九六〇年出版的一本小書《以商品生產商品》（*Production of Commodities by Means of Commodities*）。

這分析結果太了不起了，但是我們也要小心，別把這第三套論證看得比斯拉法自己說的還厲害。批評新古典主義經濟學理論的人很容易就認為斯拉法的論證已經顯示出在決定價格的因果關係中，需求條件是多餘的。喬安・羅賓森不是唯一犯下這種錯誤跳躍的人，但她卻是說得最誇張的一個：

> ……只要我們有一套關於生產的計算方式，加上在整個經濟體系裡保持一貫的實質薪資率，決定均衡價格時就完全不必計算需求。

可惜我想這並非事實。因為斯拉法系統中的整個計算都是建立在一套確定而且可觀察到的生產圖像上（投入與產出都完全固定，宛如將經濟體系中的生產運作當作一張快照般處理），完全沒提到假如需求條件發生變化——這樣一來，商品生產自然也多少會受到影響——將會發生什麼情形。把數學上的計算確定（也就是說，推論結果能計算得出來）當作是因果上的決定關係（也就是「什麼原因會決定什麼結果」），就會導致這種嚴重誤會。

斯拉法這套論證給我們的收穫已經夠多了。薪資率（或是獲利率、利率）一經確定，我們就能從生產關係中得出一套價格理論。對任何一套生產結構——應該說，以商品來生產商品的結構——而言，獲利率與薪資率之間有一種顯然可以計算的關係，而且事實上這是一種直接的關聯。如果能確定其中之一，就必定能求出另一個的數值多寡。這幾乎可說是對階級戰爭的具體描寫，更是深具洞見地精彩描述了階級關係的經濟運作，就像莫里斯．道布說的一樣。

斯拉法這本書有個副標題：經濟理論批判導論（*Prelude to a Critique of Economic Theory*）。顯然他原本大概想過要對主流經濟理論提出一套更完整的批判。不過我不覺得皮耶羅真的努力要生出這麼一套批判來。他其實對於別人怎麼擴展他提出來的說法很感興趣。我有幸在他這本書出版之前許久就讀過初稿——事實上，莫里斯．道布與我在斯拉法撰寫的時候就讀了他的手稿。皮耶羅只准我晚餐後在他三一學院的研究室裡看這些手稿，而他（戴著一副綠色墨鏡，避免燈光傷眼）則在一旁翻著《世界報》（*Le Monde*）或《晚間郵報》（*Corriere della Sera*）。我只要眼睛一從稿子上移開，他馬上就問我：「你怎麼停下來了？是覺得我哪裡說得不妥嗎？」這一方面令我興奮不已，一方面卻也害我叫苦連天——真的是苦樂交逼啊！

斯拉法這本小書洞見透澈，絕不僅僅是一篇為完整批判做準備的導論而已——前提是要真的清楚搞懂他說的內容才行。有不少人把斯拉法這些想法推而廣之，應用到其他議題上，特別是路易吉．帕西涅提和皮耶安哲羅．加列納尼，另外也包括漢茲．庫爾茲（Heinz Kurz）、克里希納．巴拉杜瓦吉（Krishna Bharadwaji）、喬佛瑞．哈柯爾特（Geoffrey Harcourt）、理查．戴維斯（Richard Davis）、亞力山卓．朗卡格利亞（Alessandro Roncaglia）、阿吉特．辛哈（Ajit Sinha），還有其他許許多多。帕西涅提更針對斯拉法的作品與劍橋凱因斯學派學者著作之間的關係寫了一篇影響深遠的文章。

八

斯拉法的經濟學觀點是很吸引我，但是他的哲學思想更令我著迷。我認識他的時候，他就已經催生出當代哲學——尤其是英美哲學——最重要的發展之一，也就是讓路德維希·維根斯坦毅然決然推翻自己早期堪稱石破天驚的《邏輯哲學論》，並轉而發展出他在《哲學探究》（*Philosophical Investigations*）中的後期哲學思想。

維根斯坦早年是伯特蘭·羅素的學生，他一九一三年離開劍橋三一學院時，已經是名聞遐邇的哲學家了。等到他一九二九年一月又回來時（斯拉法這時才剛到劍橋不久），更是備受推崇。《邏輯哲學論》裡對語句邏輯結構的強力主張在哲學界已經無人不知，影響卓著了。

維根斯坦的聲名如此顯赫，他回到劍橋來當然也就成了大事一件。凱因斯馬上就寫信給妻子莉迪亞·羅珀柯娃（Lydia Lopokova），告訴她這位天才哲學家回到劍橋的消息：「噢，上帝降臨了。我剛剛在五點十五分的火車上遇到他了。」整個劍橋一片歡天喜地。《邏輯哲學論》的最後一道命令句如雷貫耳，絲毫不給不合形式的話語一點餘地：「無可言說之處，便須沉默。」斯拉法雖不反對維根斯坦這命令要求，卻主張我們不遵守維根斯坦這些嚴格規則也可以順利言說與溝通。

維根斯坦在《邏輯哲學論》裡的思考進路後來有時被稱為「意義圖像理論」，認為語句呈現了事物狀態，就像是事態的圖像一樣。他這裡有一點堅持——有人會說這可能有過度簡化的風險——就是命題與命題所描述的對象必須具有相同的邏輯形式。斯拉法認為這個哲學立場完全搞錯了，根本是荒謬透頂，所以他經常試著要說服維根斯坦承認這項錯誤。斯拉法說，這根本就不是大家平常彼此溝通對話的方式，也沒有理由要大家非這麼做不可。我們說話時，都會按照對方也心知肚明的溝通規則，這些規則多半都是隱性的，而這些規則根本就不一定要具有維根斯坦所主張的那種邏輯形式。

有一段廣為流傳的故事這麼說，維根斯坦堅持有意義的溝通必須用特定的邏輯形式，斯拉法對此表達懷疑時，用指尖搓了搓下巴。維根斯坦馬上就看懂了那不勒斯人表達「不以為然」的手勢，於是斯拉法問道：「那這種溝通的邏輯形式是什麼？」我後來問皮耶羅是不是真有這回事，他說這個故事要不是徹底瞎掰（「我可不記得有這種事」），就是提供道德教訓的寓言，不是真實事件。「我跟維根斯坦經常大辯特辯，」他說道，「我根本就用不著讓手指頭說話。」不過這則故事確實鮮活描繪出斯拉法質問時的犀利力道，還有他對《邏輯哲學論》那套哲學的強烈疑慮。（當然了，這個故事也讓我們更明白語言文字和表情手勢等風俗習慣對促進溝通有多大助益。）

後來維根斯坦還對格爾奧格．亨里克．馮．萊特（Georg Henrik von Wright）這位當時也在三一學院的芬蘭哲學家說，與斯拉法的這些對話讓他覺得自己「活像是一棵樹的枝條全被砍光了一樣」。顯然這些對話對他確實意義重大。不過事實上，斯拉法的批判並不是維根斯坦當時唯一受到的批評。劍橋的數學新秀法蘭克．拉姆齊也提了不少。維根斯坦在《哲學研究》的序言中感謝了拉姆齊，還寫道「更」多虧有「這所大學裡的另一位老師斯拉法先生，這麼多年來一直不斷砥礪我的思想」，更說「這本書中最重要的想法都多虧**這股**刺激」。維根斯坦曾對一名好友（劍橋的另一位哲學家拉許．瑞斯 Rush Rhees）解釋斯拉法所提出的批評，說斯拉法教會他最重要的一件事就是用「人類學眼光」來看待哲學問題。

維根斯坦的作品通常以一九二九年為界，區分為「前期維根斯坦」與「後期維根斯坦」兩個階段。在《邏輯哲學論》中，維根斯坦試著脫離語言受到使用的社會情境來看待語言，但到了《哲學研究》，卻改為強調為言說提供意義的習慣與規則。他這種新觀點跟後來所謂「日常語言哲學」一派（就是在維根斯坦對溝通的想法產生轉變後興起的一支哲學學派）的關聯，是顯而易見的。

那不勒斯人表達疑慮時會用手指尖摩擦下巴（即使做這動作的是一名遠從義大利北方的比薩而來的托斯卡尼人），這可以視為義大利南部習慣與規則的一部分——是他們「生活湧流」（stream of life）的一部分。維根斯坦在《哲學研究》中就用「語言遊戲」這個詞來描述人們是如何學會使用語言以及字詞和手勢表情的意義（當然了，現實中真正的語言包括的還遠不止這些）。

九

斯拉法對於自己的想法實實在在影響了我們這時代最頂尖的哲學家是不是也覺得無比興奮呢？我在我們日常的午後散步問過他好幾次，他都說不會，他並不特別高興。在我鍥而不捨地追問之下，他說他提出的論點根本就「再明顯不過了」。

我在一九五三年來到了三一學院，當時維根斯坦剛過世不久，我清楚察覺到這兩個好朋友之間有了什麼齟齬。我問了斯拉法幾次，他始終不肯明說究竟是怎麼回事。我能得到最接近事實的答案是：「我要閉嘴了——我覺得有點無聊了。」不過，雷伊．孟克（Ray Monk）終究在他的維根斯坦傳裡披露了出來：

一九四六年五月，斯拉法決定不再跟維根斯坦對話，說他再也不想花時間精力在維根斯坦想討論的事情上了。這對維根斯坦是一記重擊。他求斯拉法繼續他們的每週對談，即使這就表示不能談哲學，那也無妨。「我什麼都可以聊，」他對斯拉法說道。「對啦，」斯拉法回他，「但都是用**你的**方式在聊。」

斯拉法與維根斯坦兩人間的交情有許多撲朔迷離之處。斯拉法這麼熱愛對話論辯（我有幸從中獲益良多），怎麼會突然那麼不願跟整個二十世紀最優秀的天才說話呢？再者，這些對話既然對維根斯坦那麼重要，更成為當代哲學發展的重要基石，怎麼在這個來自托斯卡尼的年輕經濟學家眼裡只是「再明顯不過了」呢？

我想我們大概永遠也沒辦法知道這些問題真正的答案。不過，還有另一個相關的問題：為什麼斯拉法對於他與維根斯坦之間對話的深度與創見會如此不願多談？我想至少有一部分原因是，這些讓維根斯坦如獲至寶的新啟發其實是《新秩序》那群義大利知識分子間尋常討論的話題吧。我猜，這其中也包括了溝通規則中所謂的「人類學」面向。然而沒想到斯拉法對維根斯坦丟出的質疑最後竟然開啟了主流哲學中跳脫過去的分析思考的新潮流，產生了所謂的「日常語言哲學」。我相信斯拉法的批判所帶來的靈思有著難以估量的價值。

十

無論是讀斯拉法的著作，或是與他談話，都讓我體認到安東尼奧・葛蘭西對哲學的重大貢獻。凱因斯在一九二七年一月寫信給斯拉法，說劍橋大學有意提供他一份講師職位，當時葛蘭西才被捕入獄不久（一九二六年十一月八日）。葛蘭西在牢裡（不光是在米蘭的監獄裡）吃了不少苦頭後，到了一九二八年的夏天，他和許多政治犯在羅馬受審。葛蘭西遭處二十年徒刑（起訴的檢察官說出了一句名言：「我們必須讓這個腦袋二十年都不敢動任何歪腦筋」），接著就送到了離巴里市（Bari）約二十英里遠的圖里（Turi）監獄。從一九二九年二月起，葛蘭西在那裡努力寫下許多文章與筆記，也就是他後來著名的《獄中筆記》（*Prison Notebooks*，一九五〇年代以義大利文出版，英文譯本於一九七一年出版）。

葛蘭西的這些筆記為我們敞開了一扇窗，讓我們得以窺見葛蘭西、斯拉法以及其他圈內好友所感興趣的話題。他們勇於直接插手政治實務，但是對現實政治以外的概念世界也同樣關注。斯拉法敦促葛蘭西在獄中將自己的思想記錄下來，還自掏腰包在史珀林與庫普法（Sperling & Kupfer）這一家米蘭書店替他開設一個專戶，提供他源源不絕的書籍與書寫材料。

葛蘭西在《獄中筆記》中一篇題為〈哲學研究〉的文章中談到了「關於指涉的一些初步要點」，包括一項大膽的主張：「就單單只因為哲學是某一類專家或講求條理的職業哲學家所從事的才智活動，就認為哲學是一種既怪異又困難的事，這種廣為流傳的偏見非打破不可。」而且葛蘭西更說：「首先要證明的就是人人都是『哲學家』，由定義出人人都適合的『自發哲學』（spontaneous philosophy）的範圍與特徵開始。」

這種「自發哲學」究竟是什麼東西呢？葛蘭西在這標題底下列出的第一項就是「語言本身，也就是所有確定的想法與概念，而不只是合乎文法卻毫無內容的字詞」。習慣與規則——包括維根斯坦後來說的「語言遊戲」——以及維根斯坦受斯拉法啟發的那份「人類學眼光」，這些在葛蘭西對世界的想法中都佔有重要地位，而斯拉法也同樣持這套想法。

斯拉法與葛蘭西一直維持密切通訊，直到葛蘭西在一九三七年過世為止。我們不難看出他對斯拉法有多麼深遠的影響，對他的馬克思主義思想尤其如此。然而，儘管《新秩序》這圈子眾人交情匪淺，卻也有些議論流傳，說斯拉法並不是死忠的信徒，而且和葛蘭西在某些關鍵議題上各執己見。我對葛蘭西與斯拉法的交情在一九五〇年代末到一九六〇年代初有較深的理解，主要是由於我和斯拉法有了幾次長談（詳見第二十四章），而且後來到了一九七〇年代，我又認識了阿爾帖洛．斯賓涅利（Altiero Spinelli）這位卓越的政治家——也是我的岳父。他們倆打開了我對義大利左派知識分子關懷的視野，也是我了解這世界的重要基石。

第23章 美國行

一

一九五九年，我和身兼詩人、小說家與文學家的納班妮塔．戴芙（Nebaneeta Dev）訂婚，並於一九六〇年六月成婚。我是在一九五六年在加爾各答的嘉達沃普大學教書時認識了納班妮塔，她當時正在那裡念比較文學。不久之後，她就獲得了美國印第安納大學的獎學金，準備在一九五九年秋季開始攻讀博士。她在前往美國的途中先到了英國來。我們除了一起參觀牛津與劍橋之外，還一同暢遊威爾斯。隔年，我們回到了加爾各答完婚。

納班妮塔當時已經是成就斐然的年輕詩人了，後來更成為孟加拉文學界最出名的作家，也是嘉達沃普大學知名的大學教授。可惜我們倆的婚姻在一九七三年以離婚收場，但好在我們還生了兩個超棒的女兒安塔拉和南達娜。納班妮塔的父母親也都是著名詩人，但縱使她出身名門——還獲得無數殊榮——卻始終親切可人，和藹溫婉。

我們還住在一起時，總有川流不息的書迷登門求教，拿自己的作品請她過目。她要是不在家，我就得想辦法滿足這些訪客。對我這麼一個專研經濟學、數學與哲學的傢伙來說，這還真是樁苦差事。有一回，一名詩人帶著他的厚厚一本詩集過來，希望能當著納班妮塔面前朗誦，聽聽她的評語。但是她當時出門去了，所以那名詩人說，那他就朗誦他那幾百首詩給我聽吧。我只能很客氣地說我毫無文學素養，但他要我放心：「那再好不過了。我特別想聽聽一般人——毫不造作的素人——對我的詩會做何感想。」我得向各位說，我這個素人的反應可是相當客氣自制，沒有丟臉。

二

一九六〇到六一年之間，納班妮塔與我都覺得在美國大學待上一年是不錯的主意。納班妮塔一頭栽進了當時還是新興學科的比較文學中，而我也迫不及待要結識美國的經濟學家，揮別劍橋這裡新凱因斯學派與新古典主義學派之間的爭鬥。因此，當麻省理工學院經濟系湊巧寄信來邀我擔任為期一年的客座助理教授時，我實在是喜不自勝。更何況，他們還說我的授課時數可以減半，前提是我要兼任國際研究中心的研究員，而主持國際研究中心的可是兩位知名的經濟發展專家麥克斯・密利根（Max Millikan）和保羅・羅森斯坦—洛丹（Paul Rosenstein-Rodan）。我朋友所羅門・阿德勒（Solomon Adler）毫不遲疑地勸我接受：「你非去見見他們不可！你在麻省理工學院一定會很開心的。」這位聰明絕頂卻無家可歸，只能到英國劍橋求取庇護的美國人（因為當時左派在美國難以容身）還說：「世界上沒有地方比那裡更稱得上經濟學的天堂了。」

我的任期是從一九六〇年秋天開始，納班妮塔則從印第安納大學到哈佛大學（與麻省理工學院同樣都位在麻薩諸塞州的劍橋）進修一年。她在哈佛專門研究口述史詩，指導她的是阿爾伯特．羅德教授（Professor A. B. Lord），是口述史詩這門學科之父米爾曼．派瑞（Milman Parry）的得力夥伴。

我們趕在一九六〇年秋天新學年開始前飛到波士頓。納班妮塔雖然一頭栽進口述史詩，但也不忘比較文學的其他方面，還向梵文老師丹尼爾．因高斯（Daniel H. H. Ingalls）學習梵文。在她身邊，我有許多時間與世界各地的史詩相伴，包括《吉爾伽美什》、《伊里亞德》、《奧德賽》、《羅蘭之歌》、《尼貝龍根之歌》、《卡勒瓦拉》（*Kalevala*）等許多經典。我讀這些偉大故事讀得很開心，十分享受史詩的精彩敘事，但納班妮塔就得努力檢視其中的語言結構細節，找出哪些特殊結構（例如經常重複少數特定詞語這種傾向）的源頭是來自於口述傳統而非文字記載。

當時我正在著手編輯我外公克西提．莫罕那本印度教入門的英文手稿（詳見第四章），但日漸虛弱的外公終究不敵年老，在一九六〇年三月十二日過身，我為此心情沉重。這本書原稿篇幅很短——克西提．莫罕酷愛精練簡潔——所以企鵝出版社建議我們不妨選錄一些印度教經典作品段落，首先就是我先前提過的《黎俱吠陀》第十卷中那首倡言不可知論的詩篇〈創世歌〉。

儘管我的梵文基礎算是相當不錯，我還是覺得有關外公的註解評論以及書末附錄中印度教文獻的一些細微之處，可以向人請教。我就想，那還有誰比丹尼爾．因高斯更適合呢？可是因高斯的離群索居是出了名的，他都待在懷德納圖書館裡那間隱密辦公室裡，免得人家上門打擾。朋友們聽到我打算去找這麼與世隔絕的因高斯請教，都搖頭直說我大概別想從他那邊得到什麼幫助。

不過，我終究還是約成了，準備前往懷德納圖書館的密室一訪。慶幸的是，這次見面大獲成功。因高斯聽了我的想法與請求後，問我星期五下午三點有沒有空。我有點遲疑地問他，那可以安排幾次討論呢？他一定覺得這問題很蠢，回答道：「當然是一直到整本書完成呀！」

因高斯給我的種種建議實在妙不可言。他對文獻相關的知識自然是我望塵莫及，但是我沒料到他還能精準判斷出要如何呈現印度教的內容，才不會堆疊過多細節，以吸引普羅大眾，又能對讀者有所啟發。他簡直就像是知道要怎麼從一大團黏土裡捏塑出自己心中造型的雕塑家一樣呀！

三

在麻省理工學院最棒的一點，就是我在總統學院時的好友蘇卡莫伊・查克拉伐帝也同樣在這裡客座授課。他和妻子拉莉塔（Lalita）住在劍橋普倫提斯街上的一棟公寓裡，和我們家一樣。替我們兩家安排住處的，是我們熱情有力、辦事迅速的好友拉米許・甘戈里，他當時正要從麻省理工學院完成數學博士學業。拉米許和他太太香塔（Shanta），還有蘇卡莫伊與拉莉塔，以及納班妮塔與我，經常輪流到彼此家裡聚餐。那些美好的夜晚，我們不光聊得十分愉快，大家也都能藉此跟上印度的最新時事。

我在麻省理工學院的教學負擔相當輕，我很快就發現向這些懂得一些數學的理工科學生講解基本的經濟學不是什麼難事。這些學生都十分可愛，積極聽講，也勇於發言。我為國際研究中心進行的經濟發展問題研究也不會佔去太多時間。所以我其實還有十足清閒的自由時間可以活用。

我原本就打算求教的兩位經濟學家——保羅・薩繆森與羅伯特・索羅（Robert Solow）——

都很親切，也都非常健談，不過索羅大部分的時間都待在華盛頓特區，為剛選上的甘迺迪總統籌謀劃策。儘管如此，我還是能在他回來劍橋時找到機會跟他談上話，而且我也毫不忌諱探聽他的私事。

索羅大概不太清楚我從我們這些斷斷續續的對談中學到了多少。我在來麻省理工之前當然已經熟讀他的許多著作，但我沒想到他談話時也是各種話題隨手拈來，妙趣橫生。我們第一次見面時，他問我現在在做什麼研究。我當時在處理的是莫里斯．道布拋給我的一個問題，看新舊機器的相對價格會隨著利率與薪資如何變化，而這對於高利率與低利率經濟體系中採用新舊機器的情況又會有何影響。事實上，我才剛寫了封信給道布說我找出了一條通則，也就是相較於高薪資卻低利率的國家來說，低薪資卻高利率的國家購買舊機器會比買新機器更具經濟價值。我們很容易就能證明在高利率經濟體系的國家中，個人使用現價購得的舊機器會得到較高的報酬。

這是個因果確切的分析關係，所以能生出一條通則來，但是我沒想到這個例子還有除了研究趣味之外的重大意義（後來在《經濟學與統計學評論》〔*Review of Economics and Statistics*〕上以〈論舊機器的用處〉〔On the Usefulness of Used Machines〕為題發表）。索羅問我：「你確定嗎？可以證明給我看看嗎？」他帶著我草草寫給他的證明回家，隔天一早又跑來說：「嘿，你說的沒錯耶！」我告訴他，這下我總算確定我沒錯了，因為他剛幫我檢驗過了整個證明。不過我又問他，是不是他只要看到有些新奇的東西就會這樣做——不管這事情對他自己有沒有好處。索羅回我：「如果不喜歡檢驗理論，還當老師做什麼？」他這話裡頭沒說的是，就是這股執著的精神才讓他躋身經濟學界最偉大的教師典範。我不光是從他教出來的無數高徒那裡聽來這種說法，在麻省理工那短短一年裡，我學習經濟學突飛猛進的親身經歷更印證了這件事。

四

當年麻省理工學院經濟系最愜意的一點就是系上的經濟學家通常每天中午都會在教職員室圍著一張桌子一塊兒用餐。除了薩繆森與索羅之外，經常出現的還有法蘭科・莫迪利亞尼（Franco Modigliani）、艾弗西・多瑪（Evsey Domar）、法蘭克・費雪（Frank Fisher）、愛德溫・庫（Edwin Kuh）、路易斯・李福伯（Louis Lefeber）、理查・愛考斯（Richard Eckaus），還有許多聊得來的同事。大家不停說說笑笑，卻絲毫沒有劍橋大學經濟學家齊聚一堂時，各門各派彼此之間互不相契的那種氣氛。我對談話論辯的場合幾乎是來者不拒，麻省理工的午餐時刻更是大好良機，我完全感覺不到以前在劍橋大學聽到別人精心抨擊某個界線分明的思想學派時的那股不適。

麻省理工學院巧妙結合了才智激盪與休閒時光，這讓我有機會好好徹底反思自己對經濟學的理解。能不以門派之爭來看待經濟學是十分愉快的事。我總算明白經濟學是一門海納百川的綜合學科，根據不同脈絡而有不同側重，有效利用不同的分析工具（例如運用特殊的數學推理）來解決各種不同問題。由於我很早之前就開始接觸經濟學的不同進路，也一直都喜歡摸索不同志趣的思想家的想法（從亞當・斯密、孔多塞、瑪麗・沃斯東克拉夫特、馬克思、約翰・斯圖亞特・彌爾，到凱因斯、約翰・希克斯、保羅・薩繆森、肯尼斯・阿羅、皮耶羅・斯拉法、莫里斯・道布與傑拉德・德布魯〔Gérard Debreu〕），我總在嘗試怎麼讓他們彼此能夠對得上話。結果這不光是讓我學到更多，還充滿了無比樂趣，也令我更堅信經濟學是一門比我初識時更了不起的學科。這真是一段獲益良多的美好時光——著實出乎我預料之外。

五

麻省理工學院有許多傑出的經濟學家，但是大家都公認保羅・薩繆森無疑是其中的佼佼者——事實上，他早就是享譽國際的頂尖經濟學家，在經濟學的各個領域幾乎都有扛鼎之作。我頭一次讀他作品時，是在加爾各答的YMCA宿舍裡，沒想到現在竟能獲大師親炙，不僅學到了他的經濟學，還學到了他推論與闡述的翩翩風範。

所以當薩繆森因為必須去華盛頓特區開會，請我代他講授一堂經濟學理論時，我真的受寵若驚，同時備感挑戰。「這一堂是要講福祉經濟學，」他說：「我聽說你對這方面很在行。」我答應幫他代課，也暗自提醒自己，講一堂我懂的福祉經濟學（而且還是從薩繆森的書裡學來的）是一回事，但想要代替薩繆森那又是另一回事了。

我代課的那兩個鐘頭講得很開心，能夠接觸到那麼多傑出的學生（例如後來在經濟學界一枝獨秀的彼得・戴蒙〔Peter Diamond〕）真是太棒了。我按著薩繆森的理路講課（他的《經濟分析之基礎》〔*Foundations of Economic Analysis*〕第八章就是探討這題目，我當年在總統學院就讀時就已經多次熟讀了），不過，在講課的過程中，我發現自己愈來愈相信儘管薩繆森確實了不起，但他處理福祉經濟學的進路卻並不完美。其中一個嚴重的問題就是難以在不同個體的效益之間進行精確比較（或者——就這主題來說——也可以說很難在不同個人的利益指標之間進行比較）。獲取關於效益的經驗證據是個明顯的難題（這個問題已經受到很多討論），除此之外，我們需要一個健全的分析架構，才能夠在各個不同方面比較不同個人之間的效益，畢竟人與人彼此之間並沒有一個共同的效益單位可供比較。

我在那堂課上只簡單提了一下這個人際比較的分析問題，而且大都按照薩繆森的思路來談（不過我想他應該沒有認真處理關於人際比較問題的挑戰）。為了填補這道缺口，我試著發展出一套堅實的分析基礎，以便有條理地進行人際之間的效益比較。一九七〇年，我利用了數學家所謂的「不變條件」，提出了一套我自認較好的人際比較分析架構，這篇論文基本上就是延續我幫薩繆森代課後的想法論證。

利用不變條件來表示人際比較的做法，當時在許多人眼裡看來覺得很奇特，不過這辦法很快就成了許多社會選擇理論著作所採取的進路。薩繆森始終相當客氣地看待我們之間的這個歧見，不過還要好些年後，他才似乎接受了我這套架構。跟薩繆森辯論的方式跟在劍橋大學那邊大異其趣，也令我感到十分有趣。他全心關注從這樣的論證中能找出什麼真相，而不在乎誰輸誰贏，儘管以他在經濟學界如此崇隆的地位，要贏得辯論根本易如反掌。

六

正當我在麻省理工忙得不亦樂乎的時候，史丹佛大學經濟系突然寄來了一封信，邀我替他們的暑修班教一門發展經濟學。由於我對社會選擇理論的興趣愈來愈濃，而這門學問的開山祖師肯尼斯．阿羅又是史丹佛大學的教授，能去那邊當然是求之不得的好消息。但我一問之下，才知道阿羅那段期間剛好不在史丹佛大學，不過他倒是相當客氣地寫了封信說希望很快能見到我。後來我們果然經常碰頭——事實上，我們還共事了好一陣子（我們一九六八年到六九年都在哈佛大學教課，還與日本傑出的社會理論學家鈴村興太郎合出了三本書）。

史丹佛大學邀我授課的主要原因是他們的首席——其實也是唯一的——墨西哥經濟學家保羅．巴蘭（Paul Baran）因為心臟病發，無法循例開設暑期班，所以巴蘭便向學校推薦了我。巴蘭以前參訪英國劍橋大學時，我曾與他見過幾面，聊得很開心。他還跟我說了他對皮耶羅．斯拉法在三一學院的住處印象有多深刻。他在客廳瀏覽斯拉法的書架時，斯拉法對他說：「喔，別管這些書——我真正重要的書都放在書房裡，走，去看看。這裡放的都是些垃圾。」從客廳走到書房的路上，他發現自己寫的書全都被斯拉法放在了他說是垃圾的那一區，不禁莞薾。

在史丹佛大學的那段時光雖然只有兩個多月，但美妙極了。不光課堂反應熱烈，同事也都十分融洽，在史丹佛大學與鄰近地區的晚上則充滿了各種趣味，而且不時可以就近到舊金山去看戲劇表演。我多年的老友迪利普．阿達卡和他太太琪特拉住在這裡（迪利普正在史丹佛大學念博士），幫我們找了個舒適無比的住處，陪我們過了愜意的一段日子。有些聰明伶俐的學生原本打算上保羅．巴蘭的課，可惜只能到我班上來——不過有好幾個跟我成了終生好友。納班妮塔和我很喜歡灣區的一切，還一路從大瑟爾（Big Sur）到洛杉磯玩遍了加州。

七

夏天很快就結束了。我們搭著伊麗莎白二世號客輪從紐約回到了倫敦。我們在紐約等著回英國的那陣子住在韋德．梅塔家裡，除了好好敘舊之外，他還帶著我們在這座大城市裡到處觀光遊覽。我們橫跨大西洋的旅途一開始就遇到了暴風雨——伊麗莎白二世號是唯一決定在這種天氣下發船的客輪。波濤洶湧的大海確實獨有一份難以言喻的壯美，不過得要像我們待在這艘碩大無比的船上安全無虞的環境裡，才能有這番體會吧。

這趟美國行激起我對學術的更多渴望。從工作來看，麻省理工學院與史丹佛大學都可說無懈可擊。我暗自心想，要是能妥善結合安排印度與英美一流大學的生活，那絕對是愉快愜意又成果豐碩。自從這趟到麻省理工學院教課之後，我很幸運地能夠每四年就到美國的一所優秀大學一趟（巧合的是，每回都時逢總統大選）。我一九六四到六五年在加州大學柏克萊分校擔任客座教授，一九六八到六九年又到了哈佛大學。我的社會選擇理論著作在回到德里之後進展雖也順利，但在美國的時候卻總有飛躍性的突破，這不光是因為我跟上了國外的新近發展，也因為我能將自己的研究成果與同一領域的眾人分享，並獲得他們的反饋意見。

我把握了在柏克萊客座時的機會，認識了彼得・戴蒙、約翰・哈薩尼（John Harsanyi）、戴爾・約根森（Dale Jorgenson）、丹尼爾・麥克費登（Daniel McFadden）、卡爾・李斯金（Carl Riskin）、提伯・席托夫斯基（Tibor Scitovsky）、班傑明・瓦德（Benjamin Ward）、羅伊・雷德納（Roy Radner）、奧立佛・威廉森（Oliver Williamson）、梅格納・德賽（Meghnad Dessai）、迪帕克・班納吉（Dipak Banerji），以及研究其他令我直接或間接感興趣的主題（包括社會選擇理論）的人才。在哈佛時，除了有肯尼斯・阿羅與大哲學家約翰・羅爾斯（我還與羅爾斯共同開課呢）相陪之外，還結識了山繆・鮑爾斯（Samuel Bowles）、富蘭克林・費雪（Franklin Fisher）、湯瑪斯・謝林（Thomas Schelling）、查爾斯・弗萊德（Charles Fried）、艾蘭・吉巴（Allan Gibbard）、史蒂芬・馬格林、霍華德・雷法（Howard Raiffa）、傑洛米・羅森伯格

（Jerome Rothenberg）等人。

怪的是，我每回到美國時，總會在那裡遇上政治的極端變化。我很幸運能夠在一九六四至六五年時在柏克萊近距離目睹言論自由運動的發展，也見證了一九六九年哈佛學生佔領學校大堂的情況。一九六八年春天我也正巧在哥倫比亞大學，那一年的初夏也在巴黎碰上了歷史性的一刻。巧逢這麼多驚天動地的大事，若照傳統因素分析來看，說不定會認為我就是造成這些騷動的「根本原因」哪！

八

我雖然曾在加爾各答參加過學生抗議示威，但從沒遇過像一九六四年在柏克萊校園學生為了言論自由的突發示威這麼井然有序的運動場面。他們的訴求——廣義的言論自由——讓我頗感共鳴，我也支持他們更深層的用心，也就是關聯到公民權運動和反越戰。我當時已經是全職教師了，教的課更是吸引為數眾多的熱血學生的社會選擇理論。但我那些班上從來不曾出亂子，而對於言論自由運動中的議題與社會選擇論辯及程序有怎樣的關聯，我們更有精彩的討論。

我在教如何進行社會選擇推論以及推論會造成什麼差異的時候，自己也學到了不少。言論自由運動的領袖間——我經常聽朋友們談到他們——最常討論的就是關於領袖與政策要如何選擇，真實世界中發生的事件與我們課堂裡討論的題目冥冥中互相銜接。即使我偶爾忽略了某些重要關聯，也會有幾個兼顧理論與實踐的聰明學生來糾正我。

我的身分雖然是客座教授，但是納班妮塔和我並不比大部分的研究生大很多歲；我們不光與同事交好，也和許多學生結為好友。卡爾與蜜拉・李斯金（Myra Riskin）是跟我們最要好的一對，此外還有席亞瑪拉・高帕蘭（Shyamala Gopalan），她是來自印度的癌症研究專家，還有她來自牙買加的丈夫唐納・賀里斯（Donald Harris），是一位才華洋溢的經濟學家，我還擔任他的博士考試委員呢。席亞瑪拉與唐納住在奧克蘭，納班妮塔和我住的公寓就在電報大道上，差不多就在奧克蘭到柏克萊的中間點上，所以我們要去拜訪他們很方便。我頭一次見到他們的女兒錦麗（Kamala）時，她才剛出生沒幾天，我現在都還記得，她爸媽的朋友吵到她的時候，她是怎麼抗議的。賀錦麗長大後成就非凡，年紀輕輕就成了聲譽卓著的政治領袖。在我落筆之際，她剛選上了美國首位女性副總統——真是了不起。

若要比較過去那些四年一趟的美國生活體驗與今日美國現況的話，我得說有許多重大差異確實是多虧了這幾十年來的變革，而我也有幸親身見證。金權政治仍不見消退，但是對這件事的抗議如今已有了我初次造訪時尚未曾有的堅實基礎。儘管「社會主義」一詞仍然令人惶恐，但是歐洲的「社會主義政黨」之所以能冠上社會主義之名（例如關心公共衛生、社會安全、最低薪資等議題）的那些關鍵訴求，如今在美國也有不少呼聲——只不過沒有冠上令人望而生畏的社會主義標籤罷了。公共辯論與街頭運動確實是促成這項轉變的強大助力。

第24章 重看劍橋

一

我在一九六一年九月回到了劍橋大學，三一學院給了我一套在學院對街的宿舍。三一街十五號就在市中心，只要一分鐘就能走到。能回來真是太令人開心了。

我們回到劍橋的隔天，喬安・羅賓森就來找我們了。她急著想見見納班妮塔，也竭誠歡迎她。我還正想著我怎麼那麼喜歡喬安時，她就說她希望我不會去了麻省理工和史丹佛一趟就把劍橋經濟學拋在腦後了。她還說，假如我更投入到劍橋經濟學這戰場裡的話，要清除經濟學裡的「新古典主義毒素」是輕而易舉。她這番話當然是半開玩笑，不過這也讓我明白她對那老題目還是耿耿於懷。

我們趁著週末，到離劍橋不遠的富爾本（Fulbourn）拜訪莫里斯・道布，還在他們家與他太太芭芭拉一同午餐。他們家這裡就不談什麼經濟學大戰了，我們共度了一個愉快的下午。我記得當時我還在想，儘管我是受到莫里斯的經濟學吸引才到三一學院來讀書，但真正讓我甘心成為他門下弟子的關鍵，其實是他的個性與親切友善。

二

我重新安頓劍橋這裡的事物時，聽說了法蘭克．韓恩到劍橋來時引起的騷動，事情就發生在我離開的這一年裡。韓恩是個傑出的數學經濟學家，也是個能說善教的好老師與名嘴，而且名不虛傳，在伯明罕大學時就已經聲譽卓著，後來經人勸說才搬到了劍橋來。他剛到的時候在邱吉爾學院擔任研究員，而且一應事務很快就安排妥當了。他的太太桃樂絲（Dorothy）也是一名經濟學家，在紐納姆學院擔任資深教師。我跟法蘭克很快就成了好友，經常受他和桃樂絲在各方面提點。

尼古拉斯．卡爾多只聽過一堂法蘭克的討論課就對他佩服得五體投地，所以積極遊說劍橋校方提供破格優遇，也努力勸動法蘭克搬到劍橋來。我對尼克說，真是多虧他這番奔走，因為法蘭克不僅是出色的經濟學家，還極具領袖特質──而且我故意逗他說，他（這是說卡爾多）光憑一堂討論課就能對人家推崇備至，真是了不起。尼克回我說，我太小看他了，他通常不到一堂課的時間就能對人下定論了。

我超喜歡韓恩的著作，尤其是看他怎麼處理一些複雜的分析問題。可是劍橋經濟學主要的幾位大老（包括喬安在內）可就對他的學說氣得七竅生煙，尤其看不慣他賦予數學經濟學那麼重要的角色。更何況，主導劍橋傳統的這派原本就嚥不下詹姆士．米德在一九五七年獲聘為政治經濟學教授這口氣了（原本擔任這個劍橋資深經濟學講座職位的是阿爾弗瑞德・馬歇爾）。系上有許多人原本都認為接任這職位的若不是喬安，就是尼克。不過，儘管米德與劍橋傳統這一派立場相左，他接下這職位後一開始倒也忍氣吞聲，息事寧人。這是我們倆在一九五八年一同教課那時的情況。

但是法蘭克・韓恩一來，情況起了變化。傳統派與異端派公開宣戰。異端派的領袖就是法蘭克，他毫不留情地抨擊新凱因斯學派，指稱那種看待經濟世界的方式根本自以為是。我從美國回來後，發現詹姆士・米德也開始動了些意氣，特別針對傳統派絲毫不願意聽其他人意見這點嚴加抨擊。他最後表示自己實在是受不了的方式也很明白——那一次他拉尖了嗓子對著朝他高八度叫喊的喬安吼了回去。這場面應該算是難得一見——兩位知名學者居然會彼此咆哮——但這也挺令人難過的就是了。

結果一吵之下，這件事沒完沒了。系上有個「祕密」俱樂部名為「週二俱樂部」，不過他們是每週一晚上舉辦討論會（也可能是每週二會碰面的「週一俱樂部」），參加的那一小撮經濟學家個個都經過精挑細選。討論會裡的討論有時相當有趣，不過大部分時候各人都是在擁護自家思想流派，也因而往往流於門戶之見。我不曾受邀在俱樂部裡發表報告，但偶爾會參加討論，而且每次在聚會之前都會讓理察・卡恩和喬安・羅賓森在劍橋戲院（Art Theatre）樓上餐廳請吃飯（卡恩真是我遇過最慷慨的人了）。

我自己那時候其實也忙得焦頭爛額：我得爭取講授福祉經濟學和社會選擇理論這兩門課。我當時在劍橋大學要負責講師課程，答應每週要教兩門課。我教的是發展經濟學與投資規劃，而且在最後一年的第三學期還要講授一系列的普通經濟學原理課程——這算是前兩學期課程的補充。

我很高興這些課的課堂上座無虛席——即使考試在即，學生還是蜂擁而來。可是呢，系方非常不願意允許我教福祉經濟學，就像我在研究所時期，系方也不樂意讓我學習這門學問。我向理察・卡恩主持的經濟學教授委員會提出了開課申請，結果卻是馬上駁回。被擋了幾年之後（有位系上大老對我說：「福祉經濟學根本算不上一門課的主題」），我最後總算能開個八週的短期課程。而且這還算是看我面子，不是系方當真認為福祉經濟學有資格列入課程清單。我後來離開三一學院回到德里之後，接任我職位的是詹姆士・莫里斯，他也申請要開福祉經濟學的課程，結果也同樣碰了一鼻子灰。系上大老還跟他說：「那個小不拉嘰的課是對沈恩的特別讓步；那根本就算不上經濟學正式的一部分。開點別的課吧！」

三

我對劍橋大學的感情從此就愈來愈矛盾。我喜愛校園生活，也愛和大多數同事討論閒聊，可是經濟學系老師對所重視事物的優先排序卻似乎是故意要我遠離我最喜愛的領域。我最終勉強應付過來，但這並不容易，而且我還得設法做出成果來。雖然還是沒人鼓勵我思考社會選擇的問題，不過我仍有其他感興趣的題目可走，而且我仍然持續不斷地向道布和斯拉法學習到很多事情。

三一學院不僅是經濟學重鎮，更是各個領域人文薈萃的要地。這裡向來總能吸引不少學子——以及年輕學者——不遠千里而來，更讓他們從此脫胎換骨。我還在三一學院當年輕研究員的時候，大家最常向我問起的，無疑就是來自印度的數學天才拉馬努金。除了他之外，還有動見觀瞻的現代天文學家闡德拉謝卡爾（Chandrashekhar），他離開三一學院後就到芝加哥大學去繼續研究。在我這一輩之前，三一學院還招收過許多人——從賈瓦哈拉爾．尼赫魯到著名詩人穆罕默德．伊克巴（Muhammad Iqbal）——他們的成就顯然與在三一學院的經歷息息相關，也經常成為我們閒聊嗑牙的話題。

多年之後，我在三一學院發表了一場演講，提到我剛進三一學院時的那段日子，我那時才剛從前一年口腔癌的高劑量放射治療的病況中慢慢復元。曾獲第一屆阿貝爾獎（數學界最高榮譽獎項）的大數學家麥可．阿提亞（Michael Atiyah）是個無比討喜的人，也是在我前一任的三一學院院長，他讀了三一學院出版的這份講稿後，對我說了一件我所不知道的關於他個人的事：

我查了三一學院年鑑，特別喜歡你談斯拉法（和維根斯坦）那篇文章，還有你八十歲生日的那篇演講稿。我發現三一學院差點就早早失去連兩任院長。你十五歲時就得了糾纏你多年的口腔癌，我則是十三歲時在開羅得了腦脊髓膜炎。這種病幾天之內就會要人性命，我是剛好遇上了有磺胺類新藥（M&B 693）問世，學校老師和我叔叔又能弄到手，這才保住了一命。

麥可經常談他的蘇丹血統和他在埃及的童年經歷，但是這絲毫無損他對自己是英國數學家的強烈認同。他的蘇丹裔身分和三一學人身分緊密交織在一起。

我的校園生活充斥著反思自己種種不同身分的契機，在劍橋那些年裡更是愈來愈清楚。三一學院教堂中紀念的那些戰亡師生無疑都是英國人，他們雖然是在生命最後幾年才成了三一學人——而且是從蘇丹到印度，從世界各地聚集而來——這身分卻與他們各自的國籍身分同樣真實存在。總認為身分是一種獨特——而且明確——的階級區分機制的社會分析學家，忽略了我們每個人都具備著豐富的多重身分。我們的出身地緣、公民身分、居住地、語言、職業、宗教、政治傾向，以及其他不一而足的各種身分面向都能融洽地並存在我們身上，我們才因此是我們。

當然了，身分認同也可能是產生衝突的源頭，尤其是當我們未能妥善理解身分認同的不同面向時，更容易導致衝突。區隔劃分往往會突然出現，更容易釀成敵對態度，就像印度在一九四〇年代分裂前的局勢那樣鼓吹暴力。一九三〇年代平和溫順的印度人驀地就被導向相信自己是好武的印度教徒或是枕戈待旦的穆斯林。愛爾蘭也因為新舊教對立的這個弱點遭到操弄，同樣產生類似的暴力衝突，尤其是在北愛爾蘭地區。當我反思身分認同問題有多麼複雜時，我開始更明白地看出這些問題有多麼重要——也同時有引爆爭端的可能性——即便這些問題是以隱而不顯的形式存在。

四

除了認為人人都只有單一主要的身分認同所導致的暴力與不幸之外，還有另一種截然不同的身分認同問題——這問題會使人誤解整個社會架構的運作。我之所以會開始思考這問題，是起於我剛開始進行博士研究時與舉世聞名的經濟學家奧斯卡．蘭格（Oskar Lange）的幾次談話。

蘭格是分析市場社會主義的先驅，不僅釐清了社會主義經濟可能採取的不同形式，同時也啟發我們了解競爭市場經濟究竟如何運作，而去中心化的各種資訊又是如何在社會主義及資本主義共同協調運作的市場體系中清楚明瞭地整合起來。

在芝加哥大學擔任教授的蘭格於一九四三年歸化為美國公民。但是在這之後不久，他就開始質疑自己過去的研究成果。二次世界大戰結束時，蘭格（出乎大家意料之外）竟認為蘇聯那種中央集權的資源分配更加優越，否定透過市場進行的去中心化有任何優點——包括市場社會主義的理念，也就是他自己的經濟學思想的重大成果。他也放棄了美國公民身分，開始撰寫吹捧史達林理念的文章，甚至還寫了——請容我暫時屏息——「史達林的經濟諸理論」。

我一九五二年還在總統學院讀書，那時我們老在加爾各答的學院街咖啡店裡大談政治與經濟，時不時就會提到蘭格的名字。蘇卡莫伊．查克拉伐帝很迷蘭格的政治思想，當蘭格突然轉向史達林那套理論時，蘇卡莫伊對我說他整個懵住了。蘭格投向蘇聯經濟體系這件事經常被死忠的共產黨員掛在嘴邊，但是在批判共產體系的人嘴裡這當然是失心瘋了。在經濟學界，蘭格精彩無比的早期著作仍然備受推崇——肯尼斯．阿羅更是讚不絕口——不過他後來的想法則往往令人多有疑慮。

我跟莫里斯．道布提到蘭格的時候，他也十分佩服蘭格的早期著作，但他說想不通蘭格現在怎麼會出現這種轉向。斯拉法講得更明白，他說蘭格是個聰明的好人，卻誤把經濟推論與理念政治混為一談。斯拉法一直跟蘭格保持聯繫，也是他在一九五六年初告訴我蘭格要到劍橋來，還說他特別想跟我見見面。

原來是因為蘭格從莫里斯．道布那裡聽到我當前的研究領域（我才剛投入「技術選擇」的研究），所以想給我提點一二。我見到蘭格時，他十分親切有禮。他說他很想看看我發展出什麼樣的理論來，卻又覺得這一類經濟決策備受政治價值主宰，所以所有關於純粹經濟理論的研究——包括我對技術選擇的努力嘗試——到頭來都不免忽略決策中的許多重要面向。

他說：「我來解釋一下，」然後就講起波蘭政府在克拉科夫這座古老城市附近的諾瓦胡塔（Nowa Huta）興建了一個設有大型煉鋼廠以及相關工業單位的工業綜合體（稱為「列寧鋼鐵工業區」）。「用純粹經濟分析的方式來看，很難說明為什麼要設在這地方，既佔掉了肥沃的農地，還得從遠方輸入包括煤炭與鐵礦等各種生產原料，」蘭格說道。所以問題來了，為什麼他們要大費周章地在這看似不適合的地點進行這麼大的工業投資？為什麼偏偏要選在這裡呢？

我猜不出答案，所以問他：「那究竟是為什麼呢？」「因為，」蘭格答道：「克拉科夫一向就是個反動派根據地，長期由右派把持——連對付納粹都打得有氣無力。」所以上頭覺得非要在克拉科夫這裡設個「充滿無產階級」的現代工業城鎮。「克拉科夫的民眾現在就比較不那麼反革命了，」蘭格信心滿滿地說。「但是你從那個封閉的經濟推論中無論挖得再深，也挖不出這個問題的答案來。這種決定完全是出於政治理由。」

蘭格還得趕赴另一場約會，所以他得先離開，臨別前還殷殷囑咐我到波蘭務必去見見他。我真的很感激他不辭艱苦特地來找我，還仔細解釋了為什麼務必強調與經濟決策相關的政治考量。

他走了之後，我不斷思索他說的究竟對不對。他指出要顧及經濟決策中的相關政治考量這點肯定沒錯，但是諾瓦胡塔這例子實在太巧妙、太乾脆了。事情真的會像蘭格他們所預期的那樣發展嗎？我當時還沒有答案，不過後來總算找到了。諾瓦胡塔的列寧鋼鐵工業區大力響應了一九八〇年代初期聲勢浩大的反共團結運動，波蘭政府原本的期望逐步徹底翻盤。這座鋼鐵工業區成為新一波天主教勞工運動的搖籃。諾瓦胡塔非但沒有改變克拉科夫，反而還被克拉科夫徹底吃了下來。蘭格說經濟決策中政治因素十分重要這點確實說對了，但是事情的發展也可能與政治領袖原本的規劃南轅北轍。

身分認同並不是不會改變，但不會那麼輕易受人操弄。多年下來，反共團結運動逐漸擴張成熟，我多盼望還有機會與蘭格再談談這件事，看他原本的期望與諾瓦胡塔的實際情況有多大落差。可惜他在一九六五年就過世了，當時反共團結運動還不成氣候。當我思考著身分認同的可變性與可操縱性，我愈來愈深信我們必須更謹慎思考我們的身分認同會如何隨環境而調整，而且這些變化還往往出人意表。

五

我在滿足劍橋大學的教學與研究職責後還有些時間，所以幾經權衡後，我還是決心對社會選擇理論深入探索。肯尼斯・阿羅的著作這時較廣為人知，所以世界各地都有不少人對社會選擇感興趣，而在我看來，這領域裡有幾個重大問題亟需深入探討。個性隨和但相當保守的經濟學家布坎南（James M. Buchanan）就直搗黃龍地問——阿羅與許多社會選擇理論學者所談的「社會偏好」是不是真的說得通？社會又不是一個人，那所謂「一個社會的偏好」要怎麼說得通？布坎南的質疑也不無道理，既然社會不能像個人那樣整合反思，那又有什麼道理談社會選擇的一致性質（也就是阿羅所謂的「集體理性」）呢？

布坎南針對這問題以及相關的討論，在一九五四年發表了兩篇極為精彩的論文，我當時還在劍橋念大學部。我那時候正在準備學士畢業考，只能大略注意到布坎南提出的質疑以及他大概的思路。是呀，為什麼社會選擇也要具備某種像傳遞性（假設社會上偏好 x 多過於 y，y 又多過於 z，那麼對 x 的偏好也會多過於 z）這樣的規律性呢？就此而論，如果我們不再要求這種融貫性——甚至進一步乾脆放棄社會偏好這個觀念——那阿羅的不可能性定理不就要崩潰了嗎？

我身邊沒有誰能跟我討論這些問題，所以在一九五四年布坎南發表論文後那忙碌的幾年裡（我當時正忙著研究其他題目，還在嘉達沃普大學教書），我只能將這些問題擱置一旁。然而，在我到麻省理工學院的那一年裡（一九六〇至六一年），尤其是幫薩繆森代課福祉經濟學的那一陣子，我又想起了我對社會偏好這個概念的未竟探究，我遲早都要回頭來完成。我甚至還趁機問了薩繆森有沒有深入思考過布坎南提出的質疑。薩繆森顯然想過，但是他被我提問的方式逗得哈哈大笑，親切地對我說：「我們哪天一起來處理看看吧。」

從美國回到英國劍橋後的某一天，我總算下定決心認真看看布坎南對阿羅那套架構的質疑，看他怎麼駁斥阿羅的不可能性定理。這時劍橋大學裡仍沒有人能與我討論這問題，我不禁想起泰戈爾在印度爭取獨立時寫過的一首打氣歌，歌詞裡寫道：「如果沒人回應你的呼喚，你就獨自動身吧。」獨自研究並非不可能有所進展，我認真做了些研究後，暫時得出一個結論：布坎南對社會偏好的質疑確實說得通——至少對某些類型的社會選擇而言，的確如此。

就拿投票系統來打個比方好了。我們並不能說在社會機制裡透過某種方式浮現的投票結果就是立基於某種社會偏好。假如你發現 x 候選人會贏過 y，y 又贏過 z，這並不表示 x 就一定贏得過 z。我們很容易會覺得既然 x 比 y 好，y 又比 z 好，那麼 x 肯定比 z 好，但是投票結果頂多只能視為不含任何直接評價意義的程序結果罷了。因此在我看來，布坎南對社會偏好的疑慮是正確的——若從投票結果來推斷的話，確實是這樣。

然而，如果社會選擇所要反映的不是投票結果而是社會福祉判斷的話，那情況又會有所不同。社會福祉排序中所必需具備的任何融貫性，必然與社會福祉的價值呼應。舉例來說，社會政策a會比政策b產生更多的社會福祉，而b又比c產生更多社會福祉，那麼根據價值的一貫性，我們應該能假定政策a會比政策c產生更多的社會福祉才對。如此看來，集體理性的觀念雖然在投票這類純粹程序機制結果上說不通，但在社會福祉判斷上就說得通了。因此，在社會福祉判斷上，要求社會偏好具備傳遞性等規律性，確實是有道理可言的。這正是阿羅的構想——而不是布坎南那套。

這樣一來，我們該拿阿羅的不可能性定理怎麼辦呢？以社會福祉評估而言——有了集體理性所需要的融貫性——阿羅所設想的理論仍然有效。但是這理論在其他情況中——要從投票與選舉機制中確定有什麼社會偏好——確實會遇到困難。倘若在投票決策中要取得集體理性的確有問題，那我們就得不出阿羅的不可能性結果——至少沒辦法透過阿羅那套數學推論求得，因為集體理性就是阿羅證明不可能性的關鍵。照這樣說，像投票這種純粹程序的例子是不是就不會得出不可能性結果了呢（雖然在社會福祉的判斷上並非如此）？還是說，我們可以另闢蹊徑，拋棄集體理性這概念，卻仍能得出阿羅的不可能性結果？

我對這問題想了千百萬遍，即使到我畢業後進行其他研究工作時也不斷在想（就連我在研究「技術選擇」時也在思考），但始終沒辦法徹底解決。最後，在多年努力下，我總算提出了一個能夠不靠集體理性而得出阿羅不可能性結果的證明，這個有點複雜的數學定理後來（過了幾十年）成為我在計量經濟學會發表會長演講的骨幹。我把這個新的定理與證明在一九七〇年代末寄給了阿羅，他跟我說他認為這裡頭一定哪裡有毛病。他答應寄一份勘誤給我，但始終不見下文，我很高興他最後接受了這套定理與證明的正確性。在社會選擇理論裡終究還是有些快樂時光啊！

六

除了布坎南提出的問題外，我還探討了社會選擇理論中的幾個分析問題，但是我周遭始終沒有其他人同樣對這些問題感興趣。莫里斯．道布早就警告過我做一個同事、學生、老師、朋友都沒什麼興趣的主題會覺得多麼孤單。不過，幸虧皮耶羅．斯拉法興趣廣泛，讓我在這孤絕之中有了一絲喘息的空間。皮耶羅以前就一直在研究高深的哲學，卻不稱自己研究的是哲學，而他研究社會選擇時也同樣不認為自己在處理社會選擇問題。

斯拉法在一個特殊問題上與葛蘭西的歧見十分重要——而這不光是斯拉法的看法本身重要，他這看法與社會選擇理論的關係也同樣重要。這問題是關於個人自由在眾多人類價值中究竟有多重要，在社會選擇理論的公理架構中又是否該將個人自由當作獨立的基本需求來看待。我對後面這個問題格外感興趣，因為自由在社會選擇中的地位，一直是我試圖將標準的社會選擇理論擴大到阿羅那套經典架構（自由並不在社會選擇的基本公理之中）之外時，一心想要探討的重大問題之一。從麻省理工學院回來後，在我念劍橋大學的最後兩年（一九六一到六三）裡，就是斯拉法對自由的探究讓我開始思考這個問題。

斯拉法對於自由在社會與政治安排中的地位是怎麼想的呢？他批評共產黨偏向忽略個人自

由，更特別指責共產黨無視他們口中譏稱的「資產階級的自由」。一九五〇年代初，我還在總統學院就讀時，也曾遇過同樣對自由這觀念不屑一顧的左派官員（他們也說那叫「資產階級的自由」）。我在加爾各答那時，還不知道葛蘭西與斯拉法在一九二〇年代就對此有過爭辯，直到後來某一天和皮耶羅在飯後散步閒聊時才聽他提起這件事。

我從麻省理工回到劍橋後，驚訝地發現左派政治理論竟還一直在爭辯個人自由的地位，就像我在加爾各答的時候一樣。斯拉法並不否認對自由的謳歌會遭人誤用，變成對追求經濟平等與其他平等主義價值的反擊——葛蘭西顯然也是擔心這一點。我們確實可以發現這種把自由與平等當作對立概念，藉以反平等主義的誤用例證（儘管在法國大革命初期時，這兩個概念同時並舉高揭）。不過，斯拉法認為我們能夠避免這種誤用的情況，不必犧牲自由在人類生活中的重要性。我們做任何有意義的事都需要自由，我們也能夠在承認自由的重要性的同時，不必擔心自由會成為妨害我們追求其他重大社會目標的障礙。斯拉法說得好：

> ……譏笑資產階級的「自由」（好比《團結報》〔*L'Unità*，義大利共產黨旗下大報〕的做法那樣）〔實在大錯特錯〕：無論這種自由有多麼美好或醜陋，這就是當下勞工最迫切的需求，也是所有進一步事業不可或缺的條件。

斯拉法大大影響了葛蘭西重新思考自由的重要性，只可惜在我看來，葛蘭西最後還是遠遠不及斯拉法那樣積極認可自由的重要性。

有趣的是，儘管馬克思本人非常重視自由在促進人類生活品質的核心地位，但是共產運動本身卻始終對個人自由漠不關心。不光是在義大利如此，幾乎各地掌權的共產黨都是這樣（從蘇聯到中國，從古巴到越南，無不如此）。馬克思年輕時寫過一大堆歌頌出版自由的文章，強力捍衛言論自由。在他關於提倡結社與工會組織自由權的著作中，也有相同的呼籲——但世上絕大多數共產國家實質上廢止產業工會活動的做法卻與他在這方面的用心背道而馳。整體說來，馬克思確實希望人們在社會決策方面能夠擁有更大自由。如同我們先前提過的，他積極強調自由權能夠擴大選擇空間，進而豐富人類的生活，「讓我能夠今天做這件事，明天做那件事，上午去打獵，下午去捕魚，傍晚去餵牛養羊，晚飯後大發議論，隨我心意，不必非得是個獵人、漁夫、牧人或評論家」。

我在劍橋進行研究的第一年（為了逃離枯燥的資本理論）關於自由的初步思索中，我喜愛設想各種在調和自由與社會選擇時會出現的一致性問題。我總是很期待在飯後散步時與皮耶羅討論，跟他分享其中比較有趣的一些思考，也從他對這些問題的想法中獲益良多。一九七〇年，我將部分成果以〈無解的自由權與最優化〉（The Impossibility of a Paretian Liberal）為題發表在《政治經濟學期刊》（*Journal of Political Economy*），這大概是我寫過的所有文章裡最多人讀過的一篇了。

七

皮耶羅和我經常討論的另一個社會選擇問題（雖然我們沒有明說這就是「社會選擇」），是關於討論與爭辯對於社會中發生的事件所具有的普及作用。這類討論也同樣有其具體脈絡。斯拉法全心投入對法西斯主義的抗戰之中，也與義大利法西斯主義的頭號敵人——義大利共產黨——往來密切。但是他也強烈反對好友葛蘭西這位共產黨領袖採取的一大政策——也就是拒絕與義大利其他反法西斯主義政黨合作。葛蘭西念茲在茲的是共產黨不可以偏離設定好的政治目標，而斯拉法指出這做法實在大錯特錯。

一九二四年，斯拉法在一篇強烈批評共產黨固守單邊主義路線的文章裡，提出了組成一個聯合的「民主反對派」有多麼重要。他說道，最重要的就是反法西斯主義運動的各方勢力必須聯合起來對抗墨索里尼的法西斯主義。彼此對話不僅能促進大家對整個運動有更清晰的思考，大家結合起來還能增強對抗法西斯主義的力量。一開始，葛蘭西完全聽不進斯拉法這番話，說斯拉法這種跟他不同的主張還是受到了「資產階級思維」的蠱惑。不過，葛蘭西後來不得不改變心意。義大利共產黨最後還是與其他反法西斯主義政黨團體聯合起來，成為了抵抗義大利法西斯主義的堅強陣線。

在我們飯後散步途中，皮耶羅對我說，他與葛蘭西之間的差異遠遠不如他從葛蘭西身上學到的東西重要。我想他說得對，因為葛蘭西的想法對斯拉法的影響至為深遠，這點我能輕易看出。可是，我當時是個正把心思都轉到社會選擇理論（也包括自由與爭論）上的年輕人，不禁覺得斯拉法試圖向葛蘭西提出的那些論證也同樣十分重要。這些論證也顯示斯拉法關心著社會選擇背後蘊含的哲學思想，只不過，他終究還是不認為社會選擇理論稱得上是自成一格的一門學問。

第五部分

第25章 說服與合作

一

我在一九五三年秋天抵達英國時，大家對第一次世界大戰的印象大多已經模糊，但對第二次世界大戰都還記憶猶新。戰前的那些濃重陰霾也依舊揮之不去。威斯坦．奧登（W. H. Auden）在一九三九年初所寫的〈念葉慈〉（In Memory of W. B. Yeats）完全把握到了這股氛圍：

漆黑夢魘罩全歐，
群犬狺狺吠不休。
諸國屏息且伺機，
各各坐困恨成仇。

後續情勢的發展不幸應驗了奧登的預料。

我剛到英國那幾年聽了不少戰前時期多麼愁雲慘霧的故事。許多歐洲人唯恐世界大戰捲土重來，而對於政治一統的欲望強力推動了歐洲統一運動的誕生——為的就是避免再度迸發自我毀滅的戰爭。一九四一年的〈聯邦歐洲與議會宣言〉（Ventotene Declaration）與一九四三年的〈米蘭宣言〉（Milan Manifesto）這兩份推動歐洲統一運動的先驅文件就清楚表明了避免戰爭的希望，而起草這兩份文件的乃是四位堅定支持歐洲統一、坦率敢言的義大利知識分子——阿爾帖洛・斯賓涅利、恩內斯托・羅希（Ernesto Rossi）、尤金尼歐・科羅尼（Eugenio Colorni）與烏蘇拉・赫胥曼（Ursula Hirschmann）。

〈聯邦歐洲與議會宣言〉和〈米蘭宣言〉的支持者都十分明瞭經濟整合的好處。跟這些人交好的一些人士（尤其是後來當上了義大利總統的路易吉・伊諾第Luigi Einaudi）甚至還明確提出了長遠的金融聯盟主張。但是歐洲統一的要求底下最直接的因素並不是出自貿易與商業的考量，也不是為了整合金融與貨幣（這是後來的事），而是為了歐洲和平所必需的政治一統。

我何其有幸，能親眼見證歐洲在這七十多年來邁向統一的歷程。正如我先前所述，我年輕時搭便車在歐洲各國遇到（以及密切接觸）的民眾都有著類似的行為舉止與價值觀，這段輕鬆自在的旅途讓我有種這整個地方正逐漸結為「歐洲」的感覺。我當時最基本的動機並不是特別要培養出什麼政治智慧來，而是想要多認識認識歐洲，享受旅途，但是卻愈來愈清楚發現自己正在見證歐洲邁向整合之路。

形成統一的歐洲其實是個長久以來的夢想，歷經過幾波的文化與政治整合，基督教的傳播更具有推波助瀾之效。波希米亞的波傑布拉德的伊日國王（King George of Poděbrady）甚至在一四六四年就已經談到了泛歐洲的統一體。後來也有不少人追隨他這項主張。十八世紀時，大西洋彼岸的喬治·華盛頓給拉法葉侯爵的信中更寫道：「有了美利堅合眾國為借鑑，歐洲合眾國的成立也指日可待。」物轉星移幾度秋，我們如今似乎有機會看到喬治·華盛頓心中的願景實現。

但在我執筆當下（二〇二一年），氣氛又有了變化——在匈牙利和波蘭，甚至法國與義大利在某種程度上也是——輿論又轉為反對歐洲統一，甚至還反對某些歐洲民主傳統的要求。這種倒退風氣在英國當然也相當盛行，甚至在二〇一六年所謂的脫歐公投中，結果竟以些微之差決定要讓英國脫離歐盟。如今這世道是跟〈聯邦歐洲與議會宣言〉唱反調了。

二

不過，歐洲這八十年來有些驚人成就——法治、人權、參與民主、經濟合作等——全都不是我在一九五三年登上蒂爾伯里港那時候能夠明確預期到的。我看到最了不起的事情大概要算是涵蓋國民健保在內的這種邁向福利國家的正面發展吧。這種激進的轉變顯然與新興的社會思想有關——我還記得剛在英國安頓下來時，讀了不少威廉·貝福里奇（William Beveridge）的著作（以及他對「貧窮、疾病、愚昧、骯髒與懶惰」下的戰書）。我探究這轉變的根源時，發覺這種轉變似乎跟方才結束的戰爭（可以說是辯證式地）息息相關，而且更關係到對彼此共同經驗的珍視，這使眾人更明白合作的重要性。

我十分幸運，能夠拿我的問題與推測去請教皮耶羅·斯拉法，他對這些問題有很多思考。他除了引用葛蘭西的想法（這是斯拉法本來就常做的事）之外，我很意外他竟然還敦促我多看看凱因斯如何談輿論的形成（與重要性），以及輿論在社會轉型中所扮演的角色，尤其是他一九三一年那本《預言與勸說》（*Essays in Persuasion*）。斯拉法深深欣賞老友凱因斯強調「勸說」在改變人類社會時所扮演的核心角色。凱因斯努力證明，不同陣營要實現各自最終目標的真正關鍵就在於共同合作。即使各方最終目標並不完全相同，但若有某種共同願望，那就應該合作。

凱因斯在兩次大戰期間非常關心如何化解歐洲各國的敵意，尤其關心一戰結束後各國的國家政策以及一九一九年簽訂的《凡爾賽和約》所造成的嚴重傷害，英國、法國與美國等戰勝國得以憑此向戰敗的德國索取巨額戰爭賠款。凱因斯認為各國都錯估了賠款的傷害程度，這不僅會毀了德國，還會連帶損害歐洲各國經濟；更何況，這種對待方式會使得德國備感屈辱，懷恨在心。

凱因斯很清楚，懲罰戰敗的德國並重創德國經濟，在英國是很普遍的想法，但是他希望英國大眾能夠了解：對德國要求這麼龐大的賠款並強迫德國撙節實非德、英、法各國之福。他在《和平的經濟後果》（*The Economic Consequences of the Peace*）中論說公共教育與公眾論理至為重要，還略為激昂地說他的目標是「推動這些足以改變輿論意見的教化與想像力量」。其實他這本書就是題獻給「未來公眾意見的形成」。

凱因斯試圖動搖當時政府政策的努力並未立即見效（他的建議大部分都遭到駁回），但是他確實促成「未來公眾意見」明白這些政策錯誤何在，何以導致一九三〇年代的經濟大衰退。凱因斯在一九四六年以六十六歲之齡辭世時，早已是在制定國際組織架構方面呼風喚雨的大人物了。他在經濟學方面最大的貢獻是在一九三六年《就業、利息與貨幣的一般理論》（*The General Theory of Employment, Interest, and Money*）這本經典著作中所闡述的「一般理論」，令眾人對失業與經濟衰退的原因徹底改觀。

儘管我們時常忘了在凱因斯高瞻遠矚的經濟分析中提出的教訓（最明顯的實例就是二〇〇八年金融危機爆發之後，包括英國在內的歐洲各國所採行的嚴厲撙節政策——這實在是適得其反的做法），但我們真的不能忽視所謂「凱因斯革命」中蘊藏的經濟學智慧。我們也不能忘記凱因斯為啟蒙「公眾輿論」這領域所帶來的積極變化。各國之間自從一九四四年《布列敦森林協議》（Bretton Woods agreement）以來，陸續成立了包含國際貨幣基金與世界銀行在內的許多國際組織，大大改變了世界的樣貌——這都是受了凱因斯的啟發。

三

不僅各國之間合作有好處，在各國境內個人之間的合作也有同樣的正面功效。從某方面來說，戰後最大的變化——福利國家的誕生——顯然與大戰遺緒有關，更是人們在共同經驗與努力下深明合作重要性的成果。

令人吃驚的是，在二次大戰糧食短缺的艱困期間，英國營養不足的人口數實際上卻大幅縮減。由於事先預期到一九四〇年代糧食供給短缺（一方面是因為運輸困難，一方面則是面臨戰爭風險），英國政府採用了一套藉由配給與控制價格使糧食更能平均分配的制度。結果便使得原本長期營養不足的民眾如今買得起足夠的食物——比從前能買到的更多。控制低廉價格的配給制度原本只是為了應付饑荒，沒想到使所有人都能用負擔得起的價格買到食物這件事，讓英國邁出了改善窮人營養狀況的一大步。事實上，英國的嚴重營養不足案例幾乎徹底絕跡，正是在人均糧食可獲得量達最低點的時候。類似的狀況也出現在改善醫療照護分配方面。

改善分配的結果極為驚人。在二次大戰發生的一九四〇年代，英格蘭與威爾斯男性的平均壽命一下就增加了六點五年，而之前十年的男性平均壽命只比過去增加一點二年。女性在戰爭這十年的平均壽命增加了七年，戰前那十年則只比前期增加一點五年。英國過去也同樣面臨糧食、醫藥與其他物品的短缺情形，但是在二次大戰期間真的發生了某件事情，才造成了這樣的劇烈轉變。有可能是因為戰爭帶來的集體不幸，加上大家體會到了並肩作戰的需要，才產生了這種合作觀點與整合對話。事實上，理查．漢蒙德（Richard Hammond）對二戰期間食物分配的研究顯示，英國人在這時期發展出一種新的決心，或者一種共通的信念：他們不能眼睜睜讓其他人挨餓。「英國政府對餵飽民眾這件事的態度發生了革命性的轉變。」這種共享文化一經建立並發展起來，尤其又在國民健保的保護下，人家就更不願意拋棄這一切回到戰前醫療極度不平等的社會。一九四八年，從戰爭期間和之後都一直強力呼籲醫療平等的安奈林．貝文（Aneurin Bevan）為英國國民保健署的首家醫院揭幕——即位在曼徹斯特的公園醫院——所以我到英國時，這家醫院才開幕五年而已。

四

戰後的歐洲，尤其是英國，發生了一件值得全世界學習仿效的事。我抵達劍橋後不久的某一天，我坐在學院後方的河邊鐵椅上自問：「為什麼像國民健保這種事沒有在印度出現？」雖然在新的工黨帶領下的英國政治已經開始合作試行一些嶄新理念，但是殖民地照舊不變的帝國傳統依然持續，一直到印度獨立為止。大英帝國政府與殖民地政府在討論說服的過程與範圍上有著關鍵差異。英屬印度政府並不想向殖民地的臣民傳遞改善資源分配的經驗。英國戰後成功的激進社會改革沒有多少涉及殖民地，殖民地的臣民更遑論從中獲取經驗。

事實上，在印度的英國人反而與英國本土走上了截然不同的方向。關於這種對比差異，泰戈爾說得特別生動。他在最後一場公開演講「文明的危機」中，就談到了這種對比：

> 我忍不住要拿兩套政府制度來做對比，一套講的是合作，另一套則是要剝削，這才出現了這種矛盾的局面。

的確，就在英國成功根除了嚴重營養不足的問題之際，印度卻發生了一場造成近三百萬人死亡的大饑荒——一九四三年的孟加拉大饑荒。一個由歐洲最先進民主政府所統治的國家，怎麼會讓這麼嚴重的饑荒發生呢？要回答這問題，我們得回到第七章的分析以及釀禍的封口令，直到有個勇敢的記者揭露真相才開始動搖這個禁令。

正如先前所說，孟加拉大饑荒發生的時候，正當英軍在二次大戰中被日軍節節擊退之時。英國人十分擔憂一旦英軍撤退的消息自由流通開來，恐將導致士氣一蹶不振。所以英屬印度政府決定下封口令，開始審查孟加拉文報紙，嚴格限制出版自由。不過，英屬印度政府並未下令審查最暢銷的英文報紙，也就是英國人辦的《政治家報》，而是像先前說的，對《政治家報》訴諸愛國情操——要求他們別做出任何阻撓英國戰爭準備的事情來。

《政治家報》長期配合這項審查政策，小心翼翼地避談饑荒消息。然而，一九四三年夏天，《政治家報》的英籍編輯伊安．史蒂芬斯對政府壓下災荒消息愈來愈不滿，決定在報上刊出孟加拉民眾受苦挨餓的照片，但照片底下沒有加上任何評論或批判。

有一天——我甚至可以猜到就是一九四三年十月十三日——史蒂芬斯再也按捺不住對嚴令封口以及英屬印度政府欠缺批判的道德疑慮。他很清楚自己違背了記者的專業職責；他是個記者，卻對身邊最嚴重的災難隻字不提。所以，十月十四日當天，《政治家報》不但在社論上強烈抨擊英國政府荒腔走板的饑荒政策，更在新聞報導中指證歷歷，十月十六日更再痛批一次。印度當時雖沒有議會，可是英國本土有國會。英國國會在史蒂芬斯出手之前不曾討論過這場人為災禍。《政治家報》刊出消息之後，一切立刻改觀。

的確，在《政治家報》的社論刊出之後，倫敦各界無不對嚴重災情議論紛紛，更成了英國各家報紙當紅話題。不到幾天，政府就決定出手阻止饑荒，數週之內，官方總算針對一九四三年大饑荒進行首次賑災。此時饑荒已經延續了九個月之久，上百萬人在這場大災中喪生。最後，公眾輿論終於對政府政策造成了重大改變。

在伊安．史蒂芬斯發出這關鍵一擊的多年之後，我在劍橋恰好有機會與他見面。摩根．佛斯特有一天——我想是在使徒聚會上——告訴我，史蒂芬斯從印度退休回來後，現在在國王學院擔任資深研究員，而且還真的配有一間宿舍。佛斯特說他很樂意替我引見，但史蒂芬斯其實很親切，所以我也可以直接去敲門求見。所以我就直接到他房前敲門求見，但是等了半天卻沒有回應。房門並未上鎖，所以我就進屋了。史蒂芬斯當時正在房間一角倒立練習瑜伽——這是他從印度帶回來的習慣——看起來就像一座古代雕像一樣。我人一走進房裡，他就從訓練中站了起來，並開始跟我聊天。我跟他一共大概見了六、七次吧，談的都是當年在加爾各答發生的事。他對那段時光相當引以為傲。

在與史蒂芬斯初次見面前，佛斯特曾告訴我：「要知道，史蒂芬斯並不是站在印度這一邊的。」他的意思是說，在印度獨立與分裂後，沒有立即返回英國本土的英國人在當地分成了不同陣營，而史蒂芬斯則絕對是巴基斯坦陣營那邊的。史蒂芬斯還是有點英國人的想法，認為穆斯林比較不像印度教徒叛軍那樣仇視大英帝國，而這顯然並非實情。（在佛斯特一九二四年出版的《印度之旅》中，故事的印度人主角阿濟斯顯然就是個穆斯林。）史蒂芬斯對印度政府處處挑剔，尤其是關於喀什米爾的各項政策——他在一九五一年離開《政治家報》後就去了巴基斯坦，因為他實在看不慣印度政壇的一切。其實我根本就不擔心史蒂芬斯站在巴基斯坦那邊。他為孟加拉救下了無數印度教徒與穆斯林的性命，而且他的盡責出聲是不分宗教地替百姓造福呀。

五

我在跟史蒂芬斯的對話中學到了不少，獲益最多的就是談到為何壓制公眾輿論對於社會有害無益，甚至還會帶來饑荒。造成這種災難的政府如果有效壓制新聞報導，藉此不必面對政策失敗的批評，那麼或許有機會免於招致民怨。從某種程度上來說，英國政府在孟加拉大饑荒中就做到了這一點。直到史蒂芬斯吹哨，逼得西敏寺國會不得不討論饑荒，英國各家媒體也紛紛要求立即改弦更張為止。英屬印度政府自此才開始採取行動。

公眾輿論顯然在決定社會有何作為上扮演了重要的角色。凱因斯對於勸說討論的強調，與約翰．斯圖亞特．彌爾主張良好政策需要透過公開論理，可說是不謀而合。彌爾認為民主是「靠討論來統治」也是同樣的思路。附帶一提，對民主的這段描述並不是彌爾的原話，而是出自華特．白芝浩（先前有提過）——只不過是彌爾讓這概念更廣為人知。

靠公開論理來尋求更佳決策這辦法並非啟蒙後的西方世界所獨享，千古以來各地社會也都有此慣例。雖然大家對古雅典印象最深的是他們開創了票選表決的程序，但重要的是古雅典人更將參與討論視為廣開民智的源頭。古印度也同樣十分注重這種概念，在佛教傳統中更是格外重視。我們在第六章提過，西元前三世紀時，篤信佛教的阿育王幾乎統治了整塊印度次大陸（其疆域甚至涵蓋到現今的阿富汗），他在首都華氏城（即今日的帕特納）舉辦了第三次（也是最盛大）的僧團結集，同樣是藉由公開論理以解決爭議。他特別強調，公開討論才能夠使眾人更明白社會究竟需要什麼。他更命人於全國各地將這理念以簡明文字銘刻在石柱上，宣揚和平及容忍，鼓勵以定期且有序的公開論理來消弭歧見。

七世紀初，日本同樣篤信佛教的聖德太子在西元六〇四年（比《大憲章》還早了六個世紀）制定了《十七條憲法》，主張必須諮諏善道，察納雅言：「夫事不可獨斷，必與眾宜論。」民主是「靠討論來統治」——而不僅僅只是靠投票表決——這個觀念至今仍十分要緊。在我看來，近年來許多民主國家出現重大缺失，並不是因為在制度上有所窒礙，而是由於缺乏適當的公開論理所導致。

我從小聽外公克西提．莫罕談到阿育王下令廣開辯論後，就一直對這問題備感興趣，但彌爾與凱因斯讓我更清楚公開論理在社會選擇中扮演了什麼樣的角色。雖然肯尼斯．阿羅思考的社會選擇理論在許多方面影響我甚深，但他並未特別強調這一面向。幸虧這是皮耶羅・斯拉法與我在飯後散步閒談，聊到關於社會選擇時的眾多題目之一。儘管皮耶羅始終不願採用「社會選擇理論」這個詞（他覺得這名稱太過技術性了），卻深深教會了我勸說與論理在社會選擇中的重要性絲毫不遜於票選表決。

第26章 近悅遠來

一

一九六〇年代初期，我就聽到有許多消息說印度即將設立一所新的經濟學中心——德里經濟學院（Delhi School of Economics）——而主持這所學校的將會是K. N. 拉吉教授。我一九五七年短暫造訪德里時與拉吉教授見過面，當時我對他所知仍不多。我們後來一直保持聯繫，在一九六一年的一封來信中，他突然問我：「你想不想來德里經濟學院工作？」我回信給他：「你真的有工作給我嗎？」他說：「現在還不知道。原本擔任教授職位的著名教授維傑揚札・拉奧（V. K. R. V. Rao）退休了，他說在他找到合適的繼任者之前，先保留這職缺。」「他可以這樣做？」我有點訝異。「他真的在退休之後還能決定這職位什麼時候補人嗎？」從我得到的回答中整理出來的簡單答案是：「可以」。

我與拉吉通信後不久，維傑揚札・拉奧在劍橋念經濟系的兒子馬德哈夫・拉奧（Madhav Rao）來找我，說我下次去德里時，他父親想約我吃飯——「吃美味的南印度料理，」他特別補充說道。馬德哈夫那天早上挺難過的，因為他要去拜訪父親多年以前在劍橋的博士指導老師皮古教授，這位偉大的經濟學家卻讓他碰了個釘子。馬德哈夫事先就預約好了，但是他一到皮古教授住的三樓宿舍時，皮古問他：「歡迎你來，不過你為什麼會到這裡來呢？」馬德哈夫說：「我父親維傑揚札・拉奧在您手下完成了博士學位，他要我特地來向您致意——當然我自己也是。」「喔，好啊，」皮古說道：「那你現在已經致意好了。」說完他就望向窗外，馬德哈夫只好走下六十秒前才剛踏上的樓梯。雖然大家都知道皮古極為害怕訪客傳染什麼病給他（早在爆發任何全球大疫情之前），但馬德哈夫還是免不了一陣難過，把整件事告訴了我。他接著又說：「我父親一定會招待您好好吃上一頓美味的南印度料理。」

隔年（一九六二年）春天，我去了德里，拉奧家的午餐真的冗長悠閒，素食料理也確實美味極了。我用過餐後，準備離開時，拉奧問我：「你何不來申請我這職位？」我自問：「就是為這件事嗎？」工作面試最難的一關就這樣過了嗎？

結果還真是如此。形式審查流程快得就像馬德哈夫去拜訪皮古的經過一樣。副校長還主持了一場簡短的正式面試（還準備了大吉嶺紅茶），我回答了阿密亞・達斯笈多教授與I. G. 帕特爾教授的提問。不久之後，正式聘書就到了。納班妮塔和我早就已經討論過有沒有可能到德里任教，她滿心期盼，所以我也樂得馬上答應。

一九六三年六月，我們打包好一切，準備前往德里。我們頭一胎（安塔拉）的預產期是在九月底或十月初，納班妮塔很希望讓女兒在印度出生。我們收拾劍橋這邊的公寓時，有好些個親切的英國朋友都來幫忙——大家都依依不捨。我注意到有個朋友十分仔細地檢查我們掛在牆上的一張相片，我相當喜歡那張相片，是高更為一家美麗的玻里尼西亞友人拍下的合影。「你喜歡這張相片嗎？」我問她。「對，」她答道：「我很喜歡。但是我主要是在看你們家族合照裡的人。」她想確定自己沒搞錯——「這都是你們親戚，對吧？」這話差點讓我嗆到，不過我又看了一眼高更這張玻里尼西亞朋友的合照，回話說：「對，是這樣沒錯，只不過我還沒見過他們。」

二

老話說得好：海內存知己，天涯若比鄰。不過，也有許多原本可能發展出來的友誼，卻因地理阻隔而夭折。這說不定就是我在萊茵河畔的呂德斯海姆紅酒節上遇到的那個德國女生想要教我的事。離開劍橋前夕，我雖然還在抱怨劍橋經濟學，但我也知道是劍橋徹底打開了我的交友圈。劍橋大學裡裡外外的生活都讓我有無數機會結交原本可能永遠不會認識的人。

工作有時候會讓我們進入遠方某人的生活世界，這可能也有十分積極的意義。雖然全球化遭受不少非議，但是如果我們把擴展交際圈當作有價值的事，也許就能更正面看待全球化了。工業革命與全球貿易網路的擴張在某些人眼中可能是造成破壞的力量，可是撇開對整體生活水準的衝擊不談，這種全球化發展讓我們有機會連結上遠在異地，原本不可能認識的其他人——事實上，我們很可能完全不知道原來還有這些人存在呢！認識他人其實對於我們如何思考世界，以及如何看待我們自身的道德宇宙，都蘊涵深刻的意義。

大哲學家休謨在一七七七年的《道德原理探究》（*An Enquiry Concerning the Principles of Morality*）中，有一篇題為〈論正義〉的文章，提到了全球貿易以及與他人經濟關係的擴張能夠拓展我們的道德關懷，包括我們的正義感在內：

……再假設好幾個不同社會為了彼此的方便與好處而維持某種交流，那麼正義的疆界將會隨著民眾的眼界大開以及他們彼此連結的力量而愈形擴大。

我們正義感的範圍大小可能取決於我們認識了誰，又與誰熟識，而藉由包括貿易與交流在內的各種互動接觸又能促進我們彼此認識。相對於此，對他人不熟悉則會讓我們鮮少考慮他們，將他們排除在我們對正義的考量之外：接觸交流其實能為我們的道德思考大開門戶。這情況不僅在族群之間為真，在族群內部也同樣成立。我們很難不想到——先前提過的——英國在二戰期間營養不足人數的急遽減少以及國民保健署能隨後成立，在某種程度上都是迫於戰爭而使得人們拉近彼此關係所致。態度的轉變讓英國社會承擔起更多照顧其人民福祉的責任，這也帶來了制度上的革新。但在一個階級嚴明的社會中，我們卻能看到完全相反的發展方向，也不免要問這種階層種姓的劃分是否真的會導致整個社會缺乏共同目標。

我知道自己在印度教經濟學的時候，勢必要思考這些對比並深入研究。為獨立後的印度制定民主憲法的社會政治分析大師比姆拉奧．安貝德卡博士就告誡我們，千萬別忘了對立劃分帶來的害處。他強烈反對種姓不平等，也反對印度各地仍延續的賤民制度——安貝德卡自己就屬於「賤民」種姓——這使得他在一九五六年過世前不久改信了拒絕種姓劃分的佛教。我在劍橋的最後幾年讀了安貝德卡對歷史上（尤其是印度）種種不平等的研究，至今對他的深刻洞見仍難以忘懷。

三

隨著搬回印度定居的日子愈來愈近，我愈來愈擔心會跟巴基斯坦的朋友斷了聯繫——我一旦在他們眼中的敵國首都定居下來，這份友誼可能就此斷絕。一九六三年初，正當我在處理搬到德里的事務時（這還是第一批準備——最後的搬遷還得等到夏天），印度突然與中國開戰了。這場仗為期不久，但是這起事件讓我們所有人都注意到鄰國之間可能突然就打起仗來。我當然也很清楚，印度與巴基斯坦之間早就有不少引爆戰爭的政治導火線。由於我十分希望能在坦克與轟炸機上場之前先到巴基斯坦拜訪朋友，所以我決定繞道回到印度：先到巴基斯坦的拉合爾（我朋友阿里夫・伊夫特克哈住在這裡，他從劍橋畢業後就回來了），再從拉合爾到喀拉蚩（馬哈布・烏爾・哈克當時住在這裡），最後才回到德里。我到達拉合爾時，阿里夫正在伊斯蘭馬巴德工作，所以在他趕回來之前，我得自己打發一天。在阿里夫母親的建議下，我趁這個「自由日」在這座無比優美的城市裡參觀了美麗的清真寺。阿里夫當晚就回來了，而且由於伊夫特克哈他們家是極為富有的左派，所以隔天我們就在這整座城市裡從貿易工會總部一直逛到皇宮大院。拉合爾真是個令人目不暇給的好地方，我在這裡待了好幾天。

有個晚上，我們在一家拉合爾俱樂部吃了一頓大餐，結果要離開時，阿里夫的車竟在出口拋錨了。十幾輛車被堵在我們後面，車上的人下車，不停大聲抗議。有幾個看起來顯然跟阿里夫很熟的年輕人圍住了阿里夫的車子，開始吆喝起來，我聽起來像是在威嚇我們。這場面實在太可怕了，更何況我一開始根本聽不出他們在叫些什麼。我稍微定了一下心神，才發現原來他們口中吆喝著的其實只不過是重複誦唸如口號般的打油詩：「快點挪車吧，伊夫特克哈，伊夫特克哈！」

阿里夫打開了引擎蓋查找是哪裡出了毛病，我也下車向這些年輕人自我介紹，結果幾乎有幾百雙手伸過來要跟我握手，還一邊大呼：「歡迎來巴基斯坦玩！」我也答應這些新朋友我一定照他們吩咐，好好享受這趟旅程。

拉合爾是個很難玩得不痛快的城市，這裡有那麼多美麗的清真寺、美輪美奐的建築，當然更有世上最大的夏立馬花園（Shalimar gardens），歷代蒙兀兒帝國皇帝和王公大臣前往喀什米爾的途中總會在此休憩。伊夫特克哈家是這座城市裡的地主世家——這與阿里夫強悍的左派政治立場形成了強烈對比——也是夏立馬花園數世紀來的欽定管理者，阿里夫的母親告訴我，他們家還收藏著蒙兀兒帝國君主的來信，客客氣氣地請求在前往喀什米爾避暑的途中暫借夏立馬花園駐蹕。我們在這座舉世無雙的花園裡一邊散步，阿里夫一邊向我感嘆他自己不能在政治上更有作為。阻礙他的除了家族事業（雖然龐大，但阿里夫倒是很乾脆地說他寧可全都拋棄）之外，還有保守政府對左派政治的嚴格壓制（這點可就沒輒了）。阿里夫在我們讀書時可是劍橋大學辯論會的最佳辯士，也是我認識的人裡最親切和藹的人之一。我相信他一定能一邊兼顧原本的生活，一邊盡力協助他人。

我們的另一位好友席琳・卡蒂爾（Shireen Qadir）也住在拉合爾。我才剛說我想去拜訪她，阿里夫就說他聽說她有好消息，但是他絕不願載我去卡蒂爾家，因為席琳的父親曼祖爾・卡蒂爾（Manzur Qadir）是位著名的「反動派」律師，跟阿里夫的政治立場格格不入。所以阿里夫把車鑰匙丟給我，說：「你自己開車過去吧！羅倫斯路離這兒不遠，我的車就在外頭。」我開著阿里夫的豪華大車進到卡蒂爾大院時，席琳一臉不可置信的模樣。

我從拉合爾飛到喀拉蚩機場時，馬哈布以及我們的另一位劍橋好友卡利德・伊克蘭（Khalid

Ikram，他後來和席琳結婚）已經在那裡等著了。卡利德開玩笑說他看到飛機延誤時還很擔心，以為我是從印度搭印度航空飛過來的（「你知道的，那可就太危險啦」）。馬哈布馬上消除他的疑慮，跟他說我是從拉合爾搭巴基斯坦航空飛過來的。那陣子，拿印度和巴基斯坦之間打仗開的玩笑遠遠多於憎惡的表露。

我在喀拉蚩與馬哈布和他太太班妮徹夜長談了好幾次，我不禁發覺馬哈布儘管身居巴基斯坦經濟開發委員會的經濟首長高位（後來更高升巴基斯坦的財政部長），卻備感挫折。他向我解釋，這是因為他在試圖振興巴基斯坦經濟的過程中吃了不少苦頭。原本應該很容易就能辦成好事，但心胸狹隘的政治人物與陳腐的行政架構所製造的重重難關卻難以克服。

當旭日東升，照耀在這如夢似幻的喀拉蚩時，馬哈布的聲調也逐漸高昂起來，論析的言詞中摻雜了幾分慷慨豪情。他知道要如何解決巴基斯坦的沉痾，卻懷疑是否有可能取得任何立竿見影的進步。他知道自己打算成就不少夢想——而且不只是為了巴基斯坦——但是必須另起爐灶。幾年後，他藉聯合國開發計劃署（the United Nations Development Programme, UNDP）獲得了大好機會，開創了人類發展計畫，以人民的生活品質（包括獲取教育、營養與其他資源的難易）來評估國家的發展程度。一九八九年夏天，人類發展辦公室（Human Development Office）在紐約正式成立，馬哈布不斷打電話來催我：「阿馬蒂亞，快放下手中一切過來吧。我們要讓大家了解這個世界！」在整個九〇年代裡，他透過影響至鉅的年度《人類發展報告》，在他立定的任務中邁出了長足的進展（我也有幸在這過程中擔任副手，幫他一把）。

四

我從巴基斯坦飛到德里時，剛好趕上德里經濟學院（學生都暱稱為D校）開學。在我這麼多不同的身分中，最顯著的就是教師了，這可以一直追溯到當年在桑蒂尼蓋登辦臨時夜校教導失學的部落孩童的日子，當時我還只是個學生。在德里教導這些天才學生所感受到的那股興奮，實在是難以言喻。我期許他們個個都成材，結果沒想到他們的成就遠遠不僅於此。

我教的是從入門到高階等各種程度的經濟學理論，除此之外，多年下來我還開過賽局理論、福祉經濟學、社會選擇理論、經濟開發；也為哲學系研究生開過知識論與科學哲學，還有數學邏輯（這門課誰有興趣都可以來修）。我自己從教學中也學到了不少，就像當年在嘉

在桑蒂尼蓋登的院子裡讀書，約攝於一九六四年

達沃普大學一樣，果然是教學相長啊。

我從一九六三年三月開始在D校任教，但是德里大學從四月初就開始放暑假了，既然有兩個月的空檔，我就趁機飛回劍橋與納班妮塔相聚。要徹底搬到德里的時候到了，納班妮塔和我在飛往德里的漫漫長途中停了好幾站——其中也有雅典和伊斯坦堡。

我因為應邀授課，所以我們途中在希臘待了幾個星期，那是個很美好的經驗。邀我講課的是安德烈阿斯・帕潘德羅（Andreas Papandreou）主持的研究所，帕潘德羅不但是一位聰明的經濟學家，更是為希臘民眾爭取民主權利的天才政治領袖。希臘軍方高層對帕潘德羅恨之入骨。我們離開後不久，帕潘德羅就遭到軍政府逮捕定罪，之後便被逐出了希臘。然而，軍閥政府在民間積怨與司法挑戰之下終究崩潰倒台，帕潘德羅得以光榮歸來，並當上了希臘總理。我們在希臘時與他和他太太瑪格麗特成了至交，在他們顛沛流離時仍保持聯絡。他們的兒子——也叫安德烈阿斯——後來到牛津大學跟我念博士，他的論文十分出色，寫的是關於外部性問題，尤其是環境政策的分析。

納班妮塔和我都非常喜歡古希臘的各個知名景點，還看了好幾場古代戲劇的演出。納班妮塔懂一點阿提卡語，所以偶爾能派上用場。我們也接受帕潘德羅的建議，去克里特島玩了一趟，看到了米諾斯文明的驚人遺跡，位在克諾索斯的古代宮殿更是令人歎為觀止。親眼見到這些偉大景觀，更讓我了解古代世界在人類文明發展上達到何等成就。不過儘管我整個人置身在克里特島的古希臘歷史中，心裡頭卻還是巴不得趕緊回到D校去教我那些學生。

五

我非常享受在D校講課的機會，況且，有好多研究生和幾位年輕老師開始對社會選擇理論感到興趣，我也因此獲益。莫里斯．道布曾建議過我，除非我找到其他志同道合的社會選擇理論學者，不然最好還是換個主題研究。他說的確實沒錯，但沒想到我會這麼快就培養出一群專精社會選擇理論的學生。D校學生原本聽都沒聽過社會選擇理論，但是我開了第一堂課之後，就感覺到有許多人都立志要鑽研這門學問了。但我沒料到，社會選擇理論社群在德里竟然能迅速蓬勃如斯——說真的，他們有好幾個人都開始開疆拓土，除了應用到新領域之外，還擴展了社會選擇理論。在我的第一批學生中，普拉桑達．帕塔奈克（Prasanta Pattanaik）才入學不久就展現出驚人才華，從社會選擇問題中做出了非常強大而且十分困難的成果，獲得了全球矚目。我在講台上講授舉世聞名的「帕塔奈克定理」（Pattanaik theorems）時，帕塔奈克本人還靜靜地坐在台下學生間聽課，這實在是難得的殊榮。

我們上社會選擇理論的討論課時，最有趣的一點就是大家會試著結合道德哲學中各種有用的觀念與特性，例如休謨、亞當．斯密及康德的學說。我們也會討論霍布斯、盧梭和洛克在提出「社會契約」這個概念時所考察的各種道德原則。社會契約是一種人際之間的契約，意思是社會上每個人在其他人都必當做出同樣回報時，應該做些什麼（或不做些什麼）。社會契約這個觀念在建構性的社會選擇推論中十分有用，諸如評估賦稅系統的公平程度，或是民眾在糧食短缺的情況下願意接受食物配給制的程度（就像先前提過二戰期間的情形那樣）。我們也比較了有違規懲罰的契約義務和人們不需互惠保證就認可的義務（即無條件義務）。（這題目我們在第六章談過，採取的是佛陀在《經集》與其他作品中的論證思路。）事實上，正如亞當・斯密的著作中所展示的，互惠式義務與非互惠式義務都很容易就能夠用社會選擇論證來仔細檢驗。

社會選擇理論家最大的長處就是擁有某些分析能力，但是我們要處理什麼樣的社會聚合問題，也取決於我們認為什麼樣的問題有趣和重要。有些學生十足認真，將社會選擇方法運用在政策制定的實際問題上，我非常以他們為榮。我也有些學生做的題目跟社會選擇截然不同，其中有些人更成為那些領域中的翹楚（例如普拉巴特・帕特奈克〔Prabhat Patnaik〕，他就成為一位頂尖的發展經濟學家）。無論學生做的研究是否跟我們自己一樣，看到自己學生的表現能受到全球矚目時，那種喜悅真的是難以言喻。

六

雖說在德里教書十分愉快，但終究無法逃避印度四處無不匱乏的現實。問題不光只是貧窮而已，印度各地還缺乏關鍵的公共設施，包括學校教育與基本的醫療照護。這不是因為民眾不想擴充這些設施，主要的原因在於投入學校教育與基本醫療照護的公共資源少得驚人。制定公共政策與經濟建設時，這些公共設施備受忽視一事極少受到社會關注。沒錯，獨立後的民主印度已經克服了饑荒，但是營養不足的慘況仍然舉目皆是，國人所需的基礎醫護遲遲未有。教育與醫療服務之所以欠缺，與印度長期以來的社會及經濟不平等息息相關。在印度，大家經常會認為處在社會最低階層受忽視的民眾根本就不需要教育與醫療（與有權階級判然有別），這種可怕的錯誤觀念往往更鞏固了傳統的不對等。

我試圖研究這種社會忽視究竟是怎麼回事，找了幾個學生（像阿努拉達・路瑟〔Anuradha Luther〕和普拉巴特・帕特奈克）一起合作，在檢驗全國整體普遍的匱乏情況與較貧窮、較弱勢階級人口區域的嚴重匱乏情況之間的關係中，得出了有意義的成果。

印度的不平等情況由來已久，從歷史上看，可說是一直都比世上各國更為嚴重。印度的問題不只是在於收入與財富方面極不對等（貧困民眾與小康以上的財富狀況可說截然二分），更在於巨大的社會不平等，例如社會弱勢的低等地位與惡劣處境，賤民更是其中之最。西元前六世紀時，佛陀就已經反對將眾生彼此隔離劃分的社會屏障了。事實上，佛教不僅是在知識論與形上學上關於世界本質的一場激進變革，同時也是對抗社會不平等的一場運動。

七

我決定拿英國在戰爭期間與戰後期間不平等情況急遽消失的案例用在D校的教學上，當作印度可以學習模仿的榜樣，並且試著找一些合適的參考讀物。英國不僅出了一位馬克思（直接從大英博物館來），還有首開先聲，奠立英格蘭——以及蘇格蘭——政治經濟學基礎的亞當・斯密。我在劍橋的課堂上很少接觸亞當・斯密的作品——反而是以前在總統學院時讀了不少，但更多時候則是在學院街咖啡店裡的對話中學來的。我在張羅要給班上學生的教學資料時，赫然發現亞當・斯密的著作不僅有助於理解印度的不平等，更提供了一套如何解決的良方。

亞當・斯密非常認真思考如何利用非市場體制來協助市場過程，例如透過國家介入的方式擴大像是公立教育與公立醫療等公共服務項目。這有助於我們在課堂上討論，透過結合體制的方式如何更能有效克服對立劃分與種種缺陷，尤其是針對社會中最嚴重匱乏的族群。

亞當・斯密的道德推理中有個關鍵，就是運用他稱為「無私的觀察者」的這個概念：他注意到，若要沒有偏見對立，我們就必須假想一個置身事外，沒有自身或族群偏見的人來評估特定的情況，包括持續存在的不平等。我們在課堂上討論時，還會綜合漢蒙德、蒂特穆斯（Titmuss）等社會觀察家的研究發現，尤其是關於英國在戰後建設中從戰爭時期的合作經驗裡汲取多少教訓。

我們在課堂討論中還談到了亞當・斯密非常同情窮人與弱勢族群，總是挺身而出對抗優勢族群自稱的「優越性」。我們討論到了英格蘭上流階級對愛爾蘭的偏見，這例子出自亞當・斯密在一七五九年出版的《道德情操論》（*Theory of Moral Sentiments*）。還有另一個討論案例也同樣出自《道德情操論》，談的是美國與歐洲的大部分上流階級何以一直容忍惡劣的奴隸制。印度的某些不平等體制強迫最低等種姓人口從事低賤工作，我班上學生深入探討這樣的體制所導致的後果，多麼類似於奴隸制之下的道德敗壞。

亞當・斯密堅決反對像奴隸制這樣的可怕體制，這恰恰可以與他好友大衛・休謨對同一件事的立場來互相比較。我們說過，休謨相信人的關係圈應該愈廣大愈好。但是，儘管休謨也對奴隸制大加批評，他的反對見解卻有些漏洞。相對於休謨，亞當・斯密則是堅決厭惡種族主義，更宣示無論任何形式的奴隸制都令人完全無法接受。他對於奴隸主人將奴隸視為低等生命形式的這種看法可說是深惡痛絕。

亞當・斯密為了確切傳達自己的主張，特別強調凡是被人從非洲強拉為奴的那些人，不僅絲毫不遜於白人，而且與這些白人奴隸主相比，反而更有人性。他振振有詞地說：

從這方面看，每一個從非洲沿岸來的黑人都擁有的，可是他卑猥的奴隸主人往往連想都不敢想的高尚大度。

我到現在都記得自己在D校的一堂課上朗讀亞當・斯密這段振聾發聵的文字時，班上眾人所散發出來的那股舒暢與震撼。我在德里的這些學生可能對非洲沿岸的黑人所知不多，但不管受虐的人們是遠是近，與他們同仇敵愾的心意都油然而生。他們不光是被亞當・斯密的文字打動而已，更是引以為榮。

理性思辨中得來的同情心能夠橫跨時空界線，而這份同情心可能出自我們本身自發的感受，也可以是像讀到亞當・斯密那段文字一樣，被論證所折服。泰戈爾說得對，他這想法我在這本書中一提再提：出於本能的同情心和論理而得的說服，兩者都同樣無比重要。他發現這世上竟有那麼多人因為自身種族或身處地區的緣故而遭到全世界的冷落，對此感到震驚。他在一九四一年的最後一場演講中說，世上有些人所遭受的對待令他驚恐萬分，就像奴隸制也讓亞當・斯密感到怒不可遏一樣。泰戈爾說道：

人類最卓越高尚的稟賦絕不是任何一個種族或國家所能獨佔；這稟賦涵蓋的範圍無遠弗屆，也絕非慳吝之輩能夠私下埋藏的寶貝。

看到學生們個個都能體認對人的根本尊重與理解，不枉亞當．斯密與泰戈爾的切切疾呼，我安心了。想必這就是能為世上帶來希望的豐沛根源吧。

註釋〔編號為頁碼〕

第一章　達卡與曼德勒

25 火車停靠在海拔四千公尺的眉繆：見喬治．歐威爾的*Homage to Catalonia* (1938) (London: Penguin Books, 1989, 2013), p. 87。

29 緬甸人「總是開懷大笑」：Dale Kaiger, 'Medicines Where They Need It Most,' *Johns Hopkins Magazine*, 57 (April 2005), p. 49，對約翰．霍普金斯醫院來的「背包客醫生」有篇精彩——而且勇氣可嘉——的記述。

31 軍方早已穩操勝券：臉書就是積極參與這場低級宣傳戰的其中一者。近年來，包括《紐約時報》在內等單位，都已經詳細挖出臉書如何配合緬甸軍方提供反羅興亞人的宣傳管道。臉書也已承認這場軍方主導的暗盤操作。臉書公司的網路安全主管納桑尼爾．葛萊徹（Nathaniel Gleicher）坦承發現「明顯刻意散布由緬甸軍方直接提供的私下宣傳」。見'A Genocide Incited on Facebook, with Posts from Myanmar's Military,' *The New York Times*, 15 October 2018。

第二章　孟加拉的河川

42 「諸國的天堂」：Adam Smith, *The Nature and Causes of the Wealth of Nations, in The Works of Adam Smith* (London, 1812), Book 1, On the Causes of Improvement in the Productive Powers. On Labour, and on the Order According to Which its Produce is Naturally Distributed Among the Different Ranks of the People, Chapter III, 'That the Division of Labour is limited by the Extent of the Market'.

42 「海運貿易品……各大陸內部」：Smith, *The Nature and Causes of the Wealth of Nations*.

42 「韃靼利亞接觸的是一片冰封海洋」：Smith, *The Nature and Causes of the Wealth of Nations*.

44 流向東方的過程中容易從河床溢流而出：見Richard E. Eaton, *Essays on Islam and Indian History* (Oxford: Oxford University Press, 2000), p. 259。

50 「我們就是河邊人」：Raihan Raza, 'Humayun Kabir's "Men and Rivers",' *Indian Literature*, 51, no. 4 (240) (2007),

pp. 162–77; http:// www.jstor.org/stable/23346133。引文見 *Men and Rivers* (Bombay: Hind Kitabs Ltd,1945), p. 183。

第三章　沒有牆的學校

58 **「在桑蒂尼蓋登那三年」**：薩提亞吉・雷在很多地方都談過桑蒂尼蓋登對他的影響，但說得最清楚的莫過他的 *Our Films, Their Films* (1976) (Hyderabad: Orient BlackSwan Private Ltd, 3rd edn, 1993)。我也曾在薩提亞吉・雷紀念演講中討論這些議題，見 'Our Culture, Their Culture', *New Republic*, 1 April 1996。

58 **有不少頂尖名師**：希爾萬・列維是知名史學家與印度學專家，之前主要在巴黎任教，並著有廣獲好評的《印度劇場》（*The Theatre of India*）等著作。查爾斯・安德魯斯是甘地與泰戈爾的好友，也是一位積極參與印度獨立運動的英國牧師。李奧納德・埃姆赫斯特是農藝學家，也是大慈善家，更創辦了達汀頓堂（Dartington Hall）這所培育罕見音樂的進步名校。我一九五三年十二月時（才剛到劍橋大學兩個月）頭一次離開劍橋市區遊歷，就是去達汀頓堂，受到了埃姆赫斯特一家人的熱情款待。

59 **「我是坐在『瑪夏師父』腳邊」**：見 Dinkar Kowshik 所寫的精采傳記 *Nandalal Bose, the Doyen of Indian Art* (New Delhi: National Book Trust, 1985, 2nd edn, 2001), p. 115。

59 **大詩人賈亞戴瓦生長之地的肯督里**：這是古肯督里（梵文稱為肯督碧爾法）唯一可能的所在。有許多地方都自稱是古肯督里所在地，其中以奧里薩邦為最。由於賈亞戴瓦全以梵文而非奧里薩語或孟加拉語寫作——他的《高文達梵歌》（*Gita Govinda*）堪稱古典梵文晚期經典——所以我們無法光憑著作內容來解決這項爭執。

60 **「他這套教學法的原理」**：我要特別感謝梅根・馬歇爾（Megan Marshall）讓我看她祖父喬・馬歇爾未曾出版的 'Santiniketan Journal'。梅根・馬歇爾曾為著名的皮博蒂姊妹作傳，即榮獲大獎的 *The Peabody Sisters: Three Women Who Ignited American Romanticism* (Boston: Houghton Mifflin, 2005)。

63 **除此之外，還有歌唱課**：我兒子卡畢爾在波士頓一所頂尖學校教音樂，他自己也是個成功的作曲家與聲樂家，所以我猜他這方面一定是遺傳自他媽媽愛娃・柯洛尼，她生前也很愛唱歌。

67 **「生命之歌」**：見 *Visva- Bharati News*, Vol. XIV, 7 (July 1945–June 1946)。

73 **那份激切不耐**：對於激切不耐的需求是我的《發展即自由》（*Development as Freedom*, New York: Knopf; Oxford: Oxford University Press,1999）這本書的主題之一，也是我與琴・德雷瑟（Jean Drèze）合著的《不確定的榮光：印

度及其矛盾》（*An Uncertain Glory: India and Its Contradictions*, 2013, London: Penguin Books, 2nd edn, 2020）中的主題。

75 **「印度內部承受龐大苦難」**：一九三〇年《消息報》（*Izvestia*）專訪內容。見克里希納・杜塔與安德魯・羅賓森的《才子泰戈爾》（*Rabindranath Tagore: The Myriad-Minded Man*, London: Bloomsbury Publishing, 1995），這本詳實傳記十分精彩好看。

第四章　外公外婆來作伴

79 **迪迪瑪說這還真是掃興**：這故事我是從迪迪瑪那裡聽來的，但是這整件事還有關於我外公外婆生活的其他故事都收錄在普拉那提・穆克霍派迪葉（Pranati Mukhopadhyay）精彩的孟加拉文作品《克西提・莫罕・沈恩與桑蒂尼蓋登的半個世紀》（*Kshiti Mohan Sen O Ardha Satabdir Santiniketan*, Calcutta: West Bengal Academy, 1999）中。我經常翻閱這本書來確認我自己是否所記無誤，真是太感謝穆克霍派迪葉的刻苦研究了。

85 **「有誰真正知因由」**：出自《黎俱吠陀》第十卷，此處由Wendy Doniger英譯，*The Rig Veda: An Anthology* (London: Penguin Books, 1981), pp. 25–6。

85 **「他雖然熟讀傳統聖書與宗教經典」**：Mukhopadhyay, *Kshiti Mohan Sen O Ardha Satabdir Santiniketan*, pp. 42–3。

86 **「我真的亟需您的加入」**：*Selected Letters of Rabindranath Tagore*, edited by Krishna Dutta and Andrew Robinson (Cambridge: Cambridge University Press, 1997), p. 69.

88 **「為了將我留在「印度教的」保守窠臼中」**：出自Mukhopadhayay, *Kshiti Mohan Sen O Ardha Satabdir Santiniketan*, p. 17。

88 **那可是一大片土地啊**：據估計，目前卡畢爾之道信徒將近有一千萬人，而且自從十九世紀最後十年就差不多是這數目了。他們的分布地區也廣及各地。

89 **賽伊德・穆吉塔巴・阿里**：引自Mukhopadhayay, *Kshiti Mohan Sen O Ardha Satabdir Santiniketan*, p. 466.，原文見Syed Mujtaba Ali, 'Acharya Kshiti Mohan Sen'，收錄於孟加拉文集*Gurudev O Santiniketan*。

93 **克西提・莫罕所纂輯的四冊卡畢爾詩歌**：初版是一九一〇年到一九一一年。孟加拉文版本比較晚出版，並有傑出的史學家薩比亞沙奇・巴塔查利亞（Sabyasachi Bhattacharya）為第一卷《卡畢爾》撰寫的精彩導讀。阿文德・克里希納・梅洛特拉（Arvind Krishna Mehrotra）的《卡畢爾之歌》（*Songs of Kabir*, New York Review Books, 2011）中譯有不少美妙的卡畢爾詩歌與精彩評註。

94 **揀譯出了「卡畢爾詩歌百選」**：泰戈爾在艾芙琳・盎德希爾協助下選譯，集為《卡畢爾詩歌百選》（*One Hundred Poems of Kabir*, London: Macmillan, 1915）。書中導讀特別感謝「勞苦功高的」克西提・莫罕「使這本書得以問世」。

94 **儘管這些譯作有些已經付梓**：見Ezra Pound, 'Kabir: Certain Poems', *Modern Review*, June 1913; reprinted in Hugh Kenner, *The Translations of Ezra Pound* (New York: New Directions, 1953; London: Faber, 1953)。

94 **龐德心中想推出的完整版本**：艾茲拉・龐德翻譯的《卡畢爾：詩歌全集》（*Kabir: Poesie*）的部分定稿在耶魯大學中可以查看，典藏於Yale Collection of American Literature: Beinecke Rare Book and Manuscript Library, Ezra Pound Papers Addition, YCAL MSS 53 Series II Writings 700（我得感謝Craig Jamieson讓我發現這批未出版的手稿）。龐德不懂印地文和孟加拉文，翻譯時多借卡利・莫罕・高栩（Kali Mohan Ghosh）之助（見*Selected Letters of Rabindranath Tagore*, edited by Krishna Dutta and Andrew Robinson）。除此之外，克西提・莫罕彙編的卡畢爾詩歌也有一份由阿吉特・庫瑪爾・查克拉伐帝（Ajit Kumar Chakravarty）翻譯的手稿。

95 **「我從小就很熟悉加西與其他聖地的『詩人』」**：出自克西提・莫罕的卡畢爾詩選導論孟加拉文譯稿。克西提・莫罕非常重視予以協助的人，特別一一銘謝：「我格外感謝以下這些友人提供的口唱或筆錄：瓦倫納・阿迪克舍卜的達克辛巴巴（Dakshin Baba of Varuna Adikeshhab）、蓋伊比的竺蘭巴巴（Jhulan Baba of Gaibi）、楚阿楚阿・塔爾的涅卜黑・達斯（Nirbhay Das of Chuachua Tal）、朝坎迪的丁戴夫（Dindev of Chaukandee）和〔同樣在朝坎迪的〕盲眼聖師蘇爾夏馬達斯（Surshyamadas）。」他還列了十二本自己編纂時參考的著作，其中還包括普拉薩德（Prasad）那本現在經常被認為可與沈恩這本詩選分庭抗禮的《卡畢爾語錄》（*Kabir Shhabdabali*），但是克西提・莫罕並未以普拉薩德這本選集與其他各書當作定論，他一一確認這些著作中有哪些「與傳頌人所唱的相符，又有哪些是這些傳頌人與我都認為合乎卡畢爾傳統的部分」。

96 **以拉納吉特・谷哈為首的底層研究者**：見Ranajit Guha (ed.), *Writings on South Asian History and Society*, Subaltern Studies series I (Delhi and Oxford: Oxford University Press, 1982)。我和拉納吉特在一九五六年結識，後來的密切互動可見後文。

96 「迷上了了不起的達度」：見Pranati Mukhopadhyay, *Kshiti Mohan Sen O Ardha Satabdir Santiniketan* (Calcutta: West Bengal Academy, 1999), pp. 199, 516。

96 城市知識分子間……的菁英習氣：有不少對克西提・莫罕・沈恩的孟加拉文鮑爾詩（Bengali Bauli poem）選集的批評也出自同樣的菁英習氣。

97 克西提・莫罕編輯的《卡畢爾詩集》：*Kabir* [Hindi] (Delhi: Rajkamal Prakashan, 1942; reissued 2016).

98 克西提・莫罕這個說法顯然不是正統：K. M. Sen, Hinduism (1961)，二〇〇五年新版並附阿馬蒂亞・沈恩序言。

第五章 爭論的世界

102 「我們雖然不知道人類歷史上」：*Selected Letters of Rabindranath Tagore*, edited by Krishna Dutta and Andrew Robinson (Cambridge: Cambridge University Press, 1997), p. 990.

103 「有些人故作姿態」：見*The Oxford India Gandhi: Essential Writings*, compiled and edited by Gopalkrishna Gandhi (New Delhi: Oxford University Press, 2008), p. 372。

103 「我對比哈爾大震的那些說法確實是禁不起挑戰」：這封哀傷的信件同樣收錄在*The Oxford India Gandhi: Essential Writings*, p. 372。

107 「一踏上俄羅斯的土地」：見Rabindranath Tagore, *Letters from Russia* (Calcutta: VisvaBharati, 1960), p. 108，由薩德哈・辛哈（Sasadhar Sinha）譯自孟加拉文。

108 一九三〇年接受《消息報》的採訪：事件始末詳見克里希納・杜塔與安德魯・羅賓森《才子泰戈爾》，p. 297。

108 「我必須要問各位」：見克里希納・杜塔與安德魯・羅賓森《才子泰戈爾》，p. 297。

109 一副高呼盲目信仰的模樣：納班妮塔・戴芙・沈恩曾對此詳細討論。見Nabaneeta Dev Sen, 'The Foreign Reincarnation of Rabindranath Tagore', *Journal of Asian Studies*, 25 (1966)，並收錄於她的*Counterpoints: Essays in Comparative Literature* (Calcutta: Prajna, 1985)。

109 羅素在一九六三年的信：尼麥・恰特吉收到這兩封信的時候，覺得有趣極了；他後來知道我很崇拜羅素，還把信拿給我看。我只好向他解釋，我崇拜的是羅素在哲學方面的才華（尤其是數學哲學），不是他在思想史方面的看法。

110 羅素又寫了第二封信：尼麥・恰特吉在二〇一一年一月驟逝。他的文藝收藏都收錄於泰特現代美術館的「尼麥・

恰特吉珍藏」中，但是關於泰戈爾在西方所受評價的往來書信則未出版。這些書信的版權為加爾各答孟加拉學院（Bangla Academy）所有，預計於編輯完成後出版。我十分感謝尼麥・恰特吉給我看了其中一些信件。

110 **比方說尼采好了**：見 Bertrand Russell, *A History of Western Philosophy* (New York: Simon & Schuster, 1945; London: Allen & Unwin, 1946)。

111 **「我昨晚跟本地一名詩人葉慈共進晚餐」**：泰戈爾於一九一二年六月二十八日寫給克西提・莫罕的信件，收錄於 *Selected Letters of Rabindranath Tagore*, edited by Krishna Dutta and Andrew Robinson, p. 90。

111 **西方的推崇者不留任何餘地**：我在《紐約書評》（*The New York Review of Books*）一九九七年六月二十六日刊出的〈泰戈爾與他的印度〉（Tagore and His India）一文中曾詳細討論，該文並收錄於 *The Argumentative Indian* (London: Penguin; New York: FSG, 2005), Chapter 5。

113 **「別再吟誦唸唱」**：我重新校譯了通行版的譯文以避免古代用語。

114 **斯督笨札納特・貝戈爾**：見 George Bernard Shaw, *Back to Methuselah (A Metabiological Pentateuch)* (London: Constable; New York: Brentano's, 1921)。

115 **泰戈爾對民族主義的批評**：克里希納・杜塔與安德魯・羅賓森的《才子泰戈爾》中，關於泰戈爾對民族主義的批評——尤其是他的小說《家與世界》——所引起的迴響有十足詳盡的討論。

第六章　歷史的分量

118 **梵文更幾乎可以說……共通語言**：Sheldon Pollock, 'India in the Vernacular Millennium: Literary Culture and Polity, 1000–1500', *Daedalus*, 127 (2) (Summer 1998), pp. 41–74.

121 **佛陀與耶穌說來算是殊途同歸**：詳見 Amartya Sen, *The Idea of Justice* (London: Allen Lane, 2009), pp. 170–73〔中譯本書名《正義的理念》〕。

122 **理性推論的優雅與威力**：我在大學時曾寫過關於這方面的文章，但早已佚失。我十分感謝音樂家好友 T. M. Krisha 幫我回想起當年在一場公開討論中的大致說法。

127 **「這麼文明開化的作品」**：Joseph Wood Krutch, *The Nation*, 69 (12 May 1924).

129 **蛇梯棋**：據傳是在一八九二年由知名的玩具商弗瑞德列克・亨利・艾爾斯（Frederick Henry Ayres）引進英國倫敦。

129 **「榛木骰子骨碌碌」**：*The Rig Veda*, translated by Wendy Doniger (London: Penguin Books, 1981), p. 241.

131 **從挖掘出來的遺跡來看**：那爛陀寺是否為世界上第一所大學尚待商榷。古印度西陲（今巴基斯坦境內），鄰近阿富汗的塔夏西拉（Takshashila，或稱Taxila）也有一座齊名的佛教中心，據傳在西元前五百年左右佛陀涅槃不久後（早在那爛陀寺成立之前）就已經在運作了。但是塔夏西拉這座佛教機構其實是一所宗教修院，只不過特別的是專修佛教教義。阿富汗東陲與鄰近古印度交界處這附近（文化上彼此交融）當然不乏傑出學者，甚至印度最偉大——也是最早的文法學家，即西元前四世紀的帕尼尼，也是出身自阿富汗邊境。但塔夏西拉這座佛院並不像畢哈爾的那爛陀寺與其他後來可被稱為那爛陀寺高等教育傳統的寺廟（超戒寺、飛行寺〔Odantapuri〕等）一樣有系統地提供各門進階學問（尤其是關於俗世主題）。從這脈絡看，稱那爛陀寺為世上最早的大學一點也未貶損塔夏西拉。

第八章　孟加拉與孟加拉人民共和國

148 **被一群地痞流氓在光天化日下狠狠刺傷**：宗教團體間的彼此仇視在印度及次大陸各地往往被稱為「族群（communal）」仇恨，這個說法從一九四〇年代就已普及。這個詞的用法有時令人困惑，卻又無法完全用「宗教」之類的詞來代替，因為懷抱這種仇恨的經常並非特別虔誠的宗教信徒，他們敵視的是出身自敵對宗教族群中的其他人。我在行文中會按照印度次大陸的用法來使用「族群」一詞，但請注意別將這個詞與宗教團體以外的族群混為一談。

149 **對那些狠心凶手來說**：關於暴力事件中身分認同所扮演的角色，可參見我的《身分與暴力》（*Identity and Violence: The Illusion of Destiny*, New York: Norton, and London: Penguin, 2006）。

152 **由穆罕默德・阿里・金納率領的全印穆斯林聯盟**：艾莎・賈拉爾（Ayesha Jalal）說得好，金納堅持分裂，至少有一部分的立意是為穆斯林在未分裂的獨立印度中討得更重要的地位；見她的*The Sole Spokesman: Jinnah, the Muslim League and the Demand for Partition* (Cambridge: Cambridge University Press, 1985)。

152 **喬亞・恰特吉在最近一項十分有啟發性的研究**：Joya Chatterji, *Bengal Divided: Hindu Communalism and Partition, 1932–1947* (Cambridge: Cambridge University Press, 1994)。

155 **關於蒙兀兒帝國軍隊儀典的記載**：見Richard M. Eaton, 'Who Are the Bengali Muslims?' in *Essays on Islam and Indian History* (Oxford: Oxford University Press, 2000)。

157 「這本書的作者……在『田賦永定』的陰影下成長……」：見Ranajit Guha, *A Rule of Property for Bengal: An Essay on the Idea of Permanent Settlement* (1963) (Durham, NC, and London: Duke University Press, 1996)初版序言。稍後我會再談這本書。

157 「當個地主就意味著……」：見Tapan Raychaudhuri, 'Preface' to *The World in Our Time: A Memoir* (Noida, Uttar Pradesh: HarperCollins Publishers India, 2011)。

158 胡克繼續以孟加拉穆斯林領袖之姿來推動他心中優先重要的政策：關於這些議題，請見Sana Aiyar的重要論文'Fazlul Huq, Region and Religion in Bengal: The Forgotten Alternative of 1940–43', *Modern Asian Studies*, 42(6) (November 2008)，並見艾雅所引述的其他文獻。

161 「西方來了個札法爾・米恩」：理查・伊頓在《一二〇四年到一七六〇年，伊斯蘭崛起與孟加拉邊疆》（*The Rise of Islam and the Bengal Frontier, 1204–1760*）的翻譯（Berkeley, CA: University of California Press, 1993), pp. 214–15）。

第九章　抵抗與分裂

176 「世上沒有強權能夠永遠奴役印度」：關於蘇巴斯・闡德拉・波斯的生平，見Sugata Bose, *His Majesty's Opponent: Subhas Chandra Bose and India's Struggle Against Empire* (Cambridge, MA: Belknap Press of Harvard University Press, 2011)。

178 金納提出他「包藏禍心的兩國論」：Rafiq Zakaria, *The Man Who Divided India* (Mumbai: Popular Prakashan, 2001), p. 79.

179 「國大黨裡沒有統一的理性說法……」：Zakaria, *The Man Who Divided India*, p. 84.

180 「巴基斯坦究竟是怎麼會如此不符合……」：Ayesha Jalal, *The Sole Spokesman: Jinnah, the Muslim League and the Demand for Pakistan* (Cambridge: Cambridge University Press, 1985), p. 4.

181 阿許托許還是永遠那麼樂觀：我們父子從沒討論過這件事——事實上，直到阿拉卡南妲・帕特爾（Alakananda Patel，阿密亞・達斯笈多的女兒）研究她父親與我父親之間往來的書信，我才知道他在投票上的兩難處境。

184 我當時談的是關於經濟不平等的問題：Amartya Sen, *On Economic Inequality* (Oxford: Oxford University Press,

1973; expanded edition, with James Foster, 1997).

第十章　英國與印度

186 「賈蓋・賽斯……以及閣下身邊其他優異人士」：麥可・艾德渥茲（Michael Edwardes）的引述見於 *Plassey: The Founding of an Empire* (London: Hamish Hamilton, 1969), p. 131。

187 「普天之下莫非王土的大帝國」：Niall Ferguson, *Empire : How Britain Made the Modern World* (London: Allen Lane, 2003) p. xi. 對於大英帝國功過更犀利的評論可參見Shashi Tharoor, *Inglorious Empire: What the British Did to India* (London: C. Hurst & Co. and Penguin Books, 2017)。

190 「花了二十年，就從……」：C. A. Bayly, *The Birth of the Modern World, 1780–1914* (Oxford: Blackwell Publishing, 2004), p. 293.。

195 「在東方印度各地欺凌壓榨的商貿公司」：Adam Smith, *The Wealth of Nations*, *Books I–III* (1776) (London: Penguin Books, 1986), Book I, Ch. VIII, ‘Of the Wages of Labour’, p. 176.

196 「經濟數據會說話」：William Dalrymple, ‘Robert Clive was a vicious asset-stripper. His statue has no place on Whitehall’, *The Guardian*, 11 June 2020; <https://www.theguardian.com/commentisfree/2020/jun/11/robert-clive-statue-whitehall-british-imperial> (Accessed 3 December 2020).

196 「完全不適合統治轄下領土」：Adam Smith, *The Wealth of Nations*, *Books IV–V* (1776) (London: Penguin Books, 1999), Book V, Ch. 1, Part I, ‘Of the Expense of Defence’, p. 343.

197 英國人洋洋灑灑列舉了一堆功績：William Dalrymple, *Anarchy*: *The Relentless Rise of the East India Company* (London: Bloomsbury Publishing, 2019), p. 394.

198 「扛起了白人的重擔」：Rudyard Kipling, ‘The White Man’s Burden’ (1899).

200 悲慘的是——他在這場最後的演說中說道：Rabindranath Tagore, *Crisis in Civilization* (Calcutta: Visva-Bharati, 1941).

第十一章　大都市加爾各答

204 「霍亂、颶風與鴉群」：Rudyard Kipling, *The Collected Poems of Rudyard Kipling* (Ware, Herts: Wordsworth Editions, 1994), 'A Tale of Two Cities' (1922), pp. 80–81.

205 「白痴決定」：Geoffrey Moorhouse, *Calcutta: The City Revealed* (London: Penguin Books, 1994), p. 26.

208 「我一介遊人，佇立河階邊」：James Atkinson, *The City of Palaces; a Fragment and Other Poems*, 'The City of Palaces' (Calcutta: The Government Gazette, 1824), p. 7.

209 「在不講帝國主義的時候」：Ved Mehta, *The Craft of the Essay: A Reader* (London: Yale University Press, 1998), p. 210.

210 「對英國人來說，印度的現代化」：Amit Chaudhuri, *Calcutta: Two Years in the City* (New Delhi: Penguin Books, 2013), pp. 266–7.

211 約伯・查諾克會選在河川東岸設點：這些考慮不僅有道理，而且也常有人提，更有證據指出這正是查諾克與手下當時的明顯心態。這主題的新舊文獻彙編可參考：P. Thankappan Nair, *Job Charnock: The Founder of Calcutta: An Anthology* (Calcutta: Calcutta Old Book Stall, 1977)。

211 「無庸置疑，綜觀整部印歐歷史」：J. J. A. Campos, *History of the Portuguese in Bengal* (Calcutta and London: Butterworth, 1919), p. 43.

220 一直很好奇他究竟看了什麼戲：Gopalkrishna Gandhi, *A Frank Friendship: Gandhi and Bengal. A Descriptive Chronology* (Calcutta: Seagull Books, 2007).

222 「我馬上就知道，如果我要拍出《大地之歌》」：Satyajit Ray, *Our Films, Their Films* (1976) (Hyderabad: Orient BlackSwan Private Ltd, 3rd edn, 1993), p. 9.

222 「你該把什麼放進你的電影裡」：Satyajit Ray, *Our Films, Their Films*, 3rd edn, pp. 160–61.

第十二章　學院街

229 從加爾各答大學畢業：加爾各答大學對出席有嚴格規定，但是我由於身患重病，又熱中政治活動，會蹺課去圖書館讀書或是到咖啡店裡閒聊，所以其實未能達到總統學院畢業要求的出席門檻。據說我原本必須以「非在校生」身分參加考試（不屬於總統學院），但是由於我一直被當作好學生（先前的在校考試都名列前茅），大學對這件事也很傷腦筋。最後我還是坐在了「在校生」的位子上應試，我猜他們動了些手腳。

230 「我的國！昔日多輝煌」：Henry Louis Vivian Derozio, 'To India–My Native Land', *Anglophone Poetry in Colonial India, 1780–1913: A Critical Anthology*, edited by Mary Ellis Gibson (Athens, OH: Ohio University Press, 2011), p. 185.

235 「我們有些人其實是在［那家咖啡店的］座位上」：Tapan Raychaudhuri, *The World in Our Time* (Noida, Uttar Pradesh: HarperCollins Publishers India, 2011), p. 154.

第十三章　馬克思的用處

245 何不完全拋棄勞動理論呢：道布拿薩繆森這句鏗鏘有力的質疑當作必須回應的問題，進而指出在思考「估計」這問題時，應將估計的精確性（closeness）與相關性（relevance）區分開來。我在〈論勞動價值理論：關於方法論的數個問題〉（On the Labour Theory of Value: Some Methodological Issues）這篇評論中仔細談了道布做出這層區分向我們指出了什麼重要意義，見於 *Cambridge Journal of Economics*, 2(2) (June 1978), pp. 175–90。

245 〈價值理論的條件〉一文：Maurice Dobb, *Political Economy and Capitalism: Some Essays in Economic Tradition* (1937) (Abingdon and New York: Routledge, 2012), pp. 1–33.

249 「個人擁有得以自由發展與自主活動的條件」：Karl Marx and Friedrich Engels, *The German Ideology* (1932) (New York: International Publishers, 1947), p. 22.

251 「如果一個社會裡有病人因為缺乏管道」：見安奈林・貝文擲地有聲的著作 *In Place of Fear* (London: Heinemann, 1952), p. 100。

256 「在納米爾之前的馬克思主義者」：Eric Hobsbawm, 'Where are British Historians Going?', *Marxist Quarterly*, 2 (1) (January 1955), p. 22.

258 「他的形象變成了一個留著滿臉鬍子的長老與立法者」：Gareth Stedman Jones, *Karl Marx: Greatness and Illusion* (London: Allen Lane, 2016), p. 5.

第十四章　早期的一場抗戰

273 美國記者約翰・岡薩：John Gunther, *Inside Europe* (London: Hamish Hamilton, 1936).

第十五章　到英國去

279 這間圖書館是我最愛逗留的其中一個地方：當年英國議會與圖書館都位在加爾各答當時的劇院路上，後來這條路很快就被市政府當局改名為「莎士比亞街」（Shakespeare Sarani）。市政府在這方面對英國殖民者比對美國人好多了：在越戰最火熱之際，美國領事館位居的哈靈頓街竟遭更名為「胡志明街」。

第十八章　什麼經濟學？

331 「經濟學這門科學並不是肇生於驚訝空想」：A. C. Pigou, *The Economics of Welfare* (1920) (Basingstoke: Palgrave Macmillan, 4th edn, 1932), p. 5.

332 范伯倫是個多產的思想家：Thorstein Veblen, *The Theory of the Leisure Class* (1899) (Abingdon: Routledge, 1992).

336 聰明過人的南非經濟學家約翰尼斯・德・維利耶斯・葛拉夫：J. de V. Graaff, *Theoretical Welfare Economics* (London: Cambridge University Press, 1957).

第二十章　對話與政治

358 自傳《當個怪人又何妨》：Tam Dalyell, *The Importance of Being Awkward: The Autobiography* (Edinburgh: Birlinn Ltd, 2011).

360 皮古早在一九二〇年的傑作：A. C. Pigou, *The Economics of Welfare* (1920) (Basingstoke: Palgrave Macmillan, 4th edn, 1932).

366 這故事最後終於有個快樂結局：W. G. Runciman, Amartya K. Sen, 'Games, Justice and the General Will', Mind, LXXIV (296) (October 1965), pp. 554–62.

367 《正義的理念》裡對此有進一步詳述：Amartya Sen, *The Idea of Justice* (London: Allen Lane, 2009).

第二十一章　在劍橋與加爾各答之間

379 **這本書探討了**：拉納吉特・谷哈《孟加拉田制考》原本於一九六三年由羊皮紙出版社（Mouton）及高等研究應用學院（École Pratique des Hautes Études）聯合出版，後來在一九八二年由東方朗文出版社（Orient Longman）再版，一九九六年又由杜克大學出版社（Duke University Press）再版（我有幸為這一版寫了篇冗長的序言）。當年由於國際航空掛號包裹郵資相當高昂（一般印度教師難以負荷），所以我還身負重任，把定稿放在公事包內帶到歐洲交給羊皮紙出版社及高等研究應用學院。

第二十二章　道布、斯拉法與羅伯森

394 **「連我們自己都分不清」**：D. H. Robertson, 'Preface to 1949 Edition', *Banking Policy and the Price Level* (1926) (New York: Augustus M. Kelley 1949), p. 5.

399 **他還在自己的論文中寫了一大段註釋**：我一直努力勸說三一學院花一點小錢把斯拉法尚未出版的義大利文著作翻譯出來。可惜儘管三一學院在一九八三年斯拉法過世後接收了他超過一百萬美元的財產，我卻仍未能成功勸服同事投資這麼點小錢。要是我們能夠有翻譯的經費，我很願意與曾寫過關於葛蘭西的精彩著作的雪洛・米薩克教授（Professor Cheryl Misak）和兩位義大利學者共同合作。雪洛眼見我未能成功爭取經費，便問了我在三一學院的哲學系同事休・理查斯（Huw Richards）：「前院長對學院難道沒有任何影響力嗎？」休也只能回她：「雪洛你也應該知道，就連現任院長在學校裡也沒有任何影響力了，更別說是前院長。」

401 **《以商品生產商品》**：Piero Sraffa, *Production of Commodities by Means of Commodities: Prelude to a Critique of Economic Theory* (Cambridge: Cambridge University Press, 1960).

401 **「只要我們有一套關於生產的計算方式」**：Joan Robinson, 'Prelude to a Critique of Economic Theory', *Oxford Economic Papers,* New Series, 13(1) (February 1961), pp. 53–8.

406 **「一九四六年五月，斯拉法決定」**：Ray Monk, *Ludwig Wittgenstein: The Duty of Genius* (London: Jonathan Cape, 1990), p. 487.

407 **葛蘭西在那裡努力寫下許多文章與筆記**：見葛蘭西《獄中筆記》，這本書以及《現代君主論及其他著作》（*The Modern Prince and Other Writings*, London: Lawrence and Wishart, 1957）對理解葛蘭西想法大有裨益。

407 「首先要證明的就是人人都是『哲學家』」：Antonio Gramsci, *Selections from the Prison Notebooks*, edited and translated by Quintin Hoare and Geoffrey Nowell Smith (London: Lawrence and Wishart, 1971), 'The Study of Philosophy (Some Preliminary Points of Reference)', p. 323.

第二十三章　美國行

413 〈論舊機器的用處〉：Amartya Sen, 'On the Usefulness of Used Machines', *Review of Economics and Statistics*, 44(3) (August 1962), pp. 346–8.

416 大都按照薩繆森的思路來談：Paul A. Samuelson, *Foundations of Economic Analysis* (Cambridge, MA: Harvard University Press, 1947).

416 「不變條件」：我那篇論文題目是〈人際聚合與部分可比較性〉（'Interpersonal Aggregation an Partial Comparability'），發表於*Econometrica*, 38 (3) (May 1970), pp. 393–409。對此進路的深入探究可參見拙著*Collective Choice and Social Welfare* (1970) (republished Amsterdam: North-Holland, 1979; expanded edition, London: Penguin Books, 2017)。

第二十四章　重看劍橋

429 兩篇極為精彩的論文：James M. Buchanan, 'Social Choice, Democracy, and Free Markets,' *Journal of Political Economy*, 62 (2) (April 1954), pp. 114–23; and 'Individual Choice in Voting and the Market,' *Journal of Political Economy*, 62 (3) (August 1954), pp. 334–43.

431 集體理性的觀念……在社會福祉判斷上就說得通了：後來我在以〈理性與社會選擇〉（Rationality and Social Choice）為題的美國經濟學協會會長演講中對這項對比與相關的辨析有詳盡討論。該文收錄於*American Economic Review*, 85 (1) (1995), pp. 1–24。

431 我在計量經濟學會發表會長演講：演講詞見於'Internal Consistency of Choice', *Econometrica*, 61 (3) (1993), pp. 495–521。

433 「譏笑資產階級的『自由』」：此處引文與譯文以及斯拉法和葛蘭西的相關見解請參考Jean-Pierre Potier, *Piero*

Sraffa–Unorthodox Economist (1898–1983): A Biographical Essay (1991) (Abingdon: Routledge, 2015), pp. 23–7.

434 **「讓我能夠今天做這件事」**：Karl Marx and Friedrich Engels, *The German Ideology* (1845) (New York: International Publishers, 1947), p. 22.

第二十五章　說服與合作

439 **米蘭宣言**：我在一九七〇年代與愛娃・柯洛尼結婚後，也與這四位先驅之中的三位成了姻親（愛娃是烏蘇拉和尤金尼歐的女兒，也是艾爾帖羅的繼女）。我在七〇年代有許多機會與艾爾帖羅和烏蘇拉暢談這兩份宣言背後的動機。尤金尼歐在一九四四年五月慘遭法西斯分子殺害，就在美國解放羅馬前兩天。我跟愛娃還有她的姊妹蕾納塔（Renata）與芭芭拉（Barbara）對這些發展的歷程也有十分深入的討論。

441 **「推動這些足以改變輿論意見的教化與想像力量」**：John Maynard Keynes, *The Economic Consequences of the Peace* (London: Macmillan, 1919; New York: Harcourt, Brace and Howe, 1920; republished with an Introduction by Robert Lekachman, New York: Penguin Classics, 1995).

443 **改善醫療照護分配方面**：R. J. Hammond, *History of the Second World War: Food*, Vol. II, *Studies in Administration and Control* (London: HMSO, 1956) and Brian Abel-Smith and Richard M. Titmuss, *The Cost of the National Health Service in England and Wales*, NIESR Occasional Papers, XVIII (Cambridge University Press, 1956).

443 **「英國政府對餵飽民眾這件事」**：請見R. J. Hammond, *History of the Second World War: Food*, Vol. I, *The Growth of Policy* (London: HMSO, 1951)。亦見Richard M. Titmuss, *History of the Second World War: Problems of Social Policy* (London: HMSO, 1950)。

444 **「我忍不住要拿兩套政府制度來做對比」**：Rabindranath Tagore, *Crisis in Civilization* (Calcutta: Visva-Bharati, 1941).

445 **上百萬人在這場大災中喪生**：伊恩・史蒂芬斯在《雨季清晨》（*Monsoon Morning*, London: Ernest Benn, 1966）中講述了他的經歷、他的懷疑以及他最後的反叛。他當然對自己帶來的改變十分自豪。我在倫敦《泰晤士報》上唯一一次撰寫訃聞就是因為史蒂芬斯的官方訃聞中對他阻止了孟加拉大饑荒並拯救無數生靈一事竟隻字未提。所幸《泰晤士報》刊出了我這篇故人行誼補述，讓史蒂芬斯身名無忝。

第二十六章　近悅遠來

452 **「再假設好幾個不同社會」**：見David Hume, *An Enquiry Concerning the Principles of Morals* (1777) (LaSalle, IL: Open Court, 1966), p. 25。休謨這項開明自由的說法與他在別處提倡「白人」優越性的看法似乎彼此扞格。休謨不像亞當・斯密那樣從不曾流露出一絲種族偏見，他顯然允許自己有些不一致的看法。

458 **「社會契約」這個概念**：關於良好社會應具有各類不同社會契約的深入討論，請參見Minouche Shafik, *What We Owe Each Other: A New Social Contract* (London: The Bodley Head, 2021)。

459 **社會選擇理論家最大的長處**：我在總統學院讀大學時，塔帕斯・馬駿達還是學校裡的年輕老師（見前幾章中的敘述），他後來對如何將社會選擇理論應用到印度和全世界的教育問題上非常感興趣。他在德里的賈瓦哈拉爾・尼赫魯大學進行了不少研究，大大擴充了社會選擇的應用範圍與相關主題。

461 **漢蒙德、蒂特穆斯等社會觀察家的研究發現**：見Richard Titmuss, *Essays on 'The Welfare State'* (1958) (Bristol: Policy Press, 2019)。亦見 R. J. Hammond, *History of the Second World War: Food*, Vol. I, *The Growth of Policy* (London: HMSO, 1951)和Richard M. Titmuss, *History of the Second World War: Problems of Social Policy* (London: HMSO, 1950).

461 **這例子出自亞當・斯密**：見Adam Smith, *The Theory of Moral Sentiments* (1759)。並參見Ryan Hanley編輯的二百五十週年版 (London: Penguin Books, 2009)，內有阿馬蒂亞・沈恩所寫序言。

462 **「從這方面看，每一個從非洲沿岸來的黑人」**：Adam Smith, *The Theory of Moral Sentiments* (1759), Vol. 2, Chapter II, 'Of the Influence of Custom and Fashion upon Moral Sentiments'.

462 **「人類最卓越高尚的稟賦」**：Rabindranath Tagore, *Crisis in Civilization* (Calcutta: Visva-Bharati, 1941).

PEOPLE 517

家在世界的屋宇下：諾貝爾獎經濟學大師阿馬蒂亞・沈恩回憶錄

作　　者—阿馬蒂亞・沈恩（Amartya Sen）
譯　　者—邱振訓
主　　編—何秉修
校　　對—Vincent Tsai
企　　劃—林欣梅
封面設計—許晉維

總 編 輯—胡金倫
董 事 長—趙政岷
出 版 者—時報文化出版企業股份有限公司
一〇八〇一九台北市和平西路三段二四〇號七樓
發行專線—（〇二）二三〇六六八四二
讀者服務專線—〇八〇〇二三一七〇五
（〇二）二三〇四七一〇三
讀者服務傳真—（〇二）二三〇四六八五八
郵撥—一九三四四七二四時報文化出版公司
信箱—一〇八九九臺北華江橋郵局第九九信箱

時報悅讀網—http://www.readingtimes.com.tw
時報文化臉書—https://www.facebook.com/readingtimes.fans
法律顧問—理律法律事務所　陳長文律師、李念祖律師
印　　刷—勁達印刷有限公司
初版一刷—二〇二四年一月五日
初版三刷—二〇二四年八月十六日
定　　價—新台幣六二〇元
版權所有　翻印必究（缺頁或破損的書，請寄回更換）

時報文化出版公司成立於一九七五年，
並於一九九九年股票上櫃公開發行，二〇〇八年脫離中時集團非屬旺中，
以「尊重智慧與創意的文化事業」為信念。

家在世界的屋宇下：諾貝爾獎經濟學大師阿馬蒂亞.沈恩回憶錄/阿馬蒂亞.沈恩(Amartya Sen)著；邱振訓譯. -- 初版. -- 臺北市：時報文化出版企業股份有限公司, 2024.01
面；　公分. -- (People ; 517)
譯自：Home in the world
ISBN 978-626-374-748-7(平裝)

1. CST: 沈恩(Sen, Amartya, 1933-)　2. CST: 經濟學家
3. CST: 傳記　4. CST: 印度

783.718　　112021079

HOME IN THE WORLD by Amartya Sen
Copyright © Amartya Sen 2021
First published as HOME IN THE WORLD in 2021 by Allen Lane, an imprint of Penguin Press. Penguin Press is part of the Penguin Random House group of companies. This edition is published by arrangement with Penguin Books Limited through Andrew Nurnberg Associates International Limited.
Complex Chinese edition copyright © 2024 by China Times Publishing Company
All rights reserved.

ISBN 978-626-374-748-7
Printed in Taiwan